公元前7世纪—公元前6世纪
早期空首布

公元前336年
秦铸半两

中国货币通史 第一卷

THE HISTORY OF CHINESE CURRENCY

姚朔民 主编

公元前118年
汉武帝铸五铢钱

CNS 湖南人民出版社

前　言

编写一部比较完整的《中国货币通史》，这件事情早在20世纪80年代前期，中国钱币学会成立的时候，就已经提出来了。但真要做这件事情，当时却存在着很大的困难。还在50到60年代，上海曾出版过彭信威先生所著的《中国货币史》（1954年初版，1965年第三版），产生了广泛的影响。然而到80年代前期，我们在钱币学和货币史的学术方面，比之彭信威先生，几乎没有任何进步。若要重新编写一部货币史，在某些方面，还存在着巨大的空白。譬如历史上汉族政权周边的少数民族，他们的经济货币状况，我们知之甚少；又如，中华人民共和国的前身、中国共产党领导下的红色政权中，存在一个不同于当时中央政府控制下的货币体系，而关于这个体系的货币状况，尚缺乏认真系统的研究。当时首要的工作，一是对已知的钱币学领域做重新的梳理和深化，二是对空白领域的开拓。于是，在中国钱币学会主导下，成立了古代货币研究、少数民族货币研究、丝绸之路货币研究、革命根据地货币研究、货币史研究等一系列研究组织，联络全国的相关专家、学者、爱好者，开展多种学术活动。

20世纪80年代以后，是新中国历史上思想最为活跃、历史学成果最为丰富的时期。这一时期，学术界除了检讨几十年来的学术思想以外，一方面引进吸收了大量境外的学术研究新成果，另一方面对传统的研究领域深入开掘，再一方面，地下的出土发现层出不穷，丰富甚至改变了我们的许多旧有认识。加之钱币学会几十年来的不断努力，到世纪之交前后，可以说，是到了应该对中国的货币史研究成果做一个阶段性归纳的时候了。也就是说，《中国货币通史》的写作可以着手进行了。

作为一部专题通史著作，首要的问题是，它的读者是谁，也就是写给什么人看。我以为，通史类著作的对象，首先不是专业圈内的同行。专业同行讨论问题通常是在深入的理论或具体的史实层面上，若有心得，就写成专论或专著。因为对所论范围的内容都比较熟悉，他们一般不需读通史，即便读，也多采以审视的目光。而最需要通史类著作的，在这里特别说到货币通史类著作的，多是一般非专业的读者、货币史或钱币学的爱好者、对货币史或钱币学有兴趣或是有需要的人；抑或是从事相关专业，例如政治史学、经济史学等的学者，在研究中涉及货币史专业的内容，需要查找参考线索；抑或是院校的师生在教学中作为参考；等等。所以，所谓“货币通史”，既是一个阶段的学术总结，同时其受众也应该定位在社会一般的读者上。所谓“一般的读者”，应该是既包括在阅读上感兴趣的读者，还应该包括在实际应用上有需求的读者。譬如，在一部中外合拍的电影中，意大利商人把一张臆造的“大唐宝钞”带到了罗马，以说明元朝使用纸币。又如，一位学者作家，写了一部关于秦国的历史小说，卷帙浩繁，影响很大。书中写到秦国和魏国，都使用“刀币”，而且还说有魏文侯时的“老铁刀币”。其实无论是秦国还是魏国，都不是使用刀币的国家。秦国用圜形币，魏国用铲形币，说到魏文侯时代，作家或许可以命当时货币为“老铲币”或“空首币”，却偏偏不能用“老刀币”，因为那是齐国或燕国的货币。这类例子说明，社会多么需要货币通史的普及类读物。

货币通史虽是面向社会一般读者，却并不能降低学术要求。

它应该能够尽量表达出当前学术界的主要成果，对重要的议题，应该能够表达出作者的观点，并且以尽可能平实的方式使自己的观点做到“言之有据”，能够“自圆其说”。但是，首要的是能够说清史实。新中国建立以来，史学界“以史代论”“以论带史”“论从史出”之争延续多年，影响所及，后来读到的有些通史类、断代类著作，常见作者急于表达自己的理论观点，通书读完，对真正的史事，却还不甚了了。在写作本书时，作者所追求的，就是把说清史事摆在第一位。

货币通史所要说清的史事，是一定时期出现在历史舞台上的货币的时代背景、出现的契机、货币的种类和形态、在社会上的影响等。作为一部通史，它不能拘泥于具体货币的细节，分型、版别等，那是钱币学的任务。近几十年来，钱币学研究成果丰硕，最为突出的是上海人民出版社的《中国历代货币大系》和中华书局的《中国钱币大辞典》，工程极为浩大，历30年而犹仅过半。钱币学的成果是货币史研究的重要基础之一，却不能代替货币史。作为一部通史，它也不是货币思想史或货币理论史，那已经由几位前辈学者做过认真的梳理。货币思想及货币理论是货币史的重要组成部分，也不能代替货币史，况且历史上一些知识分子的货币理论、思想或许十分先进，却往往与当时的货币实际相距甚远。作为一部通史，它也难于细致叙述一定阶段中发行货币、管理货币的具体方式和过程，特别是近代极其纷繁的货币政策制定、操作过程，那是经济断代史，或是金融史、银行史的任务。货币史就是货币史，它与钱币学及其他经济学分支是有区别的。

说清史事很重要的一点是，采用什么方式，也就是采用什么体裁叙述史事更好。选择以何种形式来体现内容，是能否把内容完整、准确地传达给读者的第一步。难怪中国史学理论的开山之作，唐朝刘知几的《史通》开篇就论“六家”“二体”，将古代

(唐以前的古代) 的史学著作归纳为《春秋》《史记》两类，也就是编年体和纪传体两类。其实在刘知幾的时代，能看到的史学著作，就体例而言，绝不是就这两类 (且不算档案性质的《尚书》《周礼》以及“起居注”之类)。即便是流传至今的，还有以载言为主的《国语》《战国策》，以记事为主的《左传》(左氏书成为“传”是后人所为)，《公羊》《穀梁》虽称为“传”，其实还可看作史论，若以“六经皆史”的眼光看，则很多后来被分为“经”“子”的书都可以看作史书。但编年、纪传这两类是刘知几的推崇。唐朝以后，史学发展更快，典制、方志以至后来的纪事本末，都是史学形式的发展。货币史的写作究竟以什么体裁为好，我反复思考，不得不深深叹服太史公司马迁的伟大。当然，《史记》所记是国家、社会的历史，我所要做的是记述专史，时代、内容、面向的读者都不相同，但这种体例的优点使我决定以此为模式来尝试一种新的写作方法。

编年体的优点是所有历史事件都按发生的顺序编写，时间特点鲜明，同时发生的事件相互之间的联系清晰。但是往往一件事的进程长达若干天、月乃至年，事件进程散见各处，单一事件描述不清。纪传体的优点是以“传”丰富“纪”的单薄。刘知几说：“盖纪者，编年也；传者，列事也。”“《春秋》则传以解经，《史》《汉》则传以释纪。”纪、传之间正是经纬关系。但它的欠缺是事件的细节往往散见于参与事件的人物的各篇传纪中。吸取纪传体经纬相辅的优点，寻找一种新的叙事方式，是本书体例的思路。

与纪传体不同的是，本书是专史，重在叙述货币相关的事件，而古代的“纪”是以帝王为主线的，专史则必须以事件为主线。处理以事件为主线最好的方式是宋朝以后发展起来的一个新体例：纪事本末。于是我决定，以事件为主线，本书的主体应是纪事本末体。按照这一思路，本书确定的编写方式是：

主体为两大板块：事纪、传纪，互为经纬。清人赵翼说：司马迁《史记》“本纪以序帝王”①，本书是专史，所述史事是参与历史的帝王、诸臣、人民共同创造的，所以不以“纪”字为帝王专享，而以为事、为人作“纪”。

“事纪”是本书的经。事纪将按照纪事本末的方式，大体以发生时间为序，叙述与货币相关的事件。但是货币是社会的产物，相关事件都是在人的活动中发生的。单纯叙事，事件就显得很单薄。历史上的事情都是复杂的，了解人物对理解事件会有很重要的作用。

“传纪”是事纪的纬。介绍与事纪相关的人物是理解历史事件的重要方面。在历史上也有一些人物，并不一定介入历史上的货币事件，却与货币问题或相关经济问题有一定联系，甚至为后世所重视。当然这里的传纪并非人物的全传，重点还是为使读者对相关史事有更深入的了解。

事纪是骨架，传纪是血肉，庶几可以使读者得到一个比较丰满的印象。除此之外，考虑到本书既主要是面向一般非货币专业的读者，为让对历史不太熟悉的读者方便理解，本书在两“纪”之前，加上一部分“时代”，不是重新写作通史，而是作为背景，从理解经济史、货币史出发，对重要的历史线索予以简要的叙述。当然，熟悉历史的读者完全可以把这一部分略过不读。

阐述历史，无论是史料的选取，还是作品的行文，必然体现作者本人的立场、观点。但是作者不想在叙事中作论点的阐述，以免干扰读者了解事件本身。必要的观点，只在每篇文字的末尾加个“作者评述”。这是吸取了纪传体史书的“论赞”方式，我以为，这个方式既可以明确表达作者的意见，有时还可以做些不

① 赵翼：《廿二史札记》卷一。

碍阅读的补充。“评述”可长可短，也不必每段必有，但这却是个很好的形式。

关于体例的这些说明，原本应当有一篇“凡例”，为不使凡例变为“繁例”或“烦例”，就把它们简化在这里了。

还应当特别说明的是，本书所述的事物，除中国历代史学家、经济学家研究的成果以外，还有大量材料和观点是近几十年来中国钱币学会组织的学术研究的成果，是国内外很多史学家、钱币学家、考古学家、货币史家和钱币爱好者共同努力的成果。本书的作者只是对这些成果做了归纳、整理工作，当然也有个人的认识和观点，但也都是站在这些成果的基础之上的，并不敢掠为己美。只是本书不是学术论文，撰述材料和观点，有些也不是一人一时得出的。所以在书中除必要外，就没有一一注明出处，但是作者对这些成果研究者是抱着极大的尊敬的，还望广大业内专家、爱好者谅解。

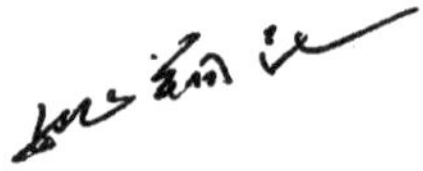

2015 年元月于繁简居

本卷前言

1992年，中国钱币博物馆正式获批成立，我承担了博物馆的第一个陈列《中华钱币》的设计和展陈工作。预展期间，邀请了多位银行、文博、院校的领导、学者和钱币专家审看。在“保德铜贝”的大照片下，我设置的文字说明是它们出土于商代墓葬，并且是“中国最早的铸造货币”。受邀参观的时为北京大学教授的裘锡圭先生问了一句：“这是货币吗?”我一时语塞。从此以后，这句话一直盘桓在我的脑际。

在中国的史学界、考古界，货币史、钱币学的研究者，甚至国外的同行，当时大部分人都认为，中国最早的货币是海贝。无论在各种论文、专著中，还是在各种普及读物中，都这样说明。这个概念几乎成为一种公认的定义，我们在学习和研究的过程中，不加思考地就接受了它，以致在古代遗址中只要看到海贝，人们就毫不犹豫地认定为货币。所以我们在博物馆筹备期间，努力征集到了出土于山西保德的铜铸仿贝，以此表示中国金属货币的源头。裘锡圭先生的一句话提醒了我，对于海贝在中国历史上的作用和地位，应当重新认真考察。经过相当长时间的考察和思考，我终于改变了过去的思维定式，认为，海贝在中国的古代（主要是指商周时期）不是货币，中国的货币起源应该是青铜。我也曾写过几篇论文，证明过去被看作货币的海贝材料其实与货币无关，但尚没有比较全面地论述过这一问题。然而在写作《中国货币通史》时，这一问题是无法越过的，必须给以一个正面的说法。

《中国货币通史》本是主要面向一般非货币史、钱币学专业的读者的，在写法上以叙述史实为本，一般不作学术性的考证式文章。但在货币通史问题上，货币起源既是一个绕不过去的问题，我决定利用这一机会对中国货币史上的海贝问题做一次比较正面的说明，也是我从1992年以来思考这一问题的总结。好在这一问题是通史的开篇，作为"绪论"，放在前面尚不害全书的体例。只是"绪论"是论证文章，普通读者如不感兴趣，也可以不读；而感兴趣的读者，抑或是专业圈内读者，若愿就此问题批评、讨论，正是吾所愿也。

目录

绪　论

形成篇

货币形成的时代

事 纪

事 纪

传　纪

绪论

绪，《说文》："丝耑也。""耑"同"端"，段玉裁注："抽丝者，得绪而可引。"意思是，缫丝的时候，要先拈出蚕茧中的丝头，才能抽出整根的蚕丝。作为专题的通史，也如从茧中抽丝，必先得题目的端绪，才能从容申引。

论，《说文》："议也。"段玉裁注："凡言语循其理，得其宜谓之论。"循理是探索事物发展的脉络；得宜是立论得当。作为货币通史，也必须先从"货币"的概念讨论起，才能循理得宜。

第一节　关于货币起源

既是货币通史，自然是从货币谈起。问题是，谈货币，又应该从什么时候谈起？当然，这指的是货币的起源问题。货币起源，始终是中外历史学家和货币史家的兴趣所在。现代中国与货币史相关的书籍，大都会引用司马迁的名句：

> 农工商交易之路通而龟贝金钱刀布之币兴焉。

这句话是说货币产生的前提和基础是农业、手工业和商业之间交易的发展。可是，这毕竟只是说出了一个概念，并没有具体史实的验证和过程的叙述。一部《史记》，上起五帝，下迄武帝，内中有"书"八种（《汉书》以后称"志"），其中的《乐》《律》《封禅》《河渠》诸"书"，大多上述周秦，甚至追述到虞夏，唯独《平准书》，开篇就说"汉兴，接秦之弊……"基本上是语不涉先秦。个中原因，太史公在《平准书》后说得很清楚："所从来久远"，"靡得而记"，可见他本人也没有看到确实的记载。所以尽管他提到"龟贝金钱刀布"，却既没有说明龟、贝、金、钱、刀、布是些什么东西，也没有说明这些东西的使用时代和它们是怎样使用的。

东汉初，班固作《汉书》，将司马迁《史记》体例中的《平准书》分为“食”“货”二事，首创了《食货志》的体裁，《食货志》的开篇说：“一曰食，二曰货。食谓农殖嘉谷可食之物，货谓布帛可衣，及金刀龟贝，所以分财布利通有无者也。”《洪范》的“货”虽然主要是指财物，但班固《食货志》的“货”却专指货币。班固可说是首创货币专史的第一人（《汉书·食货志》分上、下两篇，上篇述食，下篇述货）。在《食货下》中他说“凡货，金钱布帛之用，夏殷以前其详靡记云”，所以他只能从周说起。尽管东汉还可能依据宫中资料，但上古文献诸家杂出，今古文之争也已大致形成，以班固所见资料，并不敢妄言夏商。

东汉末年，许慎作《说文解字》，在“贝”字条下写道：“古者货贝而宝龟，至秦废贝行钱。”把司马迁所列金、钱、刀、布、龟、贝多条，简化为一条——贝。这一说法为后代两千年来学者囫囵套用，难有深究者，“以贝为货，至秦始废”似乎已是定说。

两汉以后，学者和政治家们的注意力为铜钱、铁钱，以后又为纸币、白银所吸引，极少有人再去探寻三代货币，即便说起，也往往是前人套语，或是些似是而非的神话。只有西南地区，从南北朝以后割据自立，南诏、大理政权与唐宋间只有贡赐和边境的易货贸易，中原政权金属货币不能进入云南，云南地区以缯帛和贝当作交易媒介，中原人士也不过把这看作“夷俗”，难以深究。到元朝云南重归中央管理以后，中原人士对云南有了进一步了解的机会。明朝张志淳试图探究云南以贝当币的源起。他在《南园漫录·原贝》中说：“今士夫以为夷俗，殊不知自是前古之制，至周始用钱。”为说明问题，他把许慎《说文解字》“凡贝之属皆从贝”的说法大加扩张，说“又制字者如财、货、寳、赂、賄、贾、贡、贵、贤、赀、贶、赉、賓、赋、质、赍、赏、赠、贻、賛、贷、赡、贶、贽、赙、買、賣之类不可尽举，无不用此”，把以“贝”为偏旁的字作为古时以贝为币的证明，从此，这样一种论证方式一直沿用下来。

20世纪初，甲骨及殷墟的发现震动学界，罗振玉首先在殷商遗物中注意到贝的问题，并在1916年将收集到的珧贝（用蚌壳制造的仿贝）、真贝各一枚收入《殷墟古器物图录》一书，重拾许慎的说法：“古者货贝而宝龟……合观先后所得，始知初盖用天生之贝，嗣以其贝难得，故以珧制之，又后则以骨，又后铸以铜。世所谓蚁鼻钱者，又铜贝中之尤晚者也。蚁鼻钱间有有文字者，验其书体乃晚周时物，则传世之骨贝殆在商周之间矣。”罗氏第一次把贝直接与殷商相联系，明指贝为商代货币，蚌贝、骨贝之类是因为真贝不足而制作的。1921年，王国维发表《说玨朋》一文，开篇即说：“殷时，玉与贝皆货币也。”接着引用《尚书·盘庚》“兹予有乱政同位，具乃贝玉”，以说明贝、玉是货币。此后，《尚书》里的这句话反复被人引用。王国维认为，商代的玉和贝，大的作礼器，“其用为货币及服御者，皆小玉小贝”。这些小玉小贝有绳相系，五贝为一系，两系为一朋。“朋”之于贝，虽还有一些其他说法，但十贝一朋之说，渐为多数人接受。

这些观点，在当时应该说是相当先进的。20世纪20年代，人们对于早期中国货币史还很茫然。1923年上海教授王效文出版《货币论》一书，还说：“五帝之时，即有刀形之金属货币矣。”李大钊注意到了殷墟的发掘，并且又以“财、货、買、賣、贵、贱、贷、负”等字证明殷商用贝为货币。

1928年，对殷墟有计划的发掘开始。经过几年努力，主持发掘的李济在发掘报告中明确表示，殷墟发现的贝是商代的货币。他把殷墟贝分为淡水贝和咸水贝，他说货币多用咸水贝，装饰多用淡水贝，不过他并没有说明理由。1936年，卫聚贤发表《中国最古的货币——贝壳》一文，为说明商周用贝作货币，卫氏充分利用了当时在甲骨和金文释读方面的成果，采用了 9 个含贝的甲骨文和 4 个含贝的金文，又列举了含贝字的卜辞 26 条，涉贝金文 52 条，列举贝旁字竟达八九十个之多。

郭沫若十年亡命期间，开始尝试用他读到和理解的马克思主义观点解释中国古代社会。20 世纪 40 年代，他以自己对马克思主义的认识，重新检讨了对中国古代史的研究，写成《十批判书》，在涉及货币史的研究方面，将眼界从单纯看物扩大到社会的发展，并以此作为货币史的历史背景。他因此分析商代社会已经产生了商业，引用《尚书·酒诰》“肇牵车牛远服贾”一句为证，说经商的人之被称为商人便始于此，这和 1927 年徐中舒以“商人”一词源于殷商人经营的提法完全一致。郭沫若认为，商以贝为装饰品，后来“更兼带有货币作用”，贝之成为货币，“这转化过程是到周代才完成了的”。

1949 年以后，史学界学习马克思主义的热情高涨，同时开展了社会分期问题大讨论，郭沫若认为奴隶社会与封建社会的分界在春秋战国之交，因而提出：“中国古代的货币，是在战国时代才真正开始使用的。”跨越整个 50 年代到 60 年代初，郭沫若、彭信威、王毓铨、郭宝钧、李亚农等一批学者在已经取得的成绩的基础上，努力试图说明中国货币产生的过程是符合马克思主义的社会发展规律的。

1954 年彭信威出版《中国货币史》，这是一部里程碑式的作品，是 20 世纪中叶以前有关货币史研究成果总结性的著作，同时又有作者本人的见解和发明。他将“货币的发生”列为一个专章，首先分析上古社会的社会性质和经济状况，作为货币产生的背景依据，显然是在努力按照他当时所理解的马克思主义的分析方法研究问题。1955 年，王毓铨出版《中国古代货币的起源和发展》一书，专门研究秦统一前的货币。他在论述中国货币发生过程之前，设了一个专节，名为“货币的发生”，实际上是用编写方式转述马克思《资本论》关于交换与货币产生的论点，作为自己立论的理论基础。这些学者的观点虽有小节不同，但是大节基本一致，即西周以后，贝成为货币；春秋战国之际，金属货币正式产生。

纵观20世纪的前半期，可以说，到60年代以前，中国货币起源的研究，从指导思想到史料和考古材料的使用，都达到了当时的最高水平，形成了一个相对完整的论证过程并达到了学界的一个基本共识。

“文化大革命”将中华人民共和国成立以来的学术发展大体切为两段。20世纪70年代后期，学术研究逐步恢复正常。检讨近几十年，史学界和考古界在关于人类社会和中国文明初期的研究方面取得了长足的进展，获得了大量新资料；在思想理论方面，无论是指导思想还是方法论，也有了过去无法相比的进步；在钱币学和货币史方面，对秦汉以来的中世纪研究也获得了过去从未取得过的成绩。但是在货币起源方面，我们的认识水平似乎仍然没有超越20世纪中期。相反，在某些方面，还出现了一些值得检讨的问题。

第二节　近年来在货币起源问题上值得检讨的问题

在货币起源研究方面所谓值得检讨的问题主要表现在：

一、贝的作用绝对化

中国学界把贝看作最早的货币，这一观点的源起，前文已经追述。但是直到20世纪60年代以前，学者们在论述贝的作用时，都还首先说明它是一种装饰品，它的实用性首先在装饰，以后才逐渐作为一种实物货币进入流通领域。陈独秀在20世纪30年代以后，专门致力于文字学研究，小学成就斐然。他的《实庵字说》曾专论“贝”字，说贝的甲骨文写作、，金文写作、，“均像蚌壳之双贝形，小篆作，取其半也”。它的用途，“古者初以贝为磨物之具，又以为颈饰。《说文》云：賏，颈饰也；后加女作婴，《说文》亦训颈饰，从女賏，盖妇人之饰……其后农事兴，乃以贝为田器，《淮南子》所谓摩蜃而耨，是也……后又仿颈饰之形制以为货币……可知殷用贝，周初金贝并用，景王时患钱轻，更铸大钱，乃在春秋末鲁昭公之世矣。《说文》所谓‘至秦废贝行钱’之说，则非也”。郭沫若的看法也与此相近，针对“祖癸”“父乙”等商代青铜器上所铸的“族徽”被人解为商人挑着贝去做生意，他说，这不是“荷贝”，而是颈饰，“假令一朋真系十贝，则长亦不过尺许，重亦不及数两，正无劳子若孙担荷也”。但是当贝为颈饰时，“其来多得自实物交换，则虽有货币之形，尚无货币之实”。郭氏依据卜辞和彝铭，认为商代易（赐）贝朋的事既少而且量小，唯入周之后赐贝渐多，所以他得出结论：“余谓贝朋之由颈饰化为货币当在殷周之际。”

◆父乙壶及盖内铭文

但是近年来，人们为了说明中国货币文化产生之早，发展之全面，就把古代遗址和墓葬中发现的贝一概直接视为货币。《尚书·益稷》中有“懋迁有无化居”一句，《伪孔传》称“化，易也”，清孙星衍解“化”为古“货”字，意思是大禹推动贸易，使物资流通。《管子》等书也有以“化”为“货”的用法。晚清钱币学家还不能尽识先秦钱币文字，把铲形钱币上“釿”字的“斤”旁、刀形钱币上的“刀”字都附会为“化”字。一些钱币学家和货币史家也接受了这一解读，尽管后来已经重新认识了青铜铸币上的文字，却仍然引申到把先秦遗址、墓葬中的贝都看作货币，并且称之为“贝化”，或者直接称为“贝币”。见贝就是币似乎已经成为一种思维定式。

二、货币产生时间不断上推

随着对历史资料中贝的作用的认识绝对化，货币产生的时间也被不断上推。尽管史学界大多认为古代的贝曾被当作货币，但很多史学家还是很谨慎地把以贝为币的时间推定在“殷周之际”，或者定为春秋战国时期。近几十年来，却出现了一种把货币产生时间不断上推的现象。例如20世纪80年代初出版的《中国货币发展简史和表解》说，神农黄帝时代“当然不会有货币”；《盐铁论》中的“夏后以玄贝”是“推测之词，并无确切证据”；“我国的货币，起源于殷商，到了东周有很大的发展，而统一于秦皇”。几年后，同一作者出版《中国货币史纲要》，又说在新石器时代就“产生了货币的萌芽”，而到夏代“货币正式进入了我国的经济生活”，“中国货币起源于夏代是可以确定的”。这种说法影响很大，有些作者以追求“数千年”“最早”为荣，放弃了立论的科学性和学术的严谨性。以至在史学界、考古界，也有见贝就称“币”的现象，甚至在考古报告中也把史前遗址中出现的贝称为“货币”。

三、随意解释古文献和考古资料

为说明贝是货币，自然要引用文献。然而上古文献有限，殷商以前基本没有文字流传，殷商以后，卜辞、金文和经籍也是人所共见，只是同一句辞，注家众多，言人人殊而已。货币史论者往往拣有利于己的采信，或者随意解释、组合；对考古出土资料也随意解释。特别是考古报告，因为是发掘者第一手材料，可以供其他研究者利用的，作者的观点对利用者容易造成更大影响。

这类随意解释文献资料的例子很多。譬如《盐铁论》中有“夏后以玄贝”一句，论者就采信为夏代以贝为币。这里的原句是“夏后以玄贝，周人以紫石，后世或金钱刀布。物极而衰，终始之运也”。这段话原本是在汉代的盐铁会议上御史大夫桑弘羊和贤良方正辩论时的发言。对方说“古者……”，大夫也说“夏后氏……”，其实都是激辩之辞，双方都没有什么根据，会议主题是当前政策，而不是讨论古代。况且盐铁会议召开于公元前 81 年，距离所谓“夏后氏”已有约 2000 年，又没有文字记载传世，本来虚无缥缈。然而人们宁愿采用“夏后以玄贝”一句，对紧跟其后的“周人以紫石”却感到难以理解，弃之不提。又如 20 世纪 70 年代，在山西保德县的林遮峪公社出土了一些青铜、玉石器件，其中有铜仿贝 112 枚、海贝 109 枚（实际是骨仿贝）。于是又将之看成中国商代的货币，而且是最早的青铜铸币。其实这里有着非常大的疑问。第一，林遮峪出土物没有经过科学发掘，是农民学大寨搞农田建设挖出来的，出土文物是事后上交文物部门的。第二，保德地处山西省西北部

◆山西保德县出土的铜贝

黄河岸边，与陕西隔河相望，不在商王朝的地域内，属当时边远方国的活动地域。至于是哪个方国，学者们意见还不能统一，大约不出工方、鬼方或是鲜方，都是发展水平落后于商王朝，与商有着或征战或臣服的关系。说这样的方国发行了如此精美的“铸币”，仅靠这几枚疑问很多的铜贝是不能解释的。第三，据出土器物时的现场人员和相关人员研究，同出器物除了青铜食具、酒具、兵器、玉石器外，就是车马器，而铜贝和骨贝是和玉琮、玉石珠、金丝一同放在一件提梁卣中的。玉琮是礼器，玉石珠是装饰品，说同出的铜贝是货币，依据不足。第四，据后来研究，青铜器的器物风格更像是中原器物和鄂尔多斯类型器物的融合，其时代若说是西周以后甚或东周初似乎更贴切。然而一些学者还是宁可把它看成商代货币。

类似的情况常见于一些经济史、货币史论著。比如云南江川李家山、晋宁石寨山等地出土不少有着强烈地方色彩的贮贝器，时代大致在春秋至战国前后。器中多贮存大量海贝，往往被解释为货币。春秋战国时期的云南古滇国，还处在所谓“西南夷”的诸氏族部落时代。这些贮贝器的顶盖上铸有一些反映当时人们社会生活的生动场景，这些场景有动物，有人物，人物又往往是宏大的生产、狩猎、战争、祭祀、杀殉场面，唯没有发现商业场面。说贮贝器中的大量海贝是货币贮藏，同样是没有说服力的。

之所以如此解释文献和文物资料，往往是由于解释者以主观愿望替代了科学的严谨性。

四、货币理论和思想方法需要更新

通过解释文献和资料，把贝的作用绝对化，以至出现泛货币化现象，譬如对待古代的遗址和墓葬，不管葬式如何，只要看见贝就认定为货币，以至把货币起源不断上推到不恰当的地位，这些问题的根源，恐怕还是我们研究工作的指导思想和研究方法出了问题。

就指导思想而论，有些研究者认为自己是在历史唯物主义指导下工作，是用政治经济学中的货币理论比照历史资料。殊不知我们所认为正确的货币理论，恰恰是需要重新检讨的。比如有的学者喜欢用“五种职能”作为货币发生的标准，为了说明问题，不得不在资料的使用上曲解硬套。其实我们传统上认为是马克思主义金科玉律的货币“五种职能”说，却并不是马克思的本意。长期以来在中国影响甚大的“马克思主义政治经济学”，很多内容都出自苏联20世纪五六十年代对马克思主义的“权威”解读。如果我们能够认真阅读马克思主义和近现代各种经济理论的原著，“完整准确”地理解经典作家的思想，我们就会有完全不同的认识。然而在理论的认识上，与近年来考古与实物资料的发现相比，我们滞后了。

就思想方法而论，我们也存在着一些误区。违背了历史唯物主义的原理，表现为正向思维与逆向思维的错乱。所谓正向思维，即按照历史发展的逻辑，利用我们所能得到的历史资料，沿着事物发展的轨迹探究历史的真相。而逆向思维则是用我们今天已经获得的对事物的认识，来比附和解释历史上的事物。例如我们看到古籍上说“古者货贝而宝龟”，就肯定贝在古代是货币。以这个现成的结论为起点，向上推演，用今天货币的标准和特征衡量古代，找寻依据，强作解人。典型的例子是，为说明殷商时代用贝作为货币，由此推演出当时商业繁盛，仅就商人先公子亥（王亥）的传说，就演绎出了赶着牛车，拉着布匹过黄河做生意的故事。或者说殷商的人们挑着贝出去做生意，以至试图推算商周时期贝的币值和物价。然而恐怕那时的人们其实还没有“货币”这个概念呢。

就研究方法而论，我们往往又违背了辩证唯物主义的原理，孤立地看待货币问题，而没有把商业经济、货币经济与整个社会历史的发展程度相联系。由于先验地认定贝是货币，因而过高地估计了先秦时期，特别是商周以前时代的社会发展程度，没有把考古学、历史学和经济史学甚至哲学等学科的学术成果综合利用起来，于是往往表现为很多概念上的模糊不清。比如：把财宝一概看作商品；把贡、赐看作交换；把偶然的交换看作商业交易；把货币看作商业出现的必然共生物；把一般商业交易看作货币经济；把作为交换参照的物品看作价值尺度，从而看作货币；……由此看来，在货币起源问题上，我们需要摆脱陈说，做一个比较全面的考察。

第三节　传统的货币起源观

货币是人类社会特有的事物，在中世纪以来的人类社会生活中起着不可或缺的作用。人们趋之若鹜，有人求之不得，有人避之不及却又避之不能。生活在货币时代的人们常常把货币看作当然的存在，而古今中外的思想家们却都想探究它的来源和规律。但是中外思想家们对货币的起源，却有着不尽相同的看法。

一、中国古代的货币起源观

中国古代思想家对货币起源的看法大致分为两类：

一是以司马迁在《史记·平准书》中的说法为代表：

> 农工商交易之路通而龟贝金钱刀布之币兴焉。

这个说法的核心是，货币是随着农业、手工业和商业的发展和需要而产生的。这一提法为当代货币史家普遍接受，几乎成为当代学者在货币起源问题上的立论核心。但是它的缺陷在于，这只是一个笼统而概念的提法，没有时间、空间的界定和人物、事物的具体例证。

为完善这一思想，近世学者力图在文献中寻找依据。其中较为常见的，如：《周易·系辞下》有“神农氏作……日中为市，致天下之民，聚天下之货，交易而退，各得其所”，意思是在神农氏的时代，在中午开设市场，各地的人民携带各自的货物，来市场交换自己的所需。这看起来很符合原始时代的生活方式。问题是这里所说的“日中为市”，时代系于“神农氏”，那完全是传说时代，连《系辞》的作者也说当时的生产方式还是“斫木为耜，揉木为耒”，处于学习使用木制农具的阶段。至于《系辞》的著作时代，学者们大体确认为战国，战国与所谓“神农氏”的时代，相距不下两千年，所以这种说法只能仍以“传说”看待。

又如：《诗·卫风·氓》“氓之蚩蚩，抱布贸丝。匪来贸丝，来即我谋”，说有汉子抱着麻布来交换蚕丝，即是一种商业行为。既是商业，就应当有货币。这个例子应用极广，《诗·卫风》所反映的，也确实是春秋时代的行为。但是更准确些说，仅凭用布换丝，还够不上商“业”，只能说是一种贸易行为。而这种贸易，也还没有完全摆脱“以物易物”的痕迹。“以物易物”和货币并没有必然的关系，无论在世界历史中，还是在中国历史上，没有货币的物物交易屡见不鲜。以此来说明货币的发生，显然根据不足。

今天的学者举出这一类例证是认为，货币是在交换过程中自发产生的。

二是以《国语·周语》所记为主要材料：

> 景王二十一年，将铸大钱。单穆公曰：“不可。古者，天灾降戾，于是乎量资币，权轻重，以振救民。民患轻，则为

作重币以行之，于是乎有母权子而行，民皆得焉。若不堪重，则多作轻币而行之，亦不废重，于是乎有子权母而行，小大利之。今王废轻而作重，民失其资，能无匮乎？若匮，王用将有所乏。乏则将厚取于民。民不给，将有远志，是离民也……”王弗听，卒铸大钱。

货币史家大多把这一段文字解释为：周景王决定在其在位的第二十一年铸造大钱。周的卿士单穆公（名旗）劝阻景王，说，古代有天灾的时候，国君用钱币的轻重平衡经济，以救济灾民。大钱为母，小钱为子。而景王要废轻作重，人民会离开国君。景王不听，还是铸造了大钱。有学者认为，这反映了古代学者对货币起源的认识。他们提出古代因为有天灾，所以君主创造了钱币，以救济灾民。但是当时的所谓“古者”是什么时代，仍然是不清楚的。这段材料除《国语》外，在《左传》《公羊传》《穀梁传》和诸子等述及春秋的史料中，也包括汉代的《史记》等书中都找不到印证，可以说是孤例。而《周语》中相关的其他事迹如景王铸无射钟等，都可以在其他史料中找到旁证。在已发现的东周王畿钱币实物中，也找不到大小钱子母相权的例证。所以这段史料的真实性是存在争议的。

类似的文献还有《管子·轻重·山权数》：

汤七年旱，禹五年水，民之无檀粮有卖子者。汤以庄山之金铸币，而赎民之无檀卖子者；禹以历山之金铸币，而赎民之无檀卖子者。

《管子》是中国古代重要的政治、经济学著作，托名春秋时期齐国名相管仲的作品，实际上是战国以来多人著作的结集，这已成学界的共识。现存《管子》76 篇，其中有 16 篇专论经济问题的论文，总称《轻重》。学术界对这 16 篇的写作时代分歧很大，从战国早期到西汉末年，跨度达400~500年。战国秦汉间，禹汤的水旱灾害是常见的话题，先秦诸子如庄子、墨子、荀子乃至汉代贾谊、晁错著文立论都常以此“起兴”。举这类文献的学者认为，“汤、禹”之说固然可以存而不论，但它反映了上古时代的首领为抵御天灾而创造了货币的事实。今天的学者称其是“君王创造”或“圣人创造”货币的观点。

二、西方关于货币起源的论述

在西方，早在公元前5世纪，古希腊历史学家希罗多德的《历史》一书就记叙：小亚细亚古国吕底亚“是最初铸造和使用金银货币的人，他们又是最初经营零售商业的人”①。这可以说是西方世界货币诞生最早的记录。直到今天，已发现的西方古代文献和考古报告仍然证实着这个记录的准确。但是，它只是记录了一个事实，并没有对历史过程的叙述。

自欧洲社会步入封建时代，“在近代经济学还不曾当作一个确定的科学成立以前，所有关于经济方面的问题，差不多都是在有关国家或君主支出收入的财政政策上加以研究”②，所以直到近代古典经济学产生，学者们才认真地探讨货币的起源问题。

古典经济学主要探讨的是货币的理论问题。被马克思称为古典政治经济学的“开始”、被恩格斯称为“现代（现在应称作‘近代’——作者按）政治经济学的创始者”的威廉·配第（1623—1687，英国）探讨了货币的价值“尺度”问题，特别是他用耕种谷物和提炼白银相比较得出的、以等量劳动为价值标准的结论，恩格斯称为“为贵金属的价值下了第一个也是最后一个

① ［古希腊］希罗多德：《历史》，王以铸译，商务印书馆2001年版。

② 王亚南：《威廉·配第〈赋税论〉出版三百年》，《赋税论　献给英明人士　货币略论》，商务印书馆1978年版。原文发表于1962年1月9日和10日《光明日报》。

‘理论上的’定义”[①]。英国古典政治经济学最优秀的代表亚当·斯密（1723—1790）在他划时代的著作《国富论》中论述了他对货币起源的认识[②]。他认为，货币起源于分工，“一旦分工完全确立，一个人自己劳动的产品就只能满足他的需要的很小一部分。他把自己劳动产品的超过自己消费的剩余部分，用来交换自己需要他人劳动产品的剩余部分……每一个人都靠交换来生活，在某种程度上变成了一个商人，而社会本身也逐渐成为一个完完全全的商业社会”。而这种“物物交易的困难导致选用某种商品作为货币”。他列举了古希腊的牛、阿比西尼亚（今埃塞俄比亚——作者注）的盐、印度海岸的贝壳、纽芬兰的干鳕鱼、弗吉尼亚的烟草、西印度群岛的糖，甚至还有苏格兰的工人用铁钉的例子。“然而，在所有的国家，由于不可抗拒的理由，人们似乎最后决定在所有各种商品中选用金属来完成这种职能。”“最初使用的金属都是没有用印记条块的”，“以后加盖了印记，表明重量和纯度”，“正是通过这种方式，货币在所有文明国家中变成了普遍的商业媒介，所有各类货物通过它来进行买卖，或彼此进行交换”。

亚当·斯密的结论与中国的货币在交换中自发产生的看法很相似，只是他的演绎把交易与货币之间的关系更推进了一步。但是由于他身处资本主义的初级阶段，用当代的商业化程度来推演古代的生活状况，认为上古时代人人都“靠交换来生活，在某种程度上变成了一个商人”，他所列举的例子也大多不发生在货币初

① 恩格斯：《反杜林论》，中共中央马克思恩格斯列宁斯大林著作编译局译，人民出版社1970年版。［英］威廉·配第：《赋税论　献给英明人士　货币略论》，陈冬野等译，商务印书馆1978年版。

② 《国富论》全名《国民财富的性质和原因的研究》，初版于1776年。由于本书的学术地位和影响，在中国有多种译本。最初的译本是1902年严复的《原富》，曾深刻影响了一代民主革命人士。以后郭大力、王亚南以《国富论》为名重新翻译。本书参考的是唐日松等人的最新译本，华夏出版社2005年版。

起的时代。因而这个探讨只是一个理论的推演，不能看作历史的探讨。

古典经济学时期的欧洲学者如意大利经济学家加利阿尼（1728—1787）、英国经济学家李嘉图（1772—1823）等探讨货币的起源和性质时，往往发生这样的错误，被马克思批评为鲁滨孙式的故事。（鲁滨孙是英国作家笛福的小说《鲁滨孙漂流记》的主人公。他因为海难漂流到孤岛上，脱离文明社会，以个人劳动维持生活，历经28年，终于得救。古典经济学家为在学术分析时简化社会关系，用鲁滨孙的故事比喻各种劳动产品的交换。这个比喻最初出自李嘉图的著作。）就是说，他们用资本主义的社会发展成果来衡量一切过去的社会。马克思举例说，如果“离开鲁滨孙的明朗的孤岛，转到欧洲昏暗的中世纪”，由于农奴和领主、陪臣和诸侯、俗人和牧师等之间存在着人身依附关系，所以劳动产品是不能用商品关系来衡量的[①]。马克思还曾举例，“有一些十分发展的、但在历史上还不成熟的社会形式，其中有最高级的经济形式，如协作的、发达的分工等等，却不存在任何货币，秘鲁就是一个例子”。“因此，把同一公社内部的交换当作（货币）原始构成因素，是完全错误的。”[②]

在西方现代经济学家中，关于货币起源，也仍然存在着一些不同见解。

德国的社会学家和经济学家维贝尔（1864—1920）在第一次世界大战后出版的《世界经济通史》中认为，货币并不是起源于交换，而是起源于支付。他说，货币有两种特殊职能：支付手段和交换媒介，而支付手段的职能要早于交换媒介。他说，不同部

① 马克思：《资本论》第一章“4. 商品的拜物教性质及其秘密”，人民出版社2004年版。

② 马克思：《〈政治经济学批判〉导言》。

落间的价值转移：赠与、妆奁、杀人赔偿、损害赔偿等；酋长对属民的赏赐、领主予臣仆的工资、将军对士兵的供给，都属于支付。交换手段的职能起源于对外贸易，当对外贸易渗入到部落内部，“不只是单单一种支付手段流通，而是有许多种同时并存，所以某种相对价值的标度就有必要了”，于是贵金属“取得了特殊地位”。他甚至得出结论：“从进化的观点看，货币是私有财产之父”①。显然，无论从社会进化论的观点看，还是从历史唯物主义的观点看，维贝尔的观点和论证材料都是混乱的。他也曾列举中国的材料，但是他所举例的时代也是混乱的。

对现代世界经济产生深远影响的英国经济学家凯恩斯（1883—1946）从现代资本主义社会的货币经济状况出发，也曾经表达过对货币起源的看法。1930年，凯恩斯发表了他的重要著作《货币论》。这正是资本主义世界遭遇连续萧条，并且发生了严重经济危机的时期。出于对英国每下愈况的经济的思考，凯恩斯主张实行中央银行管理下的货币和物价稳定政策。基于这种主张，他认为，货币的本质是“计算货币”，这是“货币理论中的原始概念”。“计算货币是表征和名义”，而真实的货币只是“相应于这种表征的实物”。所以他所看到的历史进程是名义在先的：“人们一旦采用计算货币时，货币时代就继物物交换时代而开始了。”尽管自古以来的历史学家和经济学家都认为吕底亚的铸币是最早的货币，但在凯恩斯看来：“在金属块上铸一个图记，可能只是一种地方性的虚荣心理、爱国主义或广告宣传的表现，并没有什么深远的意义。”他强调的一系列概念，如国定货币、管理货币等，实际上都是从当时的救世出发，以所谓的历史例证来论证自己的政策理论。这是一种明显的、极端的名目论货币观，虽然有着部分的合理性，却摆脱不了强烈的唯心主义色彩。

① ［德］马克斯·维贝尔：《世界经济通史》，姚曾廙译，上海译文出版社1981年版。

英国经济学家希克斯（1904—1989）于1969年发表了《经济史理论》一书。希克斯是1972年诺贝尔经济学奖的获得者，他在《经济史理论》中阐述的货币起源理论与凯恩斯的观点完全不同。他说，“货币并不是作为国家的一种创造物开始的”，“它是商业经济的产物”。在关于货币的产生方面，他显然受到了奥地利经济学家门格尔（1840—1921）的影响。门格尔认为，在市场上以物易物的时候，人们根本没有货币的概念，但是交换遇到了实际的困难，每一个商人很难直接交换到他所需要的商品。于是他们就猜测可能是最多的人需要的物品。能够获得符合别人较多的主观价值的物品的人，就最有可能完成交易。随着这样的交易次数增加，那些符合别人主观价值的物品越来越受关注，物品的品种也越来越少，最后集中到少数几种物品上。这样的物品比较稀有、易于携带、容易分割、便于保存，这就是货币。这个过程完全是自发的、无意识的。

希克斯显然赞同门格尔对货币产生初期的推断，但是他更进一步推论，国家在这个阶段介入了货币产生的过程，吕底亚的国王铸造货币，就是在这个时期。他设问：“难道不可以认为不仅国王，而且商人也可以铸造他们的货币么？”他的回答是：“显然总归是国王的铸币成功或更易于成功。”“商人的铸币在其名声所及的米利都斯可能为人所接受；但在吕底亚的内地就不大受欢迎。而国王的铸币无论在他的王国还是在其他贸易城市，所到之处都受到欢迎。当然下一步便是各贸易城市的政府竞相仿效了。”

希克斯描述了铸币从希腊人世界向外扩散的过程，波斯、印度、罗马、迦太基、凯尔特等，总之，“货币应用是希腊城邦制度留下的最早的经济遗产”。不过希克斯并没有把自己的这个推论看作“放之四海而皆准”的真理。他说：“中国（历史上）的货币制度是唯一有别于希腊祖先的这一惯例的重大例外。中国的货币制度是在同样漫长的时期中发展起来的（真不可思议），但其特征明显不同，完全独树一帜……”① 不过他并没有对中国的货币做专门的研究。

三、关于马克思主义的货币起源观

考察、比较了古今中外对货币起源的认识，可以看出，以上所有观点或者说论断，或是出于传说，或是出于主观，或是出于推论甚至推测。它们在某一方面、某一局部有其合理性，但都有其片面性。

而最为深刻、最中肯綮的货币史观，仍然是 100 多年前马克思所创立的价值论和货币史观。他的思想集中表现在他的著作《政治经济学批判》和《资本论》中，此外，恩格斯的《家庭、私有制和国家的起源》（通常简称《起源论》）、《反杜林论》以及马克思主义经典作家的一些其他作品和书信也有一些论述。这些著作对货币和货币史的认识和论述主要还是理论的、哲学的，但是当你认真阅读它们的时候，你会感到这一理论的深刻和高屋建瓴。

当然，这些著作毕竟距今已经 100 多年，历史的发展、社会的进步使世界发生了极大的变化。特别是社会环境、历史传统的不同，语言的隔阂，理论传播方式的扭曲，使我们在理解和运用这一理论的过程中曾经产生了不少的误差、误解。但是今天我们在分析、认识中国的货币起源问题时，这一理论仍然起着指导性的作用。只是我们在阅读、认识这一理论的时候，必须重新认真阅读原著，全面、准确地理解著作的本意，再客观、科学地结合历史材料，才能使我们更接近历史的本来面貌。

基于上述认识，我们将专章讨论货币起源的理论问题。

---

① ［英］约翰·希克斯：《经济史理论》，厉以平译，商务印书馆 1987 年版。

第四节　货币起源的理论问题

一、马克思主义的货币观

马克思主义的货币观主要表现在《政治经济学批判》和《资本论》两部著作中。在这两部著作中，马克思从对商品社会的细胞——商品中所包含的价值和价值的本质分析起，揭示出商品的存在实际是交换价值的存在，由交换价值的存在进一步探讨货币的本质。这个揭示过程，已经成为学校教育的课程开篇。为简便起见，在这里我们不重复这一过程，直接进入关于货币的讨论。

（一）关于货币的定义

讨论一个问题，首要的是对问题的界定。所以我们首先讨论马克思主义关于货币的定义。

马克思对货币的定义是在研究过程中经过反复思考和修改才最后做出的。探讨马克思对货币所做定义的思考过程是很有意思的。

1857—1858年间，马克思在为《政治经济学批判》做准备期间所写的手稿中对货币做了这样的概括："货币的属性是：（1）商品交换的尺度；（2）交换手段；（3）商品的代表……（4）同特殊商品并存的一般商品。"①

实际上，这四种属性中的"（4）同特殊商品并存的一般商品"是货币的本质，在马克思计划的书稿中，在此之前，就应把从商品到一般商品的演化过程做详细的分析。因此，在手稿的后

① 马克思：《政治经济学批判》（1857—1858年手稿），"II. 货币章 · 货币的产生和本质"，《马克思恩格斯全集》第二版第30卷，人民出版社1995年版。

面，马克思展开这几点属性的时候，把它们简化为“三种规定”：（a）货币作为价值尺度，（b）货币作为流通手段，（c）货币作为财富的物质代表。这里的“（c）货币作为财富的物质代表”的主要意义是“货币积累”，这是针对法国经济学家热·加尔涅所说——“当然是从矿物界寻找和挑选预定用作积累的材料”而提出的，他认为“积累是在采用金属货币……以后开始的”，而不是预定的。所以这里尽管标有“三种规定”，实际上马克思很清楚第三种规定是从前两种规定衍生出来的。在“第三种规定”的手稿中，他明确写道：“只有当货币在前两种规定上已经发展，它才能以发展的形式出现在第三种规定上。”①

当1859年《政治经济学批判》正式出版的时候，马克思是这样论述货币的：“一种商品变成货币，首先是作为价值尺度和流通手段的统一，换句话说，价值尺度和流通手段的统一是货币。”

十年以后，马克思发表《资本论》的时候，就对货币做了如下的定义：

> 作为价值尺度并因而以自身或通过代表作为流通手段来执行职能的商品，是货币。②

这是在搜集了大量资料和文献，经过长期反复思考和修正以后得出的一个用规范的语言表述出来的定义。而且《资本论》每一次再版，这个表述都没有再做修订。直到马克思逝世以后，恩格斯利用马克思的手稿对本书做再版校订，仍然保持了这个表述。因此，对这个定义我们必须进行认真细致的研究和分析。

这个长句子的形式逻辑核心，即主谓宾三要素是“商品，是，货币”。但这只是原命题“货币是商品”的逆命题，如果这个逆

---

① 马克思：《政治经济学批判》（1857—1858年手稿）“II. 货币章·货币流通和货币的三种规定”，《马克思恩格斯全集》第二版第30卷，人民出版社1995年版。

② 马克思：《资本论》第一卷第三章“3. 货币”，人民出版社2004年版。

命题的宾语“商品”前面没有限定，逆命题很难成立。所以商品前面的限定，也就是那个长长的定语是非常重要的。这个定语即“作为价值尺度并因此而以自身或通过代表作为流通手段执行职能的”虽然很长，它的核心也只是两个：“价值尺度”和“流通手段”。

“价值尺度”。所谓尺度，就是一个衡量标准。我们不再重复马克思关于商品的交换价值中所包含着人类劳动的量的分析过程，直接探讨“尺度”问题。既是尺度，它自身要有一个相对稳定的、能够衡量的价值，这个价值标准也必须为参与交易的所有的商品所有者所认同，否则商品交换是不可能进行的。另一方面，既是标准，它也就是一种抽象的、观念上的事物。在交换发生的时候，它必须有，却不一定实际存在。在物物交换的时代，这种现象是普遍存在的。例如古埃及新王国时期第19王朝早期（公元前14世纪，相当于中国商朝中期）有一件关于买卖的纸草文书：

> 今天，涅布麦希又向牧人摩塞请求，致辞如次：请给我一只乳牛，作为三斯塔特耕地的买价。于是摩塞给他一只乳牛，值（银）二分之一得便，当着许多证人面前……（“得便”为古埃及称量单位，又译为得朋、德本等，重约91克，1/10得便的单位是凯特——作者按）①

同期又有一件文书记述1个叙利亚女孩奴隶价值4德本1凯特银子，但在实际交易的时候，是用6个青铜器皿、10德本铜、15件亚麻外衣、1件寿衣、1条毯子和1个壶交付的。② 在这里，白银只是作为价值尺度，并不在交易中实际出现。即便是在当代，

① 周一良、吴于廑：《世界通史资料选辑》上古部分“第一部分 古代埃及”，商务印书馆1962年版。

② 《剑桥古代史》，第3版第II卷，转引自刘文鹏《古代埃及史》，商务印书馆2000年版。

20世纪90年代，中俄的边境换货贸易也大都是以物易物，充当价值尺度的是瑞士法郎。这种方式实际上其来有自，马克思曾经举例："西伯利亚和中国之间的商品交换，事实上虽然纯粹是物物交换，但是以银为价格尺度。"① 上述所举例说明，在交易中，交易品本身是实在的物品，同时也存在着一种交易的尺度，但是并没有这种"尺度"的实物存在，这个"尺度"是观念的。也就是说，只有价值尺度并不能形成货币，价值尺度是可以和货币分离的。作为货币，价值尺度是它的基本职能，是它的必要条件，但却不是充要条件。

"流通手段"。什么是流通？《政治经济学批判》对流通的解释是：商品"交换过程同时就是货币的形成过程。表现为种种过程连续进行的这个过程的整体，就是流通"②。在《资本论》中，马克思又用这一概念表述货币："货币流通表示同一个过程的不断的、单调的重复。"③ 我们应该注意，作者反复使用的副词是"连续""不断""单调""重复"。恩格斯对此有一个更直接的解释："物物交换只会产生偶然的交换，并不造成商品的流通。"④ 所举马克思的第一个例句中的"流通"说的是商品流通，但不是说某一件个别的商品的交易过程，而是指在以货币为中介时，所有商品的整体在不断交换的过程。第二个例句所说的"流通"指的是货币流通，同样，不是某一次交易的付款过程，而是指同一种货

---

① 马克思：《政治经济学批判》第一篇第二章"1. 价值尺度"，中共中央马克思恩格斯列宁斯大林著作编译局译，人民出版社1976年版。

② 马克思：《政治经济学批判》第一篇第一章"商品"，中共中央马克思恩格斯列宁斯大林著作编译局译，人民出版社1976年版。

③ 马克思：《资本论》第一卷第三章第2节"（b）货币的流通"，人民出版社2004年版。

④《恩格斯致保尔·拉法格（1884年8月11日左右）》，《马克思恩格斯〈资本论〉书信集》，中共中央马克思恩格斯列宁斯大林著作编译局编，人民出版社1976年版。

币在商品的海洋中反复、不断地介入交换过程。它所介入的商品与品种无关，只与价值有关。它不是观念的，而必须是实实在在的实物。这个实物并不能独立存在，必须有“尺度”来规定它的数量。从这个意义来说，流通手段是货币的基本职能，也是它的必要条件，但同样不是充要条件。

但是如果有一种商品，能够从所有各种特殊商品中分离出来，有条件成为价值尺度，同时又可以直接介入商品交易，成为流通手段，它就可以成为一种一般商品，也就是成为货币。这就是马克思所说“价值尺度和流通手段的统一是货币”。不过从流通手段的角度说，它还有一种“特权”，即它既可以自己直接介入流通，也可以自己本身不介入，而以它的“代表”来介入。这个代表可以有各种形态，比如中国历史上出现过王莽的“金错刀”，1枚仅重28克左右，却规定当作5000枚4克重的普通五铢钱用，在国家强制执行的时候，它就是“自身的代表”；纸币出现后作为铜钱的代表也成为货币的一种，如此等等。不过在讨论货币起源的时候，无论是从货币形态发展的实际出发，还是从为讨论的清晰、简化出发，都可以把“代表”问题暂置不论。

从以上讨论可以得出结论，同时具备“价值尺度”和“流通手段”这两项是界定货币的充分必要条件，即充要条件。我们衡量中国货币的起源，应该以此为标尺。说得更明确一些，判断货币是否形成，必须看是否同时具备了价值尺度和流通手段这两项职能。

顺便说明，在社会生活的实际中，价值尺度并不是唯一的。在同一个社会中，存在不止一个尺度的现象也屡见不鲜。古代两河流域古国埃什嫩那（今伊拉克巴格达附近，约公元前22世纪—前18世纪，相当中国的夏代前期）有一件用泥板文字书写的《俾拉拉马法典》，法典规定了当时的物价：

第一条　大麦一库鲁　　　　合银一舍克勒
　　　　上等植物油三卡　　合银一舍克勒
　　　　胡麻油一苏图二卡　合银一舍克勒
　　　　猪油一苏图五卡　　合银一舍克勒
　　　　……
　　　　盐二库鲁　　　　　合银一舍克勒
　　　　蜜三明那　　　　　合银一舍克勒
　　　　……

第二条　精选胡麻油一卡，其价为大麦三苏图
　　　　精选猪油一卡，其价为大麦二苏图五卡
　　　　精选河油一卡，其价为大麦七卡

第三条　有牛及御者之车，其租用之费为大麦一马西克图四苏图；如以银计，则其租用之费为三分之一舍克勒；他可以用车终日。①

又如明清时期，银铜并行，政府虽然力图保持二者的比价，但后来二者的比价实际是浮动的，也就是存在着两种价值尺度。但我们在探讨货币起源的时候，常常不考虑这个因素。

另外，在一些论者的文章中，常见把货币称为“特殊商品”的现象，这是对马克思货币理论的误解。在马克思那里，每一种商品都是一种“特殊商品”。货币材料，比如金银，在作为金银使用（即体现“使用价值”如做饰品之类）的时候，是特殊商品，只有在“代表一切商品的交换价值的时候”，才成为“一般商品”。在这里，“特殊”和“一般”不是普通理解的特殊和一般，而是一种哲学概念，相当于“个别”和“一般”的概念。

---

① 周一良、吴于廑：《世界通史资料选辑》上古部分“第二部分 古代苏美尔和巴比伦”，商务印书馆 1962 年版。

（二）关于货币的职能

1. 马克思没有货币“五种职能”的提法

长期以来，中国学界都认为，马克思主义的政治经济学所论述的货币有五项职能，即价值尺度、流通手段、支付手段、贮藏手段和世界货币。更有人把货币看作共有五种职能并只有五种职能，这个说法有时甚至成了一些学者判断货币的标准。

事实上，在马克思那里，从来也没有所谓“五种职能”的说法。

“职能”一词，在马克思关于货币的论述中，是应用得比较宽泛的。我们试举几例：

a. 由于这种社会过程，充当一般等价物就成为被分离出来的商品的独特的社会职能。这个商品就成为货币。	《资本论》p. 106
b. 金的第一个职能是为商品世界提供表现价值的材料。	《资本论》p. 114
c. 作为价值尺度和作为价格标准，货币执行着两种完全不同的职能。	《资本论》p. 118
d. 作为商品流通的中介，货币取得了流通手段的职能。	《资本论》p. 136
e. 因此，相对地说没有价值的东西，例如纸票，就能代替金来执行铸币的职能。	《资本论》p. 149
f. 信用货币的自然根源是货币作为支付手段的职能。	《资本论》p. 149
g. 作为价值尺度并因而以自身或通过代表作为流通手段来执行职能的商品，是货币。	《资本论》p. 152

续表

h. 货币贮藏在金属流通的经济中执行着种种不同的职能。它的第一个职能是从金银铸币的流通条件中产生的。	《资本论》p. 157
i. 由于商品的形态变化或商品的价值形式的发展在这里起了变化，货币也就取得了另一种职能。货币成了支付手段。	《资本论》p. 159
j. 第一，货币在决定所卖商品的价格上执行价值尺度的职能……第二，货币执行观念的购买手段的职能。	《资本论》p. 160
k. 货币贮藏的职能，一部分来源于货币作为国内流通手段和国内支付手段的职能，一部分来源于货币作为世界货币的职能。	《资本论》pp. 168–169
l. 货币的各种特殊形式，即单纯的商品等价物，或流通手段，或支付手段、贮藏货币和世界货币，按其中这种或那种职能的不同作用范围和相对占优势的情况，表示社会生产过程的极不相同的阶段。	《资本论》p. 198
m. 关于作为货币关系体现者的贵金属的几点说明。 （一）作为尺度的货币…… （二）作为交换手段的货币或简单的流通…… （三）作为货币的货币……对于特性（c）来说，（a）和（b）只表现为职能，而在特性（c）中，货币……是贮藏的对象。（这种职能目前在亚洲仍然是重要的）	《马克思致恩格斯的信》1858 年 4 月 2 日，《政治经济学批判》，人民出版社 1976 年单行本

* 这里的《资本论》系人民出版社 2004 年第 2 版。

在以上举例中，除了通常所说的货币职能以外，“职能”一词还有一些其他的意义：

（1）例 c 中，马克思提出了一个货币“价格标准”的职能，而且是与价值尺度“完全不同的职能”。我们不在这里研究两种职能的内容，仅就职能的命名看，它是不包容在所谓“五种职能”之内的。

（2）例 j 又提出了一个新的职能“购买手段”。尽管购买是流通的组成部分，但购买与流通是两个不同的概念。购买是一次性的交易过程，而流通是“不断”交易、“连续进行”的整体。

（3）例 h 和例 i 是前后相承关系。从这个例子看，货币的贮藏职能又分解出“种种不同的职能”，其中第一个职能是“蓄水池”，它是从流通手段中产生的；它所产生的第二个职能是“支付手段”。由于支付产生于买和卖在时间上的分离，这一过程中货币退出流通贮藏起来，于是“贮藏手段”和“支付手段”相互转化。

（4）例 k 中“贮藏手段”又来源于流通、支付和世界货币的职能。与上述（3）对照，这些职能也是相互转化的。

（5）例 m 中，只有价值尺度和流通手段是职能，（c）所举如贮藏等只是“特性”。

以上各例只是说明，在马克思的论述中，并没有把“职能”一词作为货币职能的限定性表述，更没有把货币职能限定为“五种”。从《政治经济学批判》和《资本论》的篇章结构更能够说明这一点。两书论述货币的结构是一样的（省却章题）：（1）价值尺度；（2）流通手段；（3）货币：货币贮藏，支付手段，世界货币。

这里完全可以看出，正如马克思给货币所下的定义一样，货币的基本职能，或者是说基本要素就是两项：价值尺度和流通手段。除此之外，货币还可以有其他的职能或特性，但都是这两种基本职能在不同社会环境中的延伸或是变化。马克思之所以只论述了贮藏、支付和世界货币三项，是因为它们更符合 19 世纪欧洲的现实，深入展开这三项便于在后面的篇章中研究货币转为资本的内容。因此，在不同的时代和不同的历史范畴内，货币还可能有不同的职能。

2. 所谓“五种职能”的来源

马克思既没有“五种职能”的提法，那么这种提法从何而来，又为什么在中国长期以来占据了理论统治地位呢？这要从马克思主义政治经济学普及的历史说起。

马克思的《资本论》发表后，鉴于它对马克思经济学说的奠基作用和它的理论难度，恩格斯曾经非常希望能够出版一些比较准确而通俗地解说《资本论》基本理论的书籍。在 19 世纪 70—80 年代，也确实有人做了一些这样的事情，恩格斯却大多很不满意。1887 年，卡尔·考茨基发表了《卡尔·马克思的经济学说》一书，得到了恩格斯的基本肯定，认为它是马克思“理论的提要，或者确切些说，是对这些理论的独立叙述，尽管不总是十分准确，但是还不坏”①。这本书在传播马克思主义方面起了非常大的作用。1919 年，日本社会主义者高畠素之把它译为日文，书名《资本论解说》。北京《晨报》的记者陈溥贤（笔名渊泉）很快就把它译成中文，从 1919 年 5 月起在《晨报》的副刊连载，名为“柯祖基马氏资本论释义”（柯祖基即考茨基，后由商务印书馆结集出版为柯祖基著《马克思底经济学说》）。同年，戴季陶也把该书翻译为《马克思资本论解说》，分期连载在中华革命党理论刊物《建设》上（后由上海民智书局结集以戴季陶、胡汉民译《资

① 《恩格斯致尼古拉·弗兰策维奇·丹尼尔逊（1888 年 1 月 5 日）》，《马克思恩格斯〈资本论〉书信集》，人民出版社 1976 年版。

本论解说》出版)。

20 世纪 20—30 年代，中国民主革命人士在意识形态上的立场和分野逐渐清晰，认识马克思主义的理论的来源也逐渐从日本和欧洲移向苏联。苏联也逐渐从内战的困境中摆脱出来，理论研究的要求更加突出。30 年代，苏联的一些经济学家开始尝试用马克思主义观点写作新的政治经济学，其中列昂节夫的《政治经济学》由苏联外国工人出版社出版了中文版，所以在中国产生了很大影响。直到 2009 年，国务院原副总理谷牧出版《谷牧回忆录》，说到改革开放初期出国考察，还感叹说西欧国家的状况“已不是我们从苏联列昂节夫《政治经济学》上获得的那些老概念了”。

列昂节夫的《政治经济学》大体也是按照马克思《政治经济学批判》和《资本论》的结构，从商品、价值和货币讲起，不过结合了一些列宁的说法，采用了非常通俗的语言。其中关于货币，有“货币底机能”一节，开头就说“货币在商品经济中具有许多的机能”。机能一词加了着重号。在这一节中，列昂节夫使用的词汇和语言是：货币具有“测量价值的作用”；有“流通手段底作用”；“贮蓄手段的作用”；“还作为支付手段”；“最后一种的货币机能，这就是世界货币底作用”。值得注意的是，列昂节夫的体例是，他列举的主要“机能”都加着重号。而上举诸例中，只有测量价值、流通手段和世界货币三项被加了着重号，而贮蓄手段、支付手段只是在他说“对于流通手段还有一些重要要求”后的解释文字。

当时的苏联还没有官方的政治经济学教科书，列昂节夫的书只是个人著作。此类著作在中国有一定影响的还有日本老资格的社会主义者河上肇 1932 年出版的《〈资本论〉入门》，大致按照《资本论》原有的结构用通俗易懂的语言解说。20 世纪 20—30 年代，中国陆续出版了几种《资本论》的译本，特别是王亚南、郭大力的版本，由于中共的关怀和支持，在孤岛上海出版后，印刷量大，传播广泛，敌占区、国统区和解放区都有流传。但是由于《资本论》对于中国的广大读者还是比较难懂的，还需要有进一步的普及工作。

1949 年，许涤新出版了他的《广义政治经济学》。这是一本从社会发展的角度论述政治经济学的著作。在政治经济学方面，他显然受到列昂节夫很大的影响。他在自序中说："使我鼓起勇气和下了决心的因素有二，其一是毛主席一九三八年的《中国共产党在民族战争中的地位》报告；其二是苏联里昂捷也夫等根据苏共中央的指示而发表的'关于讲授政治经济学的几个问题'。"关于货币职能的翻译，他也使用了苏联的译法"机能"。"货币的机能"设为独立一节，其中分立 5 个小节，立标题为（一）价值尺度、（二）流通工具、（三）贮藏手段、（四）支付手段、（五）世界货币。

1954 年，斯大林亲自主持，集中一批包括列昂节夫在内的苏联经济学家撰写了苏联第一部官方认定的《政治经济学》教科书。教科书在莫斯科出版，同时出版了多种文字，包括中文的版本。在这部《政治经济学》教科书中，"货币的职能"一节导语正式将货币职能写作平列的五项："随着商品生产的发展，货币所执行的职能也在发展。在发达的商品生产中，货币是：（一）价值尺度，（二）流通手段，（三）积累手段，（四）支付手段，（五）世界货币。"

1955 年，人民出版社直接翻印出版了这部教科书的中文版。以后，这部教科书在苏联又出版了增订版，人民出版社也出版了相应的增订版。中国学者为适应各级各类不同学校的需要，也为了适应中国一般读者的需要，又编写了几部用中国语言表述的《政治经济学》，但是体系和论点基本上都是以苏联教科书为蓝本的。不少教科书甚至直接写道：在发达的商品生产中，货币有五项职能。此后，“五项职能”说流传广泛，至今仍有很大影响，以至当有学者论述“不发达”的商品社会时，也用“五项职能”来硬性衡量。

二、货币起源的社会发展历程

货币不是天然存在的自然事物，而是在人类社会活动过程中出现的历史的产物。人类对任何自然事物、社会事物的认识，都会经过一个或长或短的历史过程。这个过程大体要经过初始阶段(萌芽阶段)、探索阶段、认识规律、突飞猛进这样几个过程。在这几个过程中，初始阶段和探索阶段往往要经历很长的历史时期，一旦经过历史的积累，经过艰苦的探索，认识了事物的规律，人类对这一事物的驾驭能力就会产生突飞猛进的进步。

以人类对火的认识为例，依照考古界的看法，“人猿相揖别”当在200多万年前，而人类学会用火大约在60万至70万年前，也就是说经历了100多万年；我们无法准确知道从保存火种到人工取火经历了多长时间，但是学会制造火药只是在1000多年前；利用燃烧加热介质转换能量，形成工业价值是18世纪的事，而控制燃烧推动飞行的历史距今只有70余年；但自那以后仅十几年就把人送出了地球；最近几十年间，已经是地球布满发电站，喷气式飞机满天飞，往来空间如穿梭了。

再如人类发现半导体现象是在19世纪30年代；20世纪40年代才产生了第一支晶体管，几乎历经100年；但是此后不到10年就出现了第一台半导体收音机，几乎同时，晶体管电子计算机问世；20世纪50年代末就出现了集成电路计算机；20世纪80—90年代，计算机已经达到每18个月速度提高一倍的程度。

文字传播也是如此。中断而不能延续的古埃及象形文字、西亚楔形文字姑置不论，以中国而言，河南舞阳贾湖发现的新石器时代遗址表明，早在距今9000年前，居住在中国土地上的人类已经意识到，利用在陶器上刻画符号可以表达某些信息；目前可以见到的有意识记录事件的文字是距今3000多年前的殷商甲骨文，距贾湖刻符长达5000—6000年；从殷商契刻甲骨到唐朝利用印刷传播信息，用了2000多年；而从唐朝出现雕版印刷的佛教宣传品到宋朝大规模出版书籍，才用了200多年。

这样的事例比比皆是，不胜枚举。货币的产生也是如此。人类早期的商业民族产生在两河流域和地中海东部周边。地中海东部地区联结西亚、北非和南欧，是人类早期文明的主要发祥地之一。西亚地貌是大片的荒漠草原，其中底格里斯河、幼发拉底河两河并行，形成两河流域（今伊拉克地区），北部以山地为主，河流冲出北部山地后，自中游以下形成冲积平原，造成了一块块绿洲。大约自公元前四千纪起，这里相继出现了早期的农业文明苏美尔-阿卡德、巴比伦。沿河流上溯，中上游是山区，在公元前三千纪前后形成了亚述国家，这里出产建材（石料）、矿石和木材。亚述以北是西亚和小亚细亚的联结处，大约在公元前两千纪形成了赫梯国家，以畜牧、矿产为主要资源。北非的尼罗河流域，由于尼罗河的周期性泛滥，造成了肥沃的土壤，从公元前四千纪到公元前三千纪就孕育出了古埃及文化。地中海的东北角，希腊半岛和小亚细亚围绕出一片相对独立的海域——爱琴海。这里的希腊半岛地形破碎，陆地丘陵和小平原相间，形成了各不统属的城邦文化。各个城邦根据各自的自然环境，发展了各不相同的经济生产。希腊海岸曲折，海湾众多，海上岛屿密布，从希腊到小亚细亚，一路岛屿相望，是航海的理想条件。自公元前三千纪到公元前两千纪，在希腊半岛到小亚细亚，环爱琴海形成了一个由希腊城邦和希腊殖民者城邦组成的希腊化地区。

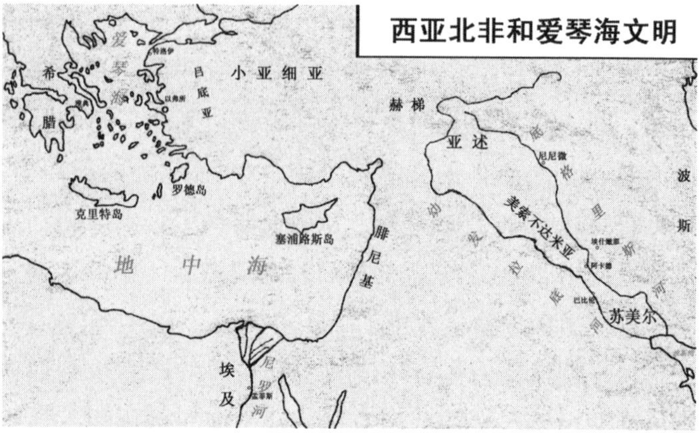

西亚北非和爱琴海文明

除上述国家以外，这一地区还有腓尼基、波斯等势力。所有这些文明，由于早期生产力的限制，大多难以自给自足，但是又有各自的经济优势。不少地区或国家分别以出产谷物、油料、酒、畜产、石料、陶器、香料、矿产、颜料和造船业、手工业品等著称。由于这些地区地域相近，交通方便，相互的交往、交会、交流或碰撞非常频繁，同时也造成了生活资源的频繁流动。资源流动的方式是多样的，如交换、赠与、赔偿、战争、掠夺、赎换、贡奉、赏赐、借贷、买卖等。其中像交换、赔偿、借贷、赎换、买卖等方式，参与各方是很在乎价值的相当的。同时，随着交流的频繁，以交换为目的的商品生产、以专业从事交换为主体的商业也迅速发展起来。

在上述各种经济活动中，人们显然需要一个价值标准，也就是尺度。这个尺度大多利用贵金属、谷物或牛。对交易媒介的实际需求也已经产生，但是还没有形成固定的媒介概念。所以，贵金属、谷物或牛往往只是一个计量标准，并不一定实际使用。即便使用，也是按照实物方式，金属用称量，谷物用器量。这里试举几例：

《汉谟拉比法典》[1]（约公元前18世纪，古巴比伦）：

> 第七条　自由民从自由民之子或自由民之奴隶买得或为之保管银或金，或奴隶，或女奴，或牛，或羊，或驴，或不论何物，而无证人及契约者，是为窃贼，应处死。
>
> 第一〇八条　倘卖酒妇不受谷以为西克拉（一种烈酒）之费，而按超重的砝码收银，而西克拉之定率量比之谷物之定率量为低，则此卖酒妇应被检举，投之于水。（按：此处“定率量”指西克拉酒与谷物法定的比率）
>
> 第一一一条　卖酒妇赊卖其酒六十卡者，至收成时应收谷五十卡。

可以看出，金、银、奴隶、牛羊之类都是性质相同的实物财产。只是谷物和银经常被当作计量的尺度，而且在实际交付的时候，用银还是用谷物都是可以的。

《纸草文书》[2]（约公元前15世纪，古埃及新王国时期）：

> 今天，涅布麦西在充任阿明霍特普（即国王）家牧人之时，请求于有角牲畜的牧人摩塞，致辞如次：“我什么都没有了，请给我以女奴赫里特的两个工作日的买价。”于是有角牲畜的牧人摩塞就给他一束麻布，值三又二分之一环，和……值二分之一环。
>
> 他又有两次请求，并且说：“请给我以女奴赫里特的四个工作日的买价。”于是牧人就给他……谷，值四环，六头山羊，值三环，又银一环，共十二环。

---

① 周一良、吴于廑：《世界通史资料选辑》上古部分“第二部分　古代苏美尔和巴比伦”，商务印书馆1962年版。

② 周一良、吴于廑：《世界通史资料选辑》上古部分“第一部分　古代埃及”，商务印书馆1962年版。

按：这里的“环”是白银打造的银环，以方便使用，但还没有成为真正的钱币。

《荷马史诗·伊利亚特》① （约公元前 9 世纪至前 8 世纪，描述约公元前 12 世纪的特洛伊战争）：

伊阿宋的儿子把一千坛酒，
交给阿特柔斯之子阿伽门农和墨涅拉奥斯 。
长头发的阿开奥斯人从船上买到葡萄酒，
有的是用青铜，有的用发亮的铁，
有的是用皮革，有的用整队的牛，
有的用奴隶换取，准备欢乐地宴饮。
特洛伊人和他们的盟友在城里也是这样。

从上引例证来看，尽管在当时的经济活动中，甚至在交易活动中，主要是以实物交易为主，但某些实物已经被经常地，甚至官方认可地作为价值尺度和媒介。只是它们还没有取得独立的媒介地位，处在货币的萌芽状态。比如美索不达米亚，白银的重量和谷物的容量形成一定的比率，作为经济活动的价值标准。又如埃及的金银除作为昂贵的建筑、车马材料、人员装饰等以外，在新王国时期（约公元前 16 世纪至前 11 世纪，与中国商代大致同期），它们常常被打造成金环和银环。但是衡量金银的标准仍

◆古埃及壁画，显示金环在使用的时候，须经天平称量

① ［古希腊］荷马：《荷马史诗·伊利亚特》，罗念生、王焕生译，人民文学出版社 1994 年版。

然是称量单位。

到公元前7世纪，小亚细亚的吕底亚王国以打有戳记的金银合金粒作为正式的钱币。这种方式迅速为周边的希腊人、波斯国等采用，金属终于从实物商品的地位中脱离出来，成为有别于所有特殊商品的一般商品——货币。

这是一个人类对一种从未有过的新事物的认识过程，也是货币从无到有的产生过程。

在中国货币发生的研究中，我们还很少看到对这一“过程”的探究。毫无分析地把所有发现的海贝、铜贝，甚至石贝、珧贝一概看作货币，称作“贝币”。把所谓的“五种职能”往那些被认为是上古货币的物质上附会，仍然是相当普遍的现象。在考古报告中，只要墓葬中发现有贝，就称其为“贝币”，这也是常见的现象。

三、研究货币起源的历史方法

通过前述章节，笔者认为，马克思主义的货币史观是直到目前为止人类对货币本质最为正确的一种认识，足以指导我们对货币起源的探讨。但是，一种思想的指导并不能代替探讨本身。恩格斯曾经说“政治经济学本质上是一门历史的科学”①，但是政治经济学毕竟不是历史科学本身。政治经济学，按照马克思自己的说法，是“从表象中的具体达到越来越稀薄的抽象，直到我达到一些最简单的规定”②。而历史学正相反，需要的是越来越具体的事实。因此，研究中国货币的起源，必须遵循中国历史研究的方法。

---

① 恩格斯：《反杜林论》“第二编　政治经济学　一、对象和方法”，人民出版社1970年版。

② 马克思：《经济学手稿（1857—1858年）》“导言·3. 政治经济学的方法”，《马克思恩格斯全集》第二版第30卷，人民出版社1995年版。

首先是遵循历史唯物主义的思想方法。历史唯物主义的思想核心是"实事求是"。中国史学有着优良的实事求是传统。"实事求是"这个概念出于东汉史学家班固。① 他之提出这个概念，是为赞扬中国文献史上的一个重要人物——西汉河间献王刘德。刘德广泛收集社会上秦始皇焚书之余保存下来的藏书，悉心整理。今天我们看到的很多先秦古籍，是由于刘德的努力才得以传世。唐颜师古注书的时候把这一概念注为"务得事实，每求真是也"。首先在把"事"的真相落"实"，然后才能求得事物或事件内在因素的"是"。"实事"在先，"求是"基于"实事"。今天，这仍然是我们应当遵循的方法。

要把事实真相落"实"，就要尽可能多地占有材料，20 世纪 20 年代，王国维提出历史研究的"二重证据法"，即要求以文献与出土材料相印证，获得历史学界广泛认同。此后，二重证据法不断得到充实和发展。二重证据的内涵也不断变化，甚至有人提出还应加上人类学实例，成为"三重证据"，目的都是以各方取得的新的科学成果充实研究材料。由于中国的史料中有意识地专门记叙货币起源的资料极其缺乏，掌握尽可能多的资料就更为重要。包括既重视文献的研究，也重视实物的研究。我们所努力的方向应当是把各方面的资料综合起来，使研究建立在扎实的资料基础上。

在掌握了相当的资料以后，应当对各种资料有所分析，慎重取舍。研究货币起源的主要依靠是先秦资料。但先秦资料的情况也非常复杂。以文献而论，古人说，六经皆史。但是所谓"六经"中又有真伪、先后之分。即便在所谓的"真经"中，各不同篇目仍有真伪之说。近年的考古和历史研究发现，有些曾被判为"伪"的篇目，其中有些内容仍有一定的价值。又如先秦史料中，

---

① 《汉书》卷五十三"景十三王传"。

春秋以前的作品，参考价值比较高，而战国纵横家言，就需要谨慎对待。乾嘉间史家崔述早就说过：“唐虞三代之事……至于战国、秦、汉以后所述，则多杂以权术诈谋之习，与圣人不相类，无他，彼固以当日之风气度之也”，“战国之时，邪说并作，寓言实多，汉儒误信而误载之，固也……然则汉晋诸儒之所传者，其遂可以尽信乎哉?”但是当代货币史研究者仍有不加分析随意采信的。

除文献外，更应重视出土实物和相关文物。对出土文物的利用，也要有分析。要注意是不是科学发掘出土，出土的地层和伴出物对相关实物的认识有着非同寻常的作用。譬如1979年四川青川县出土秦墓，墓中有半两铜钱。同出有木牍两片，据考古研究，纪年为秦武王二年（前309），这个信息对判断秦国铸造半两钱的年代就有了十分重要的意义。有些资料比如铜器，尽管器物本身和铭文都没有问题，但是如果不确定时代随意使用，没有年代感，就失去了结论的科学价值。

在实物资料和文献的利用上，应当遵循的原则是，实物资料在先，文献在后；原始材料在先，非原始资料在后；在所有资料中，能确定时代的在先，时代模糊的在后；在文献资料中，靠近所论时代的文献在先，直接文献在先，时代靠后的和二次引用文字的在后；一个新的结论，应当尽量有多例证明，避免采用孤例；引用文献资料（包括实物中的文字）要看文意，避免断章取义；利用人类学、文化史等材料时，避免生硬附会。

在充分占有了材料以后，如何认识与使用材料也是十分重要的。要把材料放到材料所属的时代环境中去考察。实物资料需要发现环境、同出器物等要素，文字资料需要全文内容、前后语境等要素。所有的材料都要和所考察的历史大环境相联系，同时充分利用前人和时贤的研究成果，避免重复劳动或是埋头说空话。

说起来，这些都是基本的史学规范，但我们仍然能够看到研究者有意无意地在重复曾经出现的问题。所以我们在讨论货币起源的时候，要先强调一下史学研究方法论的问题。

第五节　货币起源诸说辩

一、几个常见的例证

比较流行的中国货币起源说往往把中国的商业经济推前很早，甚至早到原始社会晚期。并且认定早期货币就是海贝。我们试就若干常见论例做一分析。

（一）王亥

王亥是文献所见商族的先公。论者常举王亥到有易部落贩牛以说明中国商业起源甚早，是货币产生很早的依据。然而细检文献，这些说法颇有问题。

先秦文献中，记载王亥事迹的主要有：《易》《山海经》《竹书纪年》《世本》《楚辞》《吕氏春秋》。此外，在甲骨中，今天已经发现有关亥的卜辞有130多条①。经王国维考证，在上述先秦文献以及汉代以后的《史记》《汉书》中，王亥的名字经传抄讹写，被写作王亥、亥、殷王子亥、该、垓、胲、核、振、冰。② 实际上，他的名字应该是亥。据王国维考察，甲骨中所见的关于亥的卜辞都是祭祀亥的，称其为王亥、高祖亥，祭祀的日子按干支记大多为亥日。由此可知，亥以出生于亥日命名。王是商族后人祭祀他的尊称。殷人子姓，所以有的文献称他为“子亥”。从殷墟

① 晁福林：《夏商西周的社会变迁》，北京师范大学出版社1996年版。
② 王国维：《观堂集林·殷卜辞中所见先公先王考》。

发掘的甲骨卜辞结合文献考察，现在可以知道，商族人认为他们的先祖是契，大致和夏代的第一个王启同时。从契到成汤灭夏，历经 14 代王，子亥恰居第 7，可知子亥生活的时代，大致属于夏代中期，也就是大约公元前 18 世纪左右。

王亥在殷墟卜甲所记被祀的先公中，地位极高，印证了文献所记的先公亥确有其人。但是仅从卜甲还看不出他的事迹究竟是什么。他的事迹主要还是在文献中。据认为写于西周的《世本》是最早记叙了亥事迹的书籍。只是原书早佚，现存清人的辑佚书有多种，内容各有出入，但都记叙了“胲作服牛”。人类驯养牛的历史很久，但大多是肉用。胲作服牛，是最先学会了役用。各家《世本》的“作篇”内容虽然编次各不相同，但在“胲作服牛”条的前后，大多还有“相土作乘马”“奚仲作车”等条。奚仲是夏初人氏，他的发明，大概主要还是制作了圆形木轮，可以轻松地载物拖动。相土是商族先公，生活在夏代前期，他的贡献是学会了用驯养的四匹马拉一辆车。而亥最大的贡献是学会了用牛拉车。当时还不会用牛耕地，牛耕大约是东周以后的事了。马车可以致远，牛车可以载重，他们的创新大大扩展了人类的活动能力，因而受到后人的崇祀。不过《世本》和援引《世本》的如《史记》等书并没有谈到王亥与有易的关系。

最早明确写到亥与有易部落关系，并且常为近人引用的文献是《山海经·大荒东经》：

> 有人曰王亥，两手操鸟，方食其头。王亥托于有易、河伯仆牛。有易杀王亥，取仆牛。

由于王国维考出亥、该、垓、胲、核、振等同为一人，在先秦古籍中记录这一事件的还可以看到：

> 殷王子亥宾于有易而淫焉，有易之君绵臣杀而放之，是

故殷上甲微假师于河伯以伐有易，灭之，遂杀其君绵臣也。（古本《竹书纪年》）

上九：鸟焚其巢。旅人先笑后号咷；丧牛于易，凶。（《易》旅卦）

说得最详细的是屈原的《天问》：

该秉季德，厥父是臧，胡终弊于有扈，牧夫牛羊？
干协时舞，何以怀之？平胁曼肤，何以肥之？
有扈牧竖，云何而逢？击床先出，其命何从？
恒秉季德，焉得夫朴牛？何往营班禄，不但还来？
昏微遵迹，有狄不宁……

《天问》篇中，“该”就是亥；“季”是亥的父亲，甲骨和《史记》中记为冥；“有扈”即有易；“恒”是亥的弟弟，亥死后恒曾经统领商族；“昏微”即《史记》中的微，《竹书》记为上甲微，是亥之子，魏晋间人皇甫谧说微字上甲，在亥死后继为商族首领。应该注意到，《易》经“旅”卦的文字并没有指明旅人是谁，近人顾颉刚指出，这里《易》经所用的事例就是王亥被杀于有易的事。《易》出于西周；《竹书》是魏国史书，出土于北方汲郡（今河南新乡卫辉）；屈原是战国南方楚人，可知商人先祖王亥的这个事件，在周朝是南北各国尽人熟知的。只是先秦古文简约，后人注疏各有己见。综合各条记录，结合前人注解，可以大致复原王亥被杀事件的始末：

商族的先祖曾经帮助大禹治水有功，又创造了以牛马驾车的先进生产方式，到夏代中期，已经成为雄踞今冀豫鲁交界地区的大族。此时商族已经以农业为主要生产方式，因而周边的有易、河伯等游牧部族奉商为上族。商族的发展对牛羊的需求急剧增长，于是商族首领亥借助有易地方放牧牛羊。起初有易待亥如上宾，以歌舞酒席相邀。王亥气质威武雄壮，吸引了有易的女子，竟至发展成私情。私情为有易撞破，有易首领绵臣一怒之下击杀了王亥，没收了商族的牛羊。王亥的弟弟不得不以向有易颁赐的方式换回牛羊。王亥的儿子微继任后，为报父仇，向河伯部族借兵，攻灭了有易。

关于王亥，无论是文献还是文物，都无法得出他是驾车到有易做生意的结论。而且尽管文献有商族祖先发明车的记录，但是从考古实际来看，对于早商乃至先商时期的车仍很难做过高的估计。在被认为属于早商时期的河南偃师商城的考古发掘中发现了车的痕迹，土地上的车辙印迹轨距只有 1.2 米左右，车辙与城墙遗迹的距离只有 20~30 厘米，说明在商代早期，车其实还是非常窄小的，用途显然也是有限的。到商代晚期，安阳殷墟发掘出来的车，轨距已经达到 2.2~2.4 米，车的用途已经大大扩展。[①] 这种技术条件的变化，也应当是估计商族活动的一个依据。

由此可知，商族和有易族的关系，即便有物资交流，应该也是贡赐或是简单交换甚至掳掠的关系，而很难得出驾车进行大规模商业活动的结论。

（二）肇牵车牛远服贾

为说明早在商朝，商族人就很会经商，论者常举《尚书》的“肇牵车牛远服贾”为例。甚至把“肇牵车牛远服贾”安到先商时期的王亥头上，这颇有“移花接木”之嫌。

“肇牵车牛远服贾”这句话出自周初的周公旦。武王立周，把商朝原来的贵族的土地大多分封给了周朝的贵族和功臣，同时为了笼络商民，还给原商族的王族武庚禄父在商王畿留下了一块土地。武王崩逝后，武庚勾结本是监视殷遗民的管叔、蔡叔叛乱，

① 杜金鹏：《偃师商城初探》“偃师商城大城考古新收获”，中国社会科学出版社 2003 年版。

被周公花了三年时间平息。平息管蔡以后，周公改变原来的想法，把在商王畿的殷遗民迁徙到卫地（今河南鹤壁淇县附近），并将卫地分封给自己的少弟康叔。考虑到康叔年少，周公对康叔做了一系列的政治教导。《尚书》中汇集了多篇对康叔告诫的记录《康诰》《酒诰》《梓材》和对殷旧贵族的告诫《多士》等。“肇牵车牛远服贾”即出于《酒诰》。《酒诰》通篇是在告诫康叔和康叔封土上的官员及民众，商朝是因为沉湎于酒而亡国的，你们要兢兢业业，不要因酒失国。其中有一段是针对殷的旧贵族说的：

妹土！嗣尔股肱，纯其艺黍稷，奔走事厥考厥长。肇牵车牛远服贾，用孝养厥父母。厥父母庆，自洗腆，致用酒。

大意是：“商朝的遗民们，今后你们就是我的臣工了！你们要努力搞好农业，服侍好你们的父兄长辈。农事做完，为供养你们的父母，可以驾起牛车，出门去做买卖，那样你们的父母就会很高兴，为你们准备丰盛的饭菜，那时你们才可以喝酒。”在康叔封卫以后周公的一系列告诫（也包括后来成王对殷民的告诫）中，首要的是天命，即说明周革殷命的正当性；其次是治民，包括设官、行德政、重刑律等；再次是自律，约束自己，不要奢靡过分，走殷亡的老路；对待殷的遗民，要求他们安分守己，做好本业，重点是农业——“纯其艺黍稷”（《酒诰》），“宅尔邑，继尔居，尔厥有干有年于兹洛”（《多士》），“尚永力畋尔田，天惟畀矜尔”（《多方》），涉及经商，仅此“牵车牛远服贾”一句。

有商一朝社会生产的进步变化是比较大的。在商朝建立之前的先商时期，商族的社会还处在从游牧行猎向定居农业过渡中，“殷民八迁”正是这种状况的反映。成汤代夏以后的很长一个时期，商族的社会状况改变不大，所以仍然需要“不常宁，不常厥邑”，即使从汤立国到盘庚迁殷的300多年中，也迁徙了五次①。这种迁徙，原因很多，仅从生存环境来说，是由于生产落后，地力消耗得不到补充；为建筑和获取燃料滥砍滥伐，造成居住区域野生动植物资源枯竭，不得不迁徙。这时的商朝处在早期国家形态中，部族的贵族已经占有了大量财富，但是社会的基础是农村公社。贵族通过纳贡、征服和掳掠获取财富，农村公社大多处在十分低下的自给自足状态中，生活上对外依赖程度很低。直到盘庚迁殷后的100多年，商族才大致稳定下来，生产有了一定的提高。

从商族遗址的发掘来看，殷墟的农具虽然还是以木、石、骨、蚌器为主，但已经发现有几百件农具集中出土，表现了农业生产的规模，甚至还有了少量的青铜农具；殷墟发现的大量酒具和周人对商人因酒失国的评论说明粮食产量达到的高度；陶器，特别是青铜器的制造达到了一个空前的高峰，大量晚商精美青铜礼器的发现不是偃师商城、郑州商城等早商遗址出土所能相比的；安阳妇好墓出土的大量手工制品充分显示了这一时期社会生产力的水平。应该也就是在这个时期，商族才有能力也有条件，使一些人利用农闲时间外出从事剩余产品的交换。尽管如此，这时的交换也只能是初级的，以物易物的。张光直曾说：“从安阳出土的实物资料来看，各种经济资源的输入量是相当庞大的，如谷物、野兽和家畜、手工业品和各种服役；而从商王国向外的输出却非常少见，主要是商王对地方诸侯的赏赐品、维护庞大军事保护的开支和商王为各地侯伯的福利的祝愿。”没有证据表明，这个时期出现了集中的、有相对固定的交换媒介的贸易行为。

因此，“牵车牛远服贾”只是周初对殷遗民的要求，充其量是晚商部分商民的行为。以当时的牛车状态来看，所谓“远服

① 《尚书·盘庚》：“先王有服，恪谨天命，兹犹不常宁，不常厥邑，于今五邦。”

贾”也就“远”得有限。

（三）具乃贝玉

“具乃贝玉”原句为“兹予有乱政同位，具乃贝玉”，出自《尚书·盘庚》，货币史论者为说明早在商朝贝就成为货币和财富的象征，常举其为例，意思是商朝的贵族惑乱朝政，聚敛货币和财宝。

“盘庚”篇是有商一朝中承前启后的一代国王盘庚的一篇重要讲演辞。商朝前期，王都经常迁徙，到盘庚继位，已经有五迁，王都设在奄（今山东曲阜一带）。商都迁徙的原因很多，有政治的、外事的和生存环境的。其中生存环境是很重要的方面，前述不赘。盘庚决定把王都迁向黄河以北的殷地，这引起了贵族们的强烈不满，甚至酝酿着骚动。于是盘庚把他们聚集起来，做了一番训示。其中说：

> 古我先后既劳乃祖乃父，汝共作我畜民。汝有戕，则在乃心，我先后绥乃祖乃父。乃祖乃父乃断弃汝，不救乃死。兹予有乱政同位，具乃贝玉。乃祖乃父丕乃告我高后曰：“作丕刑于朕孙！”迪高后丕乃崇降弗祥。

由于世传《尚书》的“伪孔传”对“兹予有乱政同位，具乃贝玉”一句解释为：“乱，治也。此我有治政之臣，同位于父祖，不念尽忠，但念贝玉而已。言其贪。”此后各家注疏大致沿用此说，有的更甚而把“乱”释为“紊乱”“惑乱”，聚敛财富和金钱一说于是广为流行。其实这是一个误解。

从盘庚的演讲全篇来看，盘庚对部族中的贵族并没有指责他们贪腐、奢靡的意思。主要是贵族们不愿意放弃已经经营得益的土地、宫室、家园，到一个新的荒芜的土地上去做一个拓荒者。他们看不到环境的恶化对生存的威胁。盘庚于是用天命、祖先来劝说和威吓他们。所以“伪孔传”对“兹予有乱政同位，具乃贝玉”的注释是有问题的。

首先，乱，在《尚书》中大多在“治”的含意上使用，“伪孔传”说“乱，治也”是对的。后人试图解为“𤔲”通司，又解为惑乱、紊乱的乱，都是不对的。

其次，具，《尔雅·释诂》：“供、峙、共，具也。”郭璞注：“皆为备具”，是说“供、峙、共、具”这些词都是“准备好了”的意思。具字无论在这里还是在其他地方，都没有聚敛的意思。

至于贝玉，并不是钱财、财富。古人说贝玉是钱财，后人又以这一句为例证明商代以贝为钱，形成循环论证的逻辑错误。贝和玉自古就是礼用物品。贝和玉用作丧礼为死者“实口”，称为“含”“饭含”，无论在中、西部的仰韶文化还是中、东部的龙山文化，以至北方的红山文化中，都有大量发现。这一习俗一直保持到近代。《左传》文公五年孔颖达疏：“孝子不忍虚其亲之口，故以米贝珠玉实之，谓之饭含。”《公羊传》说“天子以珠、诸侯以玉、大夫以璧、士以贝，春秋之制也”。所谓天子、诸侯、大夫、士的分别是战国时人对春秋制度的看法，这种严格的规矩不能搬到商代比照，但是贝玉用作葬品是肯定的，那是塞在死者口中用的东西。战国后期荀子在为丧礼做解释的时候，还说“货财曰赙，舆马曰赗，衣服曰襚，玩好曰赠，玉贝曰唅”（《荀子·大略》）。所以，“具乃贝玉”的解释是：“准备你们的葬品吧！”意思是准备去死吧。弄清这几个词的意思，再看《盘庚》这一段的原文，译成现代语的意思就是：

> 从前我先王既偏劳过你们的祖先，你们又是我的顺民，你们要有不轨，你们的祖先心里清楚。我先王会告诉你们的祖先，你们的祖先会抛弃你们，不会把你们从死亡中拯救出来。我的治理政事的臣下们，准备你们自己的葬品吧。你们的祖先就会告诉我先王说：“给我们子孙降大刑吧！”我先王

就会给你们降下大灾。

商人信鬼，盘庚用先王和贵族们的祖先来吓唬不肯搬迁、企图闹事的贵族，“贝玉”与钱财、财富完全无涉。

（四）甲骨文从贝字①

货币史学中常见的说法是中国造字凡与货币有关的多以贝为偏旁。由于此说流传过泛，这里不再列举旧说，只是想说明，探讨文字的形义，必须有时间概念，就从贝字来说，也应当把殷商与周分开。殷商文字目前所见只有甲骨和金文。殷商铜器文字很少，主要的文字资料多表现在甲骨文中。我们就主要考察甲骨文的从贝字。

中国科学院考古研究所1964年编的《甲骨文编》收录甲骨文单字4600多个（含合文），已释900多个；20世纪90年代于省吾主编的《甲骨文字诂林》经重新释读归并为3600多个。另外，已经著录的甲骨，收入《甲骨文合编》的有40000多片，未收入的主要是小屯南地甲骨，另已整理出约4600片。经粗略披检，共得从贝字30多个。其中，基本可识的20个，《甲骨文编》收为从贝而又经重释的9个，由于辞残或其他原因释义不明的10个，现分列如下表（释义多依《甲骨文字诂林》，以下简称《诂林》）。

序号	字形	隶定	说　明
1		贝	甲骨有“亡贝”“有贝”，一般解为“获得贝”“丢失贝”。饶宗颐认为，“贝”借为“败”，是贞问是否失败。“有贝”也可释为“侑贝”，即聘礼宴飨时以贝送礼
2		败	又作敗，释为败，贝为音符

① “甲骨文从贝字”和“具乃贝玉”两个内容，作者有专述论文，见《中国史研究》2002年第2期及《中国钱币论文集》第四辑，这里不展开论证，只简要说明观点。

续表

序号	字形	隶定	说　明
3			难确指含意，或认为是宝字省
4		寶（宝）	甲骨中多为武丁时期的贵妇人名用字
5		狈	卜辞都用为人名
6		買（买）	卜辞多用为人名，网下的贝似为声符
7			释为得。甲骨中或为得失之得，或为相亲、相得之意，或为人名、方国名，又有，同为得字
8		責	训作责，向方国征收贡赋，并为祭名
9		貯（贮）	卜辞用为人名或方国名
10			义不明，似为祭事
11			用于神职贞人名
12			当为祭名
13			当为祭名
14			字不识，当是人名
15	和贝		地名
16			祭名
17			人名或方国名
18		朋	成串的贝，唯对每串数量有不同意见
19		朋	大多与上一字不分，实际上此处指的是串玉，与串贝有别

还有约 10 个字虽然看似含有贝旁，但是或不能隶定，或虽可以隶为今字，但其义不详，只能置而不论。另外还有一部分字，它所从的偏旁为，过去曾看作“贝”字，后经于省吾指出，与是不同的。后者为“贝”字，而前者实为“心”字。这样，

过去曾经释为浿、梖等的字实际应该释为沁、杺等字，不在贝字旁之列了。

经过这样整理，实际得与贝有关的字16个：

贝、败、宝、狈、买、得、责、贮、[illegible]、负、[illegible]、[illegible]、[illegible]、[illegible]、[illegible]、[illegible]

这16个字中，卜辞仅用为人名、地名或方国名的有8个：

宝、狈、买、负、贮、[illegible]、[illegible]、[illegible]

用于祭神、礼仪等意识形态领域的有4个：

[illegible]、[illegible]、[illegible]、[illegible]

除去这12个字，只剩贝、败、责、得4个与“贝”有关。

贝：在卜辞中一个义项是地名，另一个义项就是实物海贝。就其本义海贝来说，无论是赐贝、得贝还是“侑贝”，都没有任何证据说明它们是贸易用品，而赠品、赏赐和礼器主要是用于精神领域。至于得贝，卜辞也没有材料说明得贝的途径，是交易、纳贡还是掳掠。

败：其义就是“败”，并没有经济意义，贝在这里仅是个声符。

责：一义是祭祀，另一义是责方国贡赋。就方国贡赋来说，所责也主要是实物，当然也可能包括贡贝。但另一个更大的可能是，上部的束为声符，下部的贝为韵符。

得：“得”在卜辞中除去“相亲悦”的义项和方国名不论，大多释得失之得。仅以得失而论，这个“得”完全是个中性词，不含有“获得”的确定方式的意义，可能指交换获得，也可以指征服获得，还可以指纳贡获得，更可以指掳掠获得。

由上可知，至少在殷商时代，“贝”字及以贝为偏旁的字不含有较强的经济意义。

二、贝不是“作为货币的货币”

马克思曾经使用过“作为货币的货币”这样一种说法①，这是用现实的金属货币相对于概念中的价值尺度和交换手段而言的。借用马克思的思考和修辞方式，我们看到，传统的货币史论点把古代生活中的贝套上了种种货币的光环，我们于是把贝从这一节的讨论中单独提出来，考察它作为一种现实的物质存在在古代交换活动中的地位和活动方式。

（一）货币史学所称的“贝”

货币史学中常讨论的所谓“贝”，其实只是软体动物（也可以称贝类动物）的一种——宝螺科下属动物的外壳。动物分类学的层级为门、纲、目、科、属、种。软体动物是指动物界中最高层级的一个大类“软体动物门”。这个门种类繁多，外部形态各异，比如河里的蚌和海里的乌贼都同属这一门。而货币史学者所讨论的，是俗称为“货贝”的一种。它的正式分类是腹足纲、中腹足目、宝螺科，有多个属种，拉丁名称是 *Cypraea moneta*，是瑞典博物学家、现代生物分类学奠基人林奈在 1758 年最初命名的。18 世纪，人类已经完成了环球探索，有大量世界各地的物种标本被带到欧洲。其中包括大量的螺。宝螺科动物主要生活在热带太平洋和印度洋地区，这一地区的某些海岛上的居民用它作为原始货币和计数工具，所以林奈将它命名为货贝。

宝螺科动物也有很多不同种类，大小不一。较大的一种，背部有紫棕色花纹，有的呈大花点状，被称为虎斑宝贝（也称黑斑宝螺）；有的呈点线状，形似阿拉伯文，称阿文绶贝。据说在日本有产婆把它放在产妇手中生产时助力的习俗，所以也叫子安贝。

---

① 《马克思致恩格斯（1858 年 4 月 2 日）》，《马克思恩格斯〈资本论〉书信集》，人民出版社 1976 年版。

这类较大的贝有时也会在古代墓葬中发现，不过一般不把它当作货币看，本书也不做专门讨论。我们所称的货贝主要是指黄宝螺。这种螺一般不足3厘米长，呈长卵形，背部隆起，底部扁平，中间有一道纵向贯穿的缝，缝的两侧布满齿纹。螺的肉体就从这道缝中进出。螺壳主要由碳酸钙组成，壳体坚硬。壳体有多种颜色，被称为货贝的贝壳多为白色、淡黄色，有的在壳体背部还有一圈环纹。

◆虎斑宝贝、阿文绶贝和货贝

有趣的是，现代人喜欢宝螺，是喜欢贝壳圆润的轮廓、背面美丽的花纹和明亮的光泽。然而古代人们的审美观完全不同。从上古时代发现的海贝来看，古人把背部的花纹全部磨掉，留下的仅是腹部的沟缝和齿纹。有学者认为，古人之所以喜欢海贝，是因为贝的腹面形似女阴，是一种生殖崇拜心理，这是很有道理的。在陕西姜寨距今6400年的史前遗址墓葬中，有两座墓中葬有海贝。其中一座墓的海贝在墓主身侧，另一座女性墓的海贝却置于墓主两腿之间，似乎有着某种象征意义。青海柳湾M992墓同样有在青年女尸腿间放置海贝的情况。

不仅中国的古人偏爱海贝的腹面，西方的古人同样这样审美。在古埃及等地方也发现过以宝贝腹面为美的证据。直至近现代，在社会发展比较落后的民族中，仍有以海贝腹面为美的现象。在东北亚西伯利亚地区和中

◆古埃及饰金贝的项圈

国的东北，处于渔猎状态的少数民族中，萨满们的头饰、服装，也仍然是用海贝的腹面作为装饰。不过在长期的社会发展过程中，这种审美观早已脱离了生殖崇拜的阶段，成为与神灵沟通的一种象征了。

从生殖崇拜到与神灵沟通是思想的进步。这个进步形成很早，也很重要，是我们进一步研究贝在古代社会的作用时必须认真对待的。

（二）贝的用途

史前人类关注贝类动物的外壳并不是从见到海贝（多为宝螺科）才开始的。沿海和江湖地区的人群以贝类动物为重要食源，贝壳司空见惯，并不引起特别关注。所以从辽宁、山东到江浙等地，都有所谓“贝丘”的发现，那是人类的食余垃圾。但在中原和中西部地区，史前人类的动物性食源主要是哺乳动物、鸟类和鱼类，软体动物只是一种补充，数量相对较少。

在距今 9000 年前的河南舞阳贾湖遗址发现的陶器中，除了红陶、夹砂陶，还有夹蚌陶，说明当时的人类不仅吃淡水蚌，而且注意到了蚌壳坚硬、耐腐的自然性质。20 世纪 80 年代，在河南濮阳距今 6500 年的新石器时代遗址发现了著名的蚌塑龙虎。关于蚌塑龙虎的内涵，讨论者各抒己见，但是抛开这些具体内涵不论，单从蚌塑的使用材料而言，说明当时的先民不仅注意到了蚌壳的自然特性，而且对这种自然特性的认识从物质层面上升到了精神层面，用于塑造自己理想中的事物。

新石器时代晚期，宝螺科的海贝广泛出现在中国的大地上。在远离南方海洋的北方，20 世纪 70 年代，在西北地区的青海柳湾，发掘了 1500 座距今 4000—5000 年的马家窑文化墓葬，其中 7 座墓葬有海贝。葬有海贝的墓并不是随葬品最多的墓。比如 M564 是随葬品最多的一座墓，随葬有罐、壶、瓶等陶器 91 件，M197

有陶器 73 件，M211 有陶器 68 件，却都没有贝的发现。大多数有贝的墓仅 1 颗到 4 颗，随葬陶器不过十几件。葬贝最多的一座是 M992，墓主是一个 17~18 岁的女孩，置于一个独木棺中，棺外还有一个 17 岁女孩随葬，看来应是某具有一定地位的人的女儿。在墓主的两腿之间放有 34 颗海贝。考虑到 4000 年前人类的寿命，17~18 岁应属于生育旺期，海贝的暗示作用明显。①

◆大甸子墓葬缝缀在衣襟上的海贝

在内蒙古赤峰市大甸子发掘的 804 座距今约 3600 年（相当于中原的夏商之际）的夏家店下层文化墓葬中，出土海贝（含蚌仿制贝，即所谓“珧贝”）的有 45 座，约占总数的 6%，共有海贝 659 枚，蚌仿贝 552 枚。其中多数墓不超过 10 枚，且大多是1~2 枚，在墓的一侧壁龛里，与其他随葬品放置在一起。葬贝较多的仅 6 座墓，其中 1 座有 21 枚，围绕头部一匝，显然是头饰；另外 5 座都是中年以上男性墓，数量少的 90 多枚，多的近 300 枚。这些贝都整齐地缝缀在衣襟下摆，缝缀方式也是齿纹向外，有的墓主胸前还放置有玉斧，显然或是部落首领或是神职人员，是有身份的权势者。

原始社会晚期，人类的生产力水平低下，生活资料的摄取大体仅够生存，个别品种略有剩余也绝谈不上成为商品。说这些海贝用于装饰尚可解释，说这些缀在衣服上的东西是货币，无论如

① 青海省文物管理处考古队、中国社会科学院考古研究所：《青海柳湾》，文物出版社 1984 年版。

何是不通的。

通常的说法是，海贝是装饰品，所以后来就成为“实物货币”。现代无神论者在研究古代史的时候，往往会忽视或低估古人对精神生活的需求和发展水平。史前时代，毕竟没有文字，佐证较少。进入商周时代，海贝的用途就可以看得更清楚一些，应用也更广泛一些：

祭祀。商人尚鬼，祭祀是商人最重要的大事。祭祖、祭神、祈祷、禳祓、预测等，凡事必祭，祭种繁多。不同祭种有不同的祭名。从卜辞所见的甲骨文字可见到一斑（为简便计，辞例不一一列举）：

，甲骨字形，是手持贝置于示上。示是祖先木主之形。

，未见隶定，卜辞是祭名，是一个人与贝，此祭用贝。

，甲骨字形，是祭名，造字法与上一字相同，只是一在室内，一在室外；一是男人一是女人。

，甲骨字形，应是祭名，一个鬼与贝。

商人的祭祀，周人也有部分的承继。祭祀的方法，很难确定，常见的有燎、沉、埋等，考古中也时有发现，不一一列举。这里只想说明，贝是祭祀所用的重要物品。

礼仪。各种典礼、天子或国君接待诸侯、贵族接待宾客，以至丧葬等礼仪环节中都要用到贝。比如：①

> 唯廿又二年四月既望己酉，王客周宫，卒事。丁巳，王蔑庚嬴历，赐祼璋贝十朋。对王休，作用宝鼎。（西周·庚嬴鼎）

庚嬴受到周王的表彰，被奖励祼（guàn）礼用的璋和贝。

① 为便于读者理解，也为减少排印困难，本书引用古文字，特别是金文铭文时，如不害原意，尽量使用通行文字。学者释文有分歧时，择一而从。

唯王十又一月，王格于成周大庙。武公入右敔，告擒：馘百、讯卌。王蔑敔历，使尹氏授釐敔圭瓒、□贝五十朋……（西周·敔簋）

敔受命迎击南淮夷，斩首百人，俘获四十人，向周王献俘。周王除表彰敔以外，奖励敔行祼礼用的瓒和贝。祼是用酒祭祀或是接待宾客的礼仪。古代的酒尚未蒸馏，酿造后仍有沉淀，行礼时需要搅拌。搅拌和盛舀酒需要用玉璋、玉圭等镶成的瓒作为搅酒专用器具。在赐祼礼用品时，常以瓒和贝相配。涉及祼礼用贝的还有荣簋铭、鲜簋铭等。

丧葬时用贝可见《尚书》《仪礼》《礼记》等文献：

华玉仍几。西序东向……文贝仍几。东序西向……（《尚书·顾命》）

成王崩逝，宫殿设置灵堂，摆放陈设，西侧几案摆美玉，东侧几案摆海贝。

此外，除前文曾提到为死者实口的“饭含”用贝，还有棺柩用贝。诸侯的棺柩布幕是“五采五贝”，即五种颜色的布幕，每种颜色上缀五枚海贝；大夫是“三采三贝”；士是“三采一贝”（《礼记·丧大记》）；等等。河南省三门峡市出土的西周晚期至春秋虢国墓群中，棺椁布幕所饰的海贝和仿贝最为典型。

装饰。这里所谓装饰，并不仅仅指个人的佩饰，更是指代表物主身份、地位的器物装饰，如车马、甲胄等。

西周康王时，盂伐鬼方，俘获了鬼方的酋长，斩获大量敌人，俘获马牛羊战车，“王令赏盂，□□□□□，弓一，矢百、画皋一、贝胄一、金干一、甗戈二、矢铚八……”（小盂鼎）因为是作战的奖赏，所赏都是兵器。其中的贝胄，是镶贝的头盔，以示高贵，恩遇崇隆。

◆山东淄博出土春秋马车装饰的贝络

《周礼·春官》："巾车：掌公车之政令，辨其用与其旗物而等叙之……翟车，贝面组总，有握。"西周政府中有专门掌管公用车辆的官员，根据人员等级和出入需要使用车辆。其中王后的一种"翟车"，"贝面组总"，即马额当面的装饰当卢上饰贝，用丝绦拉马的勒口。《周礼》虽然是战国的书，书中内容又有很多理想概念，但也采用了很多战国时能够看到的古书和当时的实际情况。山东淄博和陕西沣西的车马坑发现的车马，就证实了车马饰贝以区别身份的情况。

西周早期叔夨方鼎铭：

> 隹十又四月，王酓大禴桒才成周。咸桒，王乎殷氒士，劳叔夨以裳、衣、车、马、贝卅朋……

此鼎是成王时器，铭文说成王在成周（今洛阳）举行盛大祭祀活动，事后因为夨（即后来的晋国始封君唐叔虞）出力甚多，大加慰劳，赏赐了下衣、上衣、车、马和贝。这些赐品都是可以张扬荣耀的，将贝和车马一同赏赐，贝其实就是车马的附属品，用于装饰。

赏赐。贝本是南海热带的产物，属于外来品，虽然很早就来到中原，毕竟数量有限，往往是部落首领或神职人员用于与神沟通，或贡奉祖先的珍贵物品，其他人享用机会很少。所以某些地位较低的人员渴望用贝的时候，会使用一些仿制贝，作为替代物。待到首领甚至国王有了相当的贮藏的时候，就有可能用于向下属示恩，这是赐贝的物质和心理依据。

以贝赏赐在商末就可见于铜器：

己酉，王才梌，𨙶其赐贝。（四祀𨙶其卣，王赐𨙶其贝，宾语提前。）

丙午，王商戍嗣子贝廿朋，才阑宗。（戍嗣子鼎，商即赏字）

乙卯，子见才大室，白一，取琅一，牲百。用王商子黄瓒一、贝百朋。子贶商姒丁贝。（子黄尊，子黄向王奉献祭祀用的玉器和牲畜，王赏赐子黄祼礼用瓒和贝）

进入西周，赐贝的情况更多，前文已经列举很多，不再赘列。值得注意的是，周王赐贝的情形到了西周中期以后渐少，共和以后至少已经很少有贵族因为受了赐贝而铸器了。其原因一是西周后期贝的社会存量增加，一般贵族也有机会得到贝，贝已不如早期那么珍贵；二是其他一些赏赐品替代了贝的地位。

赠礼。贝在西周不仅王室独有，通过赏赐、转赐、赠与等行为，渐渐流传到中下层贵族中。前例子黄尊中，子黄被商王赏赐百朋贝，量相当大。他把其中的部分转赐给了姒丁。姒丁可能是子黄的妻子之一。西周赠与的例子则更多。

西周初年，成王年幼，周公摄政期间，就曾经向下属赐贝：

王后𪭢克商，才成师。周公易小臣单贝十朋。用乍宝尊彝。（小臣单觯）

这不算真正的赠与。

《礼记·少仪》有记：

君将适他，臣如致金玉货贝于君，则曰：致马资于有司。

君主要出门，臣下向君主赠送财物，不能直接说送礼，要向办事机构谦称“送点马料”。《礼记》晚出，不是西周时期的记录，但是臣下向君主赠送礼品，仍然称“货贝”（这货贝不是货币，而是财物和贝），语言中反映了西周的遗风。类似的例子在铭文中也可以找到：

> 隹十又九年，王才庌，王姜令作册睘安夷伯，夷伯宾睘贝、布。扬王姜休，用作文考癸宝尊器。(作册睘卣)

这是真正的赠与。作册睘按照王后姜的命令，去探望夷国的君长。夷伯为了向王姜和周王室表示敬意，向王姜的代表睘赠送礼物，即贝和麻布。

交换的参照标准。之所以使用“参照标准”这个词而不说“价值尺度”，是因为我们无法确认，在货币萌芽的早期阶段，参与交换的人是否已经有了后世所谓的“价值”观念。他们只是在自己的需要、喜好方面获得了满足，认可交换的物品，或者得到了有关权威、见证人的许可或认可。

由于贝在上层社会生活中象征了地位和身份，获得了贵族们的看重，有时就成为这样一种参照的标准。这样的例子不多，但也偶有发生。1998年，上海博物馆入藏一件西周青铜鼎，据学者考订，为西周早期器。器主名亢，所以称亢鼎。鼎铭：

> 乙未，公大保买大珠于样亚，才五十朋。公令亢归样亚贝五十朋以鬱瓶、鬯坛、牛一。亚宾亢骍金二钧。亢对亚宁，用乍父己。夫册。①

鼎铭记载公大保买珠。时贤一致确认公大保就是召公奭，则这个鼎铸造于成康时期。这是所见最早的西周交易文字。当然，在论述西周社会的时候，交易，并不是当代商业交易的概念。交者，相互也；易者，换也。交易，不过是相互交换的意思，本质上还是以物易物。

“买”字在晚商卜辞中一般用于地名或人名，其造字是上网

① “珠”“鬱”“骍”释字从黄锡全。

下贝（買），网用其声，贝用其韵。用于交易，也是首见。大概这一类行为到周初也是才见发生。

“才”，在其他铜器中出现时，有释为“在”“裁”“财”“戴”者。这里应该看作“裁”。释“在”大多用于状语分句，与此处无干。释“戴”的不多，意为“另加”，仅为一说。释“财”意思是价格，但是只有在有了商品交易的时候，才能谈到价格。而铭文所涉及的交换行为都还说不上是市场商业行为，说价格有些勉强。释“裁”是裁定的意思。现在所看到的行为还是个别的交换行为，交换物品的比例是双方议定的，有时还必须有中人存在，所以释“裁”似乎更准确些。

问题是解释这篇铭文的学者往往惑于后面的鬱、鬯和牛。既已议定五十朋贝，为什么还要另给这么些东西？如果愧于五十朋太少，决意行“君子国”行为，何不干脆在裁定的时候就定高些？其实，在前文我们就讨论过，上古社会在实物经济走向货币经济的过程中，人们的认识是逐渐形成的。显然，直至周初，人们才开始认识和寻找交换的参照标准。在这里，尺度和手段是分开的（借用“尺度”这个词语。因为此案中无论是大珠，还是鬱、鬯和牛，都不是商品，自然还谈不到价值。但是既是交换，当事者头脑中还是要盘算是否合理，是否双方都能接受），周初的人们显然还根本没有流通手段的概念，也不准备真的以贝来进行交易。召公和样亚之所以议定以贝为标准（尺度），除了贝大小一致、便于计数的自然特性，还因为贝是用于敬神敬祖先的贵重之物，五十朋在周初是相当大的数量。“五十朋”后不应点断，紧接的“以”字是“用、相当”的意思，即召公令亢向样亚交付相当五十朋贝的鬱一瓶、鬯酒一坛和牛一头。之所以用这些东西，是因为鬱和鬯都是用于祭祀的东西；牛在当时既尚未用于农耕，也不是一种肉牛，而是用作牺牲，这些物品用途都与贝相当。二者既是用途相当，又是贵重程度相当，在以物易物的交易中容易达成“才”（裁定）。

至于样亚向亢赠送红铜二钧（60 斤），也是一种礼仪。《仪礼·聘礼》：“宾用束锦傧劳者，劳者再拜稽首受。”是说贵族相聘问，主人派出的使者慰问客人，临别时客人要用礼物赠送使者，使者要接受。

还有一宗著名的案例，裘卫盉铭的记录：

> 隹三年三月既生霸壬寅，王偁旗于丰。矩伯庶人取瑾璋于裘卫，才八十朋乓贾。其舍田十田。矩或取赤虎两、麀桒两、桒韐一，才廿朋，其舍田三田。裘卫乃矢告于伯邑父、荣伯、定伯、琼伯、单伯。伯邑父、荣伯、定伯、琼伯、单伯乃令三有司：司土敚邑、司马单旓、司工邑人服，罙受田。豳犀、卫小子□逆诸其飨。卫用乍朕文考惠孟宝盘，卫其万年永宝用。

铜盉 1975 年出土于陕西省岐山县，同出有 37 件西周铜器。裘卫盉铭记述的是矩伯用土地换玉器的事。据学者推断，此器属共王时器，也就是西周中期。共王三年（前 920）三月，周王在周的故都丰地举行建大旗的仪式，各地诸侯和在都贵族都要参加。参加仪式是要献礼的，规矩是献玉制的瑾璋。颂壶、善夫山鼎等器都记叙了见王的礼仪。在接见结束后，被接见人退出，再“反入瑾璋”，即重新进入，献上瑾璋。献瑾璋必须与兽皮相配，经籍统称之为“币”，但在西周当时，并不用币的称呼，而是一件一件详细罗列。在这样的场合，服饰也必须合乎礼仪，身下必须系桒韐，这些矩伯都没有，于是提出向裘卫交换。双方约定（裁定）所要的瑾璋合价 80 朋贝，用矩伯的 10 块田地实付；兽皮和服饰之类作价 20 朋贝，用 3 块田地实付。

这个事件，实际上是玉器和土地的物物交换，海贝只是玉器和土地的参照标准。西周中期，通过王室的赏赐、对外的作战和方国的进贡，在上流社会中海贝的保有和使用数量也不断增加，不再是王室专有或是珍藏的东西了。这也为以贝当作参照的尺度创造了条件。

西周的城市规划，已经有了“市”的建设，在国家管理下的市场行为是存在的。但是民间交换行为的中介，往往是麻布。用贝作为交换行为的中介一般发生在贵族之间。交换的物品也并不是商品，所以贝的作用还不是真正的“价值尺度”，但已经有了参照尺度的概念。然而，贝仅是参照的尺度，仅是一个概念中的尺度，并不参与实际的交易，自然也形不成流通。

我们还应该注意到，在上述两个例子中，第一例召公与梓亚的交换完成后，梓亚还向召公的办事人亢赠送了礼品，显然是作为礼仪行为处理的；第二例矩伯和裘卫的交换，必须要向几位有管理权的贵族伯邑父、荣伯等人报告，要有司土、司马、司工三有司监督交割。这些都说明，当时这类交换都不是真正的商业行为。正如恩格斯所说，“物物交换只会产生偶然的交换，并不造成商品流通”①。

（三）殷墟的贝

殷墟是上古墓葬出土海贝最多的遗址之一，于是殷墟海贝最常为货币史论者所引证。然而由于“古者货贝”的思维定势，论者往往对出土细节不加分析，一律称之为“贝币”，顶多称之为装饰品，由此而作为商代“贝币”的主要论据。殷墟的出土物如此重要，以至我们必须在这里做一个专门的考察。

1. 1949 年以前。殷墟的商代贝如前第一节所述，最初的发现是 1916 年罗振玉发表在《殷墟古器物图录》一书中的 1 枚海贝和

---

① 《恩格斯致保尔·拉法格（1884 年 8 月 11 日左右）》，《马克思恩格斯〈资本论〉书信集》，人民出版社 1976 年版。

1 枚珧贝（蚌仿贝），并说“古者货贝而宝龟……初盖用天生之贝，嗣以其贝难得，故以珧制之，又后则以骨，又后铸以铜”。但是这些东西都是流传所得。真正的科学发掘始于十几年以后。

在 20 世纪 20—30 年代历史语言研究所对安阳的发掘中，发现了一定数量的贝（包括蚌），李济在发掘报告中称“贝蚌多琢成嵌饰，亦为当时通用之货币。货币多用咸水贝；装饰多用淡水贝”①。所谓咸水贝即今日所称的海贝，所谓淡水贝，实际即蚌。这一说法影响很广，即使 1949 年以后的发掘水平有了进一步的提高，出土遗迹的类型、数量和器物与抗战前的发掘不可同日而语，但无论是发掘者还是材料的使用者，都还是秉持陈说。好在发掘报告比较详细，我们可以再做分析。

2. 1949 年以后。1953—1954 年间发掘的大司空村的材料常被引用。大司空村共发掘殷代的墓葬 166 座，车马坑一座，遗址 10 处。其中遗址发现的海贝仅 4 枚，都出土于灰坑。车马坑发现的贝有 50 余枚，都在车舆（车厢）里，同出的都是车饰、小实用品和兵器。因此发掘者断定“此车当是战争用的兵车”。显然不是有论者所说“肇牵车牛远服贾”用的。墓葬出土贝较多，共有 234 枚，分布在 83 座墓中。“它们放置的位置，绝大部分都是在人架的口中、手内和脚下 3 处，分散在他处的很少。”这是自远古流传下来的随葬风俗。②

3. 此后出土海贝较多的是 1958—1961 年发掘的安阳后冈圆形祭祀坑，出土海贝保存较好的达 700 多枚。发掘者断定“此坑的年代应属殷墟第 IV 期，相当于乙、辛时代”，也就是说，是商末。坑近正圆形，坑壁光滑，作竖井形，坑底经过仔细夯平，可见这

---

① 李济：《安阳发掘报告第四期》，转引自李济《安阳》附录“中国考古学之过去与将来”，河北教育出版社 2000 年版。

② 马得志、周永珍、张云鹏：《一九五三年安阳大司空村发掘报告》，《考古学报》第九册，1955 年。

不是随意匆忙的掩埋。坑内堆积可分五层，各层间土质明显不同，可见填埋时是有着明确的程序。最底层（即第 5 层）是一些陶质器具鬲、罐、簋等的碎片；第 4 层有 19 具人体骨架，男女皆有，还有儿童和婴儿，伴随有少量装饰品和海贝；第 3 层有 29 具人体骨架，也伴随有少量装饰品和海贝；第 2 层物品最丰富，有 25 具人体骨架，有铜鼎、卣、爵，有兵器，有工具，还有成堆的谷物、丝麻织品以及成堆的海贝，这一层还有大量木炭块及被火烧的遗迹，以至下及第 3 层、上及第 1 层都有火烧痕迹；而第 1 层作为回填层，被烧成了红烧土。据发掘者报告，第 4 层和第 3 层的贝较少，零散地分布于人的口中或身边。其他大部分贝都是成堆地放在第 2 层，包括装在一个麻袋里的 300 枚贝。这一层的铜鼎铭文说明，坑主是戍嗣子，商王还赏过他 20 朋贝。发掘者非常正确地判定，此坑是个祭祀坑，这些人骨架都是人牲（报告称他们“无疑都是奴隶”，这种提法属时代的痕迹）。除了这些人牲，陶器、铜器、纺织品、工具、谷物和海贝都是祭品。商代的祭祀、禳祓或占卜，作为一种行为，在它的程序最后，是要对祭品或占卜工具进行处理的。处理的方式，是在让祭品寄托了祭主的愿望以后，与天地神祇沟通。而沟通的办法，最多的是尞，还有侑、帝、沈、貍等多种方式。尞就是烧掉，用焚烧升腾的烟火与上天沟通；其他或者是埋掉（貍），以与土地沟通；或者沉水（沈），与河川沟通等。后冈祭祀坑就可能是一种尞祭。最后还是埋掉。这也是前文所分析甲骨文字的一个实物注脚。①

4. 妇好墓。妇好墓发掘于 1976 年，因为是截至目前商代唯一一座完整出土的王族墓葬而格外引人注目。妇好墓中出土海贝 6000 多枚，被称为是货币的重要证据。有论者说如果是装饰品，用不了那么多。其实这种说法很勉强。譬如发笄，妇好墓出土近

① 中国社会科学院：《殷墟发掘报告 1958—1961》，文物出版社 1987 年版。

500 件（499 件），墓主妇好当然不必满头插 500 件发笄。此外，仅卜辞中可见的妇好主持的祭祀活动就有多次，妇好用于赏赐之类的海贝应也不在少数，如果她不拥有相当数量的海贝，又如何进行这些活动呢？有了前文的例证，这里已不必再多论证。①

5. 类似的例子在全国范围内还有，比如三星堆，时代与商代相近，海贝数量大，但也都处于祭祀坑中；云南发现的贮贝器，其中装满大量的贝，大多与祭祀有关。贝在人类社会的早期，多被作为与神沟通的工具。

（四）有关贝的若干提法

在考察了上古时期海贝的使用以后，对货币史研究中有关贝的若干提法就应有更清楚的认识。

1. 贝的来源。最为常见的传统说法是，贝产于南方热带海域，中原地区的海贝是通过交换得来，因此，贝是在商业活动中成为货币的。这是把上古时期人类活动理想化、单一化了。上古时期，造成人类生活资源流动的各类活动中，除了交换，占着更重要地位的还有：战争、征服、贡纳、赏赐、掳掠等等。在人类的活动能力还受到生产力水平很大限制的时候，大量物资的流动往往不是一次性直接进行，而是通过各个不同民族、部族之间的活动，以间接的、接力式的方式进行的。

2. 贝不是理想的币材。主张贝是上古货币的学者，往往说明贝是当时理想的币材的主要理由是：贝晶莹美丽；坚固；大小一致；便于计数。确实，大小一致、便于计数是它的优点，但是其他特点就值得考虑了。说它晶莹美丽，是现代人的审美视角。古代人重视的只是它的背面，甚至在作装

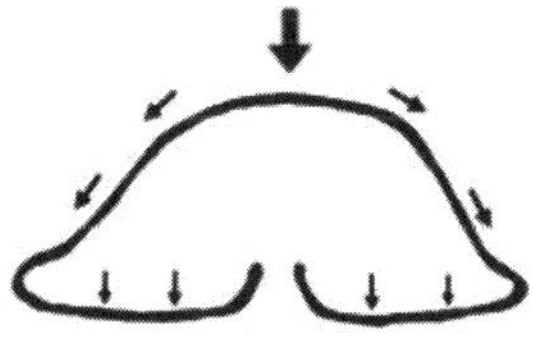

◆贝壳的受力

① 中国社会科学院考古研究所：《殷墟妇好墓》，文物出版社 1980 年版。

饰的时候，也把它的“晶莹美丽”磨去了。说它坚固，是它的体质坚硬。自然，它的石灰质外壳是坚硬的，但是作为一个半球形完整外壳，它的坚固并不表现在体质坚硬上。贝壳的外形能够承受强大的外力，这是自然选择、进化的结果。半球形的外壳在承受外力的时候，能够把外力沿弧形的壳体向下分散，最后分布在面积更大的平面上，使压强减小，从而避免破碎。可是，当它“成为”所谓货币的时候，恰恰是磨去了它半球形的顶部，从而完全破坏了它对外力的传导路线，使它更容易破碎。

事实上，古典经济学家早就有过对币材的探讨。亚当·斯密曾说：“在所有的国家，由于不可抗拒的理由，人们似乎最后决定在所有各种商品中选用金属来完成这种职能。金属不仅能像任何其他商品一样可以保存起来不受丝毫损失，没有任何其他东西比它更不容易损坏，而且还可以没有任何损失地分割成许许多多的小块，又可以很容易地把这些小块再熔合起来。”① 马克思后来归纳说：货币“所必需具备的物理属性（就其直接由交换价值的本质产生来说）是：可以任意分割，各部分是同质的，这种商品件件全无差别”。“另一个必需具备的属性是它的耐久性，因为它要经常处在交换的过程中。”② 而这些物理属性正是贝所不具备的。以商王或周王作为最高奖赏而颁发的海贝，不过几十枚（几朋）几百枚，如果用它购买量小的物品，它将无法分割。而且一旦破碎，它就毫无价值，无法复原，也不能熔合。

3. 古代从未有过所谓“贝化”或“贝币”的提法。

所谓“贝化”，是说贝是化，而化即货，也就是货币。这个说法根源在《尚书·皋陶谟》（“伪孔传”《尚书·益稷》），文

① 亚当·斯密：《国富论》第一篇第四章“论货币的起源和货币的使用”，唐日松等译自英国 1930 年版，华夏出版社 2005 年版。

② 马克思：《政治经济学批判》，人民出版社 1976 年版。

中禹曰："洪水滔天，浩浩怀山襄陵，下民昏垫。予乘四载，随山刊木，暨益奏鲜食。予决九川距四海，浚畎浍距川；暨稷播，奏庶艰食鲜食。懋迁有无化居。烝民乃粒，万邦作乂。"这是战国时追记皋陶和禹在舜面前议政的文字。这一段是禹向舜汇报说，当民众陷于洪水的时候，我披荆斩棘，四处奔波，疏导水流。并且与伯益一起教民渔猎，与后稷一起教民种植。让人民互相交换有无。终于使人民能够自立，各部安定下来。后世对其中"懋迁有无化居"一句有着种种解诂。

班固撰《汉书》，初设《食货志》，把"食货"之"货"实际写成货币史，他在"叙传"中解释食货，借用"懋迁有无"一语，对后世理解《尚书》产生了一定影响。

清乾隆时经学家江声，见到先秦货币，说"尝见古泉形如货布，而大文曰'齐杏化'。又有如刀形者。文亦同。盖周时齐国之物。其文为'齐吉货'三字。泉刀皆货也，是古字以化为货之明证也。货字从贝化声，古文省贝尔。"从现代钱币学可知，先秦齐国并没有形如"货布"（铲形）的钱币铸造，从前后文猜测，他所看到的大约是类似"陕釿"（旧释虞）、梁釿、三川釿一类铲形币。清咸同间钱币大家李佐贤也有类似看法。他的《古泉汇》在陕一釿（书中称"虞一金化"）的解释中说，釿的斤旁"乃货字之省。《书》'懋迁有无化居'从化去贝可证。凡刀布'化'字皆仿此"。这类看法对近代以来把"化居"解为货币贸易产生了很大影响。

其实司马迁对《尚书》的解读并非如此。他在《史记·夏本纪》中对《尚书》的这段文字做了汉代式的转述："食少，调有余补不足，徙居。"即"懋迁有无"解为"调有余补不足"，"化居"解为"徙居"。徙居的意思，在司马迁叙述《尚书》这段文字的本意的时候说得更明白："食少，调有余相给，以均诸侯。禹乃行相地宜所有以贡，及山川之便利。”意即由于洪灾，食物资源短缺，禹与益、稷一起，教民渔猎种植，在各部间调剂余缺。同时考察各地山林、河川的土产，以便上贡和调剂。到唐朝时，孔颖达疏《尚书》，解释得更明白（不另单引“伪孔传”）：“变化是改易之义，故化为易也。居谓所宜居积者。近水者居鱼盐，近山者居林木也。勉劝天下徙有之无者，谓徙我所有，往彼无乡；取彼所有，以济我之所无。鱼盐徙山，林木徙川泽，交易其所宜居积。言此迁者，谓将物去不得空取彼物也。王肃云，‘易居者，不得空去，当满而去，当满而来也。’”应该强调的是，司马迁曾得孔安国亲授，而且他身处国家图书资料中心，当时的今文《书》、古文《书》都曾读到。他的解读和依据应该是最接近先秦原意的。唐朝孔颖达所传，虽说是“伪孔传”，但隋唐之际，汉马融、郑玄，三国王肃等人注本《尚书》都在流行，孔颖达“竭所闻见，览古人之传记，质近代之异同，存其是而去其非”[①]，他的注释同样应当重视。可以旁证的是，他所引的三国王肃注文，更直接说是“易居”。“化”的引申义当然可以多解，但是，唐朝统一五经之前，今古各种版本的《尚书》，没有人把这段文字中的“化”字解为“货”。无论司马迁、王肃还是孔颖达，我们看到的“化居”本意，充其量可以理解为以物易物，而绝无“货币”的含意。解化为货，是清人误读古钱的结果。近人又据此申引，以至误称“贝化”。

所谓“贝币”更是近人的“创造”。“币”字，经籍中常见，在战国以前，币都解作礼品。《说文》中“幣”字是：“幣，帛也，从巾敝声。”巾是纺织品，实际上“敝”作为声符，它的造字本意也与纺织品有关，但是指破败的纺织品。币作为礼品的通称，用在各种场合，包括诸侯对王室的觐见、诸侯相互聘问、大

---

① 孔颖达：《〈尚书正义〉序》。

夫和士的相见、婚礼、丧礼、见面、回访、祭祀、敬神等。初时原指布帛，因为礼品的要求繁多，后来也泛指一般所有礼品。《周礼·秋官·小行人》："小行人掌邦国宾客之礼籍，以待四方之使者……成六瑞：王用瑱圭，公用桓圭，侯用信圭，伯用躬圭，子用谷璧，男用蒲璧。合六币：圭以马，璋以皮，璧以帛，琮以锦，琥以绣，璜以黼。"意思是各方诸侯朝见天子要依照等级贡献不同玉器，在贡献玉器的同时，要为这些玉器配合不同的祥瑞物品，包括马、纺织品等，合成为六种"币"。唐贾公彦说"玉马皮圭璧帛皆称币"。所以《周礼》《仪礼》《礼记》《春秋》诸传等，"执币""纳币""奠币"等等屡见。到战国时期，黄金也作为礼品。"梁王……遣使者，黄金千斤，车百乘，往聘孟尝君。冯谖先驱，诫孟尝君曰：'千金，重币也；百乘，显使也。齐其闻之矣。'梁使三反，孟尝君固辞不往也。"此处黄金也称为"币"。各类礼品中，只有一项例外，妇女的礼品不称币。鲁庄公二十四年（东周惠王七年，公元前670年）庄公迎娶齐哀姜，叫宗室贵族的夫人们去谒见新夫人，都用玉帛作礼品。大夫御孙提意见说："男贽，大者玉帛，小者禽鸟，以章物也。女贽，不过榛栗枣脩，以告虔也。今男女同贽，是无别也。男女之别，国之大节也，而由夫人乱之，无乃不可乎？"所以《左传》评论说宗室妇女"用币，非礼也"。

但是，我们考察金文，却不见"币"字。铭文中执礼的情况并不少见，无论是赏赐、纳贡、还礼，却不用"币"字来表达，而是不厌其详地一项一项仔细罗列。如觐见天子后纳礼，"反入瑾、璋"（颂壶、善夫山鼎）；作为使者接受礼品，"宾贝、布"（作册睘诸器）、"稣宾璋、马四匹、吉金"（史颂鼎）；五年琱生簋更有多处送礼："余惠于君氏大璋，报妇氏帛束、璜……琱生则觐圭"。在经籍中记载的典型的送"币"活动，在铜器铭文中则一项项罗列，遇赏赐的情况更是详细罗列有达二三十种之多的。可知“币”字之用，其实是春秋以后诸子整理文献时的用词，在西周还不用“币”字。春秋用“币”，是指纺织品币帛乃至礼品，到战国，币仍广泛用于礼品，但已偶见用于货币。在行文中比较普遍地称货币为币，已是秦汉以后的事了。

由此可知，贝在先秦，本不是货币，“贝币”连用，更是于史无征。

4. 所谓“用”贝作器。

在商周铜器中，铭文较长的，文末常有“敢对扬天子（或××）休，用乍××器，子子孙孙永宝用”之类的套语。有时，此类套语前面有“天子易贝若干朋”，于是有论者称，贝是货币，器主把天子赐的贝用来铸铜器了。这是望文生义。

“用”字的初文，依于省吾所释像桶形，引申为“施用”之义。虽然在卜辞中“用”基本表现为“施用”之义，但实际在商末，“用”字的用法已经扩展。在西周铭文中，“用”字有多种用法，词性既有谓语动词，也有介词、连接词。所以对铭文中的“用”字要做具体分析。

首先可以否定的是，不管是否赐贝或是赐什么东西，一般来说，这类套语中的“用”不是“使用”或“利用”的意思。请见下例：

> 王曰：“太保，隹乃明乃心，享于乃辟。余大对乃享。命克侯于匽。使羌兔叡雩驭微。”克宅匽，入土眔氒司。用乍宝尊彝。（克罍）

又：

> 公来铸武王、成王翼鼎。隹四月既生霸己丑，公赏乍册大白马。大扬皇天尹大保休，用乍祖丁宝尊彝。雋册册（作

册大鼎)

第一例周王封克为燕侯，燕侯克献上燕地的土壤，以示受土于周。为纪念此礼，铸造了此器。第二例召公铸造成一尊鼎，赏赐了作册（官名）“大”（人名）一匹白马。“大”感到很荣耀，为彰显召公的恩德，铸造了供奉先祖丁的铜器。这两例与所谓“用贝铸器”句型完全一样，前例完全无所利用，后例得白马，如何用来铸器？

若说贝是货币，花钱铸器，我们试举几例，比较一下铸器的花费：

师眉鼎　祝人师眉，嬴王为周客。易贝五朋，用为宝器鼎二簋二。

犅劫尊　王征楚，赐犅劫贝朋，用乍朕高祖宝尊彝。

犅劫尊　王征楚，赐犅劫贝朋，用乍鱼高祖宝尊彝。

复鼎　侯赏复贝三朋，复用乍父乙宝尊彝。

小臣单觯　周公易小臣单贝十朋，用乍宝尊彝。

德方鼎　王易德贝廿朋，用乍宝尊彝。

何尊　何易贝卅朋，用乍庚公宝尊彝。

小臣静卣　王易贝五十朋，扬天子休，用乍父□宝尊彝。

伯姜鼎　天子涢贮伯姜，赐贝百朋，伯姜对扬天子休，用乍宝尊彝。

犅劫不过是管牛的小官，所赐较少，只有一朋，但同一事至少铸了两器，不知道是赐了两次还是一次铸两器，总之，一朋贝就把尊铸了。其他诸器，或有赐三朋、五朋、十朋不等，还有高至五十朋、百朋的。或许五十朋、百朋没有花完，但既是郑重其事地写在铜器上，总不会是仨瓜俩枣。最有趣的是师眉，得了五朋贝，居然铸成二鼎二簋。西周铜器不如商代王室司母戊鼎之大，上例中获赏的又都是中小贵族，他们所能铸的彝器，规模应该相去有限，为何造价不侔如此！

其实，铜器的“用乍……”云云，其“用”字不是“利用”“使用”，而是“因此”“因而”。作为介词，它引出的是前因所产生的后果，即因为受赐，或者因为受表彰（蔑历），或因为参与某重大事件，或受到重要任命等。

当然，“用”字在铭文中常见，用法也不可一概而论，须看在句子中的地位而定。比如伯梁其盨，铭文：“伯梁其乍旅盨，用享用孝，用匄眉寿、多福畯臣，天子万年唯极，子子孙孙永宝用”，这里“用”字就是“用于”的意思，用于祭祀，并祈祷天子和群臣长寿多福。不过这种用法已不在此处讨论范围之内了。

最常见的误解是如下一例：

遽伯睘乍宝尊彝，用贝十朋又四朋（遽伯睘卣）

其实这只是原因状语的后置，即睘之所以铸卣，是因为得到了十四朋贝。不过这贝的所得大概不是上级长辈所赐，遽伯睘作器是主动行为，所以作器行为前置，这在西周铜器中也可以见到：“荣有司爯乍齍鼎，用媵嬴女共母”（荣有司爯鼎）。荣家的家臣爯铸了个鼎，因为要为女儿作嫁妆，而不是要把嫁妆卖掉铸鼎。

（五）贝不是“作为货币的货币”

行文至此，已经可以做一个结论，即：贝在中国古代，不是作为货币的货币。贝至少在新石器时期已经通过各种方式从南方沿海进入内地。由于它在自然界中属于美丽、坚固、有特殊而固定造型的物品，数量既少而难得，又能够抗腐，被先民认为有灵而能通神。初为掌有公共权力者或神职人员保有，平民只能在某些场合中得到少量的贝。随着贝的输入逐渐增多，在早期国家中渐渐被大量用于祭祀、典礼、装饰、赏赐，而成为宝藏。商周之际，中下贵族也越来越多地保有一定数量的贝，从而成为显示、夸耀地位和荣耀的象征。一些不能得到足够海贝的人也会用一些蚌、骨等材料制作仿贝。有时贝也会成为物物交换时的参照物，在一定程度上执行了货币的部分职能。但是没有证据能够表明，海贝已成为正式的价值尺度，更没有承担流通的职能。

第六节　青铜——中国货币的前奏

贝虽曾经被当作交易的参照物，但终究没有发展成为货币，那么是什么发展成了货币呢？正如亚当·斯密所说："人们似乎最后决定在所有各种商品中选用金属来完成这种职能。"在西方，人们选用了金银，在中国，则是铜。当然，这种选用并不是某先知思考后决定的，它有一个在社会生活的发展变化过程中自然形成的过程。

所谓铜，更确切地说，主要是青铜。纯铜 Cu 作为单质金属，它的熔点约 1084℃，延展性较好而硬度较低。对于当时所能达到的冶炼温度来说，难度是比较大的。一旦在铜原料中加入锡，成为锡青铜，熔点可以降到 800℃左右，大大方便了加工工艺。锡青铜熔点低而硬度高。如果在青铜中加入一定量的铅，则不但可以节省铜锡原料，还提高了青铜冶炼时的流动性和成品的韧性。所以直至战国以前，我们所谓的铜，当时所称的"金"，主要是指青铜。

一、商朝与铜

中国先民对金属的使用和认识应该说有着相当悠久的历史。如果说在半坡和姜寨遗址中发现的铜片还是偶然情况，那么至少在二里头文化的遗址中，就发现了比较成熟的青铜器具，不少学者认为其时代相当于文献中所说的夏朝。商代的铜器经历了非常大的变化。早商和中商时期，社会生活器具的应用仍然以陶器为主，青铜只占着很小的比例，器形简单，工艺也比较粗糙。基本没有铭文，中商时期有个别单字或族徽。自盘庚迁殷以后，特别是武丁（约公元前1250—前1192年）① 以后，商朝的社会发展达到了一个高潮，无论是自身的发展还是对周边部族的控制程度，都有了很大的提高。从半坡到殷墟，经历了3000多年的酝酿，中原大地上的先民对铜的认识有了一个爆发性的提高。尽管社会的生活器具仍然主要依靠陶器，手工生产工具和农具仍然主要依靠石制、木制、骨角制和蚌制，但是上中层贵族所掌握的金属原料和他们所控制的冶炼工艺达到了一个前所未有的水平。青铜器具品种大大增加，形体明显加大，数量也空前增多，甚至铜器上的铭文也从个别单字或符号变成了多字或短文，有的短文长达几十个字。其中的一个重要原因，是武丁时期对外征战，通过征服和贡纳，控制了北方和南方，特别是中国古代重要的铜源——长江流域，甚至还有更遥远的资源。

◆河南省博物院藏二里头文化青铜爵

作为中国的早期国家，商朝社会的政治和经济制度并没有来得及随着生产力的进步而发生重大改变。我们不能在这里全面探讨中国早期国家的社会和理论问题，但是从对金属资源的掌控和利用的角度看，尽管商朝的青铜冶炼技术有了非常的进步，但是

---

① 依据《夏商周断代工程1996—2000年阶段成果报告》（简本），世界图书出版公司2000年版。

它仍然主要应用于王室和上层贵族的奢靡享乐、对死后维持其生活状态的企望、对自然和祖先及神鬼的敬畏。即便有部分青铜用于兵器和工具，也仍然是服务于上述目的的。这种为了自身集团的无止境的奢靡而榨取周边部族的统治方式终于引起了周边几乎所有部族的反抗。有商一代近500年，真正崛起不过晚商100多年，而这100多年的成果几乎完全被统治者对自然和社会资源的滥用和自身的腐败销蚀掉。当周族振臂一呼，响应者众，而商朝迅速土崩瓦解。

周族贵族显然清醒地看到了商朝贵族的统治弊病。从西周早期“何尊”“大盂鼎”等铭文和《尚书》“洪范”“康诰”“酒诰”“召诰”等一系列反映周初社会的文献来看，尽管西周前期曾经经历了平三监、东征等波折，但是周族的领袖们清醒地认识到了周革殷命不是简单的改朝换代。他们自觉地做了一系列完善国家制度、建设新秩序的工作，包括封邦建国、营建东都、安置遗民、建立国家行政制度、建立严整的宗法制度等，其中也包括了利用自然资源和社会资源，以赏赐、惩罚等手段巩固国家秩序的方式。在这种方式中，土地、人民、车马、纺织品、贝、铜等都是可资利用的，而铜由于它独特的自然属性，最终脱颖而出，成为货币起源的自然选择。

二、西周与铜

晚商时期社会生产力和经济的发展，显然为西周统治集团对社会的变革打下了一个很好的基础，只是商族贵族自己无法进行这种变革。变革是借助以周族为首的各部族势力推翻腐朽的商朝来实现的。

近年周原考古的成果表明，在先周时代，周部族在冶金方面，不但吸收了商族的先进技术，而且在此基础上有了相当的发展。[①]建立周朝以后，由于控制了更为广大的地区，也就控制了更为丰富的铜源，西周的青铜冶铸业远比商朝发达。仅从已发现的青铜器来看，商朝青铜的集中发现主要在以河南安阳为中心的商王畿一带，以及周边少数地区如江西新干、湖北盘龙城、湖南宁乡等地，至于四川三星堆等地的青铜文化，已经不完全属于商文化了。西周青铜器的发现无论是地域的广大、数量的惊人，都远远超过了商朝。事实上，由于周族在伐商之前已经有了相当的青铜基础，所以在建立了新制度以后，除了铸器（食器、礼器、兵器、车马器等）以外，对铜的利用范畴也逐步扩大。

◆利簋，簋下有方座，带着鲜明的与商代不同的风格

（一）赏赐

赏赐并不是周朝才产生的行为。甲骨卜辞多见有商王赏赐的记录，商末的铜器也有商王赏赐的铭文。但是商王赏赐以贝见多，而卜辞中“金”字则非常罕见。似乎在商朝青铜是为王室和高级贵族所专享。

西周则不同。1976 年出土于陕西临潼的利簋，记录的事件发生于武王克商后的第七天，是目前所知最早的一件西周铜器。器铭是：

> 珷征商，隹甲子朝，岁贞克闻，夙有商。辛未，王在管师。易右史利金。用乍旜公宝尊彝。

① 杨宽：《西周史》，上海人民出版社 2003 年版。

铭文记述，周武王在甲子日发动对商的进攻，当夜就占领了商。辛未那天（甲子后第八天），向担任右史的“利”赏赐了青铜。利于是铸了一个祭祀先人旜公的簋，以资纪念。这个记叙只说了事件，没有细节。大概利在这场战争中是有功的，但是他没有记下赏赐青铜的具体数量。此后，仅已经发现的铜器铭文中，赐铜的事就不绝于书，略举如下：

王伐奄侯，周公谋禽祝。禽有脤祝，王易金百寽。禽用乍宝彝。(禽簋　成王)

成王伐奄侯，周公辅佐，周公的儿子禽担任神职“祝”。禽在周公的教导下执行了为用兵而行的祝事。成王赐给禽青铜百寽。

王令辟井侯出坯，侯于井……乍册麦易金于辟侯，麦扬，用乍宝尊彝。(作册麦方尊　康王)

周王封了邢侯，邢侯接受了周王的赏赐，回来后又用青铜赏赐了自己的家臣作册麦。

明公易亢师鬯、金、小牛，曰：“用祷。”赐令鬯、金、小牛，曰：“用祷。”乃命曰：“今我唯命女二人亢眔夨奭左右于乃寮以乃友事。”(作册令方彝　昭王)

周公的儿子明到了成周（洛阳），以祭祀用的鬯酒、青铜和小牛赏赐亢师和令，命他们好好辅佐自己所管理的办事机关。

唯五月初吉庚午，同中宄西宫，易几父示桒六、仆四家、金十钧。几父拜稽首，对扬朕皇君休……（几父壶　孝王）

主赐者同中（仲）是一位上级贵族，赐给下属几父的有示桒(大概是祭祀用品)、奴仆和青铜。

唯十月，用严狁方兴，广伐京师，告追于王。命武公：“遣乃元士，羞追于京师。”……多友乃献孚、聝讯于公，武公乃献于王。王乃曰武公曰："女既静京师，釐女，易女土田。"丁酉，武公才献宫，乃命向父召多友，乃延于献宫。公亲曰多友曰："余肇使女，休，不逆，有成事，多禽。女静京师，易女圭瓒一、锡钟一肆、鐈鋚百匀。"多友敢对扬公休，用乍尊鼎……（多友鼎　厉王）

北方游牧民族猃狁侵入京师之地，周王命武公追击。武公派多友率军。多友经几次大战，斩首、俘获甚多。武公受到周王土田的赏赐，武公于是赏赐多友礼仪用的圭瓒、乐器和青铜百钧。

上举诸例，主赐者有周王，也有大臣、诸侯之类的贵族。受赐者既有高级贵族，也有下级小贵族。赏赐缘由，或是祈神，或是战功，或是因为受封受赐而示恩等。赏赐数量也由寽而钧，甚而至于百钧。

（二）奖励

这里所谓奖励，不是指一般赏赐。有这样一条记录：

唯八月辰在庚申，王大射在周。王命南宫率王多士，师醟父率小臣。王徲赤金十反。王曰："小子、小臣，敬友！有获则取。"柞伯十偁弓废矢。王则畀柞伯赤金十反。诞易柷见。柞伯用乍周公宝尊彝。（柞伯簋　康王）

奖励有时固然也是一种赏赐，但是它是一种预设目的、预设奖额的激励行为。这个簋铭所记录的是，周王举行大射典礼，命令王室的官员和青年贵族学生射箭比武。按照《仪礼》的说法，射箭不仅是为尚武强身，而且有选拔、激励官员的职能。有一手好箭法应该是一个合格的贵族应有的素养。射箭成绩好的，可以参与王室祭祀活动；成绩不好的，不可参加。《仪礼》描述了"乡射礼""大射礼"等礼仪隆重而繁缛的程序，要设宴致酒、大排乐队，按照典礼进行的不同阶段演奏不同的乐曲，然后参与射箭的人行射如仪。射中的叫作“获”。《仪礼》郑玄注：“射者中则大言获。获，得也。”成绩好的还有奖励。这篇铭文不但印证了《仪礼》的记述，而且也一一证实了《仪礼》中所记的“大射”名称、多士、小臣、获等人物和术语。《仪礼》的记录虽有理想化之嫌，但大节不错。柞伯簋所记的这次大射，周王预设的奖品是“赤金十反”，反，钣也，《尔雅·释器》“饼金谓之钣”，是预设奖项为10块饼金。柞伯射了10箭，箭箭中的，所以得到预设的10块饼金的奖励。而得奖后，周王又赐给他两件乐器柷、见，可能就是典礼中用过的，这是没有预设的，所以单独说明，是赏赐，以别于奖励。

（三）惩罚

奖励对于一个公共权力机构，特别是形成初期的公共权力机构来说，是重要的，却并不是最必要的。但是惩罚对于维护公共权力所建立的社会秩序来说，却是必要的。这样的例子在世界各个不同文化的早期国家中都可以看到。在两河流域苏美尔的泥版文书《苏美尔法典》中，在古巴比伦石碑《汉谟拉比法典》中，在亚述、赫梯、古希腊等古文书中，除了有关行为准则的条款外，关于惩罚的文字不绝于书。惩罚的方法，包括肉体、劳役、不动产方面，也包括动产等方面，往往还有准确的罚格。如果沿着历史年代的线索追寻，还可以发现，在这些西亚、北非、南欧的商业地区中，动产惩罚的罚则也有一个从公元前5000年左右用大麦、牲口、饮料、面包等实物向公元前3000年左右用白银、铅等金属实物过渡的过程。

在西周铜器铭文中，我们也看到了以青铜作为惩罚物的例子：

唯三月丁卯，师旂众仆不从王征于方雷。使厥友引以告于伯懋父，在莽。伯懋父乃罚得、𢓊、古三百寽。今弗克厥罚。伯懋父令曰：“义敉！𡩜！厥不从厥右征，今毋敉，其又

纳于师旂。引以告中史书，旂对厥䝨于尊彝。”（师旂鼎康-昭王）

师旂鼎铭原收于清刘体智小校经阁，鼎现藏于北京故宫博物院。鼎铭经多人释读，有些地方仍有歧义。似以故宫唐兰的释读近是。鼎铭记录的案子是，师旂原要按照周王的指示跟随出征雷国。但是他的有些属下不肯听命出征。师旂叫他的僚属“引”把此事报告了伯懋父。伯懋父于是判定罚不肯出征的得、𦋺、古三人交纳青铜300 寽。然而这笔罚金他们也没有交。伯懋父于是再次判定说，这些人不肯出征，原应该放逐，现在不要放逐了，把应交的300 寽交给师旂吧。引于是把这个判决让文书记载下来。师旂也很满意这个判决，于是把此案铸在鼎上。

《尚书·吕刑》曾有这样的说法：“五刑之疑有赦，五罚之疑有赦，其审克之。”“墨辟疑赦，其罚百锾，阅实其罪；劓辟疑赦，其罚惟倍……”《吕刑》论述了西周的刑法原则，在说到执行刑罚的时候，如果其罪不能落实，应该采取灵活的方式，可以用罚交青铜来解决，并且说明了各类刑罚的罚金数量和比例。《吕刑》作于穆王末期，相比师旂鼎的时代，晚了至少大约百年。《吕刑》中的甫侯归纳的刑法，与百年前的生活实际应该是既有联系又有一定差距的。将《吕刑》与师旂鼎两相比较，可以看出，在师旂鼎一案中，得、𦋺、古三个人不出征，可能是有一定的可以理解的理由的。否则，惩罚会更重一些，这也是三人不肯交纳罚金的原因，同时也是伯懋父放宽惩罚尺度的原因。不管怎样，以青铜作为惩罚的物质标准，在康昭时代已经出现，假以时日，它就可能使青铜发展成为货币诞生的条件。

隹三月既死霸甲申，王才方上宫。伯扬父乃成䝨，曰：“牧牛！𠭯！乃可湛，女敢以乃师讼，女上切先誓。今女亦既有卩誓，尃、趞、啬、覭、𠊳亦兹五夫，亦既卩乃誓。女亦既从辞从誓，式可。我义鞭女千、剭䵦。今我赦女，义鞭女千、黜䵦女。今大赦女，鞭女五百，罚女三百寽。”伯扬父乃或使牧牛誓曰：“自今余敢扰乃小大事。”“乃师或以女告，则致乃鞭千、剭䵦。”牧牛则誓。乓以告吏兄、吏曶于会。牧牛辞誓成。罚金。儵用乍旅盉。（儵匜，或训“训匜”　西周中晚期）

这是一件完整的法律判决书。管理牧牛事务的小官吏不知因为什么事感觉不公，把他的上司儵告到伯扬父那里。显然这不是第一次了，但是他从来也没有告赢过，并且不得不立誓不再上告。但是他终于无可忍受，又再次告儵。伯扬父并不问事情的曲直原委，只是说，你违反了上次的誓言，我本该判决鞭打你一千下，再用重的墨刑。不过这次既然又立誓服判，又有5个人为你作证守信。我决定减轻，判决鞭打一千下，用轻的墨刑。在此基础上赦你，不墨了，打五百下，交三百寽铜。牧牛于是又立了誓，交纳了铜。他的上司把此事铸在了铜器上。与上一例师旂鼎的案子一样，作器者之所以铸造这样的铭文，是以此为例，以告诫下属和自己的后人，要这样维持社会的等级秩序。这个案件进一步印证了《吕刑》中“墨辟疑赦，其罚百锾……”这类说法的来源。

（前略）唯王九月，辰才乙卯。夨俾鲜、且、𢦚、旅誓，曰：“我既付散氏田器，有爽，实余有散氏心贼，则爰千罚千，传弃之。”乃俾西宫襄、武父誓，曰：“我既付散氏湿田、畛田，余有爽变，爰千罚千。”西宫襄、武父则誓。乓受图，夨王于豆新宫东廷。乓左执要史正中农。（散氏盘　厉王）

这是一件两个畿内小国的土地纠纷案。夨国的臣民侵占了散国的土地，散国向周王室告状，结果是判决夨向散赔付两块土地。所引“前略”的是双方和王室官员共同踏勘所赔土地，详细记录土地四至，建立“封”即边界。然后矢叫自己管农具的下属鲜、且等人和管土地的下属西宫、武父立誓，决不再犯。并交上地图，立下要约，一式两份，把左边份交给管记录的史正官中农。鲜、西宫等人立的誓言是“余有爽变，爰千罚千”。意思是如果我说了不算，该罚一千锾铜就罚一千锾铜。罚千锾是什么意思呢？《尚书·吕刑》说：“墨辟疑赦，其罚百锾，阅实其罪；劓辟疑赦，其罚惟倍，阅实其罪；剕辟疑赦，其罚倍差，阅实其罪。宫辟疑赦，其罚六百锾，阅实其罪。大辟疑赦，其罚千锾，阅实其罪。墨罚之属千，劓罚之属千，剕罚之属五百，宫罚之属三百，大辟之罚其属二百，五刑之属三千。”这里“阅”通“脱”，即有些不能证实的事情，可以用罚金替代刑罚。所举的罚则，罚千锾的是“大辟”罪，即死刑。“大辟之罚其属二百”，即可以用罚金千锾替代死刑的规定有200条。可以说，千锾已经是罚金的极限，矢的官员所起的誓已经可称毒誓了。我们无法确认《吕刑》记录西周法律的准确程度，但是散氏盘铭确实证实了，在西周中后期，存在着惩罚和罚金的制度，而且《书》和散氏盘铭二者所记录的罚金的品种、单位和数量也相去不远。

（四）赠礼

把铜作为赠礼在西周是屡见不鲜的，情节大多是诸侯或外邦小国觐见，向接待大臣送礼。

> 亚宾亢骍金二匀。（亢鼎）
>
> 王使小臣守使于夷，宾马两、金十钧。（小臣守簋盖）
>
> 王乎作册尹命山曰：“于入茀侯，出征鄀荆方服，眔大虘服、履服、六孳服。”茀侯、鄀方宾贝、金。（士山盘）
>
> 王才宗周，令史颂省稣……稣宾璋、马四匹、吉金。（史颂鼎）

（五）交易

在西周的铜器铭文中，涉及使用媒介做正式交易的并不算多。

可知在西周时代，交易往往还是以物物交换的方式进行的。但也并非完全没有，最为人知的是曶鼎。曶鼎的铭文很长，记录了三个事件，涉及交易的是第二案曶讼效父案①：

佳王四月既生霸，辰在丁酉，井叔才异为□。曶使氒小子䩛以限讼于井叔“我既赎女五夫效父，用匹马束丝”。限诉曰“𠭰则俾我偿马，效父则俾复氒丝束𠭰”。效父乃诉。䩛曰：“于王参门□木榜，用徵，诞赎兹五夫，用百寽。非出五夫□誓。”乃𠭰又誓罘觊金。”井叔曰：“在王廷乃卖用徵，不逆，付曶，毋俾式于𠭰。”曶则拜稽首，受兹五夫，曰陪、曰恒、曰耦、曰𦏁、曰眚。使寽，以告𠭰，乃俾□以曶酒及羊、兹讫寽，用致兹人。曶乃诲于𠭰曰：“汝其舍䩛矢五束。”曰：“必尚俾处氒邑，田厥田。”𠭰则俾复命曰：“喏。”

这是一起经济纠纷案，事情发生在西周中期穆王之后的某王时代。纠纷的双方是：一方主人是为王室管理占卜事宜的曶，曶的下属叫䩛。另一方是效父，效父的下属叫限。从双方陈诉判断，曶的封地上的五个农夫可能是由于债务等原因，成为效父的人。曶决定把他们赎回来，或者说是买回来。于是发生了鼎铭所记录的处理过程。

曶叫自己的家臣䩛向仲裁官员邢叔控告效父的家臣，说已经说好要赎回五个农夫，代价是一匹马一束丝。大概所用的马是自己的田地上养的而不是府内的，所以管理田地的小臣𠭰不太愿意，要求对方把马还给他。效父知道后，一并把丝也还给了𠭰，意思是人不卖了。曶的家臣䩛则表示，人一定要赎回来，已经在王宫门外的市场交纳了手续费，定好五人的价格用百寽青铜，请邢叔

① 曶鼎原鼎已失，仅存拓片，有少数文字不清，释读研究者众，人言或有不同。为方便读者，此处在不伤大旨的前提下，综取各家，尽量以通行文字转写。

裁决。邢叔表示，既是在王廷已经交纳了手续费，就一定要执行。于是一方付铜，一方交人。曶嘱咐厎，要让这五个人回到原来的田地上去。当然这只是胜诉方的表述，繁简之间是有出入的。但案情是基本清楚的。

这个案子反映出西周中期已经出现了劳动力的流失和贵族间争夺劳动力的社会现象。同时通过案情审理的过程，我们还可以看到，尽管在贵族间的资源流动中，物物交换仍然占着主导地位，但是已经出现了用铜作为交易中介的现象。用铜的单位是锊。

（六）费用

所谓费用，是指既非贡纳，也不是惩罚，而是为公共管理或某些工作程序而上缴的物资。这种缴纳，起初并不是办公费用，其性质后来逐渐发生了变化。

在上引曶鼎曶诉效父案中，我们就看到了两种“费用”。

一是“薮曰：于王参门□木榜，用徵，诞赎兹五夫，用百寽。”

《考工记》曾记载：“匠人营国。方九里，旁三门……左祖右社，面朝后市，市朝一夫。”但是这里所谓“三门”，似乎是指都城的城门，城方九里，每边设三个门。小盂鼎也有相关记载，盂伐鬼方，大获全胜，向康王献俘，“入三门，即立中廷”，似乎是指宫城的门。实际上据考古学者研究，在西周时代，并没有真正形成都城的“城”，《考工记》所说“匠人营国”，应该是春秋至战国以后的筑城方式。[①] 那么这里的“王参门”应该是王宫的三门。至于木榜，《周礼·春官·内史》：“内史掌王之八枋之法，以诏王治……凡命诸侯及孤卿大夫，则策命之；凡四方之事书，内史读之；王制禄，则赞为之，以方出之；赏赐，亦如之。”“以方出之”郑玄注：“以方版书而出之。”就是说，周王有什么法

① 许宏：《先秦城市考古学研究》，北京燕山出版社2000年版。

令，由内史写在方木板上公布出去。在曶鼎铭中，𣪘说，他已经在王宫三门旁的公布木板下，交了“徵”，确定用百寽青铜赎买五个农奴。即他的这个赎买行为通过缴纳“徵”，已经得到了王室的许可和保护。这里“徵”就近似一种管理费。

二是“曶乃诲于𪧵曰：‘汝其舍𣪘矢五束。’”曶对𪧵说，你要给𣪘五束箭。为什么要给五束箭呢，因为官司是由𣪘去打的，他打官司的时候，要交纳五束箭。《周礼·秋官·大司寇之职》有：“以两造禁民讼，入束矢于朝，然后听之。以两剂禁民狱，入钧金，三日乃致于朝，然后听之。”《周礼》以“讼”为民事、以“狱”为刑事。意思是如若以民事纠纷上告，必须原告和证人都到，并且交纳一束箭。如若以刑事上告，必须有双方的文书，并交纳青铜一钧（30斤）。按《周礼》说法，交纳箭和铜并不是收费，而是为了“禁”，减少纠纷，维持和谐，避免狱讼。交箭是因为箭直，以示自己理直。交铜是为了表示自己确有值得付出代价的冤屈。《周礼》成书时虽然已约是战国，但书中不少史实确为出土实物证实。曶鼎的记录证明，民事诉讼确实要交纳箭矢。只是《周礼》说交“束矢”，曶则要求交出五束矢，不知道是因为涨价了还是曶的额外要求。

然而看起来初衷是为了“禁民狱讼”的措施，实际上后来成了收费，并且正式规定为“徵”。关于“徵”，下文做一专题讨论。

三、关于“徵”

此处所谓“徵”是一个争议已久的问题。西周铜器铭文常见有“取□若干寽（锾）”的句子，□字的写法不定，有责、遗、𧷢多种，各家解法也多不同，其中以唐兰所解“徵”最为近是。最后一字有释为锾、爰、寽、锊。《说文》：“锾，锊也”，意本相通，金文此字大多没有金旁，可隶为寽。所谓“取徵若干寽”，其实就是上文听讼的收取。这里可以排比金文中此句的前后事因：

<table>
<tr><th>器名</th><th>职事</th><th colspan="2">赏赐</th><th>所取</th><th>时代</th></tr>
<tr><td rowspan="3">趞鼎</td><td rowspan="3">命女乍豳师家司马，适官：仆、射、士，讯小大友邻</td><td>服饰</td><td>赤市</td><td rowspan="3">取徵五寽</td><td rowspan="3">穆王</td></tr>
<tr><td>车马</td><td>幽衡</td></tr>
<tr><td>标识</td><td>銮旗</td></tr>
<tr><td rowspan="2">楚簋</td><td rowspan="2">司方鄙馆、内师舟</td><td>服饰</td><td>赤雍市</td><td rowspan="2">取徵五寽</td><td rowspan="2">共懿</td></tr>
<tr><td>标识</td><td>銮旗</td></tr>
<tr><td rowspan="2">牧簋</td><td rowspan="2">先王既令女乍司士，今余唯或□改，令女辟百寮……乒讯庶右邻……司服乒罪乒辜</td><td>车马</td><td>金车、贲较、画辖、朱虢、𠭯靳、虎幂熏里、駼马四匹</td><td rowspan="2">取徵□寽</td><td rowspan="2">懿王</td></tr>
<tr><td>标识</td><td>旗</td></tr>
<tr><td>处簋</td><td>命女司成周里人，眔诸侯大亚、讯讼罚</td><td colspan="2">夷臣十家</td><td>取徵五寽</td><td>中期</td></tr>
<tr><td rowspan="3">𢦏簋</td><td rowspan="3">令女乍司土，官司耤田</td><td>服饰</td><td>织衣、赤雍芾</td><td rowspan="3">取徵五寽</td><td rowspan="3">中期</td></tr>
<tr><td>标识</td><td>銮旗</td></tr>
<tr><td>其他</td><td>楚走马</td></tr>
<tr><td rowspan="2">扬簋</td><td rowspan="2">乍司工，官司田佃，眔司位、眔司刍、眔司寇、眔司工事</td><td>服饰</td><td>赤雍芾</td><td rowspan="2">取徵五寽</td><td rowspan="2">晚期</td></tr>
<tr><td>标识</td><td>銮旗</td></tr>
</table>

续表

<table>
<tr><th>器名</th><th>职事</th><th colspan="2">赏赐</th><th>所取</th><th>时代</th></tr>
<tr><td rowspan="3">番生簋</td><td rowspan="3">令缵司公族、卿士、太史寮</td><td>服饰</td><td>朱芾、葱衡、鞞鞢、玉睘、玉余</td><td rowspan="3">取徵廿孚</td><td rowspan="3">孝王</td></tr>
<tr><td>车马</td><td>车、电轸、贲䡅较、朱虢、㒸靳、虎冟熏里、遣衡、右轭、画轉、画輻、金踵、金轭</td></tr>
<tr><td>标识</td><td>金簟弼、鱼箙、朱旗旜、金芫二铃</td></tr>
<tr><td rowspan="3">毛公鼎</td><td rowspan="3">命女缵司公族与三有司、与朕执事</td><td>服饰</td><td>朱芾、葱衡、玉环、玉余</td><td rowspan="3">取徵卅孚</td><td rowspan="3">宣王</td></tr>
<tr><td>车马</td><td>金车、桒䡅较、朱鞹㒸靳、虎冟熏里、右轭、画轉、画輻、金踵、错衡、金轭、约盛、金簟弼、鱼箙、马四匹、攸勒、金鬣、金膺</td></tr>
<tr><td>标识</td><td>朱旗二铃</td></tr>
<tr><td>师毁簋</td><td>（伯和父）令女尸我家，兼司我西偏东偏仆驭、百工、牧、臣、妾。董裁内外</td><td colspan="2">戈琱、戴柲、彤绥，盾五鍚钟一肆</td><td>五金</td><td>厉王</td></tr>
<tr><td>公臣簋</td><td>虢仲命公臣司朕百工</td><td colspan="2">马乘、钟</td><td>五金</td><td>厉王</td></tr>
</table>

排比上表可以看出，凡有“取徵五孚”事项的器主，有以下

共同特点：

1. 多是司（𤔲）人，即管理人员。少数没有明确说明是管理人员，其官职也与此有关。如𢦏簋，作司土，司土即司徒，仍是管理官员；楚簋器主主管方京的接待馆舍和王室的船只，从作册麦尊可知，这些船只是供天子典礼用的，器主所管理的应该是连同馆舍和船队的工作人员。

2. 器主多有或可能有“讯”的职能。

3. 所受赏赐，首先都有“芾”，即下衣“蔽膝”。一般可以“讯”事的官员穿“赤芾”，只有番生、毛公，因为所司是公族、太史寮、三有司，地位崇高，赐的是“朱芾”，颜色与“赤”是不一样的红色。

4. 所赐多有銮旗，即旗杆顶端带响铃的旗帜，并有不同的车马或车饰。赐车马具并不是有“讯”职能的官员专有，但也都是表明等级和权威。《周礼・春官・巾车》：“掌公车之政令。辨其用与其旗物而等叙之，以治其出入。”

5. 上表番生簋以上诸器，器主管理的都是一般官员和事务，所以“取徵五寽”。番生管理的是公族和太史寮，地位较高，所以“取徵廿寽”。毛公本人是周王的父辈，地位极高，所管不仅有公族，而且连三有司（司土、司工、司马）、周王的身边近臣一并管理，所以“取徵卅寽”。

从以上诸点，联系曶鼎等诸案，可以认为，贵、遗、𢓊等字释为“徵”是妥当的。“徵”字的含意，应该是听取、裁决诉讼时，当事人的缴纳。五寽是一般当事人的青铜缴纳额。高级贵族和官员，依照他们不同的等级，提起诉讼将先缴纳 20～30 寽不等的青铜。“取徵”制度的设立，从目前看到的材料，大概起于西周中期。所徵之物是青铜。取徵单位是寽。至于寽的绝对重量，由于现在还没有确切的西周衡制的量值资料，很难确定。同时，西周时期各地是否能够做到全国的度量衡一致，也是有问题的。但是从东周以后的资料，包括自铭重量的器具来看，东周时期的一寽平均重约 1200 克左右[1]。

有学者曾猜测，取徵是官员的薪俸，是金属货币，则太过超前。西周乃至更晚，官员薪俸主要是采邑职田，甚至还没有实物薪酬，更谈不到货币。若是货币，“取徵五寽”，不过 6000 克，与赤芾、銮旗、车马相比，毋乃太薄！

从上表还可以看到，最后两器师毁簋和公臣簋器主所服务的并不是周王，而是高官。他们所任命的器主所管理的，也不过是小臣、百工。他们被赐的不仅有钟、马，还有戈琱、戟柲、彤緌、盾等，这些都不是实用武器而是装饰精美、宣示权力的礼器。所以他们所被赐的“五金”，大概也是仿效周王的“取徵五寽”。这两器都属厉王时，相比较趞鼎，䜌师家司马也是由周王任命，可以说，到西周中晚期，诸侯和高级贵族已经显现出较强的自主倾向。

四、商周铜的来源

铜是商周时期的重要物资。但对于商代的铜源，目前学者们的看法仍难于统一。总起来看，盘庚以前，商族的铜源是有限的。武丁时期国家的崛起，为扩大铜源创造了前所未有的条件。商代的主要铜矿应该是在长江流域。[2] 近年来，中国学者利用自然科学手段，通过对铅同位素的研究发现，商代青铜原料中还有相当部分源自中国西南滇东黔西和川南。[3] 但是从历史和考古的角度看，从西南到中原之间的通路还缺乏有力的根据。目前很难得出两者之间直接发生关系的结论，但是间接的、接力式的联系是肯定的，

---

① 丘光明、邱隆、杨平：《中国科学技术史·度量衡卷》，科学出版社 2001 年版。

② 关于商代的铜，有不少学者做了研究。综合各种观点而有较中肯的看法的，是张光直的《商文明》(*Shang Civilization*)。原书为英文，由耶鲁大学出版，国内已有多种译本。

③ 中国社会科学院金正耀博士多年来就商代含高放射成因铅青铜的研究发表了多篇论文。

只是这种联系的具体方式还有待进一步的探索。

受铜源和早期国家的体制所限，商朝的铜主要掌握在王室和高级贵族手中，因而铜这一重要的自然资源所能发挥的社会作用，也是受到限制的。

西周克商，取得了比商朝更为广大地区的控制，所掌握的铜源，也更丰厚。从西周彝器所反映的社会实况来看，西周社会取得铜的方式主要有：

1. 承继。主要是指直接接收商王室和商贵族所掌握的铜器和铜原料。

2. 礼赠。前文所举的如士山盘、史颂鼎、小臣簋等都属这种情况。

3. 贡纳。如：戎献金于子牙父百车。(敔簋)

4. 战利。攻略周边部族是获取铜的一个重要方式。记录这类事件的资料也有不少：

> 员从史旗伐郐，员先入邑，员俘金，用乍旅彝。(员卣)
>
> 过伯从王伐反荆，俘金，用乍宗室宝尊彝。(过伯簋)
>
> 王征南淮夷，伐角、津，伐桐、遹。翏生从，执讯折首，俘戎器，俘金，用乍旅盨。(翏生盨)

5. 交易。能够直接记叙交易的文献并不多。北宋吕大临《考古图》著录了一件“晋姜鼎”，欧阳修跋说出于陕西韩城。其中有这样的文字：“嘉遣我易卤积千（辆），勿废文侯显命，俾贯通弘，征繁汤原，取厥吉金。”据李学勤考证，晋姜鼎铭文与20世纪90年代发现的戎生钟铭文所记是同一件事，即东周初年，诸侯晋国派出一千车盛产于晋地的盐，到地处南方的繁汤（地处今河南新蔡）换取铜料。此事系于平王，距西周不远，可能在一定程度上反映了西周后期的情况。这也让人想起了兮甲盘：

> 隹五年三月……王令甲政司成周四方责，至于南淮夷。淮夷旧我帛畮人，毋敢不出其帛、其责、其进人；其贾毋敢不即次即市。敢不用令，则即刑、践伐。其隹我诸侯百姓厥贾毋不即市，毋敢或入蛮宄贾，则即刑。

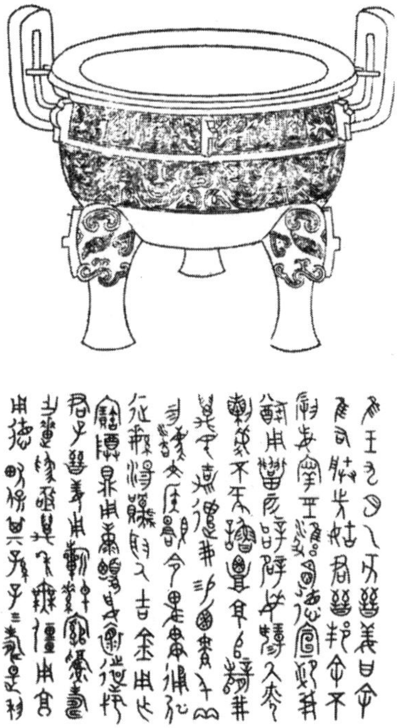

◆北宋著录的晋姜鼎及铭文

此盘系于西周宣王五年（前823），宣王要北伐猃狁，命令兮甲到成周（今洛阳）主管后方的物资供应，范围南达江淮地区。兮甲向周王保证，淮夷部族过去是周朝的朝贡国，一向进贡布帛、物资和劳役。当地的商人不敢不来经商，周地的百姓也不敢私自到南方去做生意，否则会对他们进行惩罚。这也从侧面反映，江淮的铜产地是经常有物资进贡，甚至走私活动（入蛮宄贾）也不在少数。

五、商周铜的形态

商代的铜基本掌握在王室和高级贵族手中，其铜矿和粗铜的来源主要依靠向产铜地的征服和索取贡献，很少见有铜资源的自由流动。王室或方国首领的手工作坊主要生产礼器、兵器、车马器等，少量工具也是供贵族所属的手工作坊。无论贵族还是平民，日常饮食器具主要还是依靠陶器，农业生产工具主要还是依靠木、石、骨、蚌作为原料。所以，尽管商朝的青铜礼器达到了前所未有的高度，反映在文字上，却极为简略。在殷商甲骨和金文中未见后世称铜的“金”字。对金属的表达，一是借用（丁），像饼形金属原料，二是把丁用于复数，以表示金。真正形成“金”字，目前所见是在西周初年。

目前所见西周第一器利簋，就有武王用青铜赏赐他的属官利：“易右史利金”，这个金字写作，仍以两铜饼置于金旁。这种写法很长时间可见于西周铜器，如：

骍，亢鼎（成-康时器），为表示金属颜色，把骍（红色马）也加了两个饼形。

亢鼎（成-康时器）。

作册麦方尊（康-昭时器）。

柞伯簋（康王时器）。有趣的是，因为此金是周王为射箭而设的奖项，所以金字中间一横画作箭头形，而表示金的两笔则置于“侯”（靶）后。

最直接的是效父簋（康王时器）“易效父三”：

这个字日本白川静释作“匀”，即青铜的衡量单位钧，代指金。如是则仍是用两笔作金字。

以后，金字所见渐多，金字的两点逐渐符号化，装饰意味很浓，或有或无，或作两撇，或作三撇四撇，或横或点，置左置右，已不复金的本意了。

可以说，圆点是铜料的饼状外形，所以早期与“丁”相通。两横画的“金”应该是代表侧视的饼，而且是复数，代表了抽象的、概念意义上的“金”。

若从实物看，出土发现的西周青铜，以块状成批储藏或窖藏的现象屡见不鲜，地域范围北从西周王畿的陕西省，南到长江沿线的江苏、浙江。从已经报道的材料来看，发现的青铜块窖藏一次大多在几十千克至一百多千克。浙江、江苏发现的青铜块以冶炼成饼后打碎成若干块为主，也伴有少量农具残块。江苏金坛窖藏伴出的还有木炭，经 C_{14} 测定，相当西周中晚期。[①] 陕西周原多次发现西周时期青铜块窖藏，重量也大致在十几千克、几十千克至一百多千克不等。内容则往往有大量钟鼎彝器残块，也有冶炼浇铸过程中的废品和残余。周原是周族崛起的地方，直到平王东迁，这里一直是周族活动的核心地区。所以周族通过战争、贡纳、封建等活动获得的铜器也往往集中在这里。《尚书·书序》有“分器”一篇，文虽不存，序说“武王既胜殷，邦诸侯，班宗彝，作《分器》”。文献和金文所记的“分器”“赐金”，既有完整的铜器，也有打碎的战败者或政治失意者的铜器。同时，在周原发现的青铜块中，还有一些完整的圆形铜饼。例如法门乡庄白召陈村发现的紫铜圆饼直径 23.5 厘米，重 4650 余克；法门乡台李村发现的紫铜圆饼直径 31 厘米，重 5000 克[②]。这些紫铜饼大概可以与亢鼎的“骍金”相印证。

从这些实物来看，在西周时代，青铜虽然常常被用于赏赐、承继、赠礼，甚至交易等行为，但是它基本上仍然是一种物资，也还没有形成固定的形态。所以使用或流动时往往需要打碎。就原料本身来说，它的外形是圆饼形，只是还没有固定的大小，也没有固定的重量。尽管如此，从后来货币的诞生和发展来看，这种青铜块的饼状外形对后世发挥着非常重要的影响。

西周时期铜的量度，目前还很难有确切的结论。尽管东周以后我们可以在货币、量器、礼器等青铜制品上看到一些不同的重量单位，如釿、两、锱、石、刀、镒等，但是在西周的铜器上我

① 徐永年：《对吴国的称量货币——青铜块的探讨》，《中国钱币论文集》，中国金融出版社 1985 年版。

② 罗西章：《从周原出土文物试论西周货币》，《中国钱币》1985 年第 2 期。

们只看到了寽和钧两种重量单位。而且目前还不知道是否有其他单位存在、寽和钧之间是否有相应关系存在、寽和钧的绝对重量值等信息。东周时期社会状况与西周已经有了很大不同，各地诸侯自行其是，度量衡也有了很大变化，东周的状况并不能代表西周，汉儒注经也往往是依据东周以后的材料，也常常自相矛盾。要确切地了解西周的青铜使用情况，还有赖于今后更多的出土发现和我们更多的努力。

第七节　余论

一、早期货币的诞生

（一）早期货币产生的社会条件

货币作为人类经济活动的产物，必然是在一定的社会和经济条件下产生的。在这里，社会和经济条件是前提，是因；而货币则是果。如果先验地认为贝就是货币，以此成为思维定式，由此倒推，凡有贝的发现，就将发现处推定为有交换和商品经济的存在，显然是逻辑的错误。所以研究货币的产生，首先应当探讨的是货币产生的社会条件。

首要的一条，应当是社会生产力所提供的可能。如果一个社会，它的社会主要成员，还处在用石头、木头和蚌壳做的工具进行生产的条件下，显然他们的生产成果是很难保证生活的温饱的。尽管社会的上层成员可能已经拥有了相当奢华的生活，但这并不能证明社会总产品的过剩，而只能证明在社会产品的分配上有了问题，上层成员的过分奢华是建立在压缩其他社会成员的生活必需基础上的。从这个意义上看，东周以前的社会，产生货币的条件是不充分的。从中国历史发展的实际过程来看，社会条件的变化，有赖于铁的利用和基层组织农村公社的进一步解体。这个变化正是在东周以后发生的。

其次，要有一定规模的市场存在。偶然的交换、个别的交换构不成市场，也构不成货币的需求。赏赐和贡纳构不成市场，也构不成货币的需求。偶然的交换自西周初期以来就存在，但是交换的物品并不是商品。譬如亢鼎铭中所交换的大珠和鬱、卣、牛都是奢侈品或是祭祀用品；裘卫盉铭中交换的是礼仪用品和王室土地（“溥天之下，莫非王土”）。这些动产甚至不动产，没有一样是为交换而生产的商品，所以也不存在“价值”的观念。之所以以贝计数，是因为贝也是贵重的、神圣的祭祀品，以此作为参照系，双方比较容易沟通。我们也可以看到不以贝为参照而直接交换的例子（五祀卫鼎、九年卫鼎、格伯簋等），说明只要双方“才（裁）”定了交换的物品，又有中间人的证明，交换就可以成立。而曶鼎铭中，曶要赎回五夫，第一次用匹马束丝，没有经过任何“公证”，于是就可以反悔。第二次到王的三门“用徵”，等于获得了官方承认和保护，所以邢叔说“才王廷乃卖用徵，不逆”，责令双方成交。这些都没有通过媒介作参照。说明在这一时期，无论是土地、奢侈品、手工制品等，都没形成交换的市场。

赏赐和贡纳在中国起源既早，延续也久，直到汉唐时期，仍大量存在。甚至清朝的乾隆皇帝还把英国玛噶尔尼使团来华看作贡赐关系。后世有时也把贡赐行为称为“贡赐贸易”，但是这只是一种类比，它毕竟不是商品交易。贡赐物品的双方完全是不平等的，不是以“价值”论关系的。一般来说，商周时期是贡大于赐，王室对祭祀、奢靡的资源依赖主要在周边方国；汉唐以后，赐大于贡，由于中原王朝的强大，贡赐关系只是维护王朝中心的一种手段。尽管汉唐以后民间贸易频繁，但在商周时期，贡赐不是商品交易关系。

《易》《周礼》《仪礼》《诗》《左传》《国语》等经籍虽然有不少关于市场的记录，但它们大多出自春秋战国以后人的传说和记录。在彝器铭文中，尽管西周铜器有相当数量的长篇铭文，涉及社会生活的很多方面，关于市场的记录，最早却只见于宣王时期（兮甲盘）。这也从一个侧面反映了所谓“宣王中兴”，南征北伐，扩大了周的控制地域，也造成了社会资源在广大地域内流动的条件。

（二）早期货币产生的政治条件

这里所谓政治条件，主要是指占统治地位的政治集团对社会的掌控力。这对于货币的产生也是非常重要的。自古论货币的产生，大多持“为解决交易不便”和“圣人创造”二说。近世货币史论者往往不以“圣人创造”说为然。一般的说法是货币是在商业发展过程中自发地产生的。人们曾经用各种物品作为交易的媒介，最后固定在金属上。这种观点大约自18世纪在西方古典经济学家中流行，渐为多数人接受。特别是马克思曾经说，货币“是商品在交换过程本身中形成的商品交换价值的结晶”，“是在交换过程中本能地形成的”①，货币在交换中自发产生的观点更在近世中国学者中成为不易的圭臬。

但是西方古典经济学家和马克思所论述的货币，它们所产生的社会条件与中国完全不同。在西方，自古代两河流域到古埃及、古希腊，由于自然环境和历史传统的影响，参与交易的各地方都已逐渐成为商品生产者。各地和商人所从事的都是商品交易。马克思在论述货币的时候，也声明是以商品交换为前提的。但是在中国的上古时代，并不存在真正的商品生产。在社会上发生的交易行为，往往也不是商品交换。在早期的农村公社内部，人们过

① 马克思：《政治经济学批判》第一章，人民出版社1976年版。

的是自给自足的生活。在不同部族或部落之间，也是以有余补不足。交易行为是经济生活中的一种补充行为。从事“商业”的商人，所做的也是收集一处的有余，通过贩运去交换另一处的不足。至于贵族之间，更属偶然的物物交换，无法产生货币。

尽管人们在社会生活中逐渐形成了以金属为交换媒介的条件，但是促使条件变成现实，仍然需要一定的契机。因而完全否定“圣人创造”，货币也是无从诞生的。当然今天我们并不相信“圣人创造”，但是起到圣人作用的力量仍然需要，这就是公共权力的作用。即便金属有着种种成为货币的自然优势，但是当它成为交易双方之间的媒介的时候，当交易双方都已经“才”（裁）定了媒介的数量的时候，双方仍然可能为了金属的衡量、成色的高低而起争执，形成纠纷。因而铸造固定形态的金属块，并保证这种金属块有一定的大小、一定的成色，就是公共权力的责任。正如英国现代经济学家希克斯所说，“国王的铸币无论在他的王国还是在其他贸易城市，所到之处都受到欢迎”。事实上，在西方商业发达的古希腊、吕底亚和古波斯的时代，尽管商人确实在最初曾经制造过打上私人标记的金银合金颗粒，但是很快为吕底亚王国的金银合金颗粒所替代，为波斯大流士王所吸取，为希腊各城邦国普遍采用。这就是公共权力的作用。在中国，由于“工商食官”，冶铜手工业完全在王室和上层贵族的掌握下，青铜要成为货币，更不可能离开公共权力。

◆发现于土耳其小亚细亚的最早的吕底亚琥珀金（金银合金）币（采自大英博物馆 *Money*）

当货币产生的社会条件相对具备的时候，公共权力的变化就成为重要的因素。也就是说，需要政治条件的成熟。在西周近

300年的时间里，统治阶层的精力主要在稳定社会、分封贵族、建立宗法制度方面，当时的周朝面对广大的国土，各地社会、经济发展极不平衡，王室还无法全面掌控。春秋以后，王室衰微，诸侯势大，在诸侯相对较小的环境里，公共权力更易发挥作用，在政治上为货币的产生创造了条件。

（三）早期货币的形态

中国早期货币的不同形态和不同形态的区域性证实了货币产生所必需的政治条件。春秋中期以后，周王仅仅成为一个象征意义上的共主，一面大诸侯用以号召和控制小诸侯的旗帜。一些大诸侯争相争夺这面旗帜，以便必要时把它展开，用过后又会及时卷起。晋、秦、齐、楚等一些地区性大国通过各种不同形式的改革，使自己的经济和政治制度发生了不同程度的变化，促使了早期货币产生条件的成熟。这些大国逐渐形成自己的势力范围，势力消长也处在不断的变化中。就是这种错综复杂的国际关系，形成了中国早期货币的不同形态。

就大的分野而论，中国早期的青铜货币分为四大类型：铲、刀、圜、颗粒。铲形货币起源最早，初以东周王畿为核心，影响及于晋国及中原各诸侯。刀形货币以齐燕势力为核心。战国以后，在中原以西地区兴起了圜形货币，为秦国所发扬光大。而楚国在进入战国以后，货币采取了颗粒的形式。

这几种主要货币形式的缘起，大致是：

铲形货币起源于农具铲已经是钱币学界和历史学界的共识。所争议的是它的名称。中国古代的铲形农具有钱、镈之称，《诗·周颂·臣工》“命我众人，庤乃钱镈”，即命令我的农夫，备好你们的农具，钱和镈就是两种农具。钱是铲形的农具，镈是锄形的农具。铲用于起土，镈用于锄草。最早的铲形钱币的头部是空的，完全取象于钱。后来流通渐多，成为扁平，头部与钱身成为一个整体。汉代王莽时期模仿古钱铸造了铲形的钱币，名为“布”，有“小布”“么布”“幼布”“大布黄千”“货布”之类名目，后世遂有以铲形钱币称布的习惯。近代以来，钱币界常将铲形钱币称为“空首布”“平布”等而成为一种约定俗成的名称，还有人以“镈”“布”音近相通来解释“空首布”“平布”之类的名称。实际上这类钱币当时的本名就是“钱”。

刀形货币的流通地区是今天的山东、河北，稍涉及辽宁南部燕国地域。它的取象是一种削。论者常认为削是游牧民族用以吃肉的小刀，其实无论游牧民族还是农耕民族，在上古时代，削的使用非常广泛，并不止游牧民族。农业民族中工匠作器时用削刮竹、妇女纺织时用削断线、文人写作时用削刮简牍，所以《考工记》专门设定了铸造刀削的青铜配方：“五分其金而锡居二，谓之削杀矢之齐”，就是说，刀削和箭头的铜锡配比是 3∶2。这样的配比硬度比较高，适合用作工具。《考工记》还说鲁国的削最好，大概是因为鲁国文人比较多吧。当然游牧民族在生活中对刀削的依赖程度会更高一些。刀币在当年就被称为刀，先秦文献中常见。

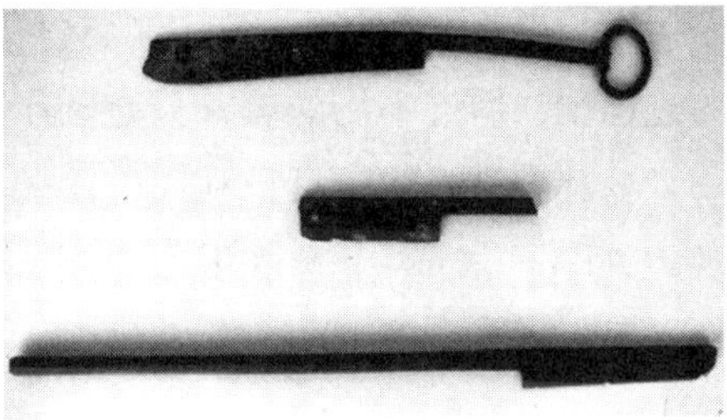

◆江西靖安县出土东周集体殉葬纺织女工身边的工具——削和打纬刀

楚国的铜颗粒很特殊。铲币、刀币和圜钱的使用范围往往覆盖若干诸侯国，而楚铜颗粒基本上只用于楚国。战国时楚国势力向北方扩张，曾达陕西、河南、山东等地的南部。因而这些地区都曾出土楚国的铜颗粒。除此而外北方其他各国从未使用此类钱币。这类铜颗粒体小，钱上的文字很难认，像比较多见的巽、桒等字的释读，言人人殊，尚不能取得共识，为叙述方便，我们不妨仍依俗称其为“蚁鼻钱”。楚国货币的另一个特点是除了青铜钱币以外，还铸行了黄金货币。黄金货币呈版状，打满一个个方戳记。使用的时候切割成小块。这是北方诸国所没有的。

圜钱在战国时兴起，它的取象人们争议已久，主要有两种意见。一种认为取象于玉璧，一种认为取象于纺轮。其实二说都颇有问题。玉璧取值过高，而纺轮取值则失之过低。玉璧在古代是极重的礼器，战国时虽然“礼崩乐坏”，但社会并不是无礼，而是不尊西周古礼。玉璧仍是贵族看重的礼器。从技术环节上说，玉石仍然是贵重材料，玉工琢磨一块玉璧仍然需要相当多的工时。而纺轮则是再普通不过的工具，自新石器时代就见于女人墓葬，其制作也极为简陋，抟泥可成。它的作用是在中心插一根钩棒，把麻毛之类原料缠在上面，然后用手捻动，利用它的重力和惯性，将麻毛纤维旋转捻紧，把成团的纤维牵扯出来成为丝状，这一程序称为“纺”。用纺制成的丝制布，称为“织”，总称为纺织。纺的过程中，即便不用纺轮，只是利用石块、兽骨也可起到同样作用。墓葬中有些纺轮只是利用破碎的陶豆底座磨制而成，取其美观趁手即可。所以玉璧既不可能用于市场交易，纺轮当作交易媒介也无人愿要。

考察圜钱的兴起应该换一个思路，即圜钱与铲、刀不同，它出现较晚，在它的流行区域中早已见过、用过、发行过其他钱币，所以它不必一定要取象于什么。早期兴起的铲币、刀币，制造和使用的利弊早已显现。除了铸造的时候制范不便以外，行用的时候携带也是问题。曾经发现过大批成捆的布币和刀币，是用一种比较复杂的方式捆扎的。那么新

◆江苏发现的窖藏铜块，边缘显现出圆饼的弧线

出现的钱币加以改进，也是必然的。如果一定要说有什么取象，不如说它更像铜的原料——铜饼。铜的原料至少从商代以来一直采用饼形，江苏发现的铜块明显是把圆形铜饼故意打碎的，陕西出土的圆形紫铜饼更是明证。圆形是最为自然、最易于制造的几何形象。西方钱币在摆脱了初期自然金属粒的形式以后，也是采取了圆的形式。只是在中国更考虑到使用的方便，中间加了一孔，易于穿系。以后，随着秦的东进，圜钱逐渐成为中国钱币文化的主流。

二、中国货币的职能

货币的基本职能是价值尺度和流通手段，而且作为货币，必须以二者的统一为基本条件，即两种职能表现于同一物体上。以这两项基本职能为基础，在不同的环境和历史条件下，还表现出不同的动态特征或说不同的衍生职能。

在中国上古时代，商品化生产还没有出现或者说还很不发达的情况下，处于社会结构下层的普通农村公社成员，生活资料基本依靠自给自足的自然经济，自己生产粮食，自己生产桑麻（桑蚕主要用于贡赋，麻才是生产者的日用）。公社公共权力的维持也基本是依靠公社成员共同的物质和劳力奉献。至少在西周以前，生产者的生产工具主要是木制、石制、蚌制的耒耜斧镰，劳动产量极其有限。维持生活必需的手工产品，也主要依靠公社内部的分工和分配调剂。因此社会下层的生活水准始终十分低下。处于社会结构上层的贵族和依附于贵族的官吏、管理人员和知识分子（包括神职人员）的生活必需品，主要依靠下层的实物贡赋和力役贡献以及由官府工匠或奴隶利用他们占有的生产资料劳动供给。他们维持生活必需以外的奢侈品享受和维持公共权力及精神需要的高级物资，比如特殊建筑材料、宝石玉石、金属矿物、特殊动植物等，则依靠强大部族对周边部族的征服、慑服或共同的利益需求，采取贡纳、交换、掠夺等方式取得。在这种物质和精神生活相对有限、资源相对封闭的环境中，既没有商业存在的物质条件，也没有货币发生的实际需求。

但是有两种社会群体行为会打破这种封闭式的生活方式：抗灾与战争。

早期人类对自然资源的破坏所造成的灾害，比如为了建筑和燃料的砍伐、尚未掌握先进的耕作方式而对土地的滥用等，后果是缓慢的，往往是由社会群体的自我调整和迁徙来解决的。但是洪水、干旱等灾害却是突然的，对灾害的抵御也不是少数群体所能解决的。先民在生活中发现必须用大的工程才能抵御灾害。大禹治水就是这一类的行为。然而大禹治水始终处于周人以后的传说中。在全国各地，西至四川、重庆、甘肃，东至山东，北从冀北，南至江浙两湖，到处都有禹迹的传说。从考古发掘来看，相当于传说时代的社会生产力，很难相信当时禹能够在这么大的范围内发动水利工程。自有文字记载以后至战国时期，中间还从未看到有需要如此规模调集人力物力的巨大工程。洪水的传说普遍存在于世界各主要民族的口头及早期文献之中，可见这种灾害对早期人类的巨大影响。但是还没有实证能够说明当时的人们是在多大程度上，用什么机制和技术来组织实施这种大型工程。

战争也是几乎与人类群体生活相伴而生的。战争的经济动因是对自然资源和劳动力的争夺。战争规模的大小却是受社会发展程度的限制的。商周时期，尚未有真正的野战常备军，作战需要征发农民，因此在时间上有农时限制；战争物资包括武器、装备之类，在相当程度上需要自备；区域间道路状况很差，不利于长途行军；粮饷后勤支撑程度很低；等等。这些条件限制使战争大多局限于数日或数十日能够完成的范围内。大型战争的次数很少，而且需要特别的准备。譬如武王九年，周开始伐商，出发至盟津，八百诸侯来会，武王却“乃还师归”。就是因为那是一次带领大规模队伍的实践。显然大批人员长途奔袭，对于周族来说从未有过，到了盟津才发现继续前进会有很多问题发生，尤其后勤供应是最大的问题。所以班师后又经历两年，经过充分准备，才重新出发。

在殷商甲骨和西周金文中，虽然也有不少大规模战争的记录，但是率领大批队伍长途作战却是很少的，大多是向战争方向征发所属方国或诸侯来解决，以使战争保持在自己的后勤能够支撑的范围内。比如班簋：

> 隹八月初吉，才宗周……王令毛公以邦冢君、土、驭、或人伐东国滑戎。咸，王令吴伯曰：“以乃师左比毛父。”王令吕伯曰：“以乃师右比毛父。”遣令曰：“以乃族从父征，出城卫父身。”三年，静东国……

周穆王在宗周（今西安附近）命令毛公讨伐东国，命令吴伯率军为左翼，吕伯率军为右翼。仗打了三年，平定了东国。据学者考据，所谓东国应是淮夷及徐戎，地在淮河流域及今江苏北部徐州一带。吴伯封地在今江苏无锡一带，吕伯封地在今河南南阳一带。这次征伐进行了三年，从陕西派兵长途长期作战是很困难的。所以实际所派是吴伯和吕伯的兵。二者的地理位置正在淮夷、徐戎的左右。他们的军队主体也并不是常备军，而是根据需要征发的。当然所谓三年也并不是连续打三年，应是打打停停三年。这样吴吕二伯的军队才可能经常征发、解散，出出进进，便于劳动力在生产和作战之间进行调配，便于战争物资和粮秣的供应，否则孤军外出，无法支撑三年。

春秋战国时期，诸侯用事。特别是进入战国以后，一些地区性大国通过程度和方式不同的变革，生产力大大提高，势力大大增强。王室衰微以后，各诸侯国的国家职能得到加强和提高，官僚机构专业化、军事组织专业化，战争的规模也远非西周时期可比，马匹的大量使用、战车的大量使用、攻城机械、守城机械、长途作战、长时间作战都开始出现。与此相适应，过去的贵族职田禄田制度也改为实物俸禄，真正的常备军逐渐成型。于是出现了大量脱离生产、脱离对土地依附的人。这种形势促使春秋中期到战国时期出现了一个新的需求，即供养这些官员，特别是大量流动的军人。货币的出现是解决这个问题的最好方式。

货币在这个时期出现，它的运行方式与作为单纯的商品交易媒介是不一样的。农民把粮食、纺织品、部分军事用品（盾、甲、车等军赋）以税的方式缴纳给诸侯国家。国家以部分实物、部分货币方式发放给官员、军人。当官员、军人外出作战时，他们不必受携带干粮的限制，可以长期在外活动。生活必需品除军队的供应以外，可以用军队发放的货币在当地购买。而当地的官府、农民、手工业者收到货币后，也可以用以购买自己的所需，或是用以抵税。在这里，货币成为生活资源再分配的工具。这是它的一个重要职能。

蒋若是曾经整理了各地出土发现的秦半两钱，发现无论是窖藏还是墓葬，这些秦钱的发现地都在秦军从咸阳向四方经略的路线上。特别是在这些路线的墓葬群中，大多有秦军的军用铜釜（实际上是秦人的行军锅）伴出。而墓葬中的秦半两钱，则主要出在中下层墓主的墓中。这个发现，足以支持上述钱币的资源再分配职能的看法。①

从这个角度出发，我们再来检讨关于古代先王救灾铸币的说法，就不再把它看作是无源之水、无根之木的臆说了。我们现在当然无法验证汤禹救灾的方式，但至少说明，在战国以来，中国

① 蒋若是:《秦汉钱币研究》“秦钱论”，中华书局 1997 年版。

的政治家在实践中已经自觉认识到，利用某些工具来对生活资源进行再分配是政府的职责。而货币则是一种理想的工具。

事实上，不仅是货币产生初期，资源再分配的职能在整个中国古代都是十分重要的。以至中国的政府往往是用超过成本的方式来铸造钱币，以供社会使用。这已不是“绪论”所要论述的内容了。

三、关于布帛

中国最初的货币除了青铜，还有一种特殊的物品——布帛。说它特殊，是因为它本身是一种实用物品，而且在发挥货币作用的时候，它仍然是以实用物品的形态存在。

尽管在《周礼》等一些典籍中，关于“市”和对管理“市”的内容已经很多，而且很详细，但是由于这些文献的原始材料可能比较晚出，整理者则更晚，因而裹挟了大量春秋以后的信息，我们不能仅凭经籍断定西周的市。不过西周中期以后，都市中规范的“市”已经可以得到证实。兮甲盘是一个重要的原始资料。经由规范管理的市的出现，为货币的产生创造了一个必要的外部条件。但是市中的交易者，除了使用物物交换的方法外，作为中介，最为可用的、也是易于到手的，是布帛。

布帛早在西周就已经是一种重要的物资，甚至成为礼品，是礼“币”的重要组成成分，用于祭祀、社交等场合。作册睘诸器都有“宾睘贝布”的记录。但那是周边民族用于送礼的特殊布匹，与交易无关。作为交易媒介，布帛必须具备的品质是布质（纺材和经纬疏密）、长度和幅宽必须大体一致。经籍中关于布帛的标准，也是有记载的：

凡嫁子娶女，入币纯帛无过五两。（《周礼·地官·媒氏》）

至于圹……袭，赠用制币玄纁束。(《仪礼·既夕礼》)

前一条，东汉郑玄注："《杂记》曰：'纳币一束，束五两，两五寻。'然则每端二丈。"两是布帛的单位，即匹。古时布帛每匹从两端向内卷，卷成后成两个布卷状，称两。每一侧的卷称端，一匹为两端。寻也是长度单位，每寻八尺。依此计算，纯帛，即标准的布帛为五寻即四十尺。第二条，提出了一个"制币"的概念，郑玄注："丈八尺曰制。"唐贾公彦疏："凡礼币皆用制者，取以俭为节。"就是说，正式的布帛一端两丈，合每匹是四丈；用于礼仪，为了节省，一匹可以是三丈六尺。但是郑玄的注释是东汉人的理解，他的依据是《礼记·杂记》。《礼记·王制》还说："布帛精粗不中数，幅广狭不中量，不粥（鬻）于市"。孔颖达疏"广狭者布广二尺二寸"。《礼记》已是战国以后的作品，具体年代很难考实，所以一匹四丈的说法也不可全信。1975 年，湖北云梦发现睡虎地秦简，其中《金布律》明文："布袤八尺，幅广二尺五寸。布恶，其广袤不如式者不行。"这是秦始皇时期的原始文献，明确布的标准是长八尺、宽二尺五寸，并且是作为货币使用的，"钱十一当一布"。布的幅宽受制于织机。古代织机幅宽变化不大，所以无论二尺二寸、二尺五寸，差异不大。但是八尺和四丈之间差异就过大了。秦制一布长八尺实际上是经籍一寻的长度。

无论如何，文物和经籍都已验证，起码西周后期至春秋，有着规范管理的"市"已经出现。在市上的交易可能已经使用某种媒介。春秋时期，布帛成为一种民间常用、政府定制的，起着后世的货币作用的物品。本文第三节提到的、常为人引用的《诗经·卫风·氓》可以说比较清晰地描述了当时的市场和交易。这是一首叙事长诗，以一位妇女的角度描述她恋爱、结婚、劳苦乃至被弃的过程。涉及本议题的，是诗的前面恋爱部分：

氓之蚩蚩，抱布贸丝。匪来贸丝，来即我谋。送子涉淇，至于顿丘。匪我衍期，子无良媒。将子无怒，秋以为期。

乘彼垝垣，以望复关。不见复关，泣涕涟涟。既见复关，载笑载言。

……

诗意是说，看上去傻乎乎的小伙子抱着布来换丝。他不是来换丝，实际是打我的主意。和我约定再会，我没有赴约，是我嫌他没有正式下聘。再次约定是秋天来聘。于是我整天趴在破墙头上，眼巴巴望着复关，看不见他出现在复关就流泪，只要看见他出现在复关，我就又有说有笑了……诗的描写声情并茂，如影如画。在这形象的描画中，先是说小伙子是“抱布贸丝”。贸，《说文》说“易财也”，段玉裁也以《卫风》这首诗为例。所谓“易财”，即交换财物。这时并没有后世所谓“购买”的概念。但是当小伙子需要丝的时候，他确是抱着麻布来作为交换物品的。这也是因为春秋时代的公社成员，除了谷物和麻布，也很难有其他更多的物品可用作交换。这是布帛能够成为交易中介的一个现实。交易的场所，诗文紧接着说“匪来贸丝，来即我谋”，暗示着双方遇见的地点就是交易的地方。这个地方成为后来两人的约会场所。当姑娘与小伙子再次约会时，她“乘彼垝垣，以望复关”。单凭垝垣一词，我们不能确定就是市场的围墙。但是姑娘眼望的是“复关”。有学者认为复关是地名，但这地名正是因为有关而得。而“关”正是市场管理机构。关的职能，《周礼》说是“司货贿之出入者，掌其治禁与其征廛”（《地官·司关》），即检查有无违禁品带入市场和征收税赋。《国语》也有类似的说法：齐桓公“使关市几而不征，以为诸侯利，诸侯称广焉”（《齐语》）。《齐语》在《国语》中属晚出，不完全是当时作品，但是晚清在山东曾出土三件青铜器，称为“陈氏三量”，是战国初年的容器，容器铭文明确注明这是“左关”的标准容器，用于在市场征收赋税使用。可见在春秋末年到战国初年，市场的管理是很规范的，其商业税收主要是由交易商品的实物来完成的。所以来市场交易的商人、农民是要经过“关”的，用谷物和布帛缴纳税赋，这是布帛可以成为交易中介的社会条件。

在铜质铸币成为货币市场的主流以后，布帛仍然是货币的一种补充。在日常词语中，甚至出现了以“布”作为货币代称的现象。这种补充作用在以后的很长时间，直至中世纪仍然起着重要的作用。

四、关于金银

中国古代金属货币的币材，在研究者那里，本不应是什么大的问题，因为自古至近代，中国货币的主流都是铜币。晚清民国以来，世界文明知识渐行普及，不免有人将欧洲国家的货币历史与中国进行对比，遂使中国的一些学者出现了困惑：何以西方的货币以金银贵金属为主，而中国货币以铜为主？以致不少学者努力发掘中国早期金银，以期说明在贵金属货币方面，中国也不亚于世界任何国家。然而无论在文献还是考古中，至少在战国之前，我们尚不能发现金银在社会生活中的重要作用。太史公说，“虞夏之币，金为三品，或黄，或白，或赤”，是黄金、白银和红铜。实际上，在西周的钟鼎铭文中，所见的“金”，基本都是指铜。考古实践中，虽然商墓中已经出现了黄金，但只是薄薄的金叶，用于装饰车马的部分器具。安阳出土的商代妇好墓是商代最为完整的王级墓葬，而且妇好又是商王的女性配偶，她的墓中随葬器物1928件，有铜器、玉器、陶器、骨器、宝石器、象牙器等，却没有单独的金银器具。从西周到春秋，金银器物不但少而且大多很小，只是一些小件饰品或作为其他器具的外部装饰如包金。至于四川三星堆、金沙发现的金饰、金杖、青铜人像的外包黄金等，已经不属于中原文化，不在我们讨论的范围之内了。

◆公元前两千纪小亚细亚的银质神像，头部、胸饰和脚环由黄金制成

最初货币的材质选择，并不取决于它在后世眼中的珍贵程度，而取决于它所存在的历史条件。中国与西方，具有两种完全不同的货币体系，体现在材质上，它们产生于两种完全不同的历史条件。

我们前已简要说明了西方货币产生于小亚细亚吕底亚王国的过程。这一过程需要两个条件：首先是自然物质的准备。在西亚、北非地区，即古代两河流域（主要在今伊拉克）、小亚细亚（今土耳其的亚洲部分）、希腊人地区（包括爱琴海东西两岸）、古埃及，黄金白银的出现和利用早在大约公元前三千纪就已经开始了。前文我们也已引述过泥版、碑刻、纸草文书关于使用金银的文字。20 世纪以来，特别是第二次世界大战以后的小亚细亚考古和希腊考古更是发现了古代的银矿和金银冶炼遗址。第二个是社会条件的准备，即货币产生地小亚细亚和希腊地区的经济生活方式。小亚细亚地处两河流域、希腊化、赫梯、埃及、腓尼基等文明之间，是各类文明交流的商业通道，而希腊破碎的地理环境形成了所谓“政治马赛克”式的城邦制度，各独立城邦自然形成经济单一化，以商业立国的经济模式。丰富的金银资源、长期的金银利用传统和大规模的商业对高值交易媒介的需求，形成了小亚细亚和希腊化世界的金银货币。最后依靠着亚历山大的远征，把这种货币文化散播到中亚、北非、欧洲以至印度。

在中国则有着与上述完全不同的历史条件。就自然资源而论，从现在来看，尽管山东、河南、陕西、山西等中华文化的发祥省份并不乏黄金万两县，白银更是常与青铜的组成铅、锡在矿源上共生。但是商周时代的贵族在器饰宝藏方面更属意于玉石，形成了中国特有的玉石文化。在金属资源的利用上，自中商以后，青铜冶炼则达到了一个举世无双的高度。这为以后货币产生时币材的选择创造了一个先决条件。以社会条件而论，华夏的夏、商部族所活动的华北、中原，东夷部族活动的山东半岛和华东地区，都是广阔的平原和小型丘陵地带，即便是后起的周族所崛起的关中，也是平坦宽阔的渭河河谷。这些地区土地肥沃、交通方便，既适宜农业的发展，通过各部族的交流融合，也孕育出了华夏民族的文化。这个文化的基础是自给自足的小农经济。规模化商业不但不是华夏经济的发展方向，而且往往是中原政权的抑制目标。高度发达的青铜文化、自给自足的小农经济成为中国早期货币产生的社会基础。低值而便于生产的青铜货币正适合以小农经济为基础的社会需求。随着中华文明成为东亚政治和经济的高峰，其对整个地区产生了强大凝聚力，吸引了周边的各种文明，也把中国的青铜货币文化扩散到了朝鲜半岛、日本、东南亚和中亚的部分地区。

中国的货币，产生于春秋战国时期。产生之初，钱币全以青铜制造。春秋时期在文献中虽然也偶见有以黄金作为馈赠或贿赂的，终究为数较微。直到战国以后，黄金和白银在中原诸国的地位才开始上升，《战国策》、诸子等文献中，开始出现用金的记录。但是细审这些记录，大多还属于馈赠、贿赂之类，与先秦“币”的概念出入不大。也有一些记录明确说是用金于“购”，例如：《战国策·韩策》有聂政为报知遇刺杀韩国相邦韩傀（即《史记》侠累）的故事。聂政事成之后，自毁面目自杀。韩国“取聂政尸于市，县购之千金。久知莫知谁子”。县即悬，县购即用千金悬赏。韩国一金为一斤，千金即千斤黄金。又：《燕策》荆轲欲刺秦王，苦于无法接近秦王，听说“夫今樊将军，秦王购之千金，邑万家”，于是跑去直接找到樊於期，说“今闻购将军之首，金千斤，邑万家……愿得将军之首以献秦”，樊於期立时自刎贡献出头颅。这些例子中的“购”，是奖赏的意思，并不属于市场行为。

在考古实践中，战国时期的黄金还是多用在制作小型器物、装饰品和修饰器物如错金银工艺上，单纯的黄金虽然也见有若干报道，一般称为金饼，呈圆饼形，直径大约在 5~6 厘米，常与一些战国、西汉器物同出。但是这些金饼多为窖藏，看不到科学考古的报道，很难说清地层关系，因此也不易断代。即便是战国金饼，大约也是与两周铜饼性质相类的。至于白银，目前只见到 1974 年河南扶沟发现的一个窖藏。其中有 18 块银版，带有圆形的柄，被不少学者认为是“银布币”。但这仅是大型白银冶铸品的孤例。这些银版，大小不一，圆形的柄不妨看作是浇铸的“冒口”，又难于断代，还不能说明什么问题。

在中国真正可称为最早的贵金属货币的，还是战国后期楚国的金版。但是楚金版的行用地域还是有限的。贵金属真正在中国广大的地域内进入流通领域，当在千年以后了。

形成篇

货币形成的时代

中国的货币形成始于东周时代。

公元前 11 世纪[①]，商朝末年，崛起于今陕西的姬姓周部族，在武王发的率领下，号召商国周边对商王朝不满的各方国、部族，向地处今河南的商王朝中心地带进军，最终攻陷商的都城朝歌（今河南淇县境内），灭亡商朝，建立了以周部族为核心的周王朝。

周王朝建都于今陕西西安附近的镐，称为宗周。为控制东方，又在今河南洛阳附近营建了一个东都。周王朝在镐京共历十二王，270 多年。公元前 771 年，周王室内乱，贵族申侯、曾侯联络周边部族犬戎攻入宗周，杀周幽王。幽王太子被立为周王，称平王。第二年，平王迁都雒邑，后世遂将宗周时期的周王朝称为西周，迁都后的周王朝称为东周。世传最早的编年史书《春秋》起自周平王时期的公元前 722 年，讫于周敬王时期的公元前 481 年，处于东周的大部分时期，所以东周时期往往又被称为春秋时期。

第一节　西周封建

周王朝建立后，在武王发和周公旦主持下，采取了一系列措施以加强国家的建设，成为中国早期历史上对后世影响最为重大的一个朝代。中国早期货币的产生即处于周王朝营建的历史社会环境中。

一、封邦建国

《诗·小雅·北山》有一句“溥天之下，莫非王土。率土之

---

① 武王克商的年代，现存文献没有确实的记载，历史上相关观点多达十余种。2000 年，《夏商周断代工程 1996—2000 年阶段成果报告》出版，选定公元前 1046 年为武王克商年。出版者并说明，这个报告“还不是三代年代学研究的终极目标”，而是“步入新阶段的标志”。报告发表后，仍有各种意见在进行讨论。

滨，莫非王臣”。《北山》诗的本意并不是说明社会的结构，而是抱怨社会的不公，但是这两句诗确实反映了周王朝在确立了自己的统治以后的国家意识。周王室的最高统治者反复强化自己的最高统治观念：“文王受兹大命。隹武王既克大邑商，则廷告于天，曰：‘余其宅兹中国，自之乂民’”（何尊）；“天乃大命文王殪戎殷，诞受厥命越厥邦厥民”（《书·康诰》）；“皇天上帝，改厥元子兹大国殷之命，惟王受命”（《书·召诰》）。把自己看作受天命统治国家、治理人民的最高权威，于是就有了处置天下土地和人民的理论基础。这一观念在行政上的具体实施就是“封邦建国”，即封建①。

所谓封建制度，是把全国范围内的土地分封给宗室、功臣，也分封给殷商投降贵族的后裔以及原附属殷商的一些方国。西周初期，军事、交通、通信和后勤保障能力不足以使周王室直接控制广大的地域，有意识、有目的、有计划地把全国各地的不同地方分封下去，既犒赏了贵族，又可以借助王室、勋贵和亲周的力量监视、管理不同的政治势力，拱卫天子。

封建的方式，是受封者在封地建起一个土墙围成的“城”，宫室和各级官员、工匠、平民的居住地围绕其中，称为“国”，城外称为野。受封地域随受封贵族的等级而大小不同，受封贵族到达封地后要在边界上植树确定疆界，称为“封”。这就是“封邦建国”。西周的一些重要封国有②：

封国	地点	受封人
鲁	都奄，今山东曲阜	周公旦，武王弟。周公原为太宰，成王时摄政，居成周，任太师，由长子伯禽就封。
齐	都营邱，今山东淄博	吕尚，姜姓，名望，任周太师，即姜太公。

① 中国古代的“封建”是指“封邦建国”，与近代的社会发展史概念中的“封建”在理论上完全不同。本书在前者意义上使用“封建”一词，不再另做解释。

② 不少封国在受封后又有变动，此处略去变动过程，以较为有代表性的地域为准。

晋	都唐，今山西翼城	叔虞，武王子、成王弟。
燕	都蓟，今北京	召（shào）公奭。奭是周姬姓贵族，任太保，建国后居宗周，由长子克就封。
卫	都朝歌，今河南淇县	康叔，武王弟。
楚	都丹阳，今河南淅川	熊绎，芈（mǐ）姓。先祖为荆楚之间的方国，支持周文王反商，成王时受封建国。
吴	约当今南京镇江一带	周章，姬姓。先祖从陕西奔荆蛮之地。武王伐商后受封。
郑	初封陕西华县	友，宣王弟。西周末由宣王初封。平王东迁，郑迁于新郑（今河南新郑）。
秦	西垂，约当甘肃礼县一带	襄公，嬴姓。原为西方部族，周孝王时因善养马，得分土封为附庸。平王东迁，护送有功，得封诸侯，居西垂①。

西周的封建，数量很大，《荀子·儒效》说周公“兼制天下，立七十一国，姬姓独居五十三人”。荀子是战国后期人，距周初已远，说法不一定精确，但封国数量很大是肯定的。所封的国有大小，小国一般不能直达天子，要附属于大国。封国也包括了人民，除了被封贵族原属的人民以外，还把一些前殷的遗民氏族或是原属殷商的方国氏族分给新封诸侯管辖。通过封建，周王朝为自己打下了国家的空间基础。

但是，西周初期，还不是一个统一的天下，北方、南方、东方和西方都有一些尚未平服的方国和部族。只是通过这样的封建，周王朝就把以中原为核心的广大地域都置于自己的控制之下。周天子所要求各受封贵族的是，必须承认天子的共主地位，按时向天子进贡物产，至于各受封地内部的事务，则基本上完全由受封贵族自己独立处置。

---

① 严格说来，秦已不能算西周封建诸侯。但一由于秦在后代及货币史上的重要性，二也是因秦在西周已获封附庸，为便于读者理解后文计，也列入此表。

这些广大地域上的不同封国经过几百年的演进，相互间既有千丝万缕的联系，又形成各自具有独立性的经济文化特征。这是中国早期铸币具有强烈地域性的环境前提。

二、宗法制

为了维护和巩固姬姓王族的统治，西周王朝设计了一套完整的宗法制度。所谓宗法制度，是在原始社会父系家长制的基础上增益扩大而成的权力沿袭制度。

在宗法制度中，周天子是整个王朝的中心，王朝的继承原则是以嫡长子为核心代代相承，成为天下大宗。其余诸嫡子及庶子分封为诸侯，或担任卿大夫，为小宗。在诸侯或卿大夫家里，也是以嫡长子为核心代代继承，其余诸子还可以继续分封土地或担任诸侯、卿的家臣。诸侯或卿的嫡长子为天子小宗，却又是自己氏族的大宗。所分封的小宗在自己家里同样有着自己的大宗和嫡长子的小宗双重身份。

宗法制既是权力沿袭制度，也是土地、财产分配的理论和体制依据。周天子对诸侯、诸侯对卿大夫、卿大夫对士同样可以层层分配土地和资产。

为了使宗法制度得以遵守和延续，西周社会制定了一系列严格的礼制。包括宫室、车马、服制、标识，觐见和朝聘、婚丧、燕饮、游乐，语言、音乐、舞蹈、社交，等等，都按不同等级有严格规定，不能逾越。

利用宗法制度，周王朝希图姬姓天下代代相传，使之成为国家稳固统治的时间基础。

然而随着时间的推移，无论是周天子王统还是各诸侯的君统，大小宗的强弱总是在发生变化，使得中央王统和各地诸侯君统的变化极不平衡，也使货币产生的时间存在着较大的差异。

三、井田制

商周社会的生存基础是农耕经济，当时农耕的生产工具是以石、木、骨、蚌类为主，因此商周之际农村的基层社会组织仍然是农村公社，并没有发生太大的变化。西周立国后，在他们所控制的农村实行了井田制度。所谓“井田制”，按照孟子的说法，“方里而井，井九百亩，其中为公田，八家皆私百亩，同养公田。公事毕然后敢治私事”。即把耕地用沟垄平均划分为九部分，每部分为100亩，中间的100亩是公田，其余由8家农户各领100亩。农民必须首先耕种公田，完成公田任务后，才能去耕种自己的私田。孟子讲的把土地平均划成“井”字，大家平均分配的情况是按照战国时人追述西周的理想化的说法。实际上，土地有肥瘠之差，有地势高低之差，有水源远近之差，有山泽之差，等等，很难用“井田”二字概括。尽管土地的情况千差万别，但是土地占有者和农民之间以“井田”为名的土地分配制度是确实存在的。《诗·小雅·大田》“雨我公田，遂及我私”，农夫期望下雨，湿润了公田也就兼及了私田，正是反映了这种土地分配制度。

但是由于商周时期生产力的低下，不少土地是需要轮耕的，农民虽然耕作“私田”，却并没有私田的所有权，土地的贵族占有者按一定的年份要对土地重新分配。这种分配既是土地占有权的表现，则所谓“公田”实际上也就是土地占有者的“私田”。农民的耕作必须以公田为先，这种生产方式被称为“百亩而彻”。这种所谓“彻”法，实际上是在征税制度还没有实行的时候，使用农村公社的劳力收取的力役地租。

相当于农民为基层土地占有者生产“百亩”农产品，基层的土地占有者同样要向上一级贵族缴纳部分所得，一级级执行义务，直至诸侯向天子缴纳物产。这样的层级土地管理，使井田制成为西周国家建设的生产关系基础。

通过封建、宗法和井田，我们可以在时间、空间和生产关系上全景式地看到西周国家建设的立体景象。在这样一个国家体制下，最基层的农民依靠自己在土地上收获的谷麻和渔猎产品维持简单生活；基层小贵族则“不稼不穑，取禾三百廛；不狩不猎，庭有县貆”（语自《诗经·魏风·伐檀》）；高级贵族除了自掌“公田”所入，还有所属工坊的手工产品、取自下层贵族的贡献、贵族之间的交聘礼品、上层贵族和王室的赏赐；天子则除了自有领地的“公田”收入，还有各诸侯和服膺方国的贡献、官属工坊的产品。整体来看，生活环境是封闭的，生产和生活资料的分配也基本上是在一个封闭的环境里循环，对交换和商业还处在一个较低的依赖程度上。

但是这样一种看似稳固的国家体系，历经 270 多年后，各种矛盾不断积累，王室权威不断受到来自各方的挑战。公元前 771 年，周幽王由于超出国内承受的可能滥用国力，加之本人昏庸暴虐，宠爱妃子褒姒，为褒姒而废王后和太子，打乱了宗法制的统治秩序，终于引得王后的娘家申侯勾结犬戎攻入宗周，结束了西周一代王朝。

第二节　霸业春秋[①]

周幽王被反叛诸侯和关中西部的游牧民族所杀，中原诸侯和地处关中的附庸小国秦共同护卫太子宜臼到东都重建王朝，史称东周。东周时期的周王朝与西周有了很大的不同。

“封建”和“宗法”是武王、周公、召公这些周初国家的设

① 春秋上下限，史学界看法尚多，此处以平王东迁为上限，三家分晋为下限。

计者希图长治久安的主要手段。分封初期，受封诸侯所建大多还是幅员有限的小国。即便名义上位高地广，实际上还需筚路蓝缕。封国虽多，各封国之间仍然还存在大片戎狄夷蛮活动的地域。这些民族成为需要王室和诸侯共同对付的对象。然而几代过后，代代加封，诸侯贵族们子息繁衍，生存空间的争夺成为必然趋势。随着生产力的提高，少数族裔的被挤压融合，中原大地上的诸侯发展渐不平衡。宗法制的初衷是拥护天子，但是也成就了各分支大宗的势力。平王落荒东迁，处于诸侯保护之下，自己的王畿土地也远远小于西周时期，更形成了弱干强枝的形势。周天子此时还是天下共主，但是一些大国往往只是把天子作为号召他国的旗帜，名义上“尊王”，实际上以立盟的方式要求参盟各国服从盟主意志，甚至向盟主进贡，即“称霸”。于是东周成了大国争霸的天下。

东周时期称强的诸侯主要有：

郑国　郑国受封比较晚，是西周晚期由宣王封自己的弟弟郑伯所立。封地在棫林（今陕西华县），初封的地域很狭小。西周末年，国事不靖，郑国遂谋迁国至中原。公元前771年平王东迁，郑是护送诸侯之一，随即与商人相约“尔无我叛，我无强贾”（你们不要背离我，我也不强买强卖），依靠商人的帮助，在中原建立新都，名新郑（今河南郑州新郑市）。新郑位当中原腹地，正处王畿和齐、楚、晋、卫等国间的交通要道上，既与商人交好，得利极多，国势渐大。郑国国君长期担任王室的卿士，主持政务，与周王不断摩擦，以至周王不得不与郑国交换王子世子，作为政治人质，王室之衰弱、郑国之势大于此可见。郑国甚至抢割王室的麦子，与王室开战，领多国会盟，帮他国御敌，成为东周前期的一方“小霸”。公元前7世纪初，郑国内乱不断，逐渐沦为弱国，到战国时被韩国所灭。

齐国 齐国本是西周开国元勋吕尚的封国，初时仅为营丘一处很小的封地（今山东淄博市临淄附近）。齐国利用山东半岛中部既有山林又濒海的地理条件，“通工商之业，便鱼盐之利”（《史记·齐世家》），发展成为东方大国，到春秋时期，齐国已经占据了今山东半岛的大部。公元前685年，桓公即位时，正值郑国衰落，桓公任用管仲为相，并有鲍叔牙、隰朋等多位大臣辅佐，进行了一系列改革，利用鱼盐之便，开创轻重政策，大大提高了齐国在诸侯中的地位。于是齐桓公多次会盟诸侯，干预他国内部事务，或调停他国纷争；以“尊王攘夷”为号召，帮助燕、卫等国抵御戎狄，甚至周王室遭遇戎狄侵扰都要求助于齐；又以周王的名义讨伐诸侯，责问楚国“苞茅不贡”。公元前651年，齐桓公在癸丘大会诸侯，达到霸业顶点。齐桓公自称“寡人南伐至召陵，望熊山；北伐山戎、离枝、孤竹；西伐大夏，涉流沙；束马悬车登太行，至卑耳而还”，“九合诸侯，一匡天下”。然而管仲死后，齐桓公霸业衰落，身后诸子争立，竟数月不得下葬。

晋国 晋国初封于西周早期，始君是武王的庶弟，封地在今山西南部的临汾市翼城附近。初封地不过方百里，到西周末年也并不是大国。周幽王被杀，周室内乱，公元前771年，晋文侯率兵跨越黄河进入陕西，与郑武公、秦襄公、卫武公一起勤王，护送平王出函谷关迁都雒邑，又返回关中除掉了与平王争立的“携王”，为重建周室立了大功。这一时期，晋国一度壮大势力，然而不久即陷入宗室内乱，直到公元前678年，晋武公以小宗身份重新统一晋国，并贿赂周釐王，被正式封为诸侯。晋国支脉逞强的传统竟至影响到战国时代，也反映到后世三晋货币上。此后晋国势力逐渐壮大，到公元前636年，晋国文公即位时，晋国已经占有今山西南部，并将势力扩张到黄河的西、南两岸，成为大国。晋文公的治国政策是“弃责薄敛”，“轻关易道，通商宽农，懋穑劝分，省用足财”，“公食贡，大夫食邑，士食田，庶人食力，工商食官，皂隶食职，官宰食加”（《国语·晋语四》），即废除旧债务，减轻赋税，鼓励通商，宽免农民负担；在产品再分配格局中，明确规定了君主、大夫、士、平民、官吏的收入方式，尤其是食力、食官、食加（指贵族家臣用贵族职田收入支付）者，是脱离自给自足生产方式的阶层，为货币诞生的需求创造了社会环境。这些政策使晋国从一个弱国成长为强国。文公平定周王室内乱，周王将王畿北部大片土地赐给晋国；公元前 632 年，通过“城濮之战”打败南方大国楚国，震慑了北方诸国，召请周王献俘，周王册封晋文公“侯伯”，即诸侯霸主。周王命晋文公“敬服王命，以绥四国，纠逖王慝”，可以以周王的名义安服诸侯，纠察天子身边的奸伪。此后历十二公，晋国多次召集诸侯盟会，平定戎狄，攻伐他国，在北方称霸 100 多年。但是晋国国内卿大夫势力越来越大，后期范、中行、知、赵、韩、魏六卿争权，公元前 453 年，韩、赵、魏三家最终灭其余三家，结束了强大一时的晋国。

楚国　楚国原是活跃在长江中游地区的芈姓方国，王族姓熊氏，商周之际参与灭商之战，在西周初年成王时被封为诸侯。但是楚国既非周王宗室又非姻亲，活动地域中又多为发展程度低于中原的巴、越等民族，所以在西周时期始终受中原华夏族歧视，发展有限。周室东迁以后，王室衰弱，中原诸侯或相互侵伐，或支系作乱，公元前 704 年，楚君熊通自认“我蛮夷也”，“王不加位，我自尊耳”，自称武王，成为第一个称王的诸侯，天子也无可如何。楚国称王后，迅速扩张在长江中游的势力，公元前 689 年，定都郢（今湖北荆州市荆州区，即江陵），从此楚国的都城虽然数迁，都以“郢”为名。江陵地区紧邻长江，四达之地，扼南北要冲，既可控制江汉，又可觊觎中原。此后北方正是齐桓公称霸，接着晋文公崛起，楚国北进遭遇晋国，城濮之战晋国称霸，楚国暂时遇阻。公元前613年，楚庄王立。庄王用孙叔敖为令尹（相当中原诸侯的相邦），孙叔敖是一代贤相，除了极其严格的廉洁自律以外，他的功绩主要在提高了楚国的农业生产水平。楚国在扩张中收服的南方小国，农业生产水平大大低于中原，孙叔敖“考天象之度，敬授民时，聚藏于山，殖物于薮，宣导川谷，波漳源泉，溉灌沃泽，堤防湖浦以为池沼”（《绎史》载“孙叔敖碑”，是碑立于汉延熹三年，160年）。教导民众用天文学知识提高农业水平，规划山川湖沼的养殖，开辟水利，使楚国的农业生产得到很大发展，增强了国力，得以支持楚国向中原发展。公元前606年，楚国以伐戎的机会把军队开到洛阳附近“观兵”，竟问周王的“鼎小大轻重”。到公元前6世纪，楚国不仅攻灭了长江流域的很多小国，势力还推进到淮河流域，直达泰山齐鲁地区，多次召集诸侯盟会，迫使中原曾经的强国郑国在晋楚之间首鼠两端。公元前589年，楚国在蜀地（今山东泰安）召集了规模最大的一次盟会，不但楚的属国陈、蔡、邾、许、曹、薛等参加，北方重要诸侯齐、秦、宋、郑、卫等也都参与，楚国成为与北方晋国并雄的南方霸主。此后，楚国与晋国、长江下游的吴国起起伏伏，争战不停。

除上列大国外，还有宋国、秦国、吴国和越国也声称做过霸主，但是秦没能争霸中原；宋只不过主持过一次盟会；吴主要是在长江流域与楚作战；越国北上中原，曾经被天子策为“伯（霸）”，已是春秋末期，无所作为了。东周大国相继称霸，表面上看是激烈的政治和外交斗争，实质上是支撑西周王朝的封建、宗法和井田三大支柱的崩解。

周初封建，按照《周礼》的说法，“凡建邦国……诸公之地，封疆方五百里……诸侯之地，封疆方四百里……诸伯之地，封疆方三百里……诸子之地，封疆方二百里……诸男之地，封疆方百里”。这个说法不能全信，西周并没有公侯伯子男五等爵制，但是初封时疆域很小，可以从中看到一斑。西周的度制现在还不能准确得知，但我们知道，所谓“里”不是长度而是面积单位。依照《礼记》《穀梁传》等古籍的说法，“三百步为里”，大约在200多米见方，“百亩为里”，小国方百里，也大不过几公里见方。到两周之际，封国越来越多，而老封国却越来越大，通过置换、交换，甚至攻伐等手段，土地向中等以上封国集中。周初原诸侯屏藩王室的愿望，早已被后代诸侯置诸脑后。到春秋时期，中等国吞并小国，大国吞并中等国的现象屡见不鲜。相反，王室屡屡要诸侯保护，王室内乱要诸侯去摆平，诸侯甚至拉王室大旗操纵王室。中小诸侯不向王室朝觐贡献，反而向霸主朝觐贡献，封建制度实际早已崩解。

宗法的原意，本是希望通过血缘的承续，使广大国土能够“子子孙孙永宝用”。然而分封在外的诸侯，天高地远，只关注自己的宗支。随着诸侯相互侵伐，地土增加，诸侯自己的控制能力也有限，又使卿士重演诸侯们的故事。齐桓公、晋文公称霸，还是一代雄主，到晋楚弭兵的时候，决定大事的、操纵大会的，都已经是大国的大夫们了。齐国田氏、晋国三家、鲁国三桓、郑国七穆……莫不是大夫弄权。春秋的宗法，已经不是对王室的向心，而是如孔子所说“礼崩乐坏”，向着强势的向心了。

井田制度在西周后期的铜器铭文中已经看到被破坏的迹象，春秋时期铁制农具和牛耕的大量出现，使“一夫百亩”的井田制度约束不住生产力的发展。井田之外的新垦地成了农民和中下层贵族的重要收入。王室和公家收入减少而卿士、下层人士收入增加，使社会发生了过去所没有的变化，迫使一些诸侯国采取新的统治和管理措施：

公元前685年，齐桓公用管仲，管仲提出“相地而衰征”，即根据地块的肥瘠征收赋税，以替代八家共耕公田的方式。

公元前594年，鲁国“初税亩”，《穀梁传》有“古者十一，籍而不税”，是说井田制下农民只无偿耕种公田，贵族享用公田的收入而没有税赋。鲁国税亩，是把井田以外的私田也按十一的比例征税，实际上既承认了新开私田，又增加了公室的收入。

公元前548年，楚国“书土田”，“量入修赋，赋车籍马，赋车兵、徒兵、甲楯之数”。测量全国的耕地、山林、沼泽等，根据地貌确定赋税和军费装备的征收。

公元前543年，郑国子产执政，做了一些革新事项，使“田有封洫，庐井有伍”。三年后，国内称颂他“我有田畴，子产殖之”。显然也是承认了私人开辟的土地。

春秋时期的这些革新，还是很有些改良的意味，一般并不触动井田制，只是承认井田以外的收入，用以稳定社会，增加收入。但是这些改良所引起的东周社会的变化却是巨大的。由于生产的提高，社会生活资料的增加，出现了很多不再依附于土地的人群，专业知识分子、专职官僚、商人等，特别是职业军人开始出现，更是一个重大的社会变化。这一点从战争的规模也可以看出来。

东周初年的重要战争繻葛之战，周桓王要伐郑，尽管周郑相距今天算来不过140千米左右，周仍像西周时那样，需派与对手较为邻近的诸侯陈、蔡、卫、虢出战。待晋楚城濮之战时，战场在今豫鲁交界处的城濮，千里之外的楚国前出中原，临淄的齐和远在陕西的秦都赶来参战，参战人数、马数和战车数都远非繻葛之战时可比。这样的战争，靠临时征发农民，自备干粮作战是不可能的。战后“晋师三日馆谷”，晋军在战场停留三天，坐吃楚军的军粮，可见楚军已经有了专业的后勤部队，集中供应军粮，否则无法完成大军的千里行军作战。齐、秦也是远来客军，没有规模化的后勤供应，也是完不成任务的。

各种脱离耕织生产的人群，特别是大量集中脱离生产的军队的存在，要求与前完全不同的社会资源分配方式，这是货币产生的社会环境。

第三节 战国纵横

后世史家以三家分晋为界进入战国，主要是为方便研究而人为划定的一个界限，在当时从春秋进入战国其实是一个自然递进的过程。所谓战国，从表面看仍然表现为春秋诸侯国兼并战争的延续，但实际上已经有了质的不同。

战国时期，周天子的“天下”成为大国争雄的世界。大国君主们不再以当“尊王”盟主为满足，纷纷以独立姿态争战称雄。中小诸侯或相吞并以求自立，或附庸大国以求自保，终不免被大国吞灭。大国之间连横合纵，此消彼长，是战国形势的基本特征。

战国时期重要的大事是：

公元前453年，晋国韩、赵、魏三家大夫分割了晋国，晋国实际上已经解体。50年后，周威烈王才正式策封三家为诸侯。

公元前440年，周考王从王畿土地中划出一片河南地（即王城，今洛阳涧河边王城公园所在）封给弟弟揭，因为王城在成周城之西，后称西周公。此西周不过是一块封地。十几年后，西周公又把自己的儿子班封到巩（今巩义市，属郑州市），因为在成周之东，号称东周，实际不过是西周公儿子的采邑。于是在王畿内出现了三位称周的君主：周王、西周和东周。王畿被分割得所剩无几，周王常常要依附东西两周才能存身。

公元前386年，齐国田氏代齐。田氏在春秋末期世代为齐国相邦，吕氏齐公被逐出临淄后，周王正式命田氏为诸侯，称威王。至此，齐、秦、楚、魏、赵、燕、韩七国成为战国时期的舞台主角。为征战兼并，一批政治谋士鼓吹“合纵”“连横”，拉拢在大国夹缝中求存的鲁、卫等若干小国，使战国时期的政治形势变动频繁，极其复杂。

公元前316—前312年，秦国在西南、西北和南方相继攻取了巴蜀、义渠和汉中地，大大增扩和稳定了后方国土，增加了税收，增强了国力，为进取中原打下了坚实基础。

公元前307年，赵国武侯（武灵王）“胡服骑射”，实行了重大的军事变革，也是一次重大的思想变革。此后，赵国一度强大，北方游牧民族归顺，势力直达阴山。

公元前306年，楚灭越，至此，长江中下游尽为楚国所有，向北则越过了淮河。

公元前284年，乐毅破齐。赵国人乐毅领赵燕二国相，先联合赵、魏、韩、秦、燕五国联军攻齐，后单独以燕军攻进齐国都临淄，齐王逃奔莒。乐毅留齐五年，攻下齐70余城，齐仅剩即墨和莒两城。

公元前279年，田单复国。燕国君更替，不用乐毅，齐国田单组织齐人反攻，收复失地，但齐国已经丧失东方第一大国地位，无法抗衡秦国的东进。

公元前278年，秦攻下楚国郢都。秦国连年攻楚，一面沿长江东下，一面从陆路南下，楚国丧失了西部和北部的大片土地，被迫迁都陈（今河南周口市淮阳）。

公元前260年，秦赵长平大战，赵军大败，秦坑杀赵军40万，赵由是国疲。

公元前256年，周赧王卒。从此，作为周朝象征的名义天子不再存在。

公元前230年，秦灭韩。

公元前228年，秦俘赵王迁，实际上灭赵。赵公子逃代郡（今河北省北部）自立为代王。

公元前227年，秦攻下燕都蓟，燕王逃辽东。

公元前225年，秦灭魏。

公元前222年，秦灭楚、燕，虏代王。

公元前221年，秦灭齐。至此秦扫六合，天下归一。秦王政自称始皇帝，建立了中央集权的秦帝国。

战国时期，中等诸侯吞并小国，大国吞并中小国，国与国之间尔虞我诈，无正义可言，无信义可言，有时甚至无利益可言。各国关系复杂，疆界无常，令人目眩。但是，有些事物仍然有共同点可寻。

铁冶的普及，生产工具的进步，使各国的生产力都有大的提高。所谓“农有余粟，女有余布”（《孟子·滕文公下》），为更多脱离衣食生产的人的存在提供了充足的物质基础。出现了相当多的不再“食官”的自由手工业者、相当多的自由知识分子。包括学者，如稷下学宫养士近千，也包括各国贵族豢养门客。所谓战国“四君子”，门下食客三千，这些人出身不同、学养不同、人品不同，却同样不事生产。

战争规模的扩大使常备军的存在必不可少。生产力的提高为兵源提供了可能，成千上万的士兵长期在外作战，征途动辄里以百计，乃至以千计，甚至必须长期驻守外地郡县，身无余物，需要新的军需供应方式。

各国皆大行“变法”。魏国李悝、楚国吴起、韩国申不害、齐国邹忌、秦国卫鞅等，都以变法闻名。各国变法内容有所不同，深度有所不同，遇到的阻力也不同，效果也有所不同。但是各国变法中有一点是普遍的，各国相继实行了郡县制。郡县不同于西周和春秋时代的贵族封邑，它的地域由国君直接领有，官员由国君直接委派。这些管理郡县的官员、属吏没有土地产品的占有权，由他们管理、为他们工作的士兵、工匠等人的生活所需，乃至官员的办公经费都需要一种新的供应方式。

总之，战国社会的这些变化，使货币在社会经济中逐渐发挥越来越重要的作用。

第四节　初并天下

秦王政二十六年，即公元前 221 年，秦灭齐，自号“皇帝”，称“朕为始皇帝，后世以计数，二世三世至于万世”。始皇帝以五行代王朝的德运，称以秦水德代周火德，正式建立了秦朝。

◆秦始皇诏版：二十六年，皇帝尽并兼天下诸侯，黔首大安。立号为皇帝，乃诏丞相状、绾，法度量，则不壹。歉疑者，皆明壹之。

立国之初，始皇帝命讨论政体，群臣都认为六国刚灭，齐、燕、楚等地离咸阳远，应当行分封制，以诸子拱卫中央。始皇帝排除众议，采纳廷尉李斯的意见，说天下征战不息，就是因为有了诸侯。现在“天下初定，又复立国，是树兵也，而求其宁息，岂不难哉！”于是开始了一个在庞大的帝国范围内建立中央集权制度的努力。始皇帝于三十八年（前 209）七月崩于巡行途中，作为统一大帝国的皇帝，享国仅十二年。这十二年中，始皇帝的所作所为有：

公元前 221 年（秦始皇二十六年）：天下分设郡县，任命行政官员。收缴天下兵器，铸成钟鐻和铜人，置于宫中。统一度量衡（一法度衡石丈尺）。规定全国车的轮距（车同轨）。统一全国文字（书同文字）。徙天下豪富十二万户至咸阳。仿建六国诸侯的宫室。

公元前 220 年（秦始皇二十七年）：巡游陇西、北地。修驰道。汉人说驰道“东穷燕、齐，南极吴、楚，江湖之上、濒海之观毕至。道广五十步，三丈而树”。(《汉书·贾山传》）说话人距始修驰道不过几十年，大部分道路应还在使用，当不是妄说。

公元前 219 年（秦始皇二十八年）：东巡，泰山封禅。游琅琊（今山东青岛市胶南），留住三月。徙黔首三万户到琅琊，免其十二年赋税。遣齐人徐市带童男女数千人入海求仙。

公元前 218 年（秦始皇二十九年）：再次东游，至博浪沙（今河南新乡市原阳县）为张良抛椎刺杀不中。天下大索十日亦无果。

公元前 215 年（秦始皇三十二年）：东巡碣石（今河北秦皇岛市），再遣人入海求仙人不死药。派将军蒙恬发兵三十万北击胡，取河南地（今内蒙古包头至鄂尔多斯一带）。

公元前 214 年（秦始皇三十三年）：征发逃亡者、入赘为婿者和商人，攻取岭南，设桂林（约当今广西东部）、象（约当今广西西部）、南海（约当今广东）三郡。西北战匈奴，在黄河河套地区设置三十四县，徙罪徒充实新设县。

公元前 213 年（秦始皇三十四年）：筑长城。焚书。

公元前 212 年（秦始皇三十五年）：修直道，从咸阳直通九原（今内蒙古包头市境内）。修阿房宫。动用七十余万罪徒修骊山陵园。

公元前 210 年（秦始皇三十七年）：出游南巡，经云梦（今湖北），九嶷山（今湖南）祀虞舜，过丹阳（今江苏镇江）到浙江，祭大禹，再渡海到琅琊。再见徐市，责其入海求仙药“数岁不得，费多”。归途行至平原（今山东德州平原县）病，崩于沙丘（今河北邢台市广宗县）。丞相李斯秘不发丧，经北地九原回咸阳。太子胡亥袭位，为二世皇帝。下年（前 209）为二世元年。

二世继位后，自觉得位不正，诛杀始皇帝子女和亲信大臣将军，重新修订发布法律，信用赵高，甚至将同谋篡位的丞相李斯也杀死。同时重开阿房宫工程，令全国征调工役，转运粮食辎重供应，用法更加严苛。当年即激起陈胜、吴广起义。陈胜吴广起义激发了六国旧贵族的反抗势力，与各地反秦力量纷纷起兵割据。其中势力最大的是号为“楚怀王”旗下的刘邦军和项羽军。二世三年（前 207）八月，刘邦军攻入咸阳，秦朝灭亡。

秦灭亡后，实力最大的西楚霸王项羽进入咸阳，烧毁秦宫，分封诸侯，倒退到诸侯割据时代。汉王刘邦联络部分诸侯与项羽经过几年的楚汉战争，终于战胜项羽，于公元前 202 年建立了大汉王朝，重新开始一统天下的努力。

事纪

第一节　春秋

一、东周市场的繁盛

《易·系辞》有神农氏时“日中为市，致天下之民，聚天下之货，交易而退，各得其所”的说法。《易》究竟作于何时，还无定论，但说它成于西周是没有问题的。可是不管《易》作于何时，《系辞》却是战国时人对《易》的理解和发挥，所以它所举如神农，只是传说人物，反映的也是战国时人的思想。上古时代，物物交换虽然肯定会有，但还看不到规范化的市易。事实上，甲骨文中还没有“市”字，目前金文中所见“市”字最早的实证，是在西周晚期。

> 隹五年三月既死霸庚寅……王令甲政司成周四方责，至于南淮夷。淮夷旧我帛晦人，毋敢不出其帛、其责、其进人；其贾毋敢不即次即市，敢不用令，则即刑、扑伐。其隹我诸侯百姓厥贾，毋不即市，毋敢或入蛮宄贾，则即刑。（兮甲盘）

“隹五年”是西周晚期的宣王五年，即公元前823年。宣王令兮伯吉父负责从成周四方直至南淮夷收缴物资，包括贡赋和商业收入。兮伯说，淮夷本是向我缴纳贡赋的旧人，不敢不缴布帛和粮食，他们的商人不敢不来市场交易。敢不听令，就用刑罚和征伐。中原的诸侯和百姓，也不敢不去市场，不敢到淮夷去私下交易。否则也要用刑罚。

在宣王之前，涉及商业和管理成周或中原其他地方的金文并不少，早期如昭王时的作册令方彝、穆王时的它簋、中期如处簋，都没有涉及“市”的存在。兮甲盘所说的市是什么样的市，也还很难说得清楚。根据考古学者的考察，夏、商、西周三代，城的主要功能是“卫君”，因而城中主要是宫、庙和为君服务的官吏、手工业。手工业者由于“工商食官”的人身依附关系，并不依赖交换和购买生存。成书于战国的《考工记》中关于筑城的记载：“匠人营国，方九里，旁三门。国中九经九纬，经涂九轨，左祖右社，面朝后市，市朝一夫”，在考古发现的春秋以前的城址中，完全得不到证实①。不过萌发“市”的迹象还是有的：

于王参门□木榜，用徵，诞赎兹五夫，用百寽。(曶鼎)

曶鼎的时代更早于兮甲盘百年，属共王或懿王时期，涉及的交易属于个别交易，并不在市场上进行。但是当交易出现纠纷的时候，要到王宫门前公布条例的地方交纳费用，以确定交易和酬偿的合法性。因之到春秋时代，大量自由手工业者和知识分子入城，市也就在城里发展起来。

（鲁庄公二十八年，公元前666年）秋，（楚）子元以车六百乘伐郑，入于桔柣之门……众车入自纯门，及逵市，悬门不发，楚言而出。(《左传》)

这是《左传》所见最早关于“市”的记载。楚国征伐郑国，以600辆战车从郑国国都（今河南郑州新郑市）新郑的外郭入城，到达逵市，看到内城的城门悬而不下，心中犹豫，商讨的结果，是怕有埋伏，退出城外。新郑城的遗址经考古勘察，地处双洎河和黄水河交汇的三角地带，依地势而建，南北约4500米，东西约5000米，中间由一道城墙分为东西两城，隔墙有城门沟通东西两城。西城内主要是宫室宗庙建筑，东城则主要是手工业遗址，已

① 许宏：《先秦城市考古学研究》第四章，燕山出版社2000年版。

发现有铸铜、冶铁、制骨、制陶、制玉等遗址。如此楚军应该是进入东城，见到西城城门未下，犹疑而退。那么“逵市”就应该在东城大道边。市而有名曰“逵”，可能东城里的市还不止一处，否则就不必用名称相区别。

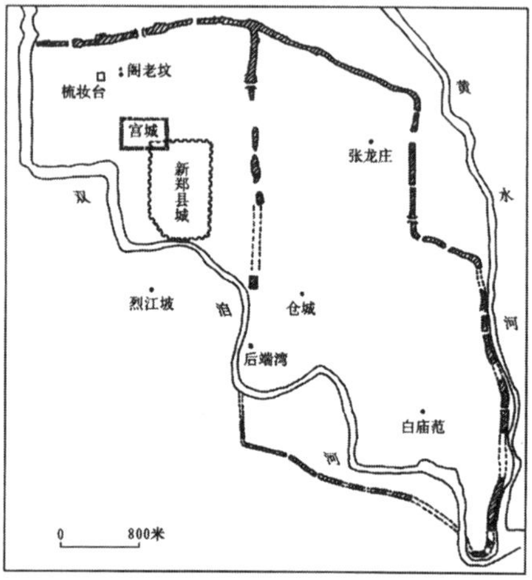

◆郑韩故城遗址图

（采自《先秦城市考古学研究》）

于此略早，齐国的桓公任用管仲为相（公元前685年），桓公向管仲请教为政，管仲的意见中重要的一项是“四民者，勿使杂处”，士农工商要按专业分别居住。“昔圣王之处士也，使就闲燕；处工，就官府；处商，就市井；处农，就田野。”①

可知到春秋中期左右，函谷关以东各国的城市普遍设立了“市”。市在社会生活中用途广泛，首先是管理商人。管理商人的首要目的是收取商人的收益用于公室。前引西周晚期兮甲盘中，说到成周附近的诸侯百姓“毋不即市，毋敢或入蛮宄贾”，可见把民间私自与夷人交易是看作“宄贾”的，因为王室无所知，就无从征赋，也可见西周后期走私已经是个比较严重的经济问题了。王室如此，公室同样如此。西周末年，郑国准备从关中迁都中原新郑，当地还是“蓬蒿藜藋”，建设新都，长途迁徙，各种物资需求孔急，都要仰赖于商人，郑桓公与商人互约：“尔无我叛，我

① 《国语·齐语》。《齐语》成书略晚，但此处所述分处四民的办法可能确为管仲的意见。

无强贾，毋或匄夺。尔有利市宝贿，我勿与知”，你们不要背离我，我也不强行压价掠夺你们，你们赚取收益，我也不多过问。通过这种约定，国君与商人结成了相当紧密的关系。

“市”在一般国人，则是聚会社交的重要场所：

> 东门之枌，宛丘之栩。子仲之子，婆娑其下。谷旦于差，南方之原。不绩其麻，市也婆娑。（《诗·陈风·东门之枌》）

这是陈国的诗歌。陈国封于西周初，地处今河南东南部，春秋末灭国。这是歌唱陈国子仲家的姑娘到处歌唱舞蹈，既在树下舞，也在市场舞。

> 氓之蚩蚩，抱布贸丝。匪来贸丝，来即我谋……乘彼垝垣，以望复关。不见复关，泣涕涟涟。既见复关，载笑载言。（《诗·卫风·氓》）

这是卫国的一首叙事长诗的开首。诗以一位女子的第一人称叙述一位男青年抱着麻布到市场来买丝，他不是买丝啊，是为了追求我。搞得我整天看着市场的关口，看不见他就“泣涕涟涟”，看见他就“载笑载言”。

“市”在官府，更是处刑示威的场所：

> 晋人获秦谍，杀诸绛市……（《左传·宣公八年》）
>
> 杀瑕辛于市，及宫嬖绰、王孙没、刘州鸠、阴忌、老阳子。（《左传·昭公十二年》）
>
> 施刑侯而尸雍子与叔鱼于市。（《左传·昭公十四年》）

无论是杀外国间谍还是本国罪人，甚至已死的罪人暴尸都在市场。只是“大者陈之原野，小者致之市朝”①，即诸侯有罪用军

① 《国语·鲁语》上，“温之会”。

队征伐，在战场处分；大夫有罪在朝廷处罚；士以下有罪在市场处罚。还有一个例外，是“妇人无刑。虽有刑，不在市朝”①。妇女没有专门的刑罚，即便要处罚，也不能在朝堂或市场公开处罚，这是礼。

战国时期，不仅各城邑都设有市，而且由于常备军长期在外作战，出现了专为军队聚集而设的“军市”。《战国策·齐策五》苏秦说齐闵王：“士闻战，则输私财而富军市”，那些应征的小贵族一听说要打仗，就把财产卖了，肥了那些军市商人。在战场上，军市大概归军队直接管理，汉初，文帝中郎署长冯唐向文帝说起，他祖父亲口告诉他，“李牧为赵将居边，军市之租皆自用飨士，赏赐决于外”。他的祖父是李牧好友，李牧守边，用军市的税收赏赐身边参谋人士，赵王并不干预。《商君书·垦令》：

> 令军市无有女子；而命其商人自给甲兵，使视军兴；又使军市无得私输粮者，则奸谋无所于伏，盗输粮者不私稽，轻惰之民不游军市。

就是说，大军集结之处，各项军需由商人供应，只是一般不许商人染指军粮。显然，当时的随军市场已经成了各种人物活动的场所，商人供应军用品、军官与商人勾结盗卖军粮、游民间谍在军市活跃，甚至可能存在性交易行为。

春秋以后，特别是战国时期，“市”已经成为社会生活中不可或缺的组成部分。

作者评述：若没有规范的交易市场，交易毕竟仅是涉及双方的一种偶然行为。中国的长途贩运尽管很早就已存在，但是多以物物交换为主要方式，即或有若干使用媒介或曰交换参照物的现象出现，很难获得更广泛的认可，出现纠纷也很难仲裁。规范的

① 《左传·襄公十九年》。

市场是交易频繁的必然结果，也促进了交易的发展。它是作为货币的货币出现并成熟化的必要条件，也是推动货币成熟化的孵化器。

二、铸币初现

留传下来的古代文献中，关于最初的钱币铸造和流通的准确记载很少，有个别迹象也大多经过后人编写，对钱币诞生的考察主要依据的是考古资料。

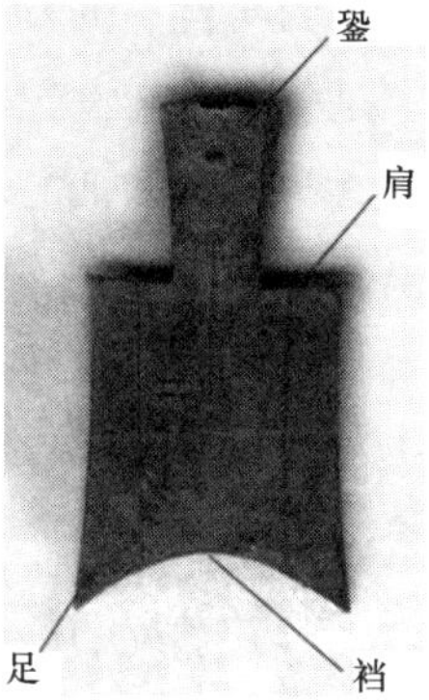

◆空首布示意图

目前考古发现中最早的铸币是一种青铜铲形币，称为钱。钱本是一种农具的名称。西周时候周王在自己土地上举行农耕仪式时唱的歌：“命我众人，庤乃钱镈，奄观铚艾。”（《诗·周颂·臣工》）意思是命令我的农夫，准备好你们的钱和镈，等着一同看开镰。这里说的“钱”（朱熹注“子浅反”，段玉裁注“即浅切”，读jiǎn）是一种铲形的农具，使用时器身与土地垂直，用于起土；而镈是锄形农具，使用时器身与土地平行，用于铲草。称为钱的这种青铜货币显然是从农具钱逐渐演化而成的，它与农具的形状几乎完全一样，只是器形要小得多，而且铲身很薄，完全无法实用，却保留着头部装柄的空腔。后世研究古代钱币的学者把这种铲形的钱币俗称作“布”，由于早期的青铜“布币”还有农具钱的痕迹，留着装柄的腔（称“銎”），所以又称其为空首布。[1]

① 据清代钱币学著作李佐贤《古钱汇》和国内外若干博物馆披露，有一种“原始布”，形制介于农具钱和空首布之间，是农具向钱币演变的过渡型。但是此类器具极罕见，而且大多来历不明，因此暂置之不论。

在可以相对准确断代的空首布资料中，所见最早的是河南新郑“郑韩故城”遗址中出土的“特大型空首布范”。所谓“特大型”是说与后来普遍通行的空首布相比，它的体形较大；所谓“范”，是浇铸金属器具时用的模子。这类空首布范多为泥质，范体上有空首布的型腔，依据型腔，可以测出所铸器具的外形尺寸。与新郑特大型空首布范同出的还有鼎、簠、方壶、编钟等青铜器的泥范，而距此不远就是郑国祭祀遗址，出土了大量祭祀用青铜礼乐器，因而可以从范型、青铜器器形、地层等多方面判定出土器物的时代。据发掘者报告，新郑出土的钱范属于春秋中期，也就是公元前7世纪至公元前6世纪左右，是郑国都此的时代。

与此相印证的还有山西省曲沃县与翼城县邻近的公路断崖上出土一个窖穴，其中发现两枚特大型空首布。由于出土地点邻近晋国侯马遗址，而晋国侯马遗址经过近几十年的科学发掘，其出土器物已经可以排出比较准确的编年。以与空首布同出的陶器和晋国陶器比对，至少可以将出土空首布的年代断在春秋中期，即公元前6世纪的前半叶。

此外，这一类特大型的空首布还有一些传世品存在，它们的共同特点是肩部较平，裆呈弧形，币面上没有文字或符号，器形较大，但是重量极不固定。它们的长度相差虽然不大，大致在13～16厘米左右，重量却在40～85克之间，相差几乎一倍。特大型空首布目前发现不多，发现地主要集中在河南中部到山西南部的中原地区。[①]

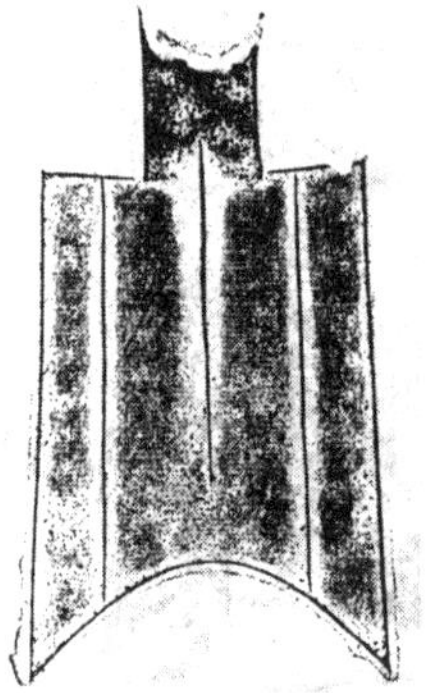

◆国家博物馆藏特大型空首布

① 本书古钱类所用的钱币图案，以拓片为多。由于古钱通常有锈或其他化合物覆盖，使用拓片在显示钱文和细节上往往比照片更清晰，这是中国传统钱币学方法的一种优势。

据此可以认为，这是中国最早期的金属铸币。它是由青铜铸造，时间为春秋中期，大约在公元前 7 世纪至公元前 6 世纪左右。它们的使用以周王畿为中心，从重量极不稳定来看，它们可能还不是计数而是计重使用的。

作者评述： 有趣的是，在古代的西方，尽管商业远比东方发达，但是他们最初的铸币，即吕底亚王国的琥珀金颗粒，也是出现在约公元前 7 世纪至公元前 6 世纪，几乎与中国的空首布同时。

三、春秋中原铲币

春秋后期，铲形的空首布币已经在周王畿和周围的几个诸侯国普遍出现。无论是旧有传世还是科学考古，甚至中原地区农民在生产生活中无意挖掘，都有相当数量的空首布发现和报道。已经发现的空首布可以分作三大类型：平肩弧足、斜肩弧足、耸肩尖足，实际发现的钱币还有更多细节的划分。这三大类钱币又各有大小、重量和器型的不同。这些空首布币面普遍带有文字，文字的情况复杂，有一、二、三、四等纪数的，有甲、乙、丙、戊等纪干支的，有纪日月方位的，也有纪宫商角徵音调的，还有一部分可以看作是纪地名的。有些文字，特别是看上去可能是纪地名的文字，学者们往往还存在不同意见。但是从已经释读的文字仍然可以看出这些钱币的地域性特点。

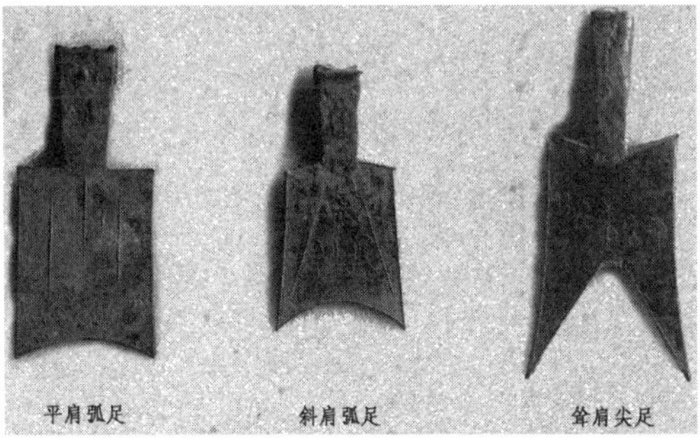

◆空首布的三大类型

平肩弧足空首布的铸行地区主要是周王畿、郑国和卫国，也就是以王室（今天的洛阳地区）为中心的中原地带。它们的形制比早期的特大型空首布小了许多，通长大多在 9～10 厘米左右，重 37 克左右（连銎内的泥范，因为钱币不需要装柄，所以通常铸成之后，并不取出铸造銎内空腔的泥芯）。另外还有一种略小型的空首布，通长 8～9 厘米，重 20 多克。由于钱币轻薄，限于精密铸造的水平，铸造较小的钱币重量并不十分准确。

耸肩尖足空首布的铸行地区主要是晋国，也就是今天的山西南部地区，当晋国势力有所扩大时，曾达到今河北西南、河南北部一带。耸肩尖足空首布的铸行时间比平肩空首布略晚，大约在春秋后期。但是它的体型明显比平肩空首布要大，通长 14～15 厘米左右，重达 40 多克。

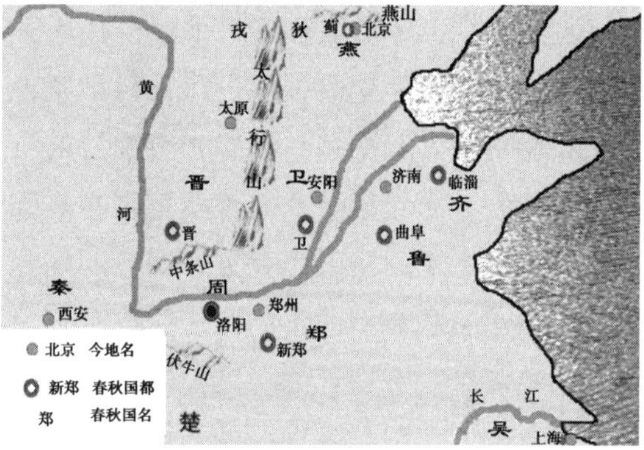

◆春秋时期周王畿及中原地区形势示意图

斜肩弧足空首布的铸行更晚一些。学者们对它的铸行区域还有一些不同的看法。从斜肩空首布的发现地来看，它最早可看作晋国末期韩家势力的铸币，三家分晋以后，主要流行于战国时期的韩国。其地域大致相当晋国南部、卫国南部和郑国地区。斜肩空首布的体型与平肩空首布约略相近，重量略轻。

作者评述：东周铸币的代表原本是王室的平肩弧足空首布。晋国争霸时期，标新立异，铸造与王室不同的耸肩空首布，形体更大，显示了强大的实力。三家分晋，韩国的斜肩空首布同样是要显示与老东家的不同。

四、春秋北方刀币

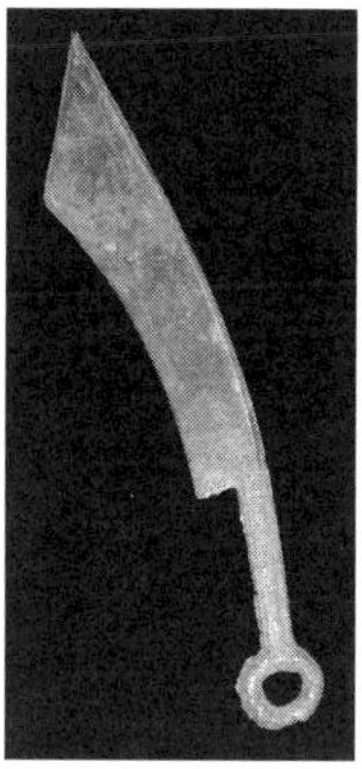

◆尖首刀币

大约与中原地区普遍接受铲形钱币的同时，在中原的东部和东北部地区，出现了另一种形式的青铜铸币——刀币。所谓刀币，并不是仿照战斗用具大刀而铸造的（武器大刀出现很晚），它是一种小型日常生活用刀，即“削”的仿形。削在上古人类生活中用途极广。工匠们用它修整竹木皮具，军士们用它修整弓矢等武器，文士们用它刮削竹简，女人们用它整经断纬，贵族们用它刮骨吃肉，尤以北方游牧民族最离不开它。正因为用途广泛又轻小易于携带，逐渐演变成交易的媒介。刀削成为货币的具体时间，学术界还有争议，从早期刀币与各地各种实用刀削的形制比较来看，早期的刀币应出现于北方游牧民族以及游牧民族与北方诸侯国之间，时间大约在春秋中晚期。

刀币的形式有多种，早期的刀币，刀身轻薄，刀头尖锐，刀柄与刀身同样厚薄，长度在16~17厘米左右，重量在15克左右，只具有刀削的形象，而无法用于实际的切削，主要发现于太行山两侧山西北部和河北北部的地区。这样的刀币，被钱币学家称为“尖首刀”。这类尖首刀带有明显的北方戎狄民族随身携带的刀削形象的痕迹，大概是戎狄民族与中原民族用畜产品交换农产品或手工业品时使用的。尖首刀使用的时间也很长，

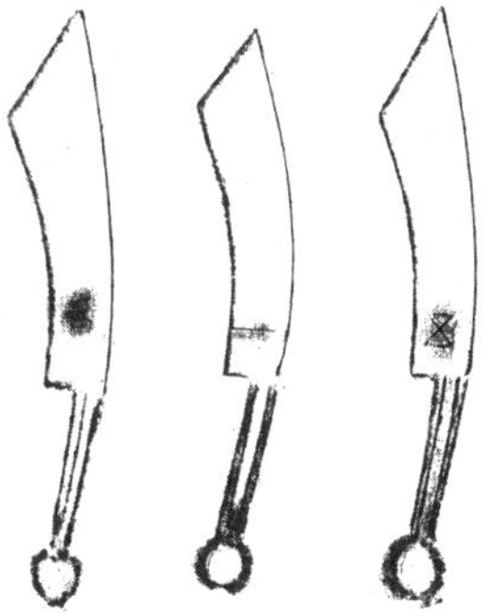

◆20世纪80年代河北省考古研究所在灵寿春秋中期鲜虞族贵族墓葬中发掘出的尖首刀币

直到战国后期的一些窖藏中，也常见到它与战国晚期货币同出。

由于尖首刀的使用时间长、范围广，所以使用过程中，在不同的时间、地区产生了很多变种。有的刀尖细长，被称为针首刀；有的非常细小，长度只有 11~12 厘米，重仅 3~4 克，称为小尖首刀；等等。

春秋战国时期戎狄的活动范围很大，支系也很多，与中原东北方向和中原以东地区的人们接触频繁，所以，中原东北方向的燕国（都城蓟，今北京地区）、东方的齐国（都城临淄，今山东淄博地区）深受影响。燕国和齐国后来都成为主要使用刀币的地区。

第二节　战国

一、战国中原铲币

春秋晚期的空首布币到战国时期仍在通行，但是在中原地区，进入战国后无论是社会形势还是钱币形式，都发生了很大的变化。

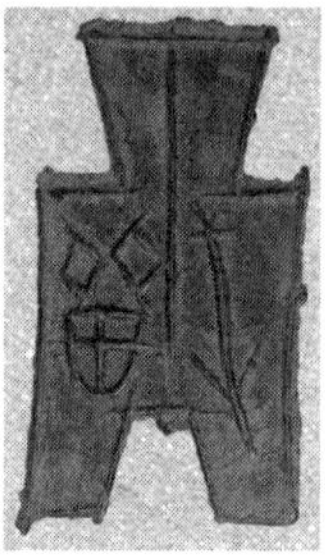

◆平首布

社会形势方面，周王室进一步衰弱，洛阳周围本已不大的王畿地区又新封了两个小诸侯“西周”和“东周”，周王几无立足之地，不得不寄东、西周篱下。曾经称霸一时、强大的晋国，已经被大夫们肢解成韩、赵、魏三国，而且迫使周王将他们正式封为诸侯。三家立国后迅速扩张，赵国跨过太行山向东向北发展，将都城迁至原属卫国的邯郸；韩国越过黄河，从王畿西南攻入郑国，灭郑国后将都城迁到原郑国的都城新郑；魏国向东南越过黄河，将都城从安邑（今山西夏县）迁到原郑国的启封城（今河南开封），称大梁。诸侯所追求的如墨子所说“广辟土地，著税伪材”（“著税伪材”的“著”，人释为“籍”，“伪材”即“货财”，意即扩张土地，以增税敛财。）①

金属铸币的诞生，使掌控各地大权的诸侯们看到了一种新的经济工具。铸币很快地实用化，从追求外部形象，乃至铲币都要保留空銎，向着小型化、轻型化变化。战国时期的铲形币，距离铲形已经越来越远了。这种小型的铲形币，没有了头部的“空首”，整体只是一个青铜薄片，通长一般小者4厘米左右，大不过7~8厘米，少数在10厘米以上；重量在4至10多克之间；币面文字较多，多为地名和重量自铭，近世钱币学家习称之为平首布、实首布，或简称平布。平布类型大小变化也很多，大要有如下几种：

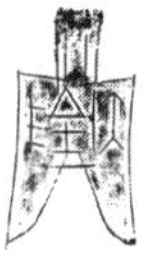

尖足布：依据历史地理和考古学证据，可认定尖足布主要是赵国的货币，面文多为1~3个字，经钱币学家长期的研究，大多能够释读，认为是地名，如閔、兹氏等。

桥足布：桥足布是魏国货币，币面文字数较多，一个显著特点是地名与币值共同标注。所见地名较多的是安邑和梁，是魏先后的都城。以安邑为国都时铸有安邑半釿、安邑一釿、安邑二釿，地方城邑也有铸共半釿、蒲坂一釿、阴晋一釿等钱。釿本是魏国的重量单位，据自然科学史研究测定，战国时魏国衡制一釿为25~26克左右②。由于铸造技术的原因，钱币的铸造尚不能绝对精确，实测钱币一釿平均为12~15克。可知钱币上的“釿”是币值而不是重量。

① 《墨子·公孟》。
② 丘光明、邱隆、杨平：《中国科学技术史·度量衡卷》，科学出版社2001年版。

迁都大梁后，又铸有梁重釿五十当寽、梁重釿百当寽、梁正币百当寽等。据实测，梁重釿五十当寽重在 25~31 克之间，而标“重釿百当寽”或“正币百当寽”的重约 12~15 克。可知迁梁后，魏币将衡值与币值在一定程度上作了统一，所谓“重釿”或“正币”，是指新的与重量单位相等的币值。

圆足布：数量不多，发现地集中在晋北、冀北和内蒙古中部，面文主要是閔、离石的地名，其地在今山西离石附近，属赵国，因此圆足布也是赵国货币。

方足布：方足布的存世数量较大，面文多为 1~3 个字，大多为地名，涉及地名多达百余个，如平阳、屯留等。从地名看，三晋的韩、赵、魏都铸造过方足布。在三晋控制下的东、西周，也铸造过方足布。燕国也曾铸造过少量方足布。方足布是一种在国家间较为通行的货币。

除了这几大类型，还有一些从这几大类型中演化而来的次级类型。例如尖足布的两足有渐削去足尖而形似方足的，有足尖渐圆而类圆足的；有极似方足布而头上生出两角，被称为锐角布的；有形似圆足布而有三孔的；等等。因为战国时期政治地理变化极大极快，很多地方处于拉锯、先后吞并等状态中，所以钱币学者对这些变化多端的钱币，在判断时代和国别的时候看法往往相去很大。但是对平首布币的总趋势看法是基本一致的，即它们是所谓三晋地区，主要以韩、赵、魏三国为主的货币，但对周围诸国也有一定影响。

作者评述：三晋布币文字，特别是表示地名的文字之多、之杂，为战国他国货币所罕见。晋国在周朝诸侯中首先以小宗破大宗立国，又以卿大夫肢解母国立“三晋”，形成地方势力对中央的离心倾向，所以三晋国家的铸币权看来十分分散。

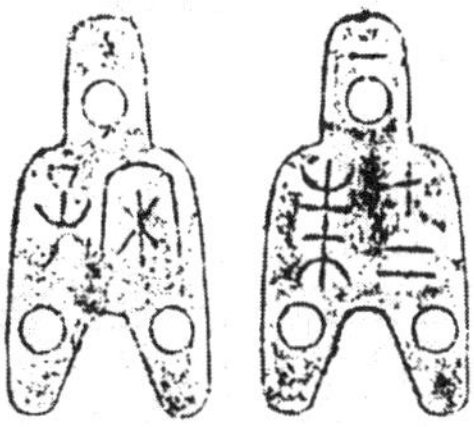

◆类圆足布　　锐角布　　三孔布（正、背）

春秋战国之交，不像西周和东周王朝，以平王东迁的重大事件为标志，使周王朝范围内的整个政治形势都发生了巨大的变化。从春秋到战国，时代的交际线在今天的学者们中间有很大分歧，但对于周王朝和各诸侯国来说，则是当时形势的自然演进，并没有截然的划分。所以货币的演进变化同样没有截然的区别。本书中的章节划分，只能让史实的叙述大体符合事物的演进，也为了便于读者的阅读和理解。

二、战国东方刀币

战国时期刀形货币的使用区域明显扩大。最主要的刀币铸行区是东方的燕国和齐国。刀币的存世量很大，特别是在河北、辽宁等地，有时一次出土就达几千克乃至几十千克，为其他种类先秦货币所少见。但是刀币研究中的问题也很多，从货币史的角度看，即便是确定时代和国别，有时也是很困难的。

燕国

燕国是西周初年受封的诸侯国，国都虽然有变更，大致在今北京市西南郊区和北京以西一带。战国时期的燕国地域广大，东至今辽宁，西至今山西北部，北达今内蒙古中部，南至今河北中部，地方二千余里。但是北部地区多游牧民族，南方齐、赵又是春秋以来的强国。所以燕国的国势实际并不强。虽列战国七雄之一，却并没有进取中原的野心。《战国策·燕策》说，燕国“独战则不能，有所附则无不重”，确是燕国的真实写照。所以它与各国既有相当的联系，又常与周边发生战争。刀币在春秋时代就起源于燕国北部，到战国时代，更对燕国的周边发生了极大影响。

燕国的刀币是承春秋晚期的尖首刀演化而来，在战国时期固定为一种有着鲜明国别标识的货币。它最突出的特点是刀身中部的铭文。这个字有的呈状，有的呈状，甚至简化成眼睛模样。长期以来，学者们对这个字有着各种不同的解读。有的认为这是日月的形象，是个明字；有的认为是易字，代表地名易；有的认为这是个匽字，代表燕字，至今尚没有一致公认的读法，但一般习称有这个字的刀币为“明刀”。虽然币文释读的意见不能一致，但是对它的国别认识却是一致的，把带有“明”字的刀币看作燕国货币是没有问题的。

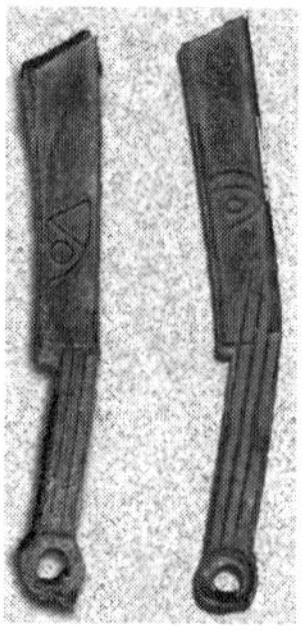

◆燕刀币，左为战国中期铸行，右为晚期铸行

燕刀长 13~15 厘米，重 15~20 克。它的铸行时间约从战国中期到晚期。燕刀的另一个显著特点是它的含铜量比较低。目前得到的理化分析数据是，燕刀含铜一般在 50%左右甚至更低，而含铅相当高，常常超过铜的含量，而含锡却很低，实际上是一种铅青铜。先秦时期，如果不计器物的实际用途，青铜的价值在于铜的含量。锡青铜可以使铜的熔点降低而硬度提高，铅的含量过高则会降低合金的机械强度。燕国地区铅的用量较大，用铅青铜作为货币，也是经济实力的一种反映。

齐国

齐国长期处于中原的东边，这里本是东夷民族的地区。齐国又是周王室的异姓诸侯，田氏代齐以后，与王室关系更为疏远。齐国在战国时期早已控制了整个山东半岛，南北俱是大海，尽享山林鱼盐之利。所以文化和商业有着自己的独特特征。因为商业

◆齐大刀币

发达，与北方民族有不少往来，所以货币也采用了刀削的形式，却与北方刀削有着完全不同的特色。

齐国的刀币特点十分突出。刀的形体较大，多在 18 厘米以上，重量多数在 40 多克，甚至更重。刀的四周有凸起很高的轮廓，面文字体规整，不像布币的字体随意稚拙。面文内容依字数常被称为三字刀、四字刀、五字刀、六字刀。不论几个字，它的最后两个字都是相同的。这两个字曾经有各种不同的释读，较有影响的读法是把它看作“去化”，相当“法化”，意即法定货币。有些著作就直接称这类刀币为“×法化”或“××法化”。实际上“法定货币”是近代以来由西方传入的概念，用以比附 2000 多年前的社会生活，终究牵强。近年来，有学者论证这两个字应是“大刀”，这一读法已为越来越多地接受。

司马迁说“农工商交易之路通而龟贝金钱刀布之币兴焉”，把这类货币称为刀。司马迁是汉朝人，战国时期的《墨子》中说“刀籴相为贾（价）。刀轻则籴不贵，刀重则籴不易”（《经说》）；《荀子》中说“今之世而不然，厚刀布之敛以夺之财”，可知这种货币虽然象形于削，战国时期的人已经称之为“刀”。齐刀因为币本身厚重，又有“大刀”二字，所以也就称为“齐大刀币”。齐大刀基本上只发现于今山东地区，齐国范围以外极为少见。币面文字也只有这几种①：節（即）墨之大刀、安阳之大刀、齐之大刀、節墨大刀、齐返邦长大刀、齐大刀。

因为品种不多，这几种刀币常被简称为“三字刀”“四字刀”“五字刀”和“六字刀”。“節墨”即即墨，在今山东青岛市属平度境内，邻近今即墨市。“安阳”地名在战国时期比较多，秦、

① 另有两种极罕见的齐刀，既是残刀，又是孤例，且学界还有不同看法，姑置不论。

韩、赵、魏等国境内都曾有称安阳的城池。齐安阳的位置先秦文献未载，所以自古有多种说法，地理差异较大。从出土和历史进程综合考察，似以原属莒国五阳（城阳、南武阳、开阳、阳都、安阳）之一为妥。如是，应该在今山东临沂市、日照市的辖区内。

“齐返邦长大刀”即“六字刀”是一种争论很多的钱币。争论的核心在第二字的释读。由释读的不同对它的断代也有很大的差异。有释为“建”字、“造”字，“建邦”“造邦”就意为封邦建国。远的解释为姜齐建国，当在西周之初，近的解释为田齐建国，则在公元前386年，前后相差600多年。有释为“拓”字，认为“拓邦”是开拓疆土，是齐国最为鼎盛时期的表示。以此比照齐国历史，认为当属齐湣王时期。当时齐吞并宋国，迫使邹国、鲁国称臣，达到极盛，时在公元前286年，相比田齐建国又晚了100年。还有学者认为，齐国开拓疆土的国君有好几位，不必是齐湣王。“拓”也可解为“开”，拓邦就是开邦，读为拓也是指田齐建国。还有学者释为“返”，“返邦”是指乐毅破齐后，经过五年逃亡，终于收复失地，齐襄王重新回到了都城临淄。依此，六字刀的年代就应定在公元前279年，与湣王说大致相当。

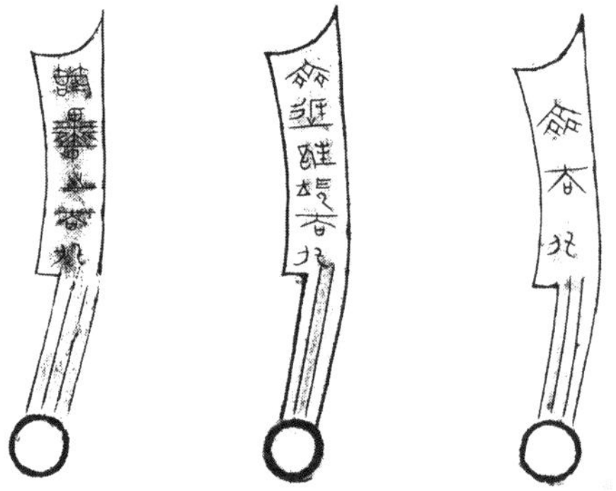

◆左：節墨之大刀　中：齐返邦长大刀　右：齐大刀

还有的学者从齐刀生产技术的角度做了研究。齐大刀的金属成分比较稳定，每一种类的采样中，刀币的合金成分都比较相近，这成为一个排比研究的前提条件。研究者排比了大量齐刀的成分

数据，得出的平均值为：①

齐刀采样	铜（%）	铅（%）	锡（%）
即墨之大刀	69.99	14.87	12.51
安阳之大刀	71.01	16.94	11.01
齐之大刀	68.76	18.1	10.31
齐大刀	50~60	30~40	3~6

由于齐刀的各品种存世数量差别很大，有些钱币存世很稀，难于做采样化验，这里的取样数量也是和钱币的存世状态相当。三字的齐大刀数量很大，所以不再取平均值，而取了范围值。

从分析看出，即墨之大刀、安阳之大刀和齐之大刀的含铜量比较高，含铅量相对较低，而含锡比较高。三字的齐大刀含铜却很低，含锡更低，而含铅却很高，合金成分接近于燕刀和燕明刀。可以看出，齐大刀的铸造很可能与乐毅率燕军破齐相关，由于当时齐国的大部分成为燕刀和燕明刀的通行区，局促于山东半岛一隅的田氏地区为了物资的流通，不得不以与燕刀相近的成分铸币。复国后，国力衰弱，也只能以这种成分继续铸币。而五字刀和四字刀显然是比较早期的刀币。但是这六种刀币，除三字刀时代最晚外，总的形制变化不大，无论是外形、尺寸和体重，都没有根本性的出入。虽然没有确实的证据证实它们的确切年代，但仍应该把它们看作都是战国时代的货币，它们的下限大约在战国晚期。

作者评述：《墨子·经说下》：“反也，买。刀籴相为贾。刀轻则籴不贵，刀重则籴不易。王刀无变，籴有变。岁变籴则岁变刀。”意思是刀币和粮价是相互关联的。君王的刀币不变，而粮价在变化，因而刀的币值实际上也在变化。《墨子》一书基本是墨

① 数值采样于周卫荣《中国古代钱币合金成分研究》，中华书局 2004 年版。周卫荣、陈荣、孙成甫：《齐国铸币合金成分的检测与考察》，《中国钱币》1992 年第 2 期。

家后人所编，但是经清代毕沅研究，其中的《经》篇和《经说》篇应是墨子本人所作。墨子是鲁人，生活的年代约为公元前468—前376年间，即战国前期。如是，这是典籍中所见关于刀币最早的明确记录。他将钱币称为“刀”，战国用刀的主要是齐国和燕国。据清孙诒让考察，墨子曾在宋国做官，但一生奔波于诸侯间，“生平足迹所及，则尝北之齐，西使卫，又屡游楚，前至郢，后客鲁阳，复欲适越而未果”①。也就是说，他并没有到过燕国。他称刀为“王刀”，《墨子·鲁问》有墨子见田齐太公并与之问答的记录，《鲁问》记为“子墨子见齐太王”，是后来齐国称王后，把太公尊称为王，则后人整理《墨子》书时，是可以把对话中的刀称为“王刀”的。田齐太公称诸侯是在公元前404年，很可能，在公元前5世纪末到前4世纪初，齐国已经铸造“大刀”了。大刀而称为“王刀”，是齐国的刀币应由王室统一铸造，从已经发现的大刀来看，齐刀的规格也是比较精整的。

三、战国南方蚁鼻钱

战国初期，中原以南以吴楚为大国。越国崛起后攻灭吴国，公元前306年，楚又灭越，楚国成为南方唯一大国。楚国虽然多次觊觎北方，但是长期居南，社会风物与北方还是有较大差别，楚国的货币与北方相比，也别具一格。

楚国货币主要有两类：铜币和金币。金币下文将列专节，本节专述楚铜币。

楚国的铜币的主体是一种小型的青铜颗粒，一面平整，可看作是背面；一面呈弧形凸起，一端有一个小孔。币面大多铸有一个单字，每一粒的长度才大约1.5~2厘米，重量多数在3克以下。早在唐宋时代，这种钱币已经引起学者们的注意。我们现在所能

---

① 孙诒让：《墨子传略》。

见到的最早记录是南宋洪遵所著的钱谱《泉志》。洪遵写道："旧谱曰：'此钱其形上狭下广，背平，面凸起。长七分下，阔三分上，锐处可阔一分，重十二铢。面有文，如刻镂，不类字。'世谓之蚁鼻钱。"洪遵所谓的"旧谱"，大多是唐代钱谱，也就是说，南宋以前这种钱早已为人注意。只是旧谱多是手抄相传，尺寸、重量的记述明显有误，大约是传抄所致。

钱面上的钱文很难释读，加之钱币又小，人们俗称之为"鬼脸钱"。学者们近年仍在努力试释钱面的文字，有的读法渐渐为人接受，但要确认，可能还需时日。常见的几种，可以读作"巽""夅朱""君""行""全"等。

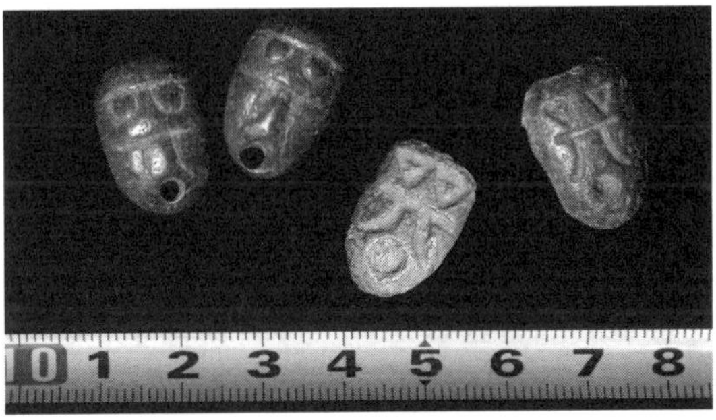

◆楚蚁鼻钱

近年来，学术界有人认为这种钱币是取象于海贝，有一定道理。但是蚁鼻钱比之海贝，尺寸明显偏小，况且古人对海贝的审美，是偏爱于海贝的背面，其首要特征是突出贝背面的缝、齿，而蚁鼻钱于此一无表现。所以我们宁可依古来的俗称，仍称其为"蚁鼻钱"。

蚁鼻钱的发现地域很广，从今湖南、湖北向北经江苏、安徽，一直到河南、山东南部都有出土，这些都是楚国势力曾经所达的地区。1987 年，湖北云梦楚王城田野考古中发现了一批东周蚁鼻钱，这批蚁鼻钱出自探方的第四层和第五层。第四层的时代属春秋末到战国早中期；第五层为战国中晚期。第四层出土的蚁鼻钱中还有一枚是没有文字的，其余钱币也大小、厚薄、轻重不一，略显粗糙原始。由于这是一次正规的利用科学手段进行的田野发掘，可以认为，至少在战国早期，楚国已经出现了这种铜颗粒钱币。

从发现的数量来看，楚国发祥的湖北、湖南地区，蚁鼻钱并不多，一次发现少则几枚，多不过上百，论千数的情况极少。进入战国以后，随着楚国势力的涨落，蚁鼻钱在各地的发现也有着相应的变化。战国前期，楚国以今河南南阳地区为基地（楚方城以内）进取中原，今天南阳地区的蚁鼻钱有了比较长江流域更多的发现，像西峡曾有一次约 5 千克以上的发现，数量当在 2000 枚以上。楚灭陈、灭蔡，到战国中期，为秦压迫，又迁都陈的旧地，称郢陈（今河南周口市淮阳县），在这一地区周围也有一定数量的蚁鼻钱发现。战国后期，秦国开始了统一战争，东向攻击魏、赵、燕等国，直接从北面威胁楚国的中原地区，楚国又于公元前 241 年迁都寿春（今安徽寿县）。公元前 223 年，楚国为秦所灭。楚迁都到寿春虽然仅 18 年，可是今天的安徽寿县周围地区，寿县、蚌埠、六安、巢湖等，以及河南淮阳、固始、淮滨等地，出土蚁鼻钱的数量最为巨大，一次出土不仅常有数十、数百枚，而且数千克、数十千克也不少见。① 可知楚国晚期是蚁鼻钱大量铸造行用的时期。

四、战国西方圜钱

战国时期中原以西的大国是秦国。秦国是铸行钱币最晚的大国，它铸行的钱币形制也与中原各国完全不同，是一种圆形的青铜钱币，称圜钱，圜通圆。就是这种圜钱，最后主导了中国货币后来发展的方向。

秦早期圜钱

春秋战国时期，西戎北狄南蛮的社会固然还处于相对原始的

① 蚁鼻钱出土数量统计见黄锡全《先秦货币通论》，紫禁城出版社 2001 年版。

状态，即便是在周王朝的疆域内，社会的发展程度也是非常不平衡的。地处西部的秦国，平王东迁时才获封诸侯。周王朝东迁后，秦与中原各国的联系又为函谷关相隔，所以，在获封之初，秦忙于征服西北戎狄，加之上层内乱，社会发展显著落后于中原。公元前 361 年，秦孝公即位，《史记》说此时“秦僻在雍州，不与中国诸侯之会盟，夷翟（狄）遇之”，而东方的三晋韩、赵、魏，燕、齐等国货币经济已经有了较大发展，铲币和刀币早已进入社会生活，连南方的楚国也已经在使用蚁鼻钱。而秦孝公即位时，秦设立比较规范的市场才十多年①，市场中物物交换很可能还占着主要地位。孝公决心改变秦国的落后面貌，广招贤才，于是有了商鞅入秦变法。

秦国采用商鞅的意见变法始于公元前 359 年，变法前后历 20 年。变法初期的核心内容是鼓励“农”与“战”，打击和压抑商业与商人。其时秦国还没有正式铸行钱币。依据《史记》的记载，直到商鞅死后的公元前 336 年秦国才“初行钱”。但是实际上，此前秦国早已有钱币在流行。

《商君书》是商鞅变法时商鞅一派的人士编写的材料，其中被认为可能是商鞅自作的“外内”篇有这样的说法：“其农贫而商富，故其食贱者钱重，食贱则农贫，钱重则商富，末事不禁，则技巧之人利，而游食者众之谓也。”这段话的意思是，农民贫困而商人有钱，因此粮食价低，钱币值钱。谷贱伤农，钱价高商人富。工商业抑制不住，就会让从事手工业的人得利，不事农业生产的人越来越多。显然，利用钱币进行粮食买卖在商鞅时代已经是很普遍的事了。

除此之外，更有“军市”。《商君书·垦令》：“令军市无有女子；而命其商人自给甲兵，使视军兴；又使军市无得私输粮者。”

① 《史记·秦始皇本纪》：“献公立七年（前 377），初行为市。十年，为户籍相伍。”

军市是随驻军场所而设的市场，主要满足军队需要。军队的需要主要分两类：军需和军人。在春秋战国，军需主要是军粮、大型作战物资，如帐幕、旗帜、钟鼓、营寨、攻守器械、车辆等，这是要由国家供给的，主要由官营手工业制造。军人的需要，如服装、小型武器剑、盾、戈、小型炊食用具等则是由军人自备的。西安秦始皇兵马俑的发掘中，考古学家发现，直至秦朝，军队的军装仍然由军人自备。这就为军市的形成创造了条件。无论是生活、训练还是作战，这类物资总是需要不断补充的，补充的途径则是军市。此外秦国的农民和军士如果违犯法纪，其物质惩罚通常都是甲、盾之类军器，而农民并非都会自己制造军器，所以也要依靠购买。尽管商鞅努力打压商业和市场，甚至连旅馆这类小型商业都要废除（“废逆旅”，《商君书·垦令》），却不得不保留军市。只是不允许军市中的商人涉足军粮，防止军官勾结商人盗卖军粮；不允许女人进入军市，这恐怕是在军市中已经出现了性交易行为，甚至有可能产生了专业的性工作者。军市中商人提供的商品是“甲兵”，即甲胄、服装、小型兵器；还有事实上存在的性交易等行为以及《垦令》中还提到的在军市游逛的“轻惰之民”（可能吸引军人搞些斗鸡走狗赌博之类的勾当），他们发生经济关系的中介不再可能是一般如布帛米粟之类的实物，而只能是钱币。

同是《商君书》，“境内”篇详细列举各级战士在战斗中有了战绩升爵的方式，其中“爵吏而为县尉，则赐虏六，加五千六百”，意为原来是小吏的，有战功就升为县尉，另加五千六百。所谓“五千六百”原文没有单位，应当就是钱币。《墨子》“号令”篇，学者认为不是出于墨子，而是出于商鞅辈，其中有“男子有守者爵，人二级。女子赐钱五千，男女老小先分守者人赐钱千”。还有“诸盗守器械、财物及相盗者，直一钱以上，皆断”。[①] 意思

① 孙诒让：《墨子閒诂》。

是守城有功，男人可以赐爵，女人和老人小孩不算正丁，不能赐爵，于是赐钱。军营中偷盗，只要价值超过一钱就斩首。“号令”篇中还更以“钱金”连称：“邑人知识、昆弟有罪，虽不在县中，而欲为赎，若以粟米、钱金、布帛、他财物免出者，令许之”，“其饮食酒肉勿禁，钱金、布帛、财物各自守之，慎勿相盗”。由此可知，尽管秦国还没有正式铸钱，但在军事行动中，钱币已经发挥着重要作用。钱币的名称在使用中不完全一致，或称钱，或称钱金，也可能直接称金，或干脆不加名称只论数量，如前文的“加五千六百”。

问题是，秦国正式铸钱之前，用的是什么钱？这有几种可能。

一是可能用周边各国与秦国交易时流入的钱币。与秦交界的主要有楚国、魏国、赵国、韩国，这些诸侯国用钱制度不同，楚国用蚁鼻钱，在陕西极少发现。韩、赵、魏三国比较通行的是方足布，在陕西也极少见。而且使用外国钱币，钱重既不一致，数量也波动极大。这种可能性难以存在。

二是使用秦占领地的钱币。战国中期秦与魏国的河西地区和河东赵国的閔（藺）、离石等城邑长期处于拉锯中，时时占据而又放弃。魏在河西铸造有“桼垣一釿”钱，赵在藺和离石都铸有钱币，铭文是“藺”和“离石”。这些地区的经济生活对秦地的影响应该是显然的。但这些地区入秦则是在秦国自己已经铸币之后了。

更有可能的是秦国在邻国影响下，一些地方已经自行铸造了钱币，而且事实上已经在秦国境内通行。考古学和钱币学的研究也支持了这个看法。在陕西地域内，有两种圆形的钱币发现，两种钱币形制基本一致，呈扁平圆形，直径 3.8~4.0 厘米，中间有一个圆孔，重在 9.8~15 克之间，背面完全平素，正面文字高凸，字体粗犷豪放、古拙不羁，钱币边缘锐薄。钱文读为“一珠重一

两 十二”或“一珠重一两 十四”。钱文“珠”字意为圆形，指圆形钱币。支持这个释意的是在陕西还曾发现一种较小的圆形圆孔钱币，面文只有两个字“半睘”，即半枚圆钱之重。一珠重一两即一枚圆形钱币重一两。

◆左：一珠重一两 十四（拓片） 右：一珠重一两 十四（钱币）

一两后面的十二、十四字样，钱币学家认为是纪年。这个看法很有道理。商鞅正式主持变法在秦孝公六年（前356），初时变法的核心是奖励农战；孝公十年（前352），商鞅被任为大良造，进一步对国家行政和经济制度进行改革。这两次改革的主要内容是，从孝公十二年（前350）起，打破封建制，在全国设县；打破井田，使私田完全合法化；在此基础上于孝公十四年开始平衡全国的赋税。为了使全国的赋税有一个统一的标准，此前采取了一项重大措施“平斗桶权衡丈尺”。斗桶即斗甬，指容量；权衡指衡器，即重量；丈尺指长度。也就是说，自孝公十二年，秦首次在秦国范围内实行了度量衡的“标准化”。据对已发现的有自铭重量的战国秦金器测量，秦一斤约重248~249克①，以此推算，一两当在15克左右，与一两钱币相差不多。因此一些学者认为钱币上的十二、十四字样是孝公十二年、十四年的纪年。

但是孝公十二年、十四年之前，显然在秦国已经有钱币在市场上出现，那究竟是什么钱，尚待进一步证据的发现。

① 丘光明、邱隆、杨平：《中国科学技术史·度量衡卷》，科学出版社2001年版。又以对重型的战国秦权测量，换算成斤则略重些，超过250克。折算下来，每两仍不超过16克。这些都是限于当时生产技术而形成的误差。

秦国的半两钱

公元前338年商鞅的坚定支持者秦孝公薨，变法中利益受损最大的旧贵族立即策动攻击商鞅，商鞅被杀。但是商鞅改革的成果并没有废弃，真正受益最大的是继位的秦惠文王和秦国的实力。商鞅死后的第三年，即公元前336年，秦国铸造发行了秦国历史上第一种正式货币“半两”。秦国正式发行货币，这在秦国是一件大事，《史记·六国年表》在这一年的秦国行中记着“天子贺行钱”，也就是说，连当时名义上还是天下共主的周天子，也派官员来到秦国，向秦国正式行钱表示祝贺。虽然只有简短的五个字，却标志着秦国已经开始融入战国经济社会的主流，列国不能再以夷狄看待秦国了。

秦国铸行新钱币，刻意采取了一种新的形式。此前市场上流行的钱币是圆形圆孔的一两钱，新的钱币仍采圆形带孔的形式，与市场上人们的习惯保持一致，既便于钱币生产，也便于人们携带，但是中间的孔洞改成了方形。这一改动的起初动机可能很简单，只是要与旧钱有一个比较明显的区别。但是后来人们赋予了它意识形态的含意，附会为天圆地方，以示其天经地义；又后来这个方孔为钱币机械加工水准的提高创造了条件，则是新钱的创制者所未能预见的。新钱的钱文很简单，只用两个字“半两”，字形简单，每个字都左右完全对称，即便是在识字人极少的时代，贩夫农妇也很容易辨认。而且钱币只此一种，不再分级，非常方便推广。也正是这样一种钱币，奠定了中国2000年方孔圆钱的天下。

传统上曾经认为，是秦始皇建立了秦朝以后，车同轨、书同文，才创立了统一全国的半两钱。1954年四川巴县（今重庆市巴南区）冬笋坝发现了一批船棺葬，在船棺的随葬器物中，发现了一批半两钱币。发掘者认为，同出器物为战国器形，钱币应归属战国。但是由于这批船棺墓出土器物较多，有青铜器具、陶器、漆器、玉石器、武器等，加之时代跨距较大，下可达汉代，所以这些钱币并没有引起太大注意。此后，在全国各地都曾陆续发现，在一些战国墓葬中有半两钱出现，但由于不能判断准确年代而都只能备存。

◆冬笋坝发现的半两钱币

1979 年，四川省青川县郝家坪在发掘一批战国墓葬时，在编号 M50 的墓中有了一个重大发现。墓中出土一件木牍，木牍正面是一道法律条文《为田律》，文前有此律的发布日期“二年十一月”，背面大约是一种记工日志，前面也有纪年“四年十二月”。这件木牍在研究秦国土地制度方面极其重要，同时对研究秦国货币制度也极其重要。因为与这件木牍同出的还有 7 枚铜钱。该墓的断代，据发掘者考证，应为秦武王时期。武王享国不过 5 年，木牍正面的“二年十一月”是法律的发布日期，背面纪年的“四年十二月”，应是入葬前不久的日期，那么入葬应在公元前 307—前 306 年间。上距秦“初行钱”30 年，而下距秦始皇统一全国还有 80 多年，同墓出土的铜钱就是 7 枚半两钱。正是此墓的木牍和同出半两钱，证实了早在战国期间，秦国已经正式铸造发行了圆形方孔的半两钱币。

既已证实战国时秦铸造的就是半两钱，学者们就重新整理了 20 世纪 50 年代以来在战国墓中发现的半两钱，可以看出这时秦国钱币的主要特点：钱币为圆形，但外形并不十分规整，直径小到 2.6 厘米，大至近 4 厘米，中间的方孔或有大小，厚薄也不完全一致。钱币无论正面还是背面，都不十分平整，文字高挺，虽然仍显得粗犷，各枚钱的字体也不完全一致，但比“一珠重一两”钱的文字要规整得多。钱重从 2 克左右甚至可达 10 克不等，但多数

◆四川青川县M50墓发掘现场

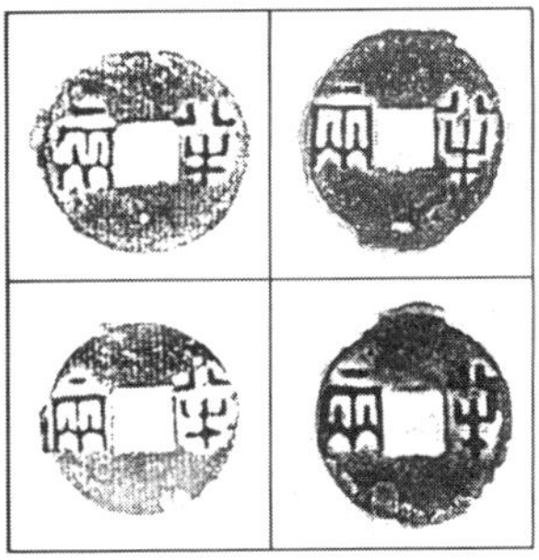

M50出土半两钱拓片

在5~6克左右。按秦衡制一两当在15克左右，则半两应为7~8克上下。考虑到技术条件的限制，说战国秦半两钱大致是"一珠重一两"钱的一半还是基本相符的。半两钱的铸行，说明秦国自惠文王以后，钱币用途已经进一步扩大，币值的减小，使钱币更适合人们日常的小额应用。

作者评述：圜钱的缘起，常见的说法有两种：纺轮和玉璧。其实二者都不准确。前者失之太轻，后者失之太重。所谓纺轮其实就是一个重锤，在手工捻线时加重锤杆，以增加旋转的惯性。所以它几乎可以用随手可拾的任何物品制作，甚至常见用打碎的陶豆之类器具的圆底做成。由于它毫不值钱，所以也难于用作交易媒介。玉璧则是贵族的礼器，玉石硬度高，一器之成，即便在用现代工具的今天，也难免耗工数月。此类器物能对应的交易物品绝非平民能够承受。由于圜钱出现较晚，东方的铲形、刀形货币使用已达百年以上，早有利弊可资借鉴，一般不需再模仿什么。事实上，货币出现前圆形青铜饼常有打碎用作交易的现象，如果一定要说模仿，不如说是模仿青铜饼。以圆形物体使用之便，在秦国就直接出现了制成圆饼状的货币，中间设孔更是便于穿系携带。

五、各类货币的交融

到公元前4世纪中期，在东周王朝区域内，已经大致形成了三晋铲形、东方刀形、南方颗粒形和西方圜形四大货币体系。但是战国时期列强争土，此强彼弱，领土变化剧烈。也正是在这一时期，各国的经济体制也在发生巨大变化，货币经济迅速发展，因而各地区间的货币不免发生碰撞、交流和融合，出现了一些边缘货币，这些边缘货币正反映了战国时期的社会政治实况。

魏国的圜钱

1. 桼垣一釿

魏国的货币主要是铲形的桥足布，立都安邑时铸有安邑一釿类型的布币，迁大梁后又铸行了梁重釿类型的布币。除都城货币外，魏的一些地方城邑也铸有钱币，这些钱币也都是桥足布，可知桥足布是魏国货币的标准形制。魏据河西期间，河西地区同样铸行过桥足布，现在可以见到的有“言阳”布，言阳即圁阳，地在今陕北神木，属上郡；有“禾布”，地在今陕西澄城，属西河郡。除了黄河以西，在秦魏交界地带，陕晋渡口有“蒲坂”釿布、黄河河曲以南有“阴晋”布（今陕西华县）。

◆桼垣一釿

然而在河西地区却出现了一种圆形钱币“桼垣一釿”。桼垣是地名，桼即漆，以漆水为名。漆水流经今陕西北部的铜川，南向与沮水合流东南注入渭水（今渭河）。桼垣当属于魏的上郡与秦交界之地，处今陕西铜川以西一带。一釿是魏国的货币单位，如安邑一釿、梁重釿等。“桼垣一釿”以地名加钱币单位，是典型的魏国钱文表达方式，却不是铲形而是圆形圆孔。魏铸造圆形钱币的原因当从秦魏两国形势来看。

魏国是三晋之国中最早经李悝变法强大起来的。强大之后，魏国就谋求扩张，首先向西进攻。三家分晋时，魏国建都安邑（今山西南部夏县），中心地区是今山西西南部运城、临汾一带，西临黄河。黄河以西即今陕西中北部原是周王朝东迁后留给了秦国的土地。公元前409年，魏经过不断西侵，终于攻占了河西大片土地，将东起黄河西至洛水（今陕西洛河）中下游的地区设置西河郡，以攻秦大将吴起为郡守。又在今陕西北部设立了上郡（南从今陕西铜川起，北经延安、榆林市东部，直至内蒙古包头南部），从东、北两面压迫秦国。

秦国因为护送平王东迁得列为诸侯，原来据有函谷关至黄河以西西周的中心地带。初期也曾经试图涉足中原，甚至因为称霸戎狄而为周天子封为伯爵。但是在魏国文侯、武侯不断西侵期间，秦国却处于内乱，东方北方土地不断丢失。公元前384年秦献公即位，试图恢复，用献公之子孝公的说法，“献公即位，镇抚边境，徙治栎阳（今西安市北部阎良区），且欲东伐，复缪公之故地”（《史记·秦本纪》）。于是公元前366年，在洛阴（即洛河之南，今陕西大荔，魏西河郡）大败魏韩联军；公元前364年，秦大败魏于石门（今陕西旬邑县，地近铜川）。此处正当魏上郡南缘，泰水沮水交汇处，与“桼垣”相近。秦斩首6万，周天子为此向秦献公致贺，加献公为侯爵。秦以此战制止了魏的西扩。公元前362年，秦又败魏于少梁（属西河郡，今陕西韩城），甚至俘虏了魏国相邦①公孙痤。短短几年，连续打击魏国，秦国的进逼态势迫使魏国将国家战略改为向中原发展，遂于公元前361年从安邑迁都大梁（今河南开封）②。安邑在春秋晋国时只是魏氏的封邑，公元前395年魏武侯才把它大加改建，建成仅30多年，就被

① 战国时相邦相当于后世宰相。汉代避刘邦讳，改书为相国。
② 魏迁大梁的时间学者看法不一，这里依杨宽取魏惠文王九年说。

迫放弃，而将活动重心放在了中原。此后，秦更逐步向河西和上郡进攻，又迫使魏国在公元前 330 年，把西河地方还给秦国，后三年再纳上郡予秦。至此，魏的河西地区尽数归秦，上郡也不可能再铸魏钱。

从双方战略态势来看，桼垣正是秦魏的争夺之地，而且此地曾经过大战，即石门之战。地处石门前沿的桼垣，大军云集，自铸临时钱币是可能的。桼垣钱币面世极少，与时间短暂相关。不久，当上郡归于秦国时，秦国早已通行全国统一的半两钱币了。

2. “垣”字圜钱

垣字圜钱是魏国又一种圜钱，圆形圆孔，钱形质朴，钱文只有一个“垣”字。垣字钱直径约 4.2 厘米，重约 10 克。垣是地名，因在王屋山下，又称王垣，地处今山西运城的垣曲县，原来是赤狄的一个聚落，公元前 395 年与安邑同时扩建为城邑。因为与安邑相近，处于发展中心地区。公元前 361 年魏迁都大梁，发展重心转向中原，对原来在黄河以东的地区控制放松。于是原来河东地区成为秦国的重点进攻方向。公元前 330 年魏向秦纳还西河、上郡前后，秦开始在魏国河东的南、西两个方向与魏争夺，南方今属三门峡市的曲沃、陕、焦和西方今属河津的皮氏几度易手。公元前 293 年，秦将白起因战功升为国尉，沿黄河一路向东攻伐韩、魏，第二年攻下“垣”，此后魏的河东地区成为秦魏间的拉锯地，直到公元前 286 年在秦的攻击下魏被迫献出旧都城安邑，秦设为河东郡，把包括垣邑在内的魏国人全部迁出，招募秦人移民河东，当地使用秦国的半两钱。正是在公元前 286 年前的十几年间，垣邑一直处于秦魏拉锯的处境下。垣字圜钱应是这一时期的产物。

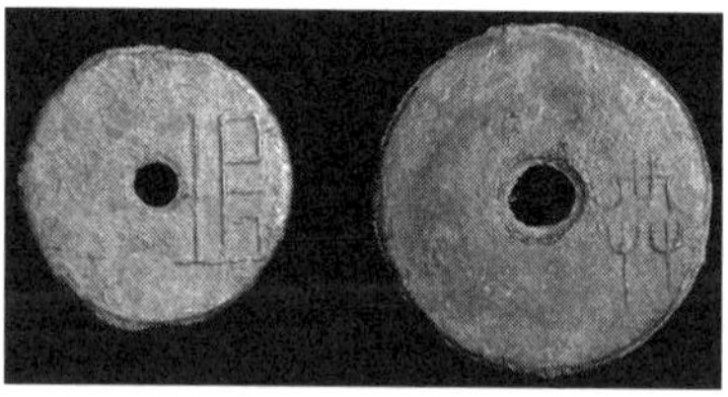

◆左：垣字钱　右：共字钱

3. “共”字圜钱

共也是地名，处今天河南省辉县。共字钱直径一般为 4.3～4.65 厘米，重约 14～18 克。共邑建城较早，春秋为卫国的城邑。春秋末年以后，卫国内乱外患不断，国君屡屡由大国或内臣废复，君号逐级降贬，土地大多为大国侵蚀，仅剩了濮阳一地，原来以朝歌为中心的腹地成为魏国的河内地。河内东境是向东北流去的黄河，西隔太行山与韩国的上党郡为界，向北是赵国，西南是沿黄河北岸与魏国河东地区交通的要道。境内有朝歌、共、汲、邢丘、野王等一系列重要城邑。公元前 286 年魏的河东地成为秦的河东郡以后，秦就利用这个西部通道不断攻击魏国，包围魏都大梁。公元前 263 年，魏安釐王欲攻韩，信陵君无忌曾劝止说，从秦占河东后的 20 年间，“秦七攻魏，五入囿中……又长驱梁北，东至陶、卫之郊，北至平监。所亡于秦者，山南山北、河内河外，大县数十，名都数百”。他劝魏王“韩亡之后……河内共、汲必危”，“存韩安魏而利天下”，建议应该利用共、宁两处作为与韩国上党郡相通的关卡，既可以增加税收，又可以使韩“德魏、爱魏、重魏、畏魏”①。从无忌的分析来看，此时“共”还在魏的稳定控制下。

公元前 247 年，山西上党地区为秦攻占，秦置为太原郡；公元前 242 年，秦攻占魏都大梁以北以东的黄河南岸地区，设置为秦的东郡。这样，黄河以北的河内地区实际上成了孤悬国外的魏国“飞地”。第二年，秦攻占河内的中心城邑朝歌，从朝歌又连续向东攻击，攻下已经是魏的属国的卫国（濮阳），魏为了保住河内地区，把卫君姬角安置到河内的西南角野王（今河南沁阳），试图堵住秦东进的路线。但是秦还是把河内东南部的汲城拿了下来。公元前 229 年，秦大规模攻赵，秦将端和率河内兵围赵都邯

① 《战国策·魏策》《战国纵横家书·十六》《史记·魏世家》。

郸，可见这时河内，包括共邑，已经全部为秦所有。

1973 年山西省闻喜县一次窖藏出土 700 枚共字钱，整齐地用麻绳串放在陶罐里，可见共邑铸共字圜钱的时候与魏河东地区还有联系。而到公元前 3 世纪后半期，共邑为秦所有，应是共字钱的结束。

赵国的圜钱和刀币

1. 赵圜钱

赵国本是铸行铲形方足布币的地区，在西北方向的离石和蔺也铸造过圆足布。但是在圜钱中也发现属于赵国的“蔺”和“离石”的两种。两种钱形制相近，直径约 3.4~3.6 厘米，中有一圆孔，重约 10 克。蔺和离石原为晋国城邑，三家分晋后归赵，地在山西中西部黄河岸边，今属吕梁市范围。离石现划为吕梁市离石区，蔺则在吕梁市区以西的柳林县。这里远离赵国的政治中心邯郸，原与魏国北部相近。公元前 328 年，魏把黄河以西的土地全部献秦，秦置上郡。于是蔺和离石西与秦隔河相望，南与魏的河东接壤。既是三地交流的活跃地区，又是三战之地。自从秦设了上郡，蔺和离石在秦、赵间易手的事就不绝于史。《战国策》曾记，秦攻取蔺、离石和祁（今晋中的祁县）三城，赵国以王子为人质，请求另用三城换回蔺、离石和祁。待秦还离石三地后，赵却背誓不付三城，赵王狡辩说：“夫蔺、离石、祁之地，旷远于赵，而近于大国（按尊称秦——作者）……今寡人不逮，其社稷之不能恤，安能收恤蔺、离石、祁乎？寡人有不令之臣，实为此事也，非寡人之所敢知。”意思是，我连国家都管不好，哪能收复蔺、离石和祁呢？这都是下边人不听我的，连我也

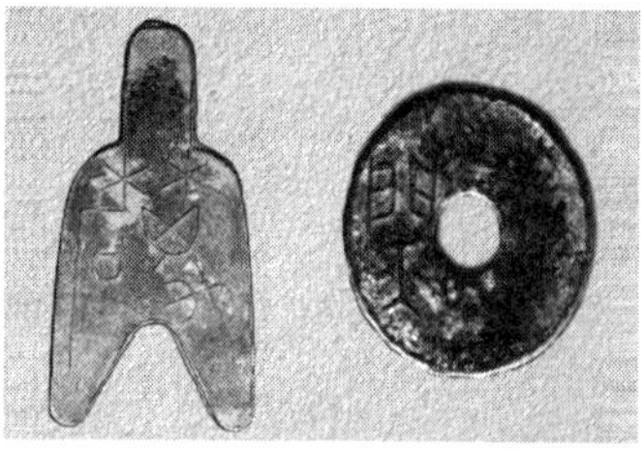

◆左：离石圆足布　右：蔺字圜钱

不知道。语言虽是无赖，却道出了蔺和离石的重要地位。此事的具体时间史书互有出入，杨宽依《赵策》“秦王大怒，令卫胡易伐赵，攻阏与”之说，置于公元前269年。这似乎是史书最后见到的秦拔蔺、离石。依此判断，赵的圜钱也应是秦赵争夺蔺和离石的产物。

2. 赵刀币

赵国的主流货币本是铲形布币。但是早在清代钱币学者就发现有一类小型的刀币，其中有的刀身上有“甘丹”二字。“甘丹”字样在赵国的小型尖足布币上也有发现，早为学者认定即“邯郸”二字。邯郸是战国赵国的都城，可知赵国在战国时不仅铸有铲形的钱币，同时还铸有小型的刀币。这一类小型刀币刀身较直，刀体较薄，刀头略圆，长度大多在12~14厘米左右，重10~12克左右，被称为直刀或圆首刀。已经发现的除甘丹外，还有文字是成、白人、白、王刀等的同类刀币，因为形制相同，都被看作是赵国的货币。还有两种此类刀币比上述直刀要小，一种钱文是“閔”（蔺）字，长度约10~11厘米，另一种更小，仅9厘米左右，被称为小直刀，文字是“言阳”“言刀”等。

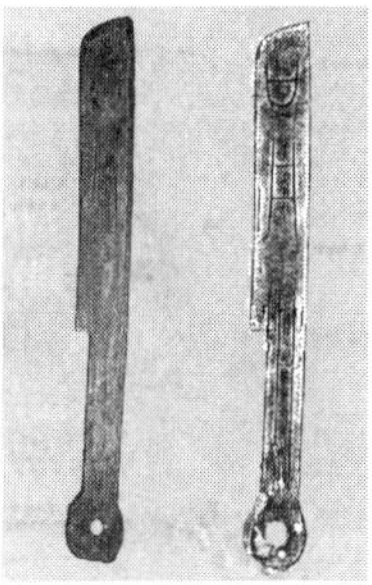

◆甘丹刀文字大多浅平，使用拓片可以清晰地显现钱文

由于赵国钱币的特点是铸有地名，这些直刀上的文字显然也应当是地名。目前可以确认的直刀地名有甘丹（邯郸）、白人（柏人，赵国城邑，地在今邢台市隆尧县）、蔺、言阳（圁阳）等。邯郸、柏人是赵国的中心区城邑，而蔺、圁阳则是赵国的边疆地区。前文曾述及赵国在蔺邑铸造圜钱，以处秦国。但是蔺和圁阳地区同时还面对另一个对手——戎狄。

赵国在战国初期三家分晋后的疆域，西部大致为今山西中北部，以后扩张至陕西北部至内蒙古中南部，东部越过太行山从今河北西北部沿太行山东麓向南直至河南北部。这片疆域，南与中原各国为邻，北方相邻的却都是以游牧为主的少数民族。西北方有林胡，北方有楼烦、匈奴，东北方有东胡，还有一些与农业地区人群杂处的戎人部落。这些少数民族为与农业部族交换农产品和手工业产品，早在春秋时期就出现了刀币。以刀削为钱币形制，显然更受北方民族的欢迎，所以赵国蔺刀、圁阳刀的出现显然与北方民族有关。

公元前 307 年，赵的武灵王实行“胡服骑射”，既是向游牧民族学习，也是以此增强实力，收服游牧民族。紧接着，赵就向北部的鲜虞族中山国发动进攻，同时攻入西北的黄河河套地区。河套地区原曾是魏的势力范围，公元前 328 年魏纳上郡予秦，于是一度属秦。但是看来秦对此地的控制能力有限，赵利用胡服骑射增强的实力，向西北方攻略，使林胡王“献马”，楼烦“致兵”即被收编，一直到达今内蒙古巴彦淖尔一带。武灵王从今巴彦淖尔一带起，东向到内蒙古集宁一带，沿大青山南麓修建长城，其长城遗迹至今仍存。同时赵国在今包头以西设置九原郡，以东一带设云中郡。公元前 296 年，赵灭亡中山国，把国君迁往肤施（今陕西榆林）。可知原秦国上郡北部的主要土地都已归了赵国。圁阳在今神木地区，正与林胡人相交。显然，蔺和圁阳刀是与林胡人相关的。

至于邯郸和白人（柏人）刀则与中山国相关，事见下文。

中山国刀币

中山是白狄的一支鲜虞族建立的政权。鲜虞起初活动于太行山中鲜虞水（今滹沱河）上游，以游牧为主，受到中原农耕文化影响，公元前 414 年“中山武公初立”（《史记·赵世家》），自行立国。不久，魏国派大将乐羊深入太行，历时 3 年，攻灭了中山。中山余部潜入深山，历20余年，约在公元前380年，东出太行，重新建立了中山国。中山复国后在滹沱河北岸建灵寿城作为国都（今河北石家庄北部平山县），一度强盛，成为千乘之国。公元前323年，中山国君甚至与韩、魏、赵、燕四大国国君一起，互相承认对方为王，史称“五国相王”。中山国最盛时，“方数百里，列城数十”，西倚太行山东麓，东达河北保定至冀县一线，北起燕长城南线的保定、满城一带，南到今石家庄南缘高邑县一带。这一地区恰当赵国北境，又阻碍着赵国以邯郸为中心的地区与西北代郡及云中、九原地区的交通。所以赵国必欲灭之而放心。武灵王胡服骑射的第二年即开始灭中山的战争，历经10年，直到武灵王之子惠文王于公元前296年，才攻灭中山，把中山王迁居肤施。从约公元前380年复国，到公元前296年国亡，历80多年，大致覆盖了整个战国中期。

20世纪70年代，河北省考古研究所对中山国都灵寿城遗址进行了大规模的考古发掘，经过近20年努力，取得了极其丰硕的成果。仅以货币而论，在灵寿城外的春秋中晚期和战国早期鲜虞贵族墓地中出土了相当数量的尖首刀币。特别是战国早期M8502号墓中，尽管被严重盗扰，残存的尖首刀币还有14捆，每捆100枚，多达1400枚，侧面反映了战国早期中山贵族与商业的关系。

在灵寿城遗址中，各处都有一些钱币发现，但是最为集中的是在城内五号遗址冶铸官手工业作坊区。区内除发现冶铸炉遗迹和冶铸工具外，在南部显然是铸币作坊的遗址内多次、多批发现了大量直刀刀币，其中绝大多数面文为“成白”二字。还有少量燕明刀和极少量甘丹刀、白刀。成白刀币数量之多常达一次出土数百斤，最多时曾有千斤以上的发现纪录。除刀币实物外，此处还发现不少使用过的铸币残陶范，范体残存的铸面上还可以看到“成白”字样。显然这是中山国铸造“成白”刀币的官铸作坊。

成白刀币形制与赵国的甘丹、白人刀非常相像，长约 13.4～13.6 厘米，平均重约 15 克。这种刀早在清代就有著录，但是始终不能确定它的国别。由于它与甘丹刀外形基本一致，往往被认为属于赵国。通过灵寿故城的发掘，特别是官冶铸作坊的发现，已经可以断定，成白刀是中山国的正式铸币。

在灵寿城中，远离官手工作坊的商业区边，还有一处冶铜作坊，相比官工场要略显粗陋，但是规模并不很小。作坊中发现有完整的閔字圆足布范和明刀范，还有一些散见的用后废弃的坩埚和铸范残块。显然，这是为商业区的商人们铸造钱币的场所，很可能它们不属于官营。而且在这些民营铸造作坊中发现的蔺字钱、明刀多是外国钱币，却看不到中山本国钱币。这种现象似乎也暗示着官民铸钱的区别。①

中山国的成白刀与赵国的甘丹、白、白人刀形制非常相似，但是钱币的金属成分却有一定的差异。据研究者发布，赵国甘丹、白人刀的铜含量大多在 40%～60%，铅达 30%～50%，含锡普遍较低，却与赵国的尖足布币相近；而中山国的成白刀含铜高达 80% 左右，铅仅不到 10%，而含锡却普遍高于赵国货币。② 显然，赵国铸造直刀主要不是为了国内应用，更是为了与使用直刀的中山国交易。而从中山国都内的发现来看，中山似乎更愿意与燕国来往。

齐明刀

自清代以来，在山东还发现过一种特殊的“明刀”。刀的形制有的与燕国地区的晚期尖首刀很相似，有的与燕国明刀很相似。它们共同的特点是刀币正面的“明”字右边部首呈三角形的方

---

① 河北省文物研究所：《战国中山国灵寿城——1975—1993 年考古发掘报告》，文物出版社 2005 年版。

② 周卫荣：《中国古代钱币合金成分研究》，中华书局 2004 年版。

折，并且下拉很长，与燕国地区的“明”字明显不同。近 30 年，这种明刀的发现明显增多，发现地大多在山东地区，在莒县附近还曾发现过相当数量的铸造这种刀币的泥范，证明这类有燕国标记的刀币，确实是在当时的齐国铸造和通行的。所以钱币学界把这种刀币称为“齐明刀”。

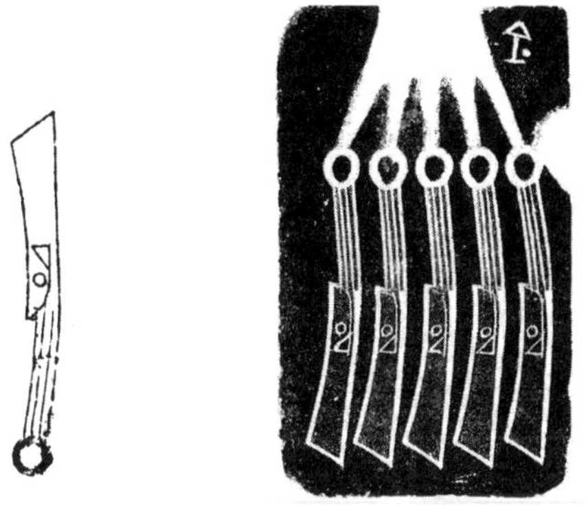

◆左：齐明刀拓片　右：齐明刀范拓片

齐明刀的国别和断代是学术界长期争论的一个问题。问题的焦点涉及“乐毅破齐”事件。

公元前 284 年，大将乐毅率领燕赵秦楚等联军进攻齐国，随后又率燕国军队单独深入齐国，迫使齐湣王逃离都城临淄，最终死于逃亡中。燕军攻入临淄，把临淄财物洗劫后悉数运到燕国，受到燕昭王封赏。燕军在齐国攻破 70 多城，占领时间长达五年，齐国仅剩即墨和莒两地。五年后，由于燕国国君更替，新即位的燕惠王猜忌乐毅，乐毅去燕，齐国才在田单的率领下收复失地，齐襄王回到临淄。

一种意见认为，齐明刀就是乐毅破齐期间，由燕国在齐地铸造的钱币。而另一种意见则认为这是齐国为了与燕国做生意而主动铸造的。还有学者认为，早在乐毅破齐之前，齐国已经开始铸造这种明刀。显然，这种有着两国共同特点的货币反映着战国时期的地区间交流状况。对齐明刀的讨论还会继续，这对深入认识当时的经济生活无疑是有益的。

燕国的圜钱

燕国是使用刀币的地区，但是也同样有圜钱发现。燕国的圜钱有大、中、小三种，制作不精，与燕刀一样，含铅量较高，属高铅青铜。小钱直径在 1.7~2 厘米之间，重约 1.2~2.5 克，方孔右侧是个一字，左侧好似弯月的字形现在一般释为刀字，所以称“一刀”圜钱；第二种钱直径在 2.3~2.5 厘米间，重量大致在 2.5~4 克间，钱面文字的左侧仍为刀字，右侧与燕的明刀文字极其相像，所以称为“明刀”圜钱；第三种最大，直径约为 2.9 厘米，重 4 克，孔右侧仍为弯月形“明”字，左侧是斜向四撇，因为战国文字常有将“四”字写作四横，所以一般将此钱称作“明四”圜钱。这三种圜钱有时也通称明刀圜钱。

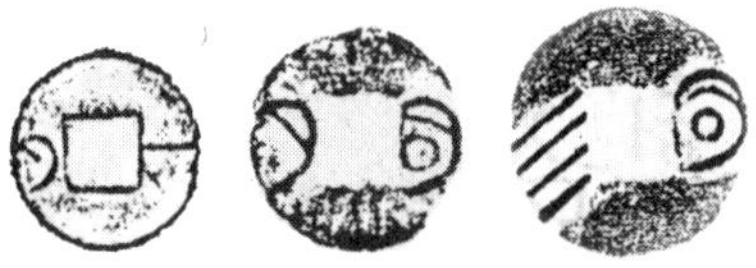

◆燕一刀、明刀、明四圜钱

燕国的都城本为蓟，地在今北京，另外还建有中都和下都，中都仍在今北京境内，下都在今河北易县。但是燕国的圜钱在今河北省中南部和北京地区基本没有发现，而有较多发现的地区却主要在河北省北部、内蒙古中东部、辽宁、吉林和朝鲜北部。这里是燕国的北疆，从来不是燕国经济重心。燕在这里铸造圜钱，是秦国统一战争后期出现的现象。

公元前 228 年，秦的统一战争已经到了最后阶段，在燕国的西南，秦俘虏了赵王迁，赵国已经实际上灭亡，仅剩赵公子出逃，建立一个流亡小政权。秦国大军威逼燕国，燕太子丹收养荆轲刺杀秦王失败，秦王大怒，直攻燕国。公元前 226 年，秦攻下燕都蓟，燕王喜逃向辽东。燕王喜在辽东寻求自保到公元前 222 年，为秦攻灭。综合历史的进程和上述明刀圜钱的出土地来看，燕明刀圜钱是战争末年燕王喜在辽东避秦时的小政权铸造的钱币。

两周圜钱

两周，是指战国时期周王畿（今河南洛阳附近）内的两个小国，即受封于公元前440年的西周（城邑在今洛阳市王城公园）和由西周再封的东周（在今郑州巩义）。周天子寄居于这两个小国之中，虽只是东西两个近亲篱下的穷亲，名义上却还拥有国家重器。所以周边大国都觊觎这两个小国。特别是到了战国后期，这两个小国只能在周边大国中折冲周旋，以求残喘。春秋时，楚庄王问周鼎轻重，周尚能义正辞严地说“鼎之轻重，未可问也”。到战国周显王时，秦又来求鼎，周只能派人跑到齐国，说鼎给秦不如给齐，使齐派兵吓退秦国。待秦国已退，齐国来要挟兑现，周又说周齐之间无路可通，送到齐国半途必被他国截留。如此用两边欺骗的手段来渡过难关。两周所处的地理位置正在西方秦国向中原、南方楚国向三晋的交叉点上，各方征战，无论各国合纵攻秦还是秦远交近攻，即便与两周无关，也会祸及两周。公元前299年，楚国攻打韩国，韩国为打阻击就直接向两周征发“甲与粟”。由于这种形势，两周的货币也最容易受到周边诸侯的影响。

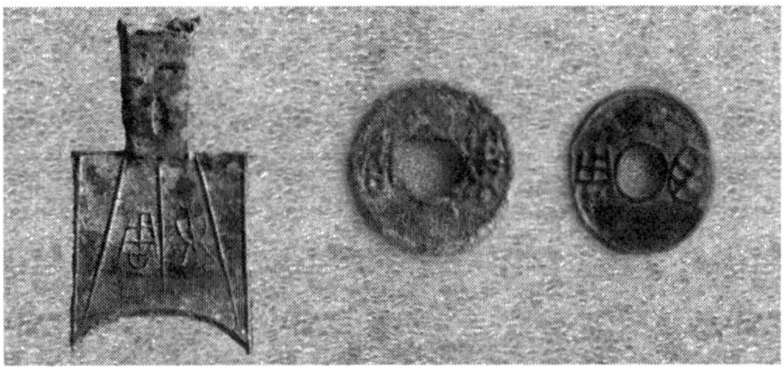
◆左：东周空首布　中：东周圜钱　右：西周圜钱

两周在战国初期曾经铸造过铲形的布币，用币形式与周围的魏、韩国基本一致。但是在战国末年，显然也发生了变化。在各种圜钱当中也发现有东周、西周字样的圜钱。两周圜钱相较魏国圜钱为小，直径一般为2.5~2.6厘米，中心有一圆孔，重约4~

5 克。

公元前 256 年，秦大举伐韩，经过西周，西周十分紧张，联络东方各国合纵抗秦，率领联军出伊阙，企图截断秦军后路。秦王大怒，转令秦军直接攻西周。西周又害怕了，西周君武公亲自到秦国去谢罪，把属下 36 座城邑连同人民尽数献给秦国。秦国遣回武公，武公惭惧而死，西周亡。这一年，应当是西周圜钱的下限。

西周城中存有包括九鼎在内的周王朝国家重器。秦国把觊觎已久的这些重器悉数搬回咸阳，天子诞面对此情束手无策，也羞惭而死，后人因之称为赧王，周王朝名义上的共主也不再存在。七年后，公元前 249 年，秦国再次东向，把东周也灭亡了，将东西两周土地连同攻下的韩国本土地区合并设置为三川郡。这一年可以看作是东周圜钱的下限。

楚国的铲币

楚国的钱币本是蚁鼻钱，高额货币则为金版。但是战国晚期，在楚国疆域北境出现了一种很特殊的钱币——铲形钱。这种铲形钱币长大厚重，铸造规整。钱币长约 10 厘米，一般重达 30 克以上，甚至有重至 37 克的。钱面有四个大字，这四个字的释读长期困扰着钱币学者，有读“殊布当釿”，有读“旆钱当釿”，以及“扶比当釿”等，各有自己的论证，但正如楚国蚁鼻钱上的文字，至今还没有一种读法能有很强的说服力。由于这种钱币采用了中原铲形钱的形式，钱币学者常用中原钱币的命名方式称其为“楚大布”。与这种钱币相类的还有一种更小些的铲形币，发现时往往两枚脚对脚连铸，所以也被称为“连布”，有时也见有从中间剪断成单枚的。两枚相连时通长 4 厘米左右，重约 7.5~8 克，小钱的钱文四个字似可读作“四比当釿”，从重量上看，4 枚确实可当一枚大钱。这两种钱币的发现地主要集中在江苏、安徽北部，山

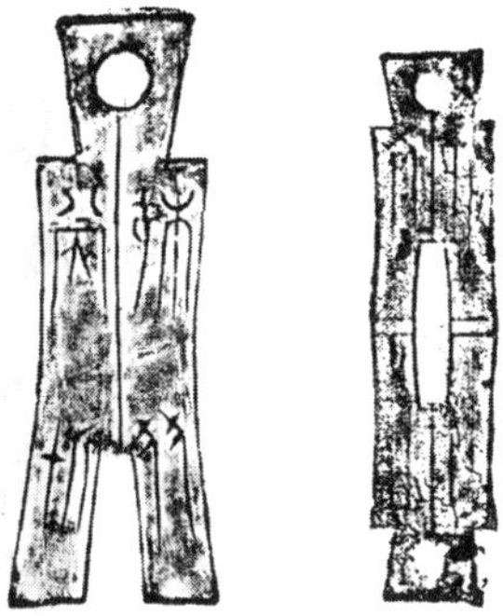
◆楚大布和楚连布

东、河南南部以及浙江的部分地区。在楚国发祥的长江中游湖南湖北地区，却极难看到。战国晚期，从公元前 280 年起，秦大规模攻楚，既从南方占领黔中郡；再从西方沿长江东下控制楚的西部；此前秦国早已攻取了韩国的宛（今河南南阳），北部主力即由大将白起率领，以宛为基地沿汉江南下，直取楚国都郢。楚国被迫向北迁都到陈（今河南淮阳）。此后，楚国的活动主要集中于淮泗间，并且与流行铲形币的韩、魏、赵频繁接触。楚考烈王时期，春申君黄歇主政，楚国势力一度北进，攻占了韩国在河南的大片土地，公元前 256 年灭了鲁国，推进到山东南部。公元前 254 年，楚迁都巨阳（今安徽阜阳）。公元前 241 年，楚国再次担任韩、赵、魏、燕、楚五国合纵的合纵长。同年合纵失败，再迁寿春（今安徽寿县），直至公元前 223 年为秦所灭。楚国晚期活动的这些地区正是大布和连布被集中发现的地区。

作者评述：这一时期的一些考古发现也值得关注和思考。比如：中山国都灵寿城冶铸遗址中发现本不属于中山货币的閃字圆足布、明刀等外国货币的铸范。河南新郑的郑韩故城韩国铸钱遗址出土大量不属本地的楚大布、连布、閃和离石圆足布铸范以及韩魏间多有发现的锐角布的铸范。2006 年在北京宣武区广安门内大街一次出土战国货币 30000 余枚，其中包括韩、赵、魏、周等各国各种方足和尖足铲币。[①] 类似的实例还可以找到，说明战国时期，列国中有的基本专用一种货币如齐、秦、燕，有的存在多种

① 程纪中、梁学义：《北京广安门内燕蓟古城遗址出土数万枚战国刀币布币》，《中国钱币》2009 年第 2 期。

同类不同文的货币如三晋之国，三晋中有的还存在多类货币。无论何种情况，实际上各国都还没有形成由中央集中货币铸造权和发行权的机制和制度。交易参与者所关注的也是交易地区所认可的货币形制，而并不很在乎这是由谁来铸造的。看来各国中央政权还没有意识到对管辖区域内货币的完全统一实施有效管理的必要性，同时也还没有真正的统一管理的施政能力。

六、山东诸国的黄金

先秦时期所谓山东，是指崤山以东。崤山在今河南省西部三门峡市灵宝市境，自周朝平王东迁，中原主要诸侯国的活动往往以崤山、函谷关为西界。山、关以西的渭河河谷则是秦国的中心地区。由于山关阻隔，交通不便，山东诸国相互间交往的密度远大于与关中秦国的交往。

◆发现于河北省平山县的战国错金虎形器座。错金是一种把金、银等异色金属以薄片形式镶嵌在器物上的装饰工艺

黄金在春秋以前还是比较珍罕的物品，《尚书·禹贡》中，叙述了上古时期各地的物产，涉及黄金的，只有两处：扬州和荆州“厥贡惟金三品”。所谓三品，是指金、银、铜。而扬州和荆州都在楚国的地域之内。《禹贡》的最后成书，应在战国时期，也就是说，至少到战国初期，中国的北方仍没有大规模地开采黄金。在考古实践中，中原地区各国虽然也早有黄金发现，但多用在制作小型器物、装饰品和修饰器物如错金银工艺上。成于战国时期的《管子》一书多处

提到“玉起于禺氏（牛氏），金起于汝汉，珠起于赤野”（《国蓄》《地数》《轻重乙》）。所谓汝汉，即汝水和汉水。汝水在今河南南部，注入淮河；汉水则注入长江，二水流域都在楚国境内。然而由于战国时期各国活动领域的扩大，特别是南方楚国与北方的交往，无论是通过战争还是商贸，甚或其他方式，其规模都是春秋时期无法比拟的。于是盛产于南方的黄金，到了战国时期，在北方各国的地位都明显上升了。

魏国 齐王要在卫国约见燕、赵、楚三国的相邦，魏王很怕他们是密谋攻魏，魏国的相邦公孙衍说：“王与臣百金，臣请败之。”于是魏王派车送公孙衍提前到了卫国，趁还没开会，用黄金百金贿赂齐王的下人，先拜见了齐王，与齐王侃侃长谈。三国之相见齐王会前竟与魏相长谈，对齐王产生了很大疑虑，使齐王的谋略没有得逞。事见《战国策·魏策》。魏国的衡制用釿，魏釿约合今25~26克，百金相当黄金2500克左右。又，魏公子信陵君无忌曾令秦十分头痛，必欲去之而后快。秦王政初即位，派间谍携“金万斤”到魏安厘王处离间无忌，终于使魏王撤换了无忌。“金万斤”，若以魏的釿计，当在250千克；若是秦的“斤”，秦一斤约当253克，更是10倍于魏釿，达两吨半。

赵国 战国以口舌得列大夫、拜相的不乏其人。游说之士虞卿，去见赵王时头戴斗笠，脚蹬草鞋，就凭三寸之舌，赵王“一见，赐黄金百镒，白璧一双；再见，为赵上卿”（《史记·平原君虞卿列传》）。另有纵横家苏秦游说赵惠文王合纵，说得赵王给苏秦“饰车百乘，黄金千溢，白璧百双，锦绣千纯”（《史记·苏秦列传》《战国策·赵策》），去联络诸侯。溢即镒，史家解“镒”，有说是二十两，有说是二十四两。以二十两计，根据出土文物实测，赵国的一两平均约合今15~16克，一镒在300克以上，“黄金百镒”是30千克，“千镒”竟达300千克！

韩国 韩国大夫严仲子与韩相侠累有仇，为挑选刺客看中聂政，先“奉黄金百溢，前为聂政母寿”。聂政感于一个卿大夫竟折节下交于市井，待母亲过世后，遂奋然为严仲子刺杀了韩相侠累，当场自戕。由于聂政行刺后自毁面容，韩国政府于是悬赏，“有能言杀相侠累者予千金。久之莫知也”（《史记·刺客列传》）。韩镒与赵镒是否相同，目前尚没有实证，应当相去不远，也当有今天的几十乃至几百千克。

燕国 燕国的相邦子之与齐国相邦苏代关系很好。苏代为齐出使燕国，在燕王面前说齐王肯定做不成霸业。燕王惊问其故，苏代故意说因为齐王不信任臣下，其实是激燕王信任相邦子之。为此子之“遗苏代百金，听其所使”（《战国策·燕策》）。燕王喜派相邦粟腹送给赵王五百金，名义是请赵王买酒喝，实际是打探赵国内情。粟腹回报说赵国的男人都被秦国在长平之战中杀死了，男孩子还没长起来，可以打他一下。唯独大夫将渠劝谏说“以五百金饮人之王，使者报而反攻之，不祥，兵无成功”。燕王不听，终于被赵将廉颇打得大败（《史记·燕召公世家》）。燕国的衡制现在还不能得到确值，以战国时各国的用金惯例，五百金当也不是小数。

齐国 楚国大肆征兵要攻打齐国，齐王准备了黄金百斤和十辆四马驾车，派淳于髡向赵国求救。淳于髡嘲笑齐王小气，“于是齐威王乃益赍黄金千溢，白璧十双，车马百驷”，淳于髡这才成行。赵国得了礼物，派出精兵十万，楚国得到消息，连夜退兵。又，燕国破齐，唯莒、即墨两地长围不下。逃亡在即墨的田单被推举抗燕。田单在即墨团结人心，又虚张声势动摇燕军，接着在城中“收民金，得千溢”，派即墨富豪送到燕军，说准备投降，使燕军大为松懈。田单趁夜以火牛阵击破燕军，终于归复齐国。从民间收罗的黄金在即墨一地就达“千溢”，至少说明黄金在齐国确实已经进入民间。齐国一溢有多重，还不能得到确实可靠的绝对值。根据现有的齐国文物测算，大约在 370 克左右。所谓“黄金千溢”，即 370 千克。

战国黄金之见于史籍的，除这些大国外，宋、卫、周、鲁等中小国也不绝于书。墨、荀、韩等战国诸子和纵横游说之士口中故事、寓言更多，只是在此辈口中，这些寓言事未必可尽信。只能说明，战国之时，黄金在社会生活中已经占有了相当的地位。

作者评述：从上举诸例看，战国是黄金大规模进入社会生活的时代。然而我们看到的，主要还是诸侯国之间，上层贵族、新官僚之间的馈赠。与下层民众发生关系的例子也有，例如韩严仲子向屠户聂政送礼；齐国公孙阅为诬陷田忌派人用十金到市场算卜；燕太子丹为刺秦王，以百金求得天下最利的匕首；等等，但大多属于非正常的商品交易。或者说，这些例证，大多不出东周时期“币”的概念。东周用币，主要是玉帛之类，用作礼品或贡品，以数量之多称为“重币”“厚币”。《左传·襄二十四年》：晋国为北方盟主，各盟国要向盟主贡献礼物。“范宣子为政，诸侯之币重”，郑国子产给范宣子写信劝说：“四邻诸侯，不闻令德，而闻币重……德，国家之基也……有德则乐，乐之能久。”于是“宣子说（悦），乃轻币”。类似称呼，春秋文献中比比皆是。战国时期，人们仍然保持着这种看法。齐国孟尝君为齐王遣回封地不用，孟尝君派门客冯谖驾车五十乘，金五百斤，去见魏惠王，告知齐逐退孟尝君不用，诱使魏国遣使者用黄金千斤、车百乘聘请孟尝君。孟尝君以此要挟齐王，迫使齐王再次启用孟尝君（《战国策·齐策》[1]）。冯谖在魏国重金聘请孟尝君的时候说“千金，重币也；百乘，显使也”。意思是这可以让齐王知道孟尝君的重要性。这句话也说出了战国时期黄金在山东诸国的作用。

---

① 此事《史记·孟尝君列传》说冯谖是以秦王要挟齐王。

事实上，“币”这个词在春秋时期的内涵是礼物，到战国时期，正处在向货币的意义延伸的过程中，与黄金在经济生活中的作用变化恰好大致契合。这也是后来黄金被称为“上币”的重要因素。

另外值得注意的是，前引文献中，诸国用金，不管是按斤还是按镒算，动辄数百上千。以《中国科学技术史·度量衡卷》用出土实物结合文献所考察的结果来合算，竟每每达到数百千克(公斤)，甚至以吨计。无论从战国时期的黄金开采、生产能力还是运输能力来看，这都是相当困难的。考古发现中，北方战国时期的黄金发现也相当稀少。可知战国时期的这些记载，若是作为黄金信史来看，还是应当谨慎对待的。

七、楚国的黄金

楚国是先秦时期的主要产金国。北方的黄金来源也主要在楚。张仪在楚国不被用，跑去对楚王说，您不用我，我就到晋国夫了。您难道对晋国无所求吗？楚王说：“黄金珠玑犀象出于楚，寡人无求于晋国。”（《战国策·楚策》）意思是北方所需的黄金都出自楚国。正是由于楚国盛产黄金，其开采达到了足以支撑其作为货币的数量，所以到了战国中期以后，黄金在楚国经济生活中的应用范围，相比北方要广泛、深入得多。

1986年，湖北荆门包山楚墓中发现了一批竹简，含相当数量的官府文件。其中有部分简涉及了黄金的使用：

> 九月己亥，郙君之右司马臧受期，十月辛巳之日不归版于登人以致命于郢。(《包山楚简》简43)
>
> 九月己亥之日，毕右仔尹孛铉受期，十月辛巳之日不归登人之金。(《包山楚简》简44)

这两条简似是讯问记录，记下郙君的右司马臧和毕的右仔尹孛铉九月借了登人的金版，十月到期而不归还。

还有一批简文，略拣几条：

> 大司马邵阳败晋师于襄陵之岁，享月，子司马以王命命巽陵公□、宜阳司马强贷越异之黄金，以贷郊间以籴种……期至屈栾之月赛金。(《包山楚简》简103)
>
> 大司马邵阳败晋师于襄陵之岁，夏栾之月庚午之日，命尹子士、大师子带命巽陵公邗□为郊间贷越异之采金一百益二益四两。(《包山楚简》简115)
>
> 正易莫嚣□、正易塞公已、少攻尹依为正易贷越异之黄金十益一益四两以籴种。过期不赛金。(《包山楚简》简110)
>
> 易陵连嚣□、大迅尹足为易陵贷越异之黄金四益以籴种。过期不赛金。(《包山楚简》简111)

上举简文的主要内容都是借贷黄金，而借金的用途十分明确，就是购买种子。其中简103是以王命的名义向越异借贷，再转贷给农民购买种子。简文中“享月”是三月，“屈栾月”是十一月，“赛”是归还的意思。即三月播种之前放贷，收获之后的十一月还贷。黄金的衡量单位是益（即镒）和两。楚的衡制是斤、两、铢，一镒也即一斤，据测算约在250克左右。一镒为16两，一两等于24铢。在战国中期以后的楚墓中，还常常可以见到小型的衡器，即天平。同时配了大大小小的成套砝码，往往被认为是用于称量黄金的。简103、简115显然是由楚国中央政府出面办理的事务，借贷数量较大，简115达102镒4两。简110、简111则是地方办理的事务，数量不过几镒到十几镒，到期还不能归还，被告到当地官府。

从包山楚简看到的黄金借贷，已经完全是商业行为，其中黄金的交易对象明确为种子，是一种现货交易的购买行为；借贷则是通过支付方式进行的信用行为，不过仅仅靠这几枚简还看不出有关借贷利息的内容。包山简关于借贷黄金的简文中，出借方大多是“越异”，目前还不能确定“越异”是个人还是其他群体，可能来自越地，即南方的百越民族。可以肯定的是，他（们）十分富有。

在前列简文中，涉及的黄金有版金、采金。采金是小颗粒的散金，版金则是有一定规范的黄金货币。小颗粒的散金，由于成色、形制不固定，并不固定用于交换，随时可以用作各种制品的原料；即便用于交换时，恐怕也要有各种限制性约定甚至可能产生纠纷。所以采金虽然部分地起着货币的某些作用，还不能看作真正的货币。版金则完全不同。

◆楚郢爯金版

楚国的版金有大致固定的外形，特别是每块金版上都密密麻麻打印着戳记。所谓大致固定的外形，有方形和圆形两种。最常见的是近世被称为“龟版”的方形。方形金版之所以被称为“龟版”，是因为它的四角向外延伸，版的一面呈弧状凸起，另一面内凹，类似一块龟甲。实际上，目前发现的各种“龟甲”，形状并不完全固定，四角延伸有长有短，甚至延伸方向也很随意。这种形状并不是有意所为，而是打印戳记的自然结果。金版的原始形状应该大致呈矩形，约略6~7厘米见方，厚约0.5厘米。它的重量不太稳定，小至不到230克，大至270克以上，多数在250多克到260多克间，可能铸造的主观意图是要控制在一镒左右。

金版的成色很高，一般可以达到98%~99%，低的也在95%左右。从出土的实物分析，制造金版时首先把黄金铸成约0.5厘米厚的矩形，然后在金版上打印戳记。戳记从中间打起，由于黄金的延展性极强，随着戳记向四面伸展打印，黄金逐渐被挤压延伸，结果使金版四周翘起，四角伸出，形成了所谓“龟版”状。有人称金版的戳记是16印，其实印数并不固定，也不求完整，只以打满为度，所以有16、17印甚至更多，一块完整的金版边缘也有半印，甚至不足一半的印记。

除了方形，也有圆形的金版，数量相对较为少见。此外，1982年江苏盱眙发现一处窖藏，在一件青铜壶内藏了一批黄金制品，其中有两块大型金版，分别整整齐齐地打有35和54个戳印。这两件金版在全国的影响很大，被看成战国时楚国货币的重要材料。实际上，铜壶中同出的还有很多汉代器物，这两块金版还不能肯定属于战国。

金版上的戳记多呈方形，也有少数圆形的。戳记上的文字绝大多数是“郢爯”两字。清代这两个字曾被释成“郢爰”，相沿称呼至今，近年经学者考证，郢爯的释读渐为大家接受。郢，即楚国的首都。初时指今湖北江陵的郢都，后来，为秦所迫，都城屡迁，每迁都，都称郢，所以郢又指鄢郢、陈郢、寿春之郢，此外还有戚郢、蓝郢等。爯则是楚国金币的名称。所以除了郢爯之外，还有以爯为名的金版。陈爯，是在金版上打印“陈爯”二字；鄗爯，是在金版上打印“鄗爯”二字；専爯是打印“専爯”二字；还见有极少数金版打有“卢”（或释“盐”）、“羕”、“少贞”等字。戳记上这些文字，除郢、陈是楚的国都之外，卢、鄗、専等字是指什么地方，学者们意见还很不一致，但多为地名，而且并不一定是楚的都城则是肯定的。由此也可以看出，除了楚国的中央政府铸造了金版之外，有些地方也曾经铸造金版，但数量不多。

出土发现的金版，整版比较少，而相对常见的，往往是被切割成小块的。从这些小块来看，它们是用金属工具錾凿下来的，而且切割线并不依照原来金版上戳印的界线，而是很随意地錾凿分割，所以很多戳印被从中间或边缘切开，甚至只切掉一角。这也说明，在楚国，金版是按照重量衡量使用，而不是按照戳印计数使用的。湘鄂地区战国墓葬常见的天平、砝码，更是可以印证楚国黄金的使用方式。

◆切割成小块的郢爯

楚金版的出土发现地域很不平衡。自 20 世纪 50 年代以来，全国总的发现数量并不少，但是较大批量的集中发现主要集中在安徽寿县、六安一带。河南南部也有一定的发现。此外，陕西咸阳曾有过一批比较完整的陈爯的发现，这只能看作是秦的战利品。楚国长期作为国都的荆州地区以及湖南、湖北省地区，出土数量却相对较少，且大多是零碎的小块，整块的金版几乎没有。

作者评述：从现有的古文献和出土文字材料中，目前还很难确定楚金版最初使用的准确时间。但是从金版出土发现的概率可以看出，楚国大量使用黄金货币是在战国的中后期，特别是迁陈以后。迁都寿春以后是使用黄金货币的高峰期。

八、秦统一战争时期的货币

秦王政公元前 247 年即秦王位，即位时才 13 岁。经过他的曾祖父秦昭王几十年的努力，这时由秦国统一天下的大势已经形成（政的祖父登基三天、父亲登基三年即薨逝，政几乎是直接继承了曾祖的事业）：寄居在小国西周的、名义上的周天子已经不再存在，秦的后方不仅已经攻取了巴、蜀；占领了原属楚国的汉中；攻下了原属楚国战略要地、后为韩占的宛（今河南南阳地区）；

而且攻下了楚国的国都郢，迫使楚国一再迁都，而秦在楚国旧中心地区设立了南郡；在北方，河东地区，即今山西，原属魏国和赵国的土地，几乎全都为秦所有，秦设置了河东、太原、上党诸郡；在中原，秦就已经占领的东、西两周和新占领的韩国西部地区设置三川郡，对韩、魏形成北、西、南的三面包围。秦王政即位后，秦国继续发动对列国的不断进攻，直至秦始皇二十六年(前221)，用26年的时间完成了统一天下的事业。

战国是先秦货币发展的高峰时期，从历代流传和近代出土发现的实物看，具有一定实力和影响力的诸侯国，都在铸造和流通青铜货币，但是战国遗留的有关货币文献却极其有限。战国人好为大言，由于身处烽火连天、纵横捭阖的时代，战国诸子的个人著作和游说之士的言论往往充满了夸张、寓言，甚至编造和欺骗，用以从侧面照观社会可以，借以重建时代的信史却是非常困难的。所幸近几十年来发现了多处秦汉简牍，特别是秦简，其中有相当数量的当时官府文件档案。1975—1976年湖北云梦发现的云梦睡虎地秦简、1986年发现的天水放马滩秦简、1989年发现的云梦龙岗秦简、1993年发现的湖北沙市周家台秦简、2002年发现的湘西龙山县里耶秦简以及2007年从海外发现收回的长沙岳麓书院秦简等资料，为重新认识甚至重建秦的社会史，创造了前所未有的条件。从中我们可以略为窥见秦国的货币经济状况。

秦自商鞅变法以来，就对商业活动采取了抑制、打击的政策。但是抑制打击并不是取消商业，只是将商业管理得非常严格，尽可能将从事商业的人力、物力压缩到最低限度，从而最大限度地将人力、物力转移到农业上。因此，在秦国，货币经济仍然存在于社会各个领域。

> 客未布吏而与贾，赀一甲。何谓布吏？诣符传于吏是谓布吏。(《睡虎地秦简·法律答问》)

这是一条关于商贾的法律条文。现在已经发现的秦国法律文书，涉及的社会面很广，但关于商贾的律文却极罕见。这一条是说，商人来做生意，必须“布吏”，即要向市场管理人员出示登记许可证件和通行证件。如果没有出示证明，就要罚缴一套铠甲。湖南岳麓书院藏 1805 号秦简有：“邮人行书留半日，赀一盾；一日，赀一甲；二日，赀二甲；三日，赎耐；三日以上，耐。”可知量刑轻重的顺序是：一盾、一甲、二甲、赎耐、耐。从始皇陵兵马俑的出土看，秦国士兵的军服是自备的，但是士兵并不穿铠甲，铠甲是军官穿的。这种铠甲用料要求高、制作极其繁复，罚一甲大概主要是供军官用。上列关于商贾须“布吏”的律文，不管商人有还是没有证明，只要是没有向官方“出示”，就罚一套铠甲，说明秦国既允许商业的存在，又加以严格的管制。

秦国的货币，到战国末年，已有金、钱、布三种。

金

秦国在昭襄王时期由于不断攻楚，从楚国获得大量黄金。公元前 278 年，秦攻破楚的国都郢，迫使楚国迁都，而秦则把原楚国的核心地区设置为南郡。楚国由于黄金资源丰富，早已铸行黄金货币“郢爯”，此时楚国的黄金产地被秦占领，黄金库存被秦占有，黄金通行地区为秦所有，使秦国既增加了黄金资源，又必须遵从当地习惯在日常生活中使用黄金。于是秦的黄金使用明显增加。

> 廉颇坚壁以待秦，秦数挑战，赵兵不出，赵数以为让。而秦相应侯又使人行千金于赵为反间。（《史记·白起王翦列传》）

公元前 261 年，秦赵长平之战，赵国老将廉颇坚守不出战。秦相无奈，用千金在赵国使反间计，使赵国撤换廉颇，终于坑杀赵国 40 万大军。在反间计中就用了黄金千金。秦用黄金时称量单位称“镒”，一镒即一斤，也即一金。据现代实测，秦一斤约略在250克上下，千金就有约250千克。为行贿一次出手就250千克黄金，说明秦这时确实有了相当数量的黄金，也说明黄金在战国时期从南向北的流动态势。

与北方山东诸国黄金主要在贵族间流动有所不同的是，秦简中保留了很多社会基层小额使用黄金的记录。首先是赏赐：

> 广众心声闻左右者，赏。将军材以钱若金赏，毋恒数。（《睡虎地秦简·法律答问》）

只要在战斗中能呼唤号召战友提高士气的，领军者可以根据战况加以奖赏，奖赏的物质，可以是钱，也可以是黄金，没有规定的数量。这样的奖赏已经是将黄金投放到了士兵中间。

> 夫、妻、子十人共盗，当刑城旦，亡。今甲捕得其八人，问甲当购几何？当购人二两。（《睡虎地秦简·法律答问》）

这是一个已经发生过的案子，国家将其作为同类案子处理办法的案例下发。一个盗窃之家（是否真是一个家庭又作别论），十人共盗，案发后判为服“城旦”刑，即服四年筑城、守卫的苦役。但这十个人逃跑了，被官府的吏卒抓回八个，奖励办法是抓一个奖二两黄金。类似的案例还有几件，说明除前举军功以外，平民小吏也可以获奖黄金。

> 甲告乙贼伤人，问乙贼杀人，非伤也。甲当购，购几何？当购二两。（《睡虎地秦简·法律答问》）

甲告发乙伤人，审讯结果实际上乙是杀了人，不是伤人。甲的告发并不完全符合实际，问如何奖励？答案是仍应奖励黄金二两。这个案子中，甲并不是官家人，只是普通平民，也可以获得黄金奖励。

在日常的经济活动中，黄金也可以成为普通货币。

官长及吏以公车牛禀其月食及公牛乘马可也。官有金、钱者自为买脂胶。毋金、钱者乃月为言脂、胶，期足为铁功，以攻公大车。(《睡虎地秦简·司空律》)

官员和吏员公用的驾车牛和乘用马可以按月支取饲料。但是膏车轴的油和修理车辆开裂的皮胶应当由使用机关自行用黄金或钱来购买。如果使用机关没钱，也没黄金，可以按月申请膏车油和胶，以足够修理用为限。官府每月所用零星胶、油只能向市场购买，数量也不大，这是黄金在市场小额应用的例子。

府中公金、钱私贷用之，与盗同法。何谓府中？唯县少内为府中，其它不为。(《睡虎地秦简·法律答问》)

县府机关中的“少内”是管理县库财物的吏员。少内收藏的黄金和钱币借贷给私人，应以盗窃论处。既下发了这条案例，说明各地此类案情不少。但是尚未入库的金、钱，被借贷可以不按盗窃论。这是黄金小额借贷的例子。

黄金与青铜钱币之间，现有资料还看不到相互的比价，但是在汉代简牍中有一些反映。西汉末年，班彪评论汉代制度说“汉承秦制”，1984 年湖北江陵张家山汉墓出土的竹简中，也有一批汉初的法律文书，这批法律文书的内容有相当部分显然是秦的法律的延续，甚至可以说是用汉代语言表述的秦律。在汉《金布律》中有这样一条：

有罚、赎、债当入金，欲以平价入钱，及当受购、偿而毋金，及当出金、钱县官而欲以除其罚、赎、债，及为人除者，皆许之。各以其二千石官治所县十月平价予钱为除。

意思是，凡应当用黄金交纳罚款、赎刑、偿债，愿意以平价改交铜钱的；应当奖励、偿付黄金而没有黄金，要改用铜钱的；以及愿意出钱为应当以金、钱赎刑、偿债者来藏事的，都应允许。

交钱以二千石官驻地的县城每年十月时的市场黄金平价为标准。二千石的禄秩在地方官是郡守。秦以十月为岁首，汉初仍沿秦正朔，直至武帝太初元年（前 104）才改正朔，以正月为岁首。律文反映出，黄金和铜钱的比价是浮动的，官方是以每年年初郡治县的市场价为黄金平价标准。同时也说明，黄金虽然在一定范围和一定程度上具备了货币的功能，但是当时的基本价值尺度仍然是铜钱。

铜钱

秦国在它的统治区域内基本只流通一种钱币，即“半两”钱，钱是秦国的基本货币，往往成为民间交易、官府统计、物资计值等的记值单位和价值尺度。在秦简中有一些这样的记录：

> 或盗采人桑叶，赃不盈一钱，何论？赀繇三旬。（《睡虎地秦简·法律答问》）

偷采人桑叶，在量刑的时候，以钱作为计量实物的尺度。罚则是三十天的劳役。

> 何如为大误？人户、马牛及诸货财值过六百六十钱为大误，其它为小。（《睡虎地秦简·法律答问》）

这是一条检验公务人员工作的法律。在统计人户、财物的时候出现差错，如果价值超过 660 钱，就算“大误”。在这条法律中人户的财产、马牛和其他财物都以钱币，实际就是“半两”钱作为价值尺度。

> 将牧公马牛，马牛死者，亟谒死所县，县亟诊而入之。其入之其弗亟而令败者，令以其未败值偿之……其大厩、中厩、官厩马牛也，以其筋、革、角及其价钱效，其人诣其官。其乘服公马牛，亡马者而死县，县诊而杂买（卖）其肉，即入其筋、革、角，及索入其价钱，钱少律者，令其人备之而

告官，官告马牛县出之。（《睡虎地秦简·厩苑律》）

放牧和使用公家的马牛，马牛如果死亡或者跑掉了，必须立刻报告。如果报告不及时而使得死牛腐败了，要以没有腐败时的价钱赔偿。官府的马牛还要以筋、皮、角单独统计检验价钱。马跑到外县而死掉的，外县可以卖死马肉，留下筋皮角，或者收筋皮角的价钱。钱不够，向马牛县要。这是官府的马牛等实物要以钱币计值。

系城旦舂，公食当责者，石卅钱。（《睡虎地秦简·司空》）

有罪以赀赎及有债于公，以其令日问之。其弗能入及偿，以令日居之，日居八钱；公食者，日居六钱。（《睡虎地秦简·司空》）

被判服劳役，由官府统一供应伙食的，按一石粮食 30 钱计算。

出钱赎罪的、欠官府债的，按判决日期处理。不能缴纳赎罪和所欠债额款项的，按判决的日期服劳役顶债，每干一天按八枚钱计；服刑期间吃官府供应伙食的，按每日六枚钱计（即每日伙食费二钱）。

尽管铜钱已经成为秦国日常经济生活中官民的价值尺度，目前我们还没有发现秦国管理货币的专门机构和专门法律。但是从秦简的其他律令条文中，仍然可以看出，秦国政府对货币仍然是有一定管理规定的。

秦国政府中管理货币的人员是“金布”。在睡虎地秦简中的这样一条：“有责于公及赀、赎者，居它县，辄移居县责之。公有债百姓未偿，亦移其县，县偿。”意思是欠官府债务或应以财赎刑者，已经移居到外县的，由现居住县追偿；官府欠百姓的或是百姓已经移居外县，也由现住县补偿。这条律文的最后有一个款识："金布律"。何谓金布？2002 年新发现的里耶秦简有：

> 卅三年四月辛丑丙午，司空腾敢言之：阳陵下里士伍盐有赀钱三百八十四。盐戍洞庭郡，不知何县署。今为钱校券一，上谒洞庭县尉，令盐戍所县责以授。阳陵司空不名计，问何县官计付署，计年为报。已訾责其家，贫弗能入，乃移戍所，报署主责发，敢言之。　四月己酉，阳陵守丞厨敢言之：写上，谒报署金布发，敢言之。（J1（9）5A 面［91］）

秦始皇三十三年（前 214 年，此时已是统一后的秦帝国），阳陵郡的属官一个叫"腾"的司空报告，有一个名"盐"的没有爵位的百姓欠官府 384 枚钱。盐现在当兵戍守在洞庭郡，但不知道在洞庭郡的哪一个县。于是腾做了一个欠款单（应是一种木牍），打算报给洞庭郡的县尉，因为县尉是管理一县的军事的官吏，以便责成当地向盐追款。本要责成盐的家属还钱，但盐家很穷，所以上报，问应该交由谁来管发这个追款的文书。报告上交后，阳陵郡的守丞（即郡守的助理官）名"厨"的批示：交由"金布"发。类似的案件在里耶秦简中还有多起，都被批给"金布"发文。这些案件虽然都发生在秦统一以后，但与上引睡虎地秦简《金布律》中关于向移居外地人员追款的条文相合，可以说是做了《金布律》的注脚。说明在秦国的职官体系中，有称为"金布"的一种吏员，而《金布律》正是规范"金布"的职责范围和管理的律文。

《睡虎地秦简》存有《金布律》条文 15 条，从这些律文看，"金布"一职在县级官署的职责是财物和财务的管理。由于管理财务，就包括了对货币的管理。相关的条文有：

> 官府受钱者，千钱一畚，以丞、令印印。不盈千者，亦

封印之。钱善不善，杂实之。出钱，献封丞、令，乃发用之。百姓市用钱，美恶杂之，勿敢异。

贾市居列者及官府之吏，毋敢择行钱、布；择行钱、布者，列伍长弗告，吏循之不谨，皆有罪。

布袤八尺，幅广二尺五寸。布恶，其广袤不如式者，不行。

钱十一当一布，其出入钱以当金、布，以律。

这些规定主要是针对官府的投放和收入（即“出入”），还不足以全面了解秦国的货币状况。但是我们仍然可以看出：

1. 这里涉及的秦国货币有三种：金、钱和布。

2. 官府的货币投放和收入，相对于金和布来说，一律以钱作为标准（“出入钱以当金、布”）。

◆1962年陕西省长安县首帕张堡出土秦钱，装在陶罐中，陶罐底部有“杜市”印记，罐中装有圜钱1000枚，研究者认为这就是“千钱一畚”

3. 作为货币的布，规定为长八尺、宽二尺五寸。长宽达不到这个标准的，不能作为货币通行，达到标准的，称为“行布”，可以作为货币在市场使用。

4. 市场上百姓用钱也属金布管辖。

5. 市场上百姓通用的钱，称为“行钱”，不论钱的质量如何，都可以通用，不得挑剔。如果对钱挑挑拣拣，管理人员放任不管，都有罪。

6. 官府收入铜钱，不管好坏，每一千钱装为一“畚”，押用丞、令的印信封存。需要支出的时候，要交由丞、令启封。

尽管秦国规定铜钱不论质量好坏，一律不得挑拣，但并不等于可以任民自由铸造。秦国晚期，楚、韩、魏、赵等国大片土地入秦，这些地区原来流通的都是铲、刀、颗粒形钱币。为消除亡国旧贵族影响，绝不能再行旧钱，而全部替换下旧钱，也不是原秦国一国之力所能完成。所以新设郡的地区，只能由郡府组织铸钱。而民间铸钱是绝不允许的。《睡虎地秦简·封诊式》记录了这样一个案件：

某里士伍甲、乙缚诣男子丙、丁及新钱百一十、钱容二合，告曰：丙盗铸此钱，丁佐铸，甲、乙捕索其室而得此钱容，来诣之。

“钱容”即铸型，钱币学者通称“钱范”。甲、乙抓住丙、丁自行铸钱，称为“盗铸”，虽然简文没有说明如何判断和刑处，但称其盗铸，显然是违法的。

虽然在秦国统治地区，钱币的流通已经是普遍现象，但是货币经济的规模仍是有限的。《睡虎地秦简·法律答问》关于偷盗私人钱币的量刑标准有这样一段记录：

五人盗，赃一钱以上，斩左趾，又黥以为城旦；不盈五人，盗过六百六十钱，黥劓以为城旦；不盈六百六十到二百廿钱，黥为城旦；不盈二百廿以下到一钱，迁之。求盗比此。

五个人合盗，赃款在一钱以上，砍断左脚，再刺面罚作苦役；不足五人，赃款超过 660 钱，刺面、割鼻罚作苦役；赃款在 660 钱以下到 220 钱，刺面罚作苦役；一钱以上不足 220 钱，流放。基层“亭”中管治安的“求盗”也按此准则处理案件。秦国很忌讳聚众作案，五人以上合谋处罚就很重。但是仅盗一钱就要砍脚，也说明钱币在社会上还是很贵重的。量刑标准中，最高的赃款也才 660 钱，可见私人持有的钱币数量一般也不很大。战国末期以后，实际上社会经济是在发展的，《法律答问》有两条记录就说明了滞后的法律与发展的社会现实之间的尴尬：

告人盗千钱，问盗六百七十，告者何论？毋论。

告人盗百一十，问盗百，告者何论？当赀二甲。

前一案告人偷盗1000钱，审问结果偷盗者只偷了670钱，告发人应当如何处理？结论是不必处理。第二案告人偷盗110钱，审问结果只偷了100钱，告发人应当如何处理？结论是告发人应当罚缴两副铠甲。这两案都是所告与事实有出入，前一案多告人300多钱，可以不论；而后一案只多告了10钱，却要罚二甲，岂不太过畸轻畸重？实际是因为关于偷钱的法律量刑标准最高只有赃660钱，高过660钱，再高也按660钱计，所以不论；后一案多告的10枚钱算是诬告，处罚是有依据的。

即使是官府，钱币经费也很有限：

数而赢不备，直百一十钱以到二百廿钱，谇官啬夫。过二百廿钱以到千一百钱，赀啬夫一盾。过千一百钱以到二千二百钱，赀官啬夫一甲。过二千二百钱以上，赀官啬夫二甲。（《睡虎地秦简·效律》）

计校相缪也，自二百廿钱以下，谇官啬夫。过二百廿钱以到二千二百钱，赀一盾。过二千二百钱以上，赀一甲。（《睡虎地秦简·效律》）

清查官府物资的时候，无论是多出还是不足，差错价值在220钱以下是申斥啬夫；超过220钱到1100钱要罚一盾，过1100钱到2200钱罚一甲，超过2200钱，无论多少都是罚二甲。审计官府账目的时候，账上差错220钱以下申斥啬夫，220钱到2200钱之间罚一盾，超过2200钱罚一甲。也就是说，一般官府的账目差错也不过在2000钱上下，大数出入也就有限。

布

布是指麻布。田野耕作和家庭纺织原本是中国早期国家的两大经济支柱，每一个农业家庭都会织布，往往还可以保有除自用和贡赋以外一定数量的布帛。因此，布作为交易的媒介，早已在多种先秦文献中出现，为公众熟悉的“氓之蚩蚩，抱布贸丝”是春秋时的事。《周礼》中有不少关于币帛的规定，据称古时布帛一匹叫一两，从两头卷起，每一头卷的称一端，长两丈，所以一两共长40尺。但无论是贡献神灵、祖先还是贵族间交往，这些都是关于礼品的规定。真正用于交易，还是见于简牍。

> 邦客与主人斗，以兵刃、殳梃、拳指伤人，擎以布。何谓擎？擎布入公，如赀布。入赍钱如律。（《睡虎地秦简·法律答问》）

外来客商与本地人斗殴，打伤了人要以布来抚慰、赔偿。但是这些布并不交给受害人，而是交公，比照以布赎过的标准。如果是交钱，按法律规定的比例执行。这个规定即《金布律》所说“钱十一当一布”。

> 盗盗人，卖所盗以买它物，皆畀其主。今盗盗甲衣，卖衣买布而得，当以衣及布畀不当？当以布及其它所买畀甲，衣不当。（《睡虎地秦简·法律答问》）

贼偷了甲的衣服，把衣服卖了买布，人赃俱获后，问是否把衣服和布都还给甲？答案是把布以及如果还有其他所得还给甲，衣服则不还（如果也还则成了双份）。这个案子从处置贼的角度看固然是卖衣买布，而从买赃者（未必知情）的角度看，其实还是用布买衣服。布首先是一种实用商品。当人们需要它的实用功能时，仍然要用钱买。湖北云梦秦中出土了两件木牍，是两封在淮阳作战的士兵写的家信。信中一名叫黑夫的士兵写道：

> 遗黑夫钱，毋操夏衣来。今书即到，母视安陆丝布贱，可以为禅裙襦者，母必为之，令与钱偕来。其丝布贵，徒以钱来，黑夫自以布此。（《云梦睡虎地四号墓木牍》）

在外作战的士兵，需要自备衣服。黑夫写道，如果家乡布便宜，请做好衣服捎来。如果布贵，就只捎钱来，在本地自己买布做衣服。

此外，并不是所有的布都可以当作货币在市场上使用。首先有品种限制。与睡虎地秦简入葬仅相隔30多年的汉初张家山《二年律令·市律》中关于用于市场交换的布帛的规定是：

> 贩卖缯布幅不盈二尺二寸者没入之。能捕告者以畀之。绨绪、缟繙、纔缘、朱缕、罽、纻布、縠、荃蒌，不用此律。

此律中列举的各种不受限制的纺织品大多是丝、葛布，或是粗纺、染色制品。缯，泛指纺织品，此句中则专指布，即麻布，用于交易就有规格的限制。在秦是二尺五寸，到汉则为二尺二寸。如果不合规格就要没收。用不合规格的布交易，被人告发，没收的布用于奖励告发人。

由此可知，尽管布在市场上可以用作货币，但它的法偿功能仍是不完全的。特别是在官府用于买卖、税收、支出时，“钱十一当一布，其出入钱以当金、布，以律”。即法定以钱作为基础货币，黄金和布都要折算成钱。

作者评述：《金布律》虽不是专门的货币法律，但其中关于货币的条文说明，在秦国事实上已经形成了以法偿货币（圜钱）为基本价值尺度，多种货币并存的货币体系。

九、战国诸子笔下的货币

春秋后期到战国，私人治学之风大盛，出现了诸子百家的文化局面，有些知识分子注意和关心到社会上一些新的经济现象，并且在他们的言行、作品中记录了某些商品、货币经济的现实。其中不少言论和现象在此前的各国正史中往往是不加注意和记录的。

墨子

墨子名翟，生卒年不详，司马迁在《史记》中也只说他“或曰并孔子时，或曰在其后”。现在学者一般认为墨子生于春秋末年或战国初年，寿八十有余，鲁国人。他可能做过宋国的大夫，也做过手工工匠，因而既具有知识分子的认识和思辨能力，又对社会下层的状况有相当的了解，同时还具有较强的动手操作技能，最终形成了自己独特的思想。为实现他理想中的世界，他曾经为宣传“兼爱”“非攻”“尚贤”等思想，风尘仆仆，奔波于列国。楚欲攻宋，请著名工匠、工程和武器大师公输般设计制作攻城器械，墨子为救宋设计了守城器械，和公输般作沙盘攻守演练，终于迫使楚国放弃了攻宋的计划。但是身处战国社会剧烈动荡时期，各国君主虽然很尊重他，却并不打算真正地“兼爱”和“非攻”。墨子的态度是“听吾言，用吾道，而吾往焉，量腹而食，度身而衣，自比群臣”，但是如果“不听吾言，不用吾道，而吾往焉，则是我以义粜也”（《墨子·贵义》），自诩不能把理想当作商品出售。既不能为君王所用，他的事迹流传下来的也很少，而思想主要表现在《墨子》一书中。

《墨子》一书虽然以“墨”为名，实际上出于多人之手，据近代学者研究，其中少数可能出自墨子本人，大部出自墨子的门人、后学。出于墨子门人的篇章，往往记述了墨子的言行，而有些篇章出自较为晚期的战国学人，羼杂进了后期诸子的内容。据《汉书·艺文志》，《墨子》一书在汉代可以看到的共有71篇，传至近代，仅剩53篇，成为研究墨子生平和墨家思想、行为的重要资料。

墨子尚俭，反对奢侈，本人也身体实践，因而对下层社会比较了解。所以他虽然自诩不能把理想当商品出售，但他并不反对商业和商品经济，甚至把一些坐而论道的士人看得还不如商人：

“商人之四方，市贾倍蓰，虽有关梁之难，盗贼之危，必为之。今士坐而言义，无关梁之难，盗贼之危，此为倍蓰不可胜计，然而不为，则士之计利不若商人之察也。”（《墨子·贵义》，文中“倍蓰”原文讹为“信徙”。倍蓰，五倍也。）商人虽然有关卡和盗贼的障碍，但只要有五倍的利益，肯定不惧四方奔波。但是那些士人坐而言义，毫无危险，比商人的五倍利益不知大多少，却什么实际事情也不做，还不如商人明白事理。

《墨子》的作者常常四方奔波，会涉及各种货币现象。

> 今士之用身，不若商人之用一布之慎也。商人用一布，不敢继苟而售焉，必择良者。今士之用身则不然，意之所欲则为之，厚者入刑罚，薄者被毁丑，则士之用身不若商人之用一布之慎也。（《贵义》）

谴责当时社会上一般知识分子不自重，还不如商人做事慎重。商人即使用一个布做交易，也要慎重选择好的质量，而今天的士人任意而为，结果或是受刑罚，或是身败名裂。这里的布，就是指交易时用的麻布。

> 子墨子游荆耕柱子于楚。二三子过之，食之三升，客之不厚。二三子复于子墨子曰：“耕柱子处楚无益矣。二三子过之，食之三升，客之不厚。”子墨子曰：“未可智也。”毋几何，而遗十金于子墨子，曰：“后生不敢死，有十金于此，愿夫子之用也。”子墨子曰：“果未可智也。”（《耕柱》）

墨子派学生耕柱子到楚国去谋事。耕柱子的几个同学经过耕柱子住处，耕柱子招待他们的只有三升米。这些同学回来向墨子汇报说，让耕柱子去楚国没有什么好处，招待同学也只有三升米。墨子说未必。不久，耕柱子给墨子送来十镒金，墨子说，我说未必嘛。这是战国初期楚国用黄金的写照。只是这些黄金的形态不可知。

男子有守者爵，人二级；女子赐钱五千；男女老小先分守者人赐钱千，复之三岁，无有所与不租税。（《号令》）

这是守城战法之一节。这类篇章往往出自墨子以后的墨门弟子。《号令》一篇涉及多项民爵，这是战国中期以后秦国的制度。在守城之战中，男子参与守城之战的每人赏赐爵二级。女子无爵，所以赏钱五千。老人小孩不分男女，参战者每人赐钱一千，三年不计租税。这是以钱币作为战争费用之一。

募民欲财物粟米以贸易凡器者，卒以贾予。邑人知识、昆弟有罪，虽不在县中而欲为赎，若以粟米、钱、金、布帛，他财物免出者，令许之。（《号令》）

这段文字与上段一样，出自守城战法。这里粟米、钱、金、布帛同处于货币地位，用于征购器械和赎罪。

墨子关于货币更深一层的认识出自《墨经》和《经说》篇中。《经》的内容极其驳杂，涉及数学、物理、天文、兵法、哲学、逻辑、伦理等等，而且其中多有错简讹字，向来被称为不易读，有学者认为这些认识出自墨子本人，但其中也还夹杂一些后人文字。《经说》则多是对《经》的解释，更多地杂入了后期的文字。《经》中有关于货币的认识：

夫与屦。

买无贵，说在反其贾。（《经下》）

《经说》对于“夫与屦”这样解释：

为夫勇不为夫，为屦以买不为屦。夫与屦也，二与一亡，不与一在……

“夫勇”的夫指勇夫、武士，“不为夫”的夫则指夫妻的夫。

《经》中的“夫与屦”一句的解释是，若说勇夫，指的就不是丈夫；若做鞋为出售，所做的就不再是鞋。夫和屦的例子说明，一个概念分为两个事物，就没有了一。这种文字属于公孙龙子的名家思辨一路，但是其中反映的社会现象是，有很多生活必需品，譬如鞋，原是家庭自产的，此时家庭手工业者把日用品作为商品来生产，已经成为常态。

《经说》对于“买无贵”这样解释：

> 反也，买，刀籴相为贾。刀轻则籴不贵，刀重则籴不易。王刀无变，籴有变。岁变籴则岁变刀。

“刀”指刀币，作者显然是在齐国，这与《号令》篇以“钱”为货币是不同的。“籴”原是指购进粮食的行为，一般作动词或动名词用，这里是代指买卖行为中的粮食。作者的原意与上例一样，是对事物的相关性作哲学解释，而以粮食的买卖为例。从文意看，这里的“籴”指的应该是官府对粮食的吞吐。在粮食买卖中，刀币和粮食其实是互为价格的，是“买卖”这一事物的两面。“轻”和“重”不是指实际重量，而是指币的市场币值。刀币的价值低，在市场上就购买便宜的粮食；刀币价值高，就可以购买价值较高的粮食。战国时期，粮食有菽、粟、稻、麦品种的不同，土地有肥瘠的不同，由于气候的变化，更有年成的不同。依据品种、质量、年成的不同，粮价自然也有高下的差别。官府在购买粮食的时候，使用的刀币并没有变化，但买到的粮食却有不同，这是因为粮价变化了。“岁”指的是年成，不同的年份里，收成有变化，所以刀币的市场价值也随之有了变化。从这短短几句中可以看到，在齐国，货币是由国家统一铸造的，这点与三晋之国（韩、赵、魏）不同。三晋地区很多城邑都自行铸造铲币，所以铲币的形式变化很多，铲币上也大多铸造有各不相同的地名；而齐国的刀币基本只有一种形式，规格统一，币面的文字也统一，考古和传世的实物证实了这一点，本例中“王刀无变”说明的也正是这一点。同时还反映出，在齐国社会中，粮食对货币的市场价值也起着重要的影响作用。如上一例表现的，在战国时期的齐国城邑中，很多手工业品已经商品化生产，货币在市场上的作用逐步加强，但货币的价值是有变化的，粮食是造成币值变化的重要因素。

孟轲

孟轲即孟子，邹国（今山东邹城）人，史籍没有记载他的生卒年。从《孟子》一书看，他大致出生于公元前 4 世纪的 80 至 70 年代，即生活于战国的中期前段。孟轲出生时，孔子的孙子子思也已经去世，《史记 · 孟荀列传》说他“受业子思之门人”，是子思的再传学生。他自己也说，“予未得为孔子徒也，予私淑诸人也”。也就是说，他自认接受并发扬的是孔子一派即儒家的思想。

和孔子一样，孟轲也一心希望在诸侯国做官，以实现儒家期望的西周那样完美社会的理想。也和孔子一样，他除了在宋国做过短时间的官外，大部分时间都带着他的学生奔波于齐国、滕国、邹国、楚国、魏国之间。然而各国君主待他如宾，却无意听从他的意见。再次来到齐国，齐国战胜了燕国，他劝齐宣王归还燕国的重器，放还战俘，为燕国置新君而回师。齐王不听，以至又被乐毅打败，几至亡国。其时，战国各大国都在图谋富国强兵，孟轲却喋喋不休于唐、虞、文、武，醉心于恢复井田，大讲“仁义”，司马迁说他“见以为迂远而阔于事情”，他自己也很灰心，晚年便带着学生退而著述，留下《孟子》一书。汉代“独尊儒术”以后，孟轲的地位逐渐被抬高，到宋代与孔子并提而被尊为“亚圣”，《孟子》一书也被朱熹作为儒家经典而编入《四书》。

《孟子》记录了孟子几十年来在各国间为实现理想所做的努

力及与各国君王间关于治国的谈话，也论述了孟子自己的思想理论，其间涉及许多社会现象，当然也包括货币现象。

> 陈臻问曰：前日于齐，王馈兼金一百而不受；于宋，馈七十镒而受；于薛，馈五十镒而受……　（《公孙丑下》）

孟子的弟子陈臻问老师，离开齐国的时候齐王送了一百镒金，老师不接受；在宋国人家送了七十镒，在薛邑人家送了五十镒，老师为什么就接受了？孟子回答说宋国国君送的是盘缠，薛邑主人是怕我路上有危险，为的是置办兵器，而齐君无缘无故送金，所以我不受。实际孟子是对齐王很不满，负气而走，不愿受他的礼。可以看出黄金在战国所起的“上币”作用。

最为重要的一段记述是在《滕文公上》篇中。孟子在滕国时，有个信仰古神农的人许行来到滕国，他带着弟子们下田种地，穿的是粗麻布，脚下蹬的是草鞋，铺的是自己织的席子。有个叫陈相的人很仰慕许行，要向他学习。孟子诘问他：

> “许子必种粟而后食乎？”
> 曰：“然。”
> “许子必织布而后衣乎？”
> 曰：“否。许子衣褐。”
> “许子冠乎？”
> 曰：“冠。”
> 曰：“奚冠？”
> 曰：“冠素。”
> 曰：“自织之与？”
> 曰：“否。以粟易之。”
> 曰：“许子奚为不自织？”
> 曰：“害于耕。”

曰："许子以釜甑爨，以铁耕乎？"

曰："然。"

"自为之与？"

曰："否。以粟易之。"

"以粟易械器者，不为厉陶冶；陶冶亦以其械器易粟者，岂为厉农夫哉？且许子何不为陶冶，舍皆取诸其宫中而用之？何为纷纷然与百工交易？何许子之不惮烦？"

……

"从许子之道，则市贾不贰，国中无伪。虽使五尺之童适市，莫之或欺。布帛长短同，则贾相若；麻缕丝絮轻重同，则贾相若；五谷多寡同，则贾相若；屦大小同，则贾相若。"

曰："夫物之不齐，物之情也；或相倍蓰，或相什伯，或相千万。子比而同之，是乱天下也。巨屦小屦同贾，人岂为之哉？从许子之道，相率而为伪者也，恶能治国家？"

（《滕文公上》）

孟子问陈相，许行自己种粮食吗？回答是肯定的。再问他自己织布吗？陈相回答他不穿布衣，只穿粗麻。再问他戴什么帽子，回答是白绢帽，然而帽子是用粮食换来的。孟子问道，许行为什么不自己织绸？据说是妨害农事。孟子又问，他用铁锅陶罐做饭、用铁犁耕地，这些铁器、陶器是他自己生产吗？回答也是用粮食换的。孟子于是责问道：许行用粮食换陶器铁器不算妨害制陶冶铁，那么陶铁工匠用器物换粮食也不应该算损害农夫吧？那位许行怎么不亲自制陶铁，样样亲力自为，倒一样一样地去和各种工匠交易，他倒不怕麻烦！接着孟子讲了一篇尧舜周公孔子的大道理，以说明术业各有专攻，说明许行之学是有悖于孔子的。

陈相又辩解说，如果用许行之道，国中就没有虚伪，就是五尺之童到市场去，也没有人会欺骗他。布帛只要长短一样，丝麻只要重量一样，粮食只要多少一样，鞋只要大小一样，价格就都一样。孟子驳斥道：事物质量不一是必然的，价格也有五倍、十倍甚至千倍万倍之差。你们把各种事物同一看待，是乱天下。高档鞋和粗鞋一个价可能吗？都像许行这样，那人人都要做起假来了，还何谈治理国家?!

孟子这一大篇议论，主旨且不论，但其中反映的是，在战国早中期，邹鲁一带的市场交易中，物物交换还占着相当重要的地位。农夫用粮食换陶铁器，工匠用产品换粮食。价格的高低主要表现为同一物品交换其他物品数量的多少。官府之于平民，赋税也主要是通过实物来实现，“有布缕之征，粟米之征，力役之征”（《尽心下》）。后世所谓的“下币”青铜钱币还没有占到对经济的支配地位。

荀况

荀况即荀子，时人尊称为荀卿，又称孙卿，是战国后期的赵国人。与诸子一样，史乘不载其生卒年，从他和同时代人的著作看，荀况大约出生于公元前 4 世纪末至公元前 3 世纪初，卒于公元前 238 年。

荀子幼年时，赵国刚刚经历了赵武灵王的“胡服骑射”，国势一时强盛。荀况少年时即到齐国稷下学宫求学。其时稷下学宫汇集了各国的学者，由国府供养，自由读书，自由讨论，自由著述，自由发表意见。荀况在这里吸收各家学派的滋养，并且主要研习儒家的学术。儒家学术是入世的，他以自己的理解，结合社会实际，开出了治理社会的药方。然而这理想也不过是儒家的空想。当他周游天下，以图治一国以实现理想的时候，北至燕赵、南到楚、西及秦，都不为当国所用。公元前 279 年，齐襄王在被燕国攻破 5 年后复国，重兴稷下学宫，荀子再次来到齐国，此时稷下学者早已星散，再次聚拢，荀子已“最为老师”（《史记·孟子荀卿列传》），学宫设祭，荀子三次被尊为主祭“祭酒”。公元前256年，楚灭鲁国后，荀子又来到楚国。楚国令尹（相）春申君黄歇派荀子到原鲁国城邑的兰陵县（今山东临沂苍山县境内）任县令。黄歇死后，荀子被废，遂在兰陵安家，与学生专心著述，留下《荀子》一书。

荀子自承为儒家，与孔孟的儒家已有所区别。比如孟子认为人生性善，荀子则认为人生性恶，这是从战国时代愈演愈烈的大国争斗、社会动荡中感悟出来的。荀子归纳批判了诸子，其实他自己的理论仍不出西周的“礼制”和“仁义”，只是他更多地看到了世事的变化。他描述当时的社会、百姓是：

> 今人之生也，方知畜鸡狗猪彘，又畜牛羊，然而食不岂有酒肉；余刀布，有囷窌，然而衣不敢有丝帛；约者有筐箧之藏，然而行不敢有舆马。是何也？非不欲也，几不长虑顾后而恐无以继之也。（《荣辱》）

家里养着鸡猪牛羊，却不敢喝酒吃肉；存着刀币、设着仓库，却穿不敢穿丝绸，出门不敢坐马车，不是不想，是顾虑以后的长远生活。与此相反，各国的当政者却是：

> 今之世而不然：厚刀布之敛以夺之财，重田野之税以夺之食，苛关市之征以难其事……臣或弑其君，下或杀其上，粥其城，倍其节而不死其事者，无它故焉，人主自取之也。（《富国》）

搜刮钱币以夺人财产，加重土地税以夺人口粮，多征关市税以阻碍工商……宫廷里臣弑君、下杀上，军队里出卖城邑、背叛气节，这都是国君们自取其亡。

《荀子》为社会开出的药方在书中反复强调：

> 儒者为之不然，必将曲辨：朝廷必将隆礼义而审贵贱，

若是，则士大夫莫不敬节死制者矣。百官则将齐其制度，重其官秩，若是，则百吏莫不畏法而遵绳矣。关市几而不征，质律禁止而不偏，如是，则商贾莫不敦悫而无诈矣。百工将时斩伐，佻其期日，而利其巧任，如是，则百工莫不忠信而不楛矣。县鄙则将轻田野之税，省刀布之敛，罕举力役，无夺农时，如是，农夫莫不朴力而寡能矣。士大夫务节死制，然而兵劲。百吏畏法循绳，然后国常不乱。商贾敦悫无诈，则商旅安，货通财，而国求给矣。百工忠信而不楛，则器用巧便而财不匮矣。农夫朴力而寡能，则上不失天时，下不失地利，中得人和，而百事不废。是之谓政令行，风俗美，以守则固，以征则强，居则有名，动则有功。此儒之所谓曲辨也。

概括看来，他的理想就是：朝廷要重礼义；百官要遵守法律、秩序；路关和市场只查验而不征税；手工业要按时令安排工作；乡村尤其要减轻土地税、免货币杂赋、少兴力役、不占农时；士大夫要重气节。这样才能使国内商贾诚信不欺诈、工匠做活注重质量、农夫朴实务农，做到“政令行”“风俗美”“守则固”“征则强”。

从《荀子》的这些论述中可以看到，由于他长期居住在齐国，所以他将钱币称为“刀布”，原来曾经作为交易媒介的布帛这时也成为钱币的代名词，而且与刀币的称呼连用，称为“刀布”。同样的称呼在《管子》一书中也可以看到。

在公元前 3 世纪，战国初年尚没有见到的货币赋税已经出现，即《荀子》深感不满的“刀布之敛”，而且这种赋税不是加于商贾，而是加于农夫。货币经济已经渗透到平民生活当中。

韩非

韩非是战国晚期的韩国公子，也就是韩王的宗室贵族，约生于公元前280年，卒于公元前233年。他曾求学于荀子，与后来的秦国相邦李斯同学。荀子自承儒家，但与孔孟不同，不主“性善”而主“性恶”论。韩非在性恶的基础上，吸收前辈法家学说的观点，发挥形成了自己的法家主张。他看到韩国在当时大国之中成为弱国，十分焦急，数次上书韩王，不为所用。但他写的一些文章早已流传国外。秦王读后十分赞赏，说：“寡人得见此人与之游，死不恨矣！”竟派兵攻韩，索要韩非。然而秦王不过是要韩非“与之游”，韩非到秦后并没有得到重用。韩非既与李斯曾为同学，李斯又认为韩非学问在自己之上，所以韩非到秦与秦国的权臣产生了矛盾，最终被看作韩国间谍下狱，惨死狱中。

韩非虽死，韩非的著作《韩非子》却早已流传开来。今传《韩非子》有55篇，经学者考察可以认为绝大部分是韩非本人作品。他著作中思想的核心是“法、术、势”，其出发点正是性恶论。他认为，人生来是利己的，所做的事都出于利己的动机，即使是好事也是为了利己。

> 主人费家而美食、调布而求易钱者，非爱庸客也，曰：如是，耕者且深耨者熟耘也。庸客臻力而疾耘耕者，尽巧而正畦陌畴者，非爱主人也，曰：如是，羹且美、钱布且易云也。（《外储说》）

主人舍得出资让雇工吃得好，又用布匹去换来钱，是为了让雇工好好干；雇工努力耕田整地也是为了吃得好，有钱赚。因此治国要从利出发而不能一味讲仁。“今不知治者必曰得民之心。欲得民心而可以为治，则是伊尹、管仲无所用也，将听民而已矣。”由于当时社会人口增长、物资不足，人与人、国与国之间争斗不已是必然的。所以要治国只能用法治。要实行法治，就要利用国家的权势，而且要有具体措施，即术。他认为商鞅的观点强农抑商是对的。当今社会“长袖善舞，多钱善贾”（《五蠹》），财聚于私门而夺农夫之利，是很危险的。所以国君不应行儒家的仁政。

今上急耕田垦草以厚民产也，而以上为酷；修刑重罚以为禁邪也，而以上为严；征赋钱粟以实仓库，且以救饥馑备军旅也，而以上为贪；境内必知介而无私解，并力疾斗所以禽虏也，而以上为暴。此四者所以治安也，而民不知悦也。

他是主张在国内用严刑峻法来推行重农、用严管和赋税来充实国库的。从韩非的文字中可以看出，到战国末期，钱币在社会经济生活中的作用已经越来越重要。韩非是韩国人，韩国是用铲形币的，铲形币也称钱，秦国的圜钱也称钱，所以在韩非的著作中，钱币或称为“钱”，或称为“钱布”，这与齐国人称“刀布”的含意是一样的。在民间，对雇工除了管饭以外，还要付工钱；国府备荒、备战要储备钱币。人民的负担中，土地正税是缴纳粟米实物的，而其他的一些赋税则需要缴纳钱币。

作者评述：战国时期，一部分知识分子士人，面对正在发生翻天覆地变化的社会，必然会有各种不同的看法，因而形成了诸子百家。以积极入世者而论，纵横家、兵家重于功利和实用，常不从社会和经济着眼。墨家和儒家最为显学，但他们向往的都是已经逝去的时代，与当前社会格格不入，所以他们亟亟奔波于各国之间，却不为当政所用。对后世影响最大的儒学，声称集大成者的荀子，对于社会上已经产生巨大影响的货币现象，也不过是站在社会之外做冷眼点评而已。谭嗣同曾评说“二千年来之学，荀学也，皆乡愿也”（《仁学》）。诚哉，斯言！

将经济作为重要手段，对社会实际起到推动作用的是法家。即便是在法家实践最为成功的秦国，从出土秦简中可以看到当政者不但看到了货币的存在，而且试图去规范货币的运行。然而在战国时期，货币毕竟还没有完全成为控制经济的实际手段。

十、管子学派与《管子》论货币[①]

先秦诸子百家争鸣，或遵先王，或论时政，或谈哲学，或讲兵法。但是谈及货币的，大多是只言片语。然而有一个学派，对经济问题，特别是货币问题有着专门的关注，这就是管子学派。所谓管子学派，是近世学者的称呼，指以齐国稷下学宫的部分学者为核心的一个知识分子群，他们尊崇春秋五霸之一齐桓公的名相管仲，追寻管仲治国的事迹和思想。依照当时的风习，他们托名管仲，写作了一系列论述治国、理财的文章，表达自己治国的设想。这些著作在战国时期就已经在学者和政治家当中流传。

经过秦朝的焚书，社会上政治类书籍严重失散。到西汉时期，劫后残卷重新受到关注，其中也包括了托名管仲的一些著作。汉武帝广搜天下遗书，藏入内府。西汉后期，汉成帝对当时的现存图书组织了大规模的整理校雠工作，任命光禄大夫刘向主持其事。刘向死后，刘向之子刘歆承继父业。《管子》一书经刘向父子整理得以传世。

刘向父子校雠《管子》，集中了宫廷、政府各机构和私人的藏书，共得列于管子名下的文章 564 篇。经过整理、辨别，剔除重复，编定 86 篇，当时定名《管子新书》（在宋代以后的刻本中，仅以《管子》为名）。但是《管子》一书并没有列入汉代的官学，而且《管子》书中各篇体现的思想十分繁杂，道、法、兵、名、农、阴阳、轻重等等诸家皆有，在汉代“罢黜百家，独尊儒术”的氛围中，《管子》主要依靠崇尚者的口耳传习，手抄流布，其中的增删、错讹在所难免。直到宋朝印刷术发达，刻本出世，《管子》一书才相对稳定地得到流传。

① 《管子》一书，历来称为难读，注家繁多，很多地方言人人殊。本书只以自觉切近者引用，不再赘论。

流传至今的《管子》，存76篇，这76篇文章又分为“经言”“外言”“内言”“短语”“区言”“杂篇”“管子解”和“轻重”8组，这8组文章的思想、形式、主旨并不完全一致。近代以来，中外学者对《管子》进行了大量研究，也存在着很多不同的看法。古代学者多把《管子》看成春秋时管仲作品；现在，认为《管子》不是一人一时所作，已成学界的共识。但对作品形成时代的认识，仍有从春秋到战国、秦汉乃至新莽的巨大差异。本书认为，《管子》一书的主要篇章，确是出自战国时期以稷下学宫学者为代表的一些知识分子之手。但是由于当时的传播主要依靠口头和手抄，又历经秦火，到刘向编定时与原文可能已有出入。在汉后的传抄中，又不免有后人文字和错讹编入。所以既应把《管子》整体看作战国时期的重要文献，在实际使用中又应谨慎从事，对具体篇章和文字做仔细的考察。

一般认为，《管子》中专论商品货币问题的文章主要是《轻重》组诸篇。《轻重》组19篇，其中亡佚3篇，余16篇，有的篇章如“轻重己”，专论四时政令和农时，与商品货币基本无涉；有的如“轻重丁”“轻重戊”，文风与全篇不一，格调不高，似是后人窜入；而非排在《轻重》组的“乘马”“侈靡”篇，也是重点论及商品、货币的。所以研究商品货币者固然应当重视《轻重》篇，更应该对《管子》做整体观。

《管子》不仅是先秦文献中唯一集中论述商品货币问题的论文集，而且在这些论文中，还创设了一些有着独特含意的专业术语，尽管今天的人们对这些术语的理解还不完全一致，但其中有的术语对后世却发生了深刻的影响。探讨这些术语，也是认识《管子》思想的重要门径。

轻重　轻重原本指重量的大小，到春秋时期，轻重概念开始出现抽象化的倾向。《左传·昭十三年》郑国子产就说：“昔天子班贡，列尊贡重”，这是说诸侯向天子进贡的时候，按照地位的高低决定贡物的数量多少。这一时期，诸侯间礼物的珍重常被称为“重币”。司马迁在《管晏列传》中说管仲为政“贵轻重，慎权衡”，带有广泛的利害含义，并不单局限于经济范畴。而在《管子》一书中，“轻重”已经有了特定的经济含意。《管子·侈靡》篇说“凡轻者操实也，以轻者可使。重不可起轻，轻重有齐（剂）”。称量时，秤的“权”（相当砝码）很轻，却可以称起很重的物体，而在使用“权”的时候，轻重之间是有比例（齐，即剂）的。这是后来经济理论中“轻重”的基本概念。可以认为，后世的“平准”“称提”概念，也是“轻重”概念的延伸和应对新事物的变形。

币　《说文》释“幣”字：“帛也。从巾敝声”，就是说它的本意是纺织品，读作“敝”声。从西周以至春秋，由于在诸侯觐见天子、诸侯间相互聘问、隆重的祭祀乃至民间婚丧嫁娶等场合常用纺织品作为礼仪用品，所以直到春秋时代，“币”字常泛指礼品。币的多少也常与轻重相联。《左传·襄公二十四年》，晋国称霸期间，入盟各国要向霸主进贡。各国都嫌进贡数量太大，郑国子产劝晋国执政的范宣子，说各国“不闻令德，而闻重币”，没有听说您的好处，只听说贡物太多。范宣子闻过则喜，“宣子说，乃轻币”。战国时，币字仍主要用作币帛之币。尽管春秋后期各大国已经流通金属钱币，但是各国钱币形制不同，称呼也各不相同。三晋各国因为用铲形币，与农具钱形似，故而称“钱”，西方秦国用圜钱后起，又与三晋相邻，所以也把圜钱称钱。燕齐用刀，常常把钱币直接称刀，或因为布帛也是交易媒介而通称刀布。即便在战国诸子著作中，币字也大多是币帛之币。《庄子·说剑》“闻夫子明圣，谨奉千金以币从者”，甚至把币字作动词用。

在《管子》中，虽然也称“刀布”或“钱”，但是就经济领域的事物而言，“币”已经成为货币抽象化的专有名称。“黄金刀币，民之通施也”（《国蓄》），“人君铸钱立币，民庶之通施也”（《国蓄》），“请立币，国铜以二年之粟顾之”（《山权数》），“币乘马者，布币于国，币为一国陆地之数，谓之币乘马”（《山至数》）……现在还没有充分的证据证明是《管子》首创以“币”称货币，但是《管子》一书能够脱开具体的“钱”“刀”名称，在“币”字仍常常作为礼品代称的时候，把流通的青铜钱币抽象化地称“币”，在其他先秦文献中还没有见到。这样做会有一个矛盾，即在名义上与珠玉等贵重礼品难于区分。于是《管子》创设了上、中、下三币的提法。《国蓄》篇说“以珠玉为上币，以黄金为中币，以刀布为下币”，《地数》《揆度》《轻重乙》诸篇也反复使用了这个提法。在这个提法中，所谓“珠玉”，虽然它们除用于聘享等礼仪场合外，可能还用于某种交换目的。但是珠玉本身品质不一，存世数量不一，价值有高下，很难作为交换时双方认可的参照标准。所以所谓“上币”，其实仍然没有脱出两周以来的传统意义。黄金在战国后期已经大量流入北方，在北方诸国的经济生活中发生了重大影响。但是毕竟数量有限，价值较高，主要用于诸侯国的经济规划和对富商大户的往来，或者用于平衡青铜货币的流动。真正用于民众日常生活的货币，还是青铜钱币，所谓“铸钱立币，民之通施”（《国蓄》）。所以《管子》把黄金看作可以用于调节珠玉上币和刀布下币的中币。这里中币，特别是下币，是真正意义上的货币，与所谓上币是有所区别的。

《管子》把“币”作为货币的专有名词，从理论上对货币的职能、功用作了阐释，在使用和操作方式诸方面也提出了自己的看法。这些阐述对后来的经济学著作都发生了影响。可以看出，战国后期是“币”字的含意从礼品向货币转化的时期，西汉以后，“币”字逐渐成为货币的专称。

乘马 乘马是《管子》中使用的一个特有的经济学名词，《管子》以后，人们也未再使用这个概念。它的含意是什么，自古以来就有极大的争议。但是要读通《管子》却又必须理解“乘马”这个概念。在诸多解家中，较为流行的看法有二。一种看法认为，乘原是倍数计算，这里指计算、统计；马即筹码，是古人的计数工具，乘马就是统计。按这种说法，这个术语应当读作chéngmǎ。另一种看法认为，乘是指战车，古时战车一车由四马为驾。《管子·乘马》篇中已说到军赋的征收，“方六里，为一乘之地也。一乘者，四马也……一乘其甲二十有八，其蔽二十，白徒三十人奉车两”。方六里之地要承担1辆战车、4匹马、48名战士和30名辅助人员的义务，这是征收军赋的标准。乘马即军赋单位。按这种说法，这个术语当读作shèngmǎ。通观全书，第二种解读更为切近。但是从全书的思想来看，“乘马”原意固然是以一乘战车为代表的军赋单位，可是在把这个词汇用于经济命题的时候，它的含义已经被扩展。“匡乘马”篇中讲到用发放货币贷款来控制国家的粮食储备；“山至数”篇中讲到“币乘马”概念，说货币投放要考虑土地的数量、土地的肥瘠、粮食的产量、市场的价格等等因素，“布币于国，币为一国陆地之数，谓之币乘马”，可见“乘马”一词实际上已经引申为经济规划的代名词。

此外《管子》还使用了一些经济术语，如货币被称为“通施”“通移”“沟渎”，表达了对货币流通职能的认识；用“轨”“匡”“策”表示对国民经济的规律和筹划；对经济的平衡、调节称为“调”；用“泄”“射”表示货币或物资的向外、向内流动；等等。

《管子》虽然不是一人一时所作，内容包含很杂，但是大部分作品的思想核心是比较一致的，特别是在对货币的论述方面，是先秦诸子中独一无二的。

《管子》首先强调，无论是掌控国民经济还是单就货币而言，掌握国情是基础。这个思想突出表现在“问”篇。该篇罗列了六十多个问题，包括山川土地、人口构成、官员民众、农业手工业、家庭状况、兵役状况、死伤抚恤、公私财产、军事装备、城郭建筑等，极其细致，与今日社会学的田野调查几无二致。“问”篇的内容虽然这样详细，却没有丝毫涉及货币，可能文章的形成时期比较早，但是这种思想贯穿在《管子》的其他一些篇章中。许多篇章提出的政策和措施是基于对国情的认知。《山国轨》篇说：“田有轨，人有轨，用有轨，乡有轨，人事有轨，币有轨，县有轨，国有轨。不通于轨数而欲为国，不可。”怎么样来认识和制定这些轨呢？文中说：“某乡田若干？人事之准若干？谷重若干？曰某县之人若干？田若干？币若干而中用？谷若干而中币……必得轨程，此谓之泰轨也。然后调立环乘之币。”这是一个典型的例子。

在掌握国情的基础上，《管子》主张调控经济、铸造货币的权力应当由中央掌握。“人君挟其食，守其用，据有余制不足。”“五谷食米，民之司命也；黄金刀币，民之通施也。故善者执其通施以御其司命，故民力可得而尽也。”（《国蓄》）

《管子》对货币的性质已经有了相当清醒的认识：“三币（珠玉为上币，黄金为中币，刀币为下币）握之则非有补于暖也，食之则非有补于饱也，先王以守财物，以御民事，而平天下也。”（《国蓄》）就是说，货币本身并不是人民生存所必需的物质资源，但是货币却具有调节这些生活资源分配的职能。即所谓“散积聚，调高下，分并财”（《轻重甲》），把某些人聚敛的财富分散给民间，调节物价的高低，把兼并的财富重新分配。

《管子》认为，一国经济的核心资源是粮食，而货币则是配置资源的工具。国君掌握了这两样，就掌握了一国的命脉，“人君操谷币准衡，而天下可定也”（《山至数》）。为此，《管子》提出了资源配置的许多具体措施。比如“君有山，山有金，以立币，以币准谷而授禄”，具体做法是“士受资以币，大夫受邑以币，人马受食以币，则一国之谷赀在上，币赀在下”（《山至数》）。把西周以来贵族的土地、实物收入一律改为货币，而生活必需的实物则操于中央之手。《国蓄》篇说：“凡五谷者，万物之主也。谷贵则万物必贱，谷贱则万物必贵。两者为敌，则不俱平。故人君御谷物之秩相胜，而操事于其不平之间。”要想能够操纵谷物，必须对粮食实行一种类似于统购统销的政策，所利用的工具就是货币。所谓“故天子籍于币，诸侯籍于食”。当中央掌控了粮食的时候，“中岁之谷，粜石十钱……凶岁谷贵，粜石二十钱”。使国中贵族、士人、平民必须用货币买粮食。平常年景每石十钱，荒年凶岁，可以涨到二十钱，“视国之羡不足而御其财物。谷贱则以币予食，布帛贱则以币予衣。视物之轻重而御之以准。故贵贱可调而君得其利”。

又如用农业贷款的方式投放货币，而以实物回收的方式掌控粮食。“百亩之夫，予之策：‘率二十五日为子之春事，资子之币。’春秋，子谷大登……谓农夫曰：‘币之在子者以为谷而廪之州里’”。这即是“策乘马”（《匡乘马》）。

同时《管子》作者又看到，货币的投放是有一定的数量的。数量的基础，也就是货币的准备是粮食。“请立币。国铜以二年之粟顾之。”（《山权数》）“币若干而中用？谷若干而中币？”这是必须由国君，也就是由中央来筹划的。利用货币投放的手段把物资掌握在手中，用货币调节市场的物价高低，是《管子》调节轻重的基本思想。

《管子》经济思想很繁杂，也很丰富。有些篇章也存在相互的抵触。比如《侈靡》篇主张鼓励消费的思想就与大多数篇章不同。虽然《侈靡》主张的不是盲目消费，而是有目的、有方向的消费，但在《管子》中仍属特异观点。

作者评述：《管子》对货币的认识和关于货币管理的主张，是基于战国后期的社会现实而提出的。这些思想明显高于同时期其他诸子对社会的认知，有着很多不同寻常的闪光点。同时也要看到，《管子》既是假托之作，后世整理不免有未知文章窜入，也有后世整理者的理解羼杂，研究和使用应当小心。

尤其应当看到的是，这些论述，仅仅是一些学者理想化的思想，目前是没有证据能够证明它们在多大程度上被当政者采纳，或者用什么办法具体实行了。即便《管子》所表现出的一些思想本身，也很难想象有多大的可操作性。

第三节　秦统一货币

一、秦帝国的货币

战国末年，秦国内部的货币市场是相对统一的，无论在关中还是蜀中，只流通“半两”钱。但六国情形不同，三晋的韩、赵、魏，虽然货币主流是铲形币，但各不同城邑铸造的钱币，钱面文字、形制甚至轻重都有出入。齐、楚的货币也只能大致保持形制一致，币面文字仍有变化。燕国使用的刀币虽然比较一致，但是影响较小。随着秦国向山东六国挺进，逐渐消除了各地货币的混乱状态。秦国的“半两”钱初时只是跟随秦国大军挺进到各国，待六国旧政权被一一扫除，六国的旧钱也不能再用，秦国的圜钱遂一统天下。

秦国圜钱一统天下是秦军进军山东的自然结果，而在统一后的大秦帝国土地上，秦始皇不但没有通过发展商业来促进物资的交流，反而进一步加紧了长期以来秦国奉行的抑商政策。这个政策的经济基础是国家需要以小农经济支持战争的人力资源和物质资源；而政策的理论基础则是商鞅一派关于必须大力压迫商业人口和商业资本的学说。秦国在统一六国的过程中，每战伤人常以十万计，攻下城邑往往已近乎空城。即使和平献地，如魏献安邑等情况，秦从社会安定考虑，也常常把原有居民尽行迁出。至于在北地郡、九原郡这样的地方新建城邑，更是人烟稀少。所以秦国对新获得的城邑或新建城邑要充实人口，其人口来源主要是没有土地的所谓“游食者”（语出《商君书》），其中除了囚徒主要是工商从业人口。统一之初，秦始皇甚至从天下广罗富豪十二万户，把他们迁往咸阳。所谓“富豪”，既不是小农“黔首”，也不是贵族，而是已经富起来了的工商业者。秦始皇这样做的目的既是充实都城，更是一种掠夺，以挤压工商人口来榨取工商业者已经获得的财富。

秦始皇三十三年（前 214 年，即统一后第七年），秦始皇采取了一个重大措施，为攻取南方诸蛮和岭南，征发全国的“尝逋亡人、赘壻、贾人”充实兵源。攻下以后，设立桂林郡、象郡和南海郡，用这些人戍守南方。其中逋亡人即为躲避赋役、兵役或有案事等而逃亡的人，“尝逋亡”即有逃亡前科的人。赘壻是因为穷困而入赘人家的人。男人应当分门立户，以便为国家增加税收，因而不止一国都有限制赘壻的做法。但各国都并不限制商人，像齐国这样的地方，扶持鼓励工商更是姜齐以来的传统。所以在山东六国，存在着众多商业人口。征发逋亡、赘壻自不必说，征发商人却是秦国独有的行为，也说明秦国抑商严厉。

秦国从偏居一隅的“夷狄之邦”在极短的时间内迅速扩大成

一个统治天下的大帝国，仅靠自身铸造的那些“半两”钱是完全不敷使用的。在六国故土，旧钱不能使用，原秦国本土又不可能及时供应新钱，结果必然只能靠本地新设的郡政府自行铸造新钱。自行铸造新钱，其主流自然是“半两”钱，唯其自行铸造，所以虽然钱币形制大体一致，但钱的大小、文字疏细、钱体轻重也必然有相当出入。这也是各地出土发现的秦半两钱难以细分断代的原因。同时也是秦必须继续实行“市用钱美恶杂之，勿敢异”的原因。

更为出奇的是，因为各郡自行铸造新钱，有的地方还出现了一些似是而非的钱币。影响较大的首先是原齐国地区的钱币。齐国本是使用刀币的地区，这时铸造出了一种新的圜钱，共有大中小三种，可以看作是一个整套。钱币形制比较规整，外缘和方孔

◆賹刀、賹四刀和賹六刀圜钱

都有凸起的边廓。大钱直径 3.3~3.5 厘米，重 8~10 克；中钱直径约 2.9 厘米，重 6 克左右；小的直径在 1.9~2.4 之间，重量多不及 2 克。从这种圜钱的金属成分看，它的铜含量在 50%~60% 间，铅含量很高，而锡含量只平均在 3%~5%之间，这种成分与齐国末年的齐大刀基本一致。三种钱币的钱文各不相同。自古都有不同的释读。近年来读法渐趋一致。其中钱币右侧的一字读作賹（yì），一些学者认为指地名，是齐国城邑賹，地今属山东寿光市。2003 年，在今寿光城北双王城一带发现了迄今全国规模最大的古代盐业遗址，发掘出大量商周及以后的居住遗址、沉淀蒸发池、晒盐场和煮盐遗迹，2008 年被评为全国十大考古发现。齐国

以鱼盐称富，这一地区临近齐都临淄，在秦汉时期称为“益”，曾有賹、益县等设置，应是齐国的大型工商区，很可能是齐盐的主要产区和集散地，钱币名賹有一定的道理。钱币左侧，小钱是一个刀字。旧时曾被读作化，认为即货字，货币之意。近年随着齐大刀的所谓“法化”读法改释为“大刀”，圜钱的化也应改读为刀。由于传统的关系，钱币界往往仍俗称此类钱为“賹化”圜钱。中等圜钱的左侧是四刀二字，大钱左侧是六刀二字。这三枚钱可以被称为賹刀、賹四刀和賹六刀。齐国由于传统上长期使用刀币，“刀”已经是钱币的正式名称。《墨子》就有“刀籴相为贾(价)，刀轻则籴不贵，刀重则籴不易”的说法。意思是钱币与粮食的价格关系密切，他直呼钱币为刀。所以賹刀钱的“刀”字就是钱的意思。賹刀是基本单位，四刀和六刀是四钱和六钱的意思。至于賹刀钱在多大范围内使用，目前还没有确切的根据可以说明。

另有一种方孔圆钱，钱面是“两甾”二字。在中原、陕西甚至四川等地都有发现，但以河南南阳地区为多。先秦南阳地区为宛，宛初为楚地，公元前 301 年被韩攻占。10 年后秦灭韩，宛地归秦。两甾钱直径 3.1～3.2 厘米，重约 8 克。甾，先秦典籍一般称锱，习惯上往往锱铢并称，形容其轻。《说文》：“锱，六铢也”，两甾则是 12 铢，正相当秦制半两。两甾钱虽然不多见，事实上在出土材料中，两甾也常见与半两同出，正符合秦律“杂实之”的“行钱”规定。不少学者认为两甾就是秦南阳郡所铸的钱币。

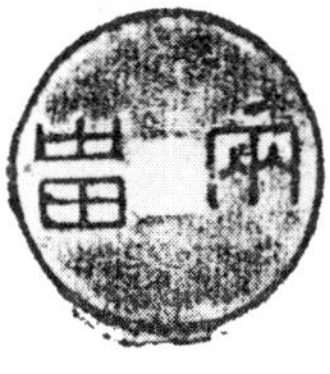

◆两甾圜钱

从现存和出土发现的钱币可以看出，在秦始皇时期，秦帝国的商业经济受到了相当程度的抑制。秦帝国的财政总体上并不受货币政策的影响。但是秦国的半两钱也随着秦军横扫六国，成为帝国货币的主流。帝国的货币铸造实际上掌握在各地方政府的手中。

作者评述：賹刀和两甾出现于秦统一之后。《史记·秦始皇本纪》："始皇推终始五德之传，以为周得火德，秦代周德，从所不胜。方今水德之始，改年始、朝贺，皆自十月朔。衣服旄旌节旗皆上黑。数以六为记，符、法冠皆六寸，而舆六尺，六尺为步，乘六马。"《尚书·洪范》初见五行之说，战国以后，齐国稷下学人邹衍发展推衍成五德终始之论，并与数理相配。《史记·封禅书》："邹子之徒论著终始五德之运，及秦帝而齐人奏之，故始皇采用之。"于是秦始皇命天下衣服旗帜都尚黑，凡器物度量衡皆尚六，因为按照五德数理相配论，水配六。按照这一规定，官场所用的器物尺寸都以六为数，车舆宽六尺也只涉及有车的人，乘六马所涉人员更少，因为周制天子才可以六驾。但是六尺为步就关系到了全国人民。因为土地的计量是以亩为单位，而亩的丈量是以步为单位的。春秋以后，各国的步长都有变化，现在统一为六尺一步，是关乎全国人民的大事，"数以六为记"在全国各地都会产生极大影响。齐国的刀不可用，要代之以新币，于是就出现了重约当"半两"，而以六为记的"賹六刀"。更加之秦在原齐地推行抑商，商品经济受到极大打击，原来的齐刀显然太重，钱币在賹刀之下分小，就有了賹四刀和賹刀。南阳地区虽然早已入秦，但地方官府自行铸币，为配合数六，就把半两钱改铸成可以计六的两甾，因为一甾为六铢。

賹刀和两甾钱的出现，是秦国"一统天下""改朝换代"观念在钱币上的表现，也是大秦帝国的钱币铸造实际上并不能统一于中央的例证。

二、秦二世复行半两钱

秦王扫六合，一统海内，秦国的钱币成为新帝国的主流货币，但是在始皇帝时期，始皇始终没有重视货币市场的问题，尽管他没有专门为货币发出什么法令，但凭借秦军的强大实力的压迫，在秦帝国范围内，事实上已经是半两钱的天下。帝国收入主要依靠实物税收，帝国军力主要依靠农民，帝国工程主要依靠徭役和刑徒。靠着占领后原六国的财富和对工商业的打击抑制，始皇还来不及对财政货币制度做出新的规划和调整。

当然始皇也并不是不要货币，从云梦、里耶、岳麓等秦简可以看出，货币早已是大秦帝国社会生活不可分割的一部分，就是始皇自己，也还需要大量花钱。仅为长寿求仙，被徐市所骗，历七八年，始皇本人就说“徐市等费以巨万计，终不得药”。但是钱币在始皇时代，终究只是经济的补充，并不能成为帝国财政的主体。

但是在广阔的六国旧领土上，社会流通的钱币需要全部更换；新开拓的地方，如桂林郡、南海郡等地更是需要大批新钱，而各地钱币仅有一个半两钱的大概形制，实际尺寸、重量由于各地经济水平、铸造水平的差异而没有统一。更有些地方出现了賹刀、两甾一类自出心裁的钱币，重新规定、管理货币市场实际上成为帝国一项亟待进行的政务。然而始皇没有来得及考虑这个问题。

秦始皇三十七年（前 210），秦始皇崩于出巡途中。靠着中车府令赵高和丞相李斯的阴谋，胡亥立为二世皇帝，并且诛杀了始皇长子扶苏。赵高和胡亥自觉得位不正，需要以一系列政事来证明自己。大兴工程，以骊山陵墓厚葬始皇、重修阿房宫、征调地方人士和部队，名义上是承先帝事业，实际上为表明自己的正统、维护赵高等夺权一派的权势和满足自己的享乐。同时重新发布了一系列法令，《史记·秦始皇本纪》称“申法令”，而且“用法益深刻”。其中就包括了申明统一钱币的法令。所以在《史记·六国年表》中，秦始皇崩、二世立的三十七年一列，司马迁在“胡亥立，为二世皇帝”后，记为“复行钱”，即颁布了统一钱币的法令。

秦“复行钱”的内容，司马迁在《史记·平准书》的文后说：“及至秦，中一国之币为三等，黄金以溢名，为上币；铜钱识曰半两，重如其文，为下币。而珠玉、龟贝、银锡之属为器饰宝藏，不为币。然各随时而轻重无常。”司马迁所谓“及至秦”，是他认为“始皇既殁，胡亥极愚”（《秦始皇本纪》），不愿将统一货币这一极大历史功绩置于胡亥名下，所以虚称为“秦”。“中一国之币为三等”一句常有学者提出疑问，因为下文只列出了黄金和铜钱两种，历代学者也有各种解释。其实在战国时期，秦的货币确有金、钱、布三种，《睡虎地秦简·金布律》明文“钱十一当一布，其出入钱以当金、布”，而此时的法令明确为金、钱两等，布已不再作为正式货币。从后来的汉代《张家山简》看，其中的“钱律”和“金布律”中也没有发现关于布的内容。当然，布还不会立刻退出交易的媒介作用，但已失去了它作为正式货币的法律地位。“黄金以溢名，为上币”，溢即镒。此后的行文中，若称“若干金”，即是若干镒黄金的意思。秦镒的重量实际相当一斤，都约为 250 克左右，但镒已成为黄金的专用单位了。

◆秦半两钱

“复行钱”的法令使用了“上币”“下币”的概念。流行于战国晚期的《管子》已可见“上、中、下币”的提法，其中的所谓上币的含意还主要是两周以来的高级礼品，此时正式明确“珠玉、龟贝、银锡之属”是器饰宝藏，不再称币，它们的价格也是随着品质和市场需求而变化，回归了作为商品的品格。只有黄金和铜钱成为正式货币，“币”字也正式成为货币的代称。“铜钱识曰半两，重如其文，为下币”，所谓下币，实际是真正的市场货币，也是具有完全法偿功能的货币。半两钱在秦国已经铸行了100多年，在“复行钱”的时候要求重如其文，即必须达到12铢的重量，不过是一种法律语言，在当时的条件下，无论是铸钱的集中化程度和管理程度还是各地不同的技术水平，都是不可能达到的。黄金则主要用于政府和富商的大额出入。

很难说，二世统一货币的法令能够在多大程度上得到贯彻，从全国各地的出土发现考察，秦王国和秦帝国的半两钱从形制上很难截然划分，这始终是困扰考古学者和钱币学者的一大难题。现在只能说，半两钱毕竟铸造了100多年，早期的半两钱制作粗糙、文字稚劣；晚期的半两钱明显较为精整。而二世“复行钱”之后仅二三年，陈胜揭竿，刘项呼应，天下汹汹，制度荡然，只待一个新的王朝了。

作者评述：人们一般认为，秦始皇统一中国后，采取了一系列统一措施，车同轨、书同文，统一度量衡，同时又统一了货币，这其实是误解。车同轨是因为当时道路是土路，车辆走过会留下轮印，久之必然成为沟槽，即车辙。车轮只有在车辙里滚动才能保持车辆平稳。统一后民间的地区间交往已成常态，始皇帝又常常出巡，车不同轨将寸步难行。书同文不必更多解释，书不同文政令都无法贯彻。度量衡涉及国家赋税的收缴，必须很快统一。而始皇由于采取抑商政策，并不急于解决货币问题。他收天下兵器于咸阳，不用于铸钱，而是用来铸成钟鐻、铜人。仅12铜人，“重各千石”。千石，约合今30吨。12铜人用铜300多吨，却在二百年后被董卓用于铸造小钱。秦始皇巡游天下，四处刻石，始皇二十八年（前219）在琅琊刻石称：“皇帝之功，勤劳本事。上农除末，黔首是富。普天之下，抟心揖志。器械一量，同书文字。日月所照，舟舆所载。皆终其命，莫不得意。”始皇三十二年（前215）在碣石刻字：“男乐其畴，女修其业，事各有序。”上

(尚)农除末，男乐其畴，女修其业，这是始皇帝的理想；器械一量，同书文字，这是始皇帝的作为。在这些自夸的文字里，曾不见一字提及货币。秦的统一，作为丞相，擘画襄赞、治民外交，李斯当是全程参与。二世继位后，赵高陷李斯下狱，李斯曾经上书，以“罪”为名自辩七大功绩，其中也有“更剋画，平斗斛度量文章，布之天下”，还有“缓刑罚，薄赋敛，以遂主得众之心”，唯没有涉及货币之事。可知秦始皇确实没有统一天下货币。但是秦军事实上扫除六国刀、铲旧币，为二世以后以半两钱一统天下打下了坚实的社会基础，却是必不可少的条件。

三、铸币技术的进步

金属铸币不同于其他金属产品，也不同于其他作为交易媒介的实物。为保证金属铸币作为价值尺度的标准性和公正性，同一类铸币都应当保持稳定的重量和基本一致的金属成分。为保证它不仅为当次交易的双方所接受，而且要为以后若干次交易的参与者都能接受，它还需要有一定的形制以及确保其重量和成色的标识。除此之外，金属铸币还有一个其他金属产品所没有的极其重要的特点：它有庞大的数量，并且必须保证这些数量巨大的产品形制、品质的基本一致。

这个目标是随着货币在社会应用中的日渐广泛而逐渐达到的。

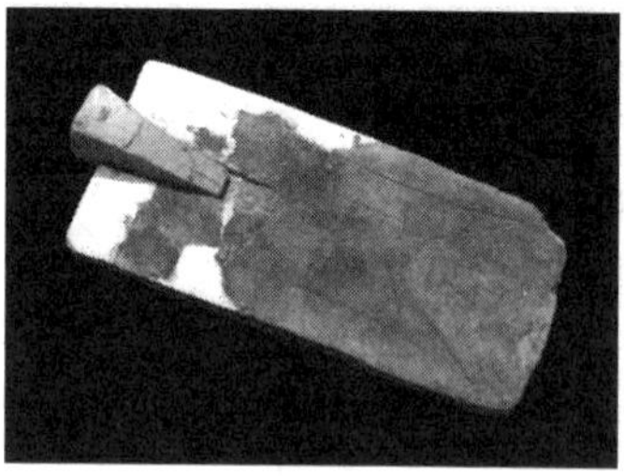

◆山西侯马出土的空首布币铸范（白色部分系修复石膏）

中国的铸造工艺起源很早，在出土发现的文物当中，先商和早商时期的青铜器具已经表现出了很高的工艺水平。晚商时期的礼器更是中国青铜时代的典型代表。出现于春秋时代的青铜铸币则有着更为突出的特点。

20世纪60年代在山西侯马发掘的春秋晋国冶铜遗址中，出土了一种铲形铸币即空首布的陶范，集中体现了早期铸币的制造工艺。这种范由陶土制成，呈长方块形，范面有型腔，是容纳金属液的空间。范体所使用的陶土有两种：其主体，即形成范体厚度的部分，泥土颗粒较粗；而范的表面薄薄的一层是细泥，颗粒极细，表面非常平整。型腔就开挖在这层细泥上。粗泥是为保证机械强度，避免开裂；细泥则是为保证产品的表面光洁度。在范面的头部，有一颗泥质范芯，以使成品头部能够形成空首布銎部的空腔。范面是由手工刻制而成，浇铸时须由两块铸范对合。铲形币的铲面极薄，最薄处不足1毫米。泥范制成后必须烘烤，彻底烘干范中的水分，以免浇铸时炽热的铜液使范体产生水蒸气，或炸裂范体，或有蒸汽充斥型腔，造成铜液不能注满而产生废品。浇铸前，还必须在范面涂刷一层脱模剂，以免范体和产品产生粘连。

这样复杂的工艺生产出的产品，与当时其他产品如礼器、工具和武器完全不同，几乎可以说是当时的精密铸造。但是它也有相当的缺陷。这种铸造方式的基本特点是一钱一范，一块范只能铸造出一枚钱币。其次，这种范的范型完全是手工制作，不仅工匠间工艺结果会有差异，就是一个工匠本人做两块相同的钱范，也是会有差异的，这样铸造出的钱币，基本上枚枚不同。最后，这种钱范由于是泥土质地，只能使用一次，开范取钱后就破坏掉了。显然，对于需要大批量制造使用的产品来说，这样的工艺效率太低，成本也太高。尽管春秋时期的钱币已经有了不少发现，但是这样高成本的钱币如何使用，目前还没有发现确实的证据。

进入战国，钱币使用日渐频繁，也日渐增多，对生产效率提出了更高要求。这时出现了一范多币的铸造方式。钱范采用的材料也多样化起来，可以看出，因为需求的增加，各地不同的铸造地点都在尝试提高钱币的生产效率。制范的材料除了泥质范以外，还出现了石范、铁范、铜范。石范和金属范的出现表明人们在追求钱范的多次使用方法。石范必须选用适当的石质，过硬或过于疏松都会在生产过程中造成钱范破坏，铸造时也必须掌握好范的温度和石质所含水分。从各地已经发现的石范来看，战国时期，人们对石范的使用已经掌握到了一个比较高的程度。金属范必须解决的问题是铜液温度很高，很容易熔化范体造成铸造失败。战国时人们已经发现，在金属范体上涂刷一层特殊的脱模剂（通常是油脂），就可以顺利浇铸。

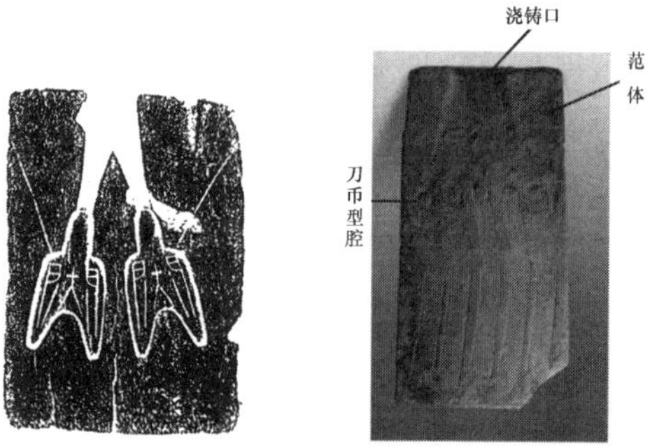

◆直浇式钱范：閔字布石范拓片（左）、燕明刀泥范（右）

在钱范的制造工艺上，先后出现了直浇式、直浇连铸式、直铸分流式等不同的方法。所谓直浇式，是铜液进入范体后，直接冲入钱币型腔，这样制造的范，可以一次浇铸两枚甚至四枚、五枚钱币。秦国的圆钱铸造还创造出了直浇连铸的方法，铜液冲入第一枚钱腔后，流入第二枚、第三枚以至更多的钱腔，一次可以铸出更多的钱币。这种钱范的缺点是，由于钱型较薄，铜液流动的空间越来越狭小，可能造成空气外排不畅，温度降低过快，以致下面的钱币形成空腔，成为废品。所以这种钱范每排钱型不宜过多，效率提高有限。秦国用这种方式铸造钱币，加工比较粗糙，边缘也不加修饰，往往留有较长的流铜口；处于中间位置钱型铸出的钱币，甚至两端都留有浇铸口，被收藏者称为灯笼钱。

◆直浇连铸钱范和所谓“灯笼钱”

秦国统一天下后，半两钱需求骤增，对工艺改革的要求也更加迫切。于是出现了直流分铸式的钱范。这种钱范中间有一条较粗的主浇道，铜液可以毫无阻碍地一流到底，主浇道两侧再分支若干钱型或浇道，大大提高了生产效率，降低了废品率。在此基础上，还发展出一种钱范制作新工艺。陕西临潼芷阳宫遗址曾经出土一件铜钱范，钱范呈铜盘形状，里面有两排凸起的阳文半两钱型，中间也有一道粗大的凸起，与每一个钱型相连。如果把制范的泥填入钱范，砸实刮平，就能够扣出一个完整的阴文泥钱范，用于铸钱。由于这种钱范并不是直接铸钱而是用于制造泥钱范的，因而被称为“母范”。由母范制作出来用于直接铸钱的泥范就被称为“子范”。

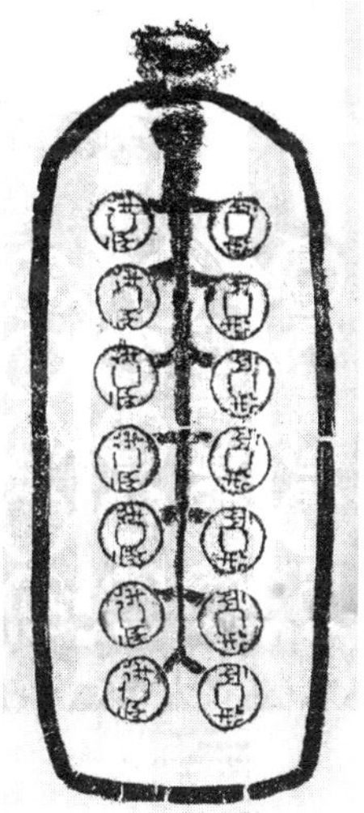
◆半两钱铜母范

母范是一个重要的发明。首先是大大加快了钱范的制作速度，不用再在每一件泥范上细细地雕琢钱型，子范是可以批量制造的；另外钱币的标准化程度也大大提高了，因为只要铜母范制作精细，是可以保证每一件子范中的钱型都是一样的。这样无论浇铸多少次，铸出的钱币都能保持同样的形制、大小和重量。

传纪

管仲

管仲名仲，字夷吾，生年不详，卒于公元前645年，是春秋早期齐国之相，主持齐国的政务。管仲姬姓，祖上很可能是西周初年封于管地的周武王的弟弟叔鲜，即管叔，后以管为氏。管叔因为参与叛乱被除国，后裔散落各国，管仲属于入齐的一支。

管仲出生时距管叔时代已有约300年，他的家族也早已没落，但似乎仍保持着贵族的身份，可以参与各种上层事务。这一时期，齐国的政治陷入了国君昏庸淫乱、诸子争继的局面。公元前697年，齐襄公争位获胜，即位国君，襄公的弟弟们避祸四散。管仲辅佐公子纠逃到鲁国，而管仲的好友鲍叔则辅佐公子小白逃到莒国。公元前686年，齐襄公与他的堂弟之间因争位再起内乱，二人相继被杀。鲁国趁机欲送公子纠回国继位，因为怕在莒国的公子小白相争，派管仲于半路截杀小白。管仲一箭射中小白束衣的带钩，小白情急之下佯装中箭而倒，鲁国因而放慢了步伐，小白却加速回到临淄，即位国君，是为齐桓公。

齐桓公即位后欲以护驾拥立有功的鲍叔为相，但鲍叔坚辞不受，力荐管仲。桓公起初难忘管仲的射钩之仇，鲍叔说："君将治齐，即高傒（齐国大夫）与叔牙足也。君且欲霸王，非管夷吾不可。"原来自周平王东迁洛阳，王室实力已经极度衰弱，威望尽失，只是一个名义上的天子，连生存都往往需要诸侯保护。一些诸侯大国遂常常不遵周天子号令。有些诸侯自行互相盟会，或是胁迫小国、附庸国参与盟会，以形成利益关系。于是有了齐桓公"欲霸王"之念。齐桓公为鲍叔牙的劝说所动，以报仇为由向鲁国要回了管仲。管仲进入齐国国境，即斋戒薰香沐浴；桓公到城外亲迎，随后任用管仲为相。

齐国的始封国君是西周姜尚，因为祖上曾封于吕，又以吕为姓，称吕尚，即民间俗称的姜太公。太公初封于营丘（今山东淄博市临淄区附近），地处今山东半岛，这里原是东夷民族的活动地域，与中原华夏民族的农耕生活方式有很大不同。姜氏初到营丘后，并没有强制推行中原的生活方式，结合本地的实际情况，“因其俗，简其礼”，依据当地西通中原、北临渤海的有利地势，开发渔业和盐业，以此为物质基础，鼓励工商业，农工商并举，加强与周围各国的交通往来。21 世纪初，在淄博北面寿光市境内发现了商周时期大规模的制盐业遗址，证实了史籍中记载的齐国初创时期的历史。这种政策既教化当地尚处于较为落后的生存状态的东夷民族，又发展强大了封国自身的实力，同时增强了对周边小国的亲和力。西周末期，王室衰微，齐国成为周王朝东境举足轻重的大国。然而这一时期，井田制正在遭遇生产力发展的挑战，旧的政治和社会制度已经不能适应社会的变化。同时周王朝的贵族经过 300 余年的延续，已不复建国初期的生气，很多诸侯国都出现了荒淫腐败、子弟争继、卿大夫势强的现象。这些现象在齐国也同样存在。齐桓公曾坦白地对管仲说，他的先君就“不听国政”，只知道“筑台以为高位”，整天冶游田猎，藐视圣贤，只亲近女色，“食必粱肉，衣必文绣”，军队“戎士冻馁”，国君却沉溺于倡优，“优笑在前，贤材在后”。桓公十分希望管仲帮他重振国风。

◆山东寿光双王城商周盐业遗址（采自网络）

面对齐国的现状，管仲从内政、外交着手采取了多项措施。

首先是“定民之居”。西周诸侯初封的时候，国土都不大。到战国时期孟子还说：“天子之地方千里，不千里不足以待诸侯；

诸侯之地方百里，不百里不足以守宗庙之典籍。周公之封于鲁，为方百里也，地非不足而俭于百里；太公之封于齐也，亦为方百里也，地非不足而俭于百里。”（《孟子·告子下》）就是说，像周公和姜太公这样的重要人物，封邦建国时的土地，实际上还不足方百里之阔，主要是容纳本身所统氏族而已。西周前期，“溥天之下，莫非王土”，封国的任务是拱卫王朝，诸侯之间尚不敢随意扩土攻伐。西周晚期以来，社会结构发生了很大变化，特别是齐国，执行的是“通工商之业，便鱼盐之利”，并不单纯以农立国；齐国的政策对周边的夷族和小封国产生了很大吸引力，“人民多归齐”（《史记·齐太公世家》），社会的人员构成变化尤大。土地、人民、氏族、等级、资产等，不但变化大，而且几代国君忙于继统内乱而疏于管理。管仲说，要“定民之居”才能“成民之事”（《国语·齐语》），即理顺各个阶层，打破原有的氏族、等级关系，把国内的人民分为“士、农、工、商”四类，分别居住。

管仲说，士、农、工、商要分地聚居。士要住在清净的地方，让这些知识分子能够互相谈论研究礼、义、孝、敬，子弟也不会见异思迁，使“士之子恒为士”；工匠要在官府附近集中居住，他们才能共同审视材料，研习技艺，为官府服务，子弟也从小安心习艺，使“工之子恒为工”；商人在市场附近集中，便于官府掌握他们的资财，商人也能了解行情，及时奔赴四方，以其所有，易其所无，贱买贵卖，言必及利，熏陶子弟，使“商之子恒为商”；农民则让他们集中住在郊野，以便从事耕种收获，尽心于农事，使“农之子恒为农”，不会沾染不良习气。如果农民中确有出色人物，官府还可以推荐其升为士。

管仲这样做的好处是显而易见的：整个社会被有序地组织起来。士可以远离社会，谈论自己关心的知识，既便于控制，也能安定人心。同时，在西周和春秋初期，士是诸侯军事力量的主要兵源。士集中居住，就可以组织起来，便于训练和征发参战。据《国语·齐语》说，管仲把临淄之民以“乡”为行政单位，划为21个乡，其中工、商有6个乡，士占了15个乡。这15个乡由国君、两位上卿各统5乡，国君的5个乡为中军，其余两乡为左右军，形成齐国的基本军队“三军”，齐国的军事组织从而更加强大。

在郊野，管仲把农民分级组织起来，土地、山林、河湖各设官管理。土地按肥瘠程度确定应纳的税额；山林、河湖按季节时令制定禁放规则，总的原则是“无夺民时”，“相地衰征”平均负担。

对于商业，管仲鼓励商人“鬻之四方”。对于不靠海的各国来说，鱼盐，特别是盐是不可或缺的。齐国开放贸易，来交易鱼盐的，关市只检查而不收税。一则赢得了各诸侯国的普遍赞誉，同时齐国商人还由此而可以担负侦察各国社会的任务。

由于桓公励精图治，充分信任管仲，使管仲得以推行他的改革措施，不几年，齐国内部团结，兵精粮足，具备了对外发展的条件。

在外交上，管仲首先结好四邻，创造良好的周边环境。齐国与鲁国曾经几次交战，鲁国战败，割地求和。在齐鲁会盟谈判时，鲁国的曹刿突然跳出来，用匕首逼迫桓公交还割地。桓公在刀下应许，事后因为事出强迫而打算反悔，要杀曹刿。管仲劝道，此事虽出于强迫，反悔而杀曹刿却是背信，“弃信诸侯，失天下之援，不可”。桓公听信管仲，交还了割地。北方的燕国受到山戎侵扰，桓公亲自出兵救燕。燕庄公感激桓公，送桓公出了国境。桓公表示，“非天子，诸侯相送不出境”，竟以两人告别处划境，把燕庄公入境的土地赠送给了燕国。这类故事传闻于诸侯间，赢得了极大的好感，都愿意与齐国结盟。管仲于是打出了“尊王攘夷”的旗号，以号召诸侯。

所谓攘夷，是抵御戎狄。周王朝起于函谷关以西的关中地区，推翻商王朝以后，周族、参与起兵的各氏族以及商族遗民被分封到中原和中原周边的地区。但是当时的封国面积都不大，在各封国周边仍然存在很多并不受周王朝管辖的民族，按照他们活动的方位，通常被称为东夷、西戎、北狄、南蛮。西周初期，挟灭商之势，王朝尚能控制这些民族。西周后期，王室衰微，戎狄强大起来，以至周王室也不得不东迁到洛阳。春秋初期，华夏各封国都不同程度受到戎狄侵掠的困扰。齐国在管仲主持下，以“攘夷”为名团结诸侯，就获得了周围不少诸侯的响应。齐国曾经帮助鲁国驱徐戎；帮助燕国伐山戎；周襄王时，王室内乱，致使周边部族攻入王城。管仲率兵救周，平定了王室周边，而且由此组织鲁、宋、陈、卫、曹等诸国会盟，决议共同拱卫王室。有些小国像邢、卫、杞国，为戎狄攻灭，齐国又帮助他们复国，如后世儒家所说“兴灭国，继绝世”，深得各国拥护。

所谓尊王，是尊崇周天子。平王东迁以后，天子权威一落千丈，不少诸侯不再听天子号令，甚至循例应做的朝觐、贡献等礼仪也不再遵守。管仲向桓公提出，以“尊王”为旗帜，借用天子名义号令诸侯。南方的楚国一向以蛮夷自居，不听号令，自称为“王”，不时觊觎中原。公元前656年，齐桓公率多国联军伐楚，管仲向楚成王申称伐楚的理由说，周朝初年，召公给我齐国太公的权力是，“五侯九伯，若实征之，以夹辅周室”，楚国不向王室进贡祭祀用的香茅草，以至耽误天子祭祀，所以要来问罪。楚国不得不承诺再次进贡包茅。齐国帮助燕国伐山戎的时候，看到燕国不再向王室进贡，也告诫燕国“复修召公之政，纳贡于周”。周室虽然衰落，但仍是名义上的共主，有尊王这面大旗，一般中小诸侯不得不听命于齐。公元前651年，齐召集宋、鲁、卫、郑等多国在癸丘会盟，以天子名义确立各国共同遵守的约章：不截断流通多国的水源，不阻止粮食在国家间的流通，不随意更换太子而造成内乱，不许妇人干政等（《穀梁传》）。周天子听说此盟后，派人送来祭祀文王、武王的干肉（胙）和表示尊贵的彤弓、辂车，甚至说明，桓公受赐时不必下拜。桓公当时真的打算不拜受赐，管仲及时劝止，桓公才下拜受赐。

癸丘会盟极大地提高了齐国的盟主地位，周天子的赐胙更让齐国在诸侯间的威望达到顶峰。有了天子这面招牌，齐桓公可以召集诸侯大会；可以以各种理由召集诸侯攻伐一国；可以干预诸侯内政，干预诸侯的继统，等等，真正成为中原各国的霸主。齐桓公以后，宋襄公、晋文公、秦穆公、楚庄王相继称霸，而齐桓公被称为五霸之首。然而桓公的称霸，主要是管仲之谋，所以又被称为“桓管称霸”。

管仲于桓公四十一年（前645）去世。管仲死后，桓公信任奸佞，霸业衰落。两年后，诸子争继作乱，置桓公不顾，桓公竟至冻饿而死，一代霸主死而无人过问，尸蛆顺门窗爬出殿外无人收拾。最后还是依靠管仲临终之托，由宋襄公出面平定了齐国的局势。

作者评述：管仲活动的春秋早期，私人著述的风气还不存在，而文献关于管仲的活动的记述往往较为简略，现在我们只能从《史记》的《齐太公世家》《管晏列传》和《春秋》三传等少数典籍中管窥一二。至于《国语》，学者们认为其中的《齐语》出自战国稷下先生之手，但稷下先生还可以看到齐国的国史，略可参考，而要想全部据以为信史深入探索，毕竟困难。所以从这些文献中我们只能看出管仲的一些活动表象，而他的一些理论内涵，更难深知其详了。

据司马迁所说，管仲为政的思想是“贵轻重，慎权衡”（《管晏列传》），做法是“设轻重九府”。“慎权衡”是对事物得失的掌握；而“贵轻重”的原意，后人有各种解读，管理“轻重”的是哪“九府”，太史公也语焉不详。春秋时期，“轻”“重”的概念是经常被使用的，如《左传·僖十年》：“秦伯使泠至报问，且召三子。郤芮曰：币重而言甘，诱我也。”秦国派人访问晋国，点名邀请三位大夫。郤芮识破秦国的离间计，认为秦使礼品多而话甜，是诱骗我国。《左传·襄二十四年》：“范宣子为政，诸侯之币重，郑人病之。二月，郑伯如晋，子产寓书于子西，以告宣子曰：……不闻令德，而闻重币……宣子说，乃轻币……郑伯朝晋，为重币故。”晋楚争霸期间，北方晋国称霸，盟国需向晋国上贡。郑国认为上贡太多，不能承受，于是专门到晋国去抱怨。听了以后，晋国减轻了郑国的贡礼负担。这里，轻重就是贡品的多少。

然而管仲的“轻重”是什么含义呢？在各种解读中，《汉书·食货志》的叙述庶几接近原意：“至管仲相桓公，通轻重之权，曰：岁有凶穰，故谷有贵贱；令有缓急，故物有轻重。人君不理，则畜贾游于市，乘民之不给，百倍其本矣。……计本量委则足矣，然而民有饥饿者，谷有所臧也。民有余则轻之，故人君敛之以轻；民不足则重之，故人君散之以重。凡轻重敛散之以时，即准平。”

这个叙述基本来源于《管子·国蓄》，却与现行的《国蓄》有所出入。其大意是：每年的收成有丰歉，所以粮食有贵贱；法令的颁布执行有出入，所以物品在市场上就有轻重。如果国君不及时管理，那些囤积的商人就会活跃起来，趁供应不足，来获取百倍的利益。按理根据原有财富适量取得积蓄就可以了，但是民间还是有挨饿的，这是因为粮食被某些人积藏起来了。民间有余粮，市场上粮食就会低贱，所以国君应该趁低而收购；民间供应不足，粮食就显贵重，国君就应该因粮食太贵而发出存粮。根据年景不同、粮食贵贱不同而分别采取收敛或发散（即籴粜）的政策，就是所谓准平。这里，“平”是追求市场平稳的目标，“准”是追求“平”的运作过程。

管仲轻重思想的核心，应当是追求平衡，土地分配的平衡、赋税的平衡、市场贵贱的平衡、民众财富的平衡。他认为，国君应当做的，是利用人君的权力，将土地、赋税、财富、市场的失衡控制在一定的范围内，国家就会平稳，社会才能发展。

齐国的称霸，使管仲的声望大大提高，以至战国以后，一些知识分子利用其“轻重”的概念，各擅其说，形成管子学派，并终于编成《管子》一书。

周景王和单旗

周景王名贵，东周第12代天子，公元前544年即位，在位25年。周朝自公元前770年平王东迁后，王室不断衰落，大国争霸，到景王时，正当春秋中期。周景王十九年（前526），鲁国大夫叔孙婼曾经感叹说，诸侯间没有霸主真是国家的危害啊！就像《诗经》唱的，“宗周既灭，靡所止戾”（《小雅·雨无正》）。他所说的《诗》讽唱的是西周幽王昏庸误国，丢失国都，没有栖身之处。这正描画出景王时代诸侯无视天子，王室不得不依靠大国维持的局面。王室自身也是内乱不断，景王父亲周灵王崩逝时，景王的堂兄弟要拥立景王的弟弟佞夫，事败连同佞夫一起被杀，景王才得立为天子。公元前520年，景王因心脏病突然崩逝，周王宗室与单旗等大臣拥立各自一派的王子，互相攻杀，又内战四五年，靠了晋国等诸侯的帮助，才平定下来，使周敬王得以还都进入雒邑。

单旗，王畿内封国单国君主，周景王卿士。卿士是王室执政官，相当后世的宰相。单氏早在西周建立之初即是王室重臣，先秦文献和铜器铭文多有单氏的记录。特别是 2003 年，陕西眉县杨家村村民发现一处西周铜器窖藏，其中的一件逨盘详细记录了从单氏高祖“夹召文王武王达殷”，即辅佐文王、武王灭殷，此后成为王室近臣中的显赫家族，世代为西周王室服务的历史。春秋时代，周景王的曾祖父定王时，单氏再成为王室卿士，此后单氏几代掌握王室大权，至景王时，卿士为单旗，单旗的身后谥号是穆，所以又称单穆公。

◆逨盘

单氏虽然是周室卿士，但周天王与单氏之间似乎并不和谐，景王的祖父简王时代，还曾把单氏从伯爵降封为子爵。单氏常插手王室继统事务，景王之弟佞夫被杀也有单旗的伯父单蔑的介入。天子与单氏君臣之间常有意见龃龉，景王甚至动过杀掉单旗的念头。在货币史上景王与单旗最为著名的一次意见分歧是在景王二十一年（前 524），据《国语·周语》记：

> 景王二十一年，将铸大钱。单穆公曰：“不可。古者，天灾降戾，于是乎量资币，权轻重，以振救民。民患轻，则为作重币以行之，于是乎有母权子而行，民皆得焉。若不堪重，则多作轻币而行之，亦不废重，于是乎有子权母而行，小大利之。
>
> “今王废轻而作重，民失其资，能无匮乎？若匮，王用将有所乏，乏则将厚取于民。民不给，将有远志，是离民也。且夫备有未至而设之，有至而后救之，是不相入也。可先而不备，谓之怠；可后而先之，谓之召灾。周固羸国也，天未厌祸焉，而又离民以佐灾，无乃不可乎？将民之与处而离之，将灾是备御而召之，则何以经国？国无经，何以出令？令之

不从，上之患也，故圣人树德于民以除之。

“《夏书》有之曰：‘关石和钧，王府则有。’《诗》亦有之曰：‘瞻彼旱麓，榛楛济济。恺悌君子，干禄恺悌。’夫旱麓之榛楛殖，故君子得以易乐干禄焉。若夫山林匮竭，林麓散亡，薮泽肆既，民力雕尽，田畴荒芜，资用乏匮，君子将险哀之不暇，而何易乐之有焉？

“且绝民用以实王府，犹塞川原而为潢污也，其竭也无日矣。若民离而财匮，灾至而备亡，王其若之何？吾周官之于灾备也，其所怠弃者多矣，而又夺之资，以益其灾，是去其藏而翳其人也。王其图之！”

王弗听，卒铸大钱。

这段记录的总体意思是，周景王二十一年，景王决定铸造大钱。单穆公劝说，不能铸大钱。古代有大灾害的时候，圣王根据“资币”多少，权衡轻重，以赈济灾民。人民觉得太轻，就制造重币，觉得太重，就制造轻币。重币和轻币相当母子，并不偏废一种，大钱小钱都能有利。现在天王如果废除轻币专做重币，民众就会丧失财产。民众丧失财产，朝廷就会缺乏所需物资，必然向人民加重索取。索取太重，人民会产生离心，人民离心就会召灾。景王不听，还是铸造了大钱。

学者们对这段记录有各种不同认识。有的认为这是最早的关于货币起源的论述，有的认为它最早提出了子母相权的理论。但是这段记录的真实性是值得怀疑的。关于周景王铸大钱的事，先秦文献中仅此一例，除《国语》外，在《左传》《公羊》《谷梁》和诸子等述及春秋的史料中，也包括汉代的《史记》等书中都找不到印证，可以说是孤例（仅东汉《汉书·食货志》记有此说，明显抄自《国语》，后面又添加“文曰‘宝货’”数语，都是臆测）。而《周语》中相关的其他事迹如景王铸无射钟等，常可以在《左传》等其他史料中找到佐证。

从货币发展的历史来看，景王所处的时代，弭兵大会开过不久，晋楚齐秦列为大国，划分了势力范围，各中小诸侯要向大国朝贡，“溥天之下，莫非王土”“率土之滨，莫非王臣”早成空话，天子脚下只剩了一片王畿。其时货币刚刚产生，从出土实物考察，公元前6世纪左右只有晋国、郑国等中原少数强国开始铸造铲形空首布币，铸造空首布的技术还处于“一钱一范”的阶段，数量既少，成本也很高，因而用途很窄，还不能普及到“民”，更谈不到因铸钱而“离民”。

从文中语言看，单旗说“量资币”，又将“重币”“轻币”说成钱币的轻重。其实在春秋时代，“币”字还没有钱币的含意，只是作为礼品的纺织品的代称，有时还可以引申为礼品的总称。春秋时代的重币、轻币一般是指礼品的贵重和多少的程度，而绝没有钱币重量的意思。因而这段谈话更像出于战国辩士之口。

作者评述：文献中关于货币及轻重的记录还有一些，如《史记·循吏列传》“孙叔敖传”：“庄王以为币轻，更小以为大，百姓不便，皆去其业……相言之王曰：‘前日更币，以为轻。今市令来言曰“市乱，民莫安其处，次行之不定”。臣请遂令复如故。’王许之，下令三日而市复如故。”又如《逸周书·大匡解第十一》有周文王“于是告四方游旅旁生，忻通所在，津济道宿，所至如归。币租轻，乃作母，以行其子。易资贵贱，以均游旅，使无滞”。皆不可信。楚庄王当周匡王、定王时代，公元前7世纪末6世纪初，北方铲币大约刚刚出现，而南方已有操纵货币之事，殊不可能。《大匡解》更以“子母相权”思想置于文王，更不可能。而且通篇文辞不似周初，属后人伪托。此类材料不再列条。

李悝

李悝，有的文献又称李克，悝、克音近①，战国魏国人。《史记》无传，生卒年不详。李悝活跃于魏文侯的时代。我们只能从《史记》《汉书》《韩非子》《吕氏春秋》《晋书》等著作的一些篇章中对他的作为和思想了解一个大概。魏文侯于公元前446年至前396年在位，其时韩、赵、魏三家分晋不久，文侯前期周天子还没有正式承认三家为诸侯，但三家正处发展上升时期，魏文侯更是礼贤下士，李悝与吴起、西门豹、乐羊等都成为一时名臣良将，声播诸侯间。

李悝在魏国攻下中山后，任过中山郡守，从秦国手中攻下河西上地后，又曾任过上郡的郡守，后来成为文侯的相邦。在李悝相魏期间，举贤任能，主张“食有劳而禄有功，使有能而赏必行，罚必当”。他的著作今已失传，但在汉代还可以看到《李子》三十二篇，《汉书》将其列为法家著作之首，说李悝在魏国“富国强兵”。现存关于李悝的著作，可以略知大概的，是关于法律和农政两大方面。

关于法律，《晋书·刑法志》说：

> 悝撰次诸国法，著《法经》。以为王者之政，莫急于《盗贼》，故其律始于《盗》《贼》。盗贼须劾捕，故著《囚》《捕》二篇。其轻狡、越城、博戏、借假不廉、淫侈、逾制以为《杂律》一篇，又以《具律》具其加减。是故所著六篇而已，然皆罪名之制也。商君受之以相秦。

制定成文法律，此事在春秋时期有不少诸侯国已经在做，郑国、晋国甚至将法律编定之后，专门铸在铁鼎上，既是正式公布，

① 李悝和李克，学者或认为二人，或认为一人，多年各执一见。本书以一人说为是。

又显示其严肃性。但是这些法律的实施成效如何，却是成问题的。春秋晚期，孔子就发表过不以公布法律为然的言论。李悝把各国的法律蒐罗编辑，形成以《盗》《贼》《囚》《捕》《杂》五律为主干，以《具》律为实施细则的法律体系，总称为《法经》。这个法律体系影响极大。商鞅后来以此作为为秦国制定法律的基础，汉律乃至此后的魏、晋历代法律，都是在此基础上增删改进的。

关于农政，李悝的核心思想是“尽地力之教”。这一思想的具体内容大约是收在李悝的《李子》一书中，得以为班固浓缩转述于《汉书·食货志》中：

> 李悝为魏文侯作尽地力之教，以为地方百里，提封九万顷，除山泽邑居参分去一，为田六百万亩，治田勤谨则亩益三斗，不勤则损亦如之。地方百里之增减，辄为粟百八十万石矣。
>
> 又曰籴甚贵伤民，甚贱伤农；民伤则离散，农伤则国贫。故甚贵与甚贱，其伤一也。善为国者，使民毋伤而农益劝。今一夫挟五口，治田百亩，岁收亩一石半，为粟百五十石，除十一之税十五石，余百三十五石。食，人月一石半，五人终岁为粟九十石，余有四十五石。石三十，为钱千三百五十，除社闾尝新春秋之祠，用钱三百，余千五十。衣，人率用钱三百，五人终岁用千五百，不足四百五十。不幸疾病死丧之费，及上赋敛，又未与此。此农夫所以常困，有不劝耕之心，而令籴至于甚贵者也。是故善平籴者，必谨观岁有上中下孰。上孰其收自四，余四百石；中孰自三，余三百石；下孰自倍，余百石。小饥则收百石，中饥七十石，大饥三十石。故大孰则上籴三而舍一，中孰则籴二，下熟则籴一，使民适足，贾平则止。小饥则发小孰之所敛，中饥则发中孰之所敛，大饥则发大孰之所敛而粜之。故虽遇饥馑水旱，籴不贵而民不散，

取有余以补不足也。行之魏国，国以富强。

这段记录极其重要。由此可以得知，李悝“尽地力”的内容是充分认识土地资源的出产能力，并加以最为充分的利用。利用的方式，首先是对国情的认识，他以“方百里之地”为统计标准，是战国时期，常以百里为单位，《考工记》记述战国时匠人修整土地，九夫为一井，十里百井为一成，百里百成为一同，同间的沟渠直接入河。这百里为修整土地的最高单位。依据《周礼》的说法，百里就是子爵的一个封国。在这个单位里，需减去山川邑居才是可耕地，所以可耕地只有六百万亩。种田勤谨每亩可以增产三斗，不勤谨就减损三斗，十斗为石，计算下来，每一增减，就要相差一百八十万石粮食。因此必须努力贯彻劝农的政策。

其次是对民情的认识。国中人口结构分为“民”和“农”两类。民是住在城邑中、依靠购买粮食生活的人，农则是生活在农村、生产和出卖粮食的人。而这两类人正是货币流通的渠道。在春秋以前，掌握土地和人民的王室、贵族与耕种土地的农民之间只有实物以贡赋方式流动；春秋以后，人口构成发生变化，生活资源的分配方式也发生变化，一些既没有贵族身份，又脱离了土地的人，如官、吏、游士、工商从业者等介入贵族和农民之间，并参与到生活资源的分配中来，这种分配所依靠的工具就是货币。因而李悝说“籴甚贵伤民，甚贱伤农”。从李悝后面的行文中可以看出，他所谓的贵贱，是以货币来衡量的。他估算的标准是小农之家一户一个劳力，五口人，种百亩田，这是西周以来井田制的标准。以此标准估算农民的生活：

粮食收支：

正常年景亩产 1.5 石，百亩就是 150 石。

税收为十分之一，即 15 石，余 135 石。

口粮人均每月 1.5 石（指原粮，碾轧去壳后大约不到 1 石，约合今 50~60 斤左右），一年每户为 1.5×5×12＝90（石），则一年除口粮外，所余 135－90＝45（石）。

钱币收支：

当时粮价每石 30 钱，把余粮全部卖成钱：30×45＝1350（钱）。

农村公社中的集体活动、宗族活动、祭祀等交纳 300 钱，余 1350－300＝1050（钱）。

穿衣，每人 300 钱，5 人共需 1500 钱。(《云梦睡虎地秦简》惊的家信为做衣服向母亲要钱“愿母幸遗钱五六百”，虽是指秦半两钱，与魏铲形钱并不等值，但看来相去不多，可见李悝的计算是靠谱的。)

仅以此计算，农民的基本生活还欠 450 钱。

这还没有算上生老病死、官府加税等额外花费。

李悝通过计算指出，这就是农民常常不愿从事农业，造成市面粮价太贵的根本原因。他提出的解决办法是：把年景分为七等，以现状为中间年景，在此以上有上熟、中熟、下熟；在此以下有大饥、中饥和小饥。上熟即大丰收年景，收成可达常年的 4 倍，即年收 600 石，给农民留 200 石，还有 400 石余粮；中熟是常年的 3 倍，450 石，仍按留 150 石算，余粮 300 石；下熟是小丰收，收成是常年的 2 倍，300 石，给农民留 200 石，还剩 100 石。饥荒年景，小饥只能收获 100 石，中饥只能收获 70 石，大饥则只能收 30 石。如果以此类社会实际，官府就应当采取这样的办法：

上熟年景，农民有余粮 400 石，官府收购 300 石，给农民留 100 石；

中熟年景，农民有余粮 300 石，官府收购 200 石，给农民留 100 石；

下熟年景，农民有余粮100石，官府和农民平分，给农民留50石。

这样即便是下熟年景，农民有余粮，即可换成的钱也比现今的45石（1350钱）要高。因为有足够的余粮，所以能够以平价收购。

如遇灾年：

小饥收100石，比较常年欠50石，就用下熟收购的50石出卖；

中饥收70石，比较常年欠80石，用中熟收购的200石出卖；

大饥只收30石，欠120石，可以用大熟收购的300石出卖。

因为官府有足够的存粮，所以饥荒年出卖价格不会太高，粮价不贵城中人民不会离散，这叫“取有余以补不足”，李悝称这种办法为“平籴”。

李悝的这个理论，是理想化的理论计算。在当时的条件下，粮食的保管条件和期限都是有限的，年景也不会上下熟、大小饥合理轮流。但是他提出了“籴贵伤民，甚贱伤农”的概念，这是此后两千多年中国社会治理国家的基本理论之一。平籴的办法在后来的2000多年里，发展成“常平”“惠民”等政府主导的固定的防灾措施。班固说他的这个理论“行之魏国，国以富强”，可见李悝的理论在一定程度上还是见到效果的。因此，对后来商鞅把李悝的思想移植到秦国发生了重大影响。

作者评述：李悝的这一大段理论阐述，史家有各种解读，它的货币史意义在于：到战国中后期，货币经济开始深入到农民的生活中。在“封建”① 时代，农民与贵族是实物经济的关系，而此时农民穿衣需要货币，公社、宗族的公共活动通过货币进行，

① 这里所说的“封建”是原来意义上的封建，即“封邦建国”，而不是近世社会学家指中世纪社会制度的“封建”。至于这个词汇意义的辨析，则不是本书的任务。

而城邑中还有相当数量的“游食者”，其生活要依靠商品性质的粮食、纺织品维持。因而所谓“籴贵伤民，甚贱伤农”和“平籴”的理论，就是国家以货币为手段，通过投入货币购买粮食储备以调节社会资源的再分配。李悝的这种“再分配”还是初级的，因为这一时期货币深入国家财政的程度也还是有限的。

李悝之前，春秋末年的范蠡也曾有过“平粜”的议论，其实，春秋时期，诸侯间粜籴粮食已经是常见现象，但是籴粜的媒介往往是财宝、人事，甚至诸侯间的国际关系。范蠡时代的越国也还谈不到用货币管理国家。他自己的话语中就说“积著之理，务完物，无息币。以物相贸易”。他说的“币”是指物质财富。他所谓的“农末俱利”，末即是商，立脚点是“商”，尚未达到李悝的认识。

商鞅

商鞅本姓公孙氏，名鞅，祖上是卫国王族支脉。卫国在西周初年由武王的弟弟康叔受封建立，所以《史记》称商鞅“其祖本姬姓也”。因为早年即离国求学从事政治活动，人又以国为氏称其为卫鞅。后因为在秦国被封于商於（今陕西省商洛市丹凤县），又称商君，或以封地为氏，与名连称为商鞅。

卫鞅出生于战国中期，确切年份已不可考。他青少年时代就喜欢刑名之学，学习法律。后到魏国，在魏相公叔痤门下担任中庶子，熟悉了官场、行政事务，深得公叔痤赏识。魏惠王时，公叔痤病危，惠王探视公叔痤，问到身后安排。公叔痤向惠王推荐公孙鞅，说他“年虽少，有奇才，愿王举国而听之”。惠王颇不以为然。公叔痤于是说“王即不用鞅，必杀之，无令出境”。待惠王离去后，公叔痤立即召来公孙鞅，把一切告诉他，说是“先君后臣”，要公孙鞅赶快逃跑。公孙鞅说，惠王“既不能用君之言任臣，又安能用君之言杀臣乎”。惠王果然不以公叔痤的话为意。二十年后，魏在秦压迫下不得不将河西之地割让秦国，惠王深为后悔，“寡人恨不用公叔痤之言也”。

魏惠王既不用卫鞅，恰值秦国孝公即位，向国中发出求贤令，说中原诸国一向以夷狄视秦国，秦国也一向不与中原诸侯会盟，实际上秦国的祖先有着辉煌的历史，“寡人思念先君之意，常痛于心。宾客群臣有能出奇计强秦者，吾且尊官，与之分土”。卫鞅于是来到秦国谋求发展。

卫鞅到秦国后，通过孝公的宠臣景监推荐，得见孝公。“以强国之术说君”，孝公大悦，与卫鞅“语数日不厌”，期望任用卫鞅变法。为此，孝公召集老臣甘龙和杜挚与卫鞅在御前辩论变法利弊。甘龙等老臣大多反对变法，卫鞅称“三代（指夏、商、周）不同礼而王，五伯（指春秋五霸）不同法而霸……治世不一道，便国不法古”。孝公显然支持卫鞅的意见，会后发布了鼓励耕稼的法令，奖励开荒；又鼓励军功，无论平民贵族，按照斩获敌人首级论功升爵，享受不同的待遇。这些法令行之三年，效果明显。于是在孝公六年（前356），孝公任命卫鞅为左庶长，由卫鞅直接主持变法事务。庶长是管军的长官，秦国实行兵民一体，庶民轮替务农征战，所以庶长一职实际既管军又管民。左庶长已位卿大夫之列，有了推行变法的实权。

秦国变法之难在于，秦从周平王东迁才被封为诸侯，所谓封地不过是周王室东逃后不得不抛弃的崤山以西的关内地区。秦必须与戎狄杂处，而与中原礼教传统深厚的诸国极少往来，被中原诸侯鄙视为夷狄。所以秦国从贵族以至平民，氏族传统观念深厚而法制观念薄弱，政治结构松散而上下生活散漫。为使新法能够在秦国推行，卫鞅采取了各种措施。

首先是组织民户，“令民为什伍”，即把人民按地域编户为保，五户为一伍，十户为一什，以打破旧贵族对封地的控制，保证国家的法令能够确实落实到每一户人家；其次是制定严格的法律制度，其中包括奖励军功，制定二十等爵制，以战功确定等级，不同的等级享受不同的待遇；同时制定严厉的刑法，所谓“以刑去刑”，轻罪重判，用严刑峻法威慑犯罪行为；重要的是奖励垦荒，颁布“垦草令”，鼓励农民在井田之外开辟新的土地，以增加粮食生产；抑制商业，迫使从商的人群归于农业。卫鞅正式变法几年后，据说是“民勇于公战，怯于私斗”（《史记·商君列传》），“道不拾遗，民不妄取，兵革大治”（《战国策》）。

孝公十年（前 352），孝公升卫鞅为大良造，大良造在二十等爵制中已属于十六等爵。秦二十等爵中第十九、二十两等是侯的等级，除此不算，十六等已接近最高的十八等，地位近于国相。卫鞅因此得以继续深入变法。其主要内容是：

“为田开阡陌”。阡陌是田间用以分割田块的交叉道路，原本是区分井田的标识。此前既已鼓励开荒，这时更打破阡陌分割，实际上废除了井田制，使原有的公田和开荒后的私田同样承认为私有。在此基础上重新设置疆界“封”，形成了秦国的小农经济基础。

集乡聚为大县。秦国政治结构散漫，虽然经过伍、什的编户，过去的由旧贵族分封统治、氏族村落聚居的方式仍然保持着。卫鞅把小聚落集中起来，把一些乡集中为城镇，设为县，全国设立41 个县，由中央派出县令，设置县令的属官，使国家政治体制统一，政令能够从上贯彻至每一个乡镇，且事有所任，官有所责。也彻底解除了旧贵族对基层的控制。

迁都咸阳。秦国自东周初年获封诸侯，起初都西垂（今属甘肃天水市），后迁平阳（今陕西宝鸡市），再迁雍（今陕西凤翔县），主要活动区域都在渭水流域的西部。卫鞅在咸阳仿照中原诸侯的都城，建立宫阙，把秦国的统治中心向东迁徙，既控制了渭河流域的富庶地区，也表明了向东发展的意图。

统一度量衡。统一度量衡的目的在于，过去旧贵族随意制定对农民的征收政策，各家以自己的方式和度量标准管理自己的收支。度量衡的统一，保证了国家税赋的收入，也减少了因为尺度不一造成的纠纷，缓和了社会冲突。

“初为赋”。秦简公七年（前408），秦才“初租禾”。此前，农民每夫所受田百亩，只要八家共同为受封的贵族无偿耕种了百亩“公田”即可；“初租禾”后，就还要向国家缴纳一份实物地租。60年后，卫鞅制定新法，在孝公十四年（前348）规定“初为赋”。近世学者多认为，这个“赋”是按每户劳动力人口收取的人头税，是一种“军赋”。其实，此赋未必全是军赋。变法前的秦国，仍盛行贵族分封，封地上的事务由封君自行管理。新法将全国编为大县，由中央任命县令，设置僚属，无论是中央管理机构还是地方衙署，官员、吏员人数大大增加，事务也远非过去所比，人员和行政费用的需求迫使中央政府必须寻找新的财政来源。设置“赋”，即为了满足国家公共职能的需要。因此，赋的内容可能是多样化的，包含有部分粮食、刍稿、布帛实物，后来也可能包含部分货币。在卫鞅时期，为赋还是初步的，以后赋税越加越多，既是秦国强盛的经济来源之一，又成为秦国社会矛盾尖锐化的因素之一。

卫鞅的变法内容还不止这些，而变法的结果使秦国在东扩战场上也取得了重大的胜利。孝公十年（前334），卫鞅领兵攻下魏国昔日首都安邑；孝公十九年（前343）周天子给予秦孝公以领衔会盟的名义，可算称霸；孝公二十二年（前346），卫鞅领兵大战魏国，用计俘虏了魏国的公子卬，迫使魏国割让河西土地献予秦。由是孝公封卫鞅为彻侯。按秦国的二十等爵制，第十九、二十两等为侯爵。其中第十九等是关内侯，只有名号而没有封地；

第二十等是彻侯，给予封地。卫鞅此时已获最高封爵，得封商於之地 15 个城邑，可以食封地租税，故而称为商君。卫鞅又因封地而被称为商鞅。

从商鞅变法的主要内容看，他是撼动了旧有分封贵族的利益，以加强国家中央集权的势力。所以与旧有贵族产生了严重的对立，“宗室贵戚多怨望者”。商鞅获封彻侯仅仅两年，孝公薨逝，太子立，太子周围的旧贵族立刻对商鞅起而攻之。商鞅想逃离秦国，到关隘处投宿时，旅店主人说“商君之法，舍人无验者坐之”，客人必须出示证明，如果接待了没有证明的客人，连店主也要问罪。商鞅无处可去，只得返回封地，以图出逃他国，又被看作谋反而攻杀。商鞅被杀后遗体运回咸阳。新君惠王（当时还未称王）出于政治需要，将商鞅尸体车裂。然而商鞅所制定的新法却不但没有被废除，还为以后诸王不断继承、完善，使秦国从一个西北的落后国家逐步强大，终于助始皇帝完成了统一中国的大业。

商鞅作为一个怀抱治国理想的知识分子，与战国诸子一样，也以不同方式撰写有自己的政治论文。同时商鞅的门客和他思想的追随者也有一些同类作品，这些都在后来被以《商君书》的名义编为文集。《商君书》在战国后期已经广为流传。韩非曾说“藏商、管之法者家有之”（《韩非子·五蠹》），很多知识分子家庭的藏书中都有《管子》《商君书》。东汉班固著录国家藏书时尚有《商君》二十九篇，流传至今还存二十四篇。其中哪些是商鞅所作，哪些是他人所作，学者们为此做了大量工作，仍不易分辨，可见这二十多篇作品的思想核心是基本一致的。书中各篇所论，有政治、法令、权术、兵法、经济等，领域很广，法家所崇尚的“法”“术”“势”三个方面都有涉及。但如果从货币史的角度看，商鞅的思想影响突出表现在重农抑商，特别是抑商方面。

战国时期，各国攻伐，兵行征远，社会资源的流动早已突破诸侯国封地的限制，因而商机繁多，商人十分活跃。秦国同样存在大量本地和外来的商人，对农业经济存在着力度相当大的冲击。面对商业发展的现实，商鞅无法也无力彻底禁绝商业。所以《商君书》还是承认了商业在社会中的合法地位：

农、商、官三者，国之常食官也。农辟地，商致物，官法民。（《弱民》）

农民、商人和官吏三者，是国家必需的行业。农民辟耕田土，商人带来所需物资，官吏治理民众。但同时这三种行业各有弊病，《商君》比喻为“六虱”：

曰岁，曰食，曰美，曰好，曰志，曰行。

农有余食，则薄燕于岁；商有淫利，有美好，伤器；官设而不用，志行为卒。（《弱民》）

农民的弊病是“岁”和“食”。岁即收成，食是饮食。农民期望的就是丰收，而一旦收成好了，就会安于温饱，懈怠耕作。

商人的弊病是“美”和“好”。商人追求华美，通过引导奢侈来营利，会使国家必备的各种实用器物生产受到损害。

官吏的弊病是“志”和“行”。官制虽有规定，官吏却怀有个人的欲望，而且付诸行为去实现个人欲望。

作者认为，六虱不除，国必弱，“六虱成俗，兵必大败”。为克服弊病，《商君书》主张农战，“国之所以兴者，农战也”（《农战》），认为秦国必须全力发展农业，增强武力。

《商君书》认为，粮食和货币是国家的重要经济基础，“仓、府两实，国强”，仓是粮食储备，府则是货币储备。但是作者认为粮食和货币的关系是对立的：

粟生而金死，粟死而金生。本物贱，事者众，买者少，农困而奸劝，其兵弱，国必削至亡。金一两生于竟内，粟十二石死于竟外；粟十二石生于竟内，金一两死于竟外。国好生金于竟内，则金粟两死，仓府两虚，国弱；国好生粟于竟内，则金粟两生，仓府两实，国强。(《去强》)

这里的意思是，要增加粮食就要付出货币，要追求货币则必然损失粮食。农产品价低，生产者多，购买者少，农民因而贫困，造成奸商活跃，兵力就会削弱乃至亡国。国家追求黄金，每收进一两黄金，就要向境外输出十二石粮食；而向境外付出一两黄金，就可以收进十二石粮食。国家如果追求货币，就会粮食、货币两虚，国弱。国家如果要增加粮食，就会粮食货币两实，国强。显然，就把“粮食”和“货币”看作一组操纵国家命运的重要因素而言，《商君》和《管子》所见略同。但《商君》与《管子》截然相反的是，《管子》把货币看作操纵工具，“人君操谷币准衡，而天下可定也”(《山至数》)。而《商君》则排斥货币，乃至排斥商业，抑制商业，乃至打击商业。虽不能禁绝商业，却主张通过打击商业达到重农、增加粮食以强国的目的。其措施也十分激烈：

使商无得籴，农无得粜。(商人不许购粮，农民不得向商人出售粮食。)

声服无通于百县。(娱乐业不得到基层地方营业。)

无得取庸。(不许雇工。)

废逆旅。(取消旅舍。)

贵酒肉之价，重其租。(提高酒肉的价格，加重酒肉的税收。)

重关市之赋。(加重市场关口的税收。)

(以上引自《垦令》)

《商君书》认为，“欲农富其国者，境内之食必贵，而不农之征必多，市利之租必重”，“食贵则田者利，田者利则事者众。食贵，籴食不利，而又加重征，则民不得无去其商贾、技巧，而事地利矣”。(《外内》）加重所有非农行业的税赋，提高粮食价格，使商人无法购买粮食，人民也没有了从商的意愿，农业就能发展，就能国富兵强。

以上引文，很难说就是商鞅本人的论述，但也是基本符合商鞅的思想的。战国时期，以农为本，以商为末的思想在不少地区都有一定的反映，但是把重农抑商思想发挥到这样的极致，《商君书》是唯一的，而且对中国后世两千年的重农抑商思想都产生了重大影响。

商鞅在世时，秦国还没有正式铸行钱币，《商君书》本身也没有对货币问题做专门的论述，只有少数篇目涉及货币的存在。显然政府对货币的认识和运用还是被动的。但是即便到了秦国“半两”钱正式发行以后，直至秦始皇时期，抑商政策始终被努力贯彻着，这也限制了秦国货币经济的发展。

作者评述：商鞅对商品经济的极端打压政策，对社会和经济制度对都处于落后状态的秦国，显然是有短期迅速见效的效应的。然而经济结构的变化、社会关系的调整，绝非短期一蹴而就的事情。司马迁说商鞅是“刻薄”“少恩”之人，然以秦国旧势力之雄大，非此不足以改革。而改革若要深入，执此却难以为继。商鞅之死，固个人悲剧，若从秦国历史来看，或宜也夫！

五铢篇

五铢时代

所谓“五铢时代”，并非指在这一时代中，社会所使用的钱币都是五铢钱。五铢时代大致起于西汉时期，终于隋朝，长达700多年。在这700多年中，初期有80多年是从秦末半两钱制向五铢钱制的过渡。而两汉以后的400年间，间有四铢、六铢，甚或不以钱重命名的钱币行世，但多是特殊时期的短暂现象，五铢仍是社会流通钱币的主流，直至唐初武德年间“开元通宝”面世，才又开启了货币的一个新时代。

第一节　西汉

西汉帝系

高祖刘邦（前206—前195）——惠帝刘盈（前194—前188）——高后吕雉（刘邦妻，前187—前180）——文帝刘恒（刘邦庶子，前179—前157）——景帝刘启（前156—前141）——武帝刘彻（前140—前87）——昭帝刘弗陵（前86—前74）——宣帝刘询（武帝曾孙，前73—前49）——元帝刘奭（前48—前33）——成帝刘骜（前32—前7）——哀帝刘欣（元帝庶孙，前6—前1）——平帝刘衎（元帝庶孙，1—5）

一、汉初的恢复

公元前209年，被征发徭役的农民陈胜和吴广在大泽乡（今安徽宿州市蕲县镇）揭竿起义，引发了全国性的反秦战争，大大小小的反秦武装从各地蜂起。这些反秦武装的成分十分复杂，参战主体固然是长期受到秦王朝奴役的农民，然而各路参战军的主导者却往往以反抗暴秦为号召，以恢复战国旧制为旗帜，行地方武装割据之实，使秦末战争呈现一种复旧的表象。

楚：陈胜、吴广都是原楚国人，大泽乡也是楚国旧地，因而起义后以“张大楚国”为号召，旗号“张楚”。陈胜、吴广坚持不过数月即失败，起兵于会稽（今江苏苏州）的项梁、项羽叔侄随即从民间找出原楚王后裔熊心，拥立熊心为“楚怀王”，正式重建“楚国”政权，获得一些起义部队拥附，声势大振，成为反秦势力的核心。战国末期原属楚国的沛县（今江苏沛县）的亭长刘邦率领乡民起事，也依附于楚怀王。

赵：陈胜起事攻占的第一个战略要地是陈县（今河南周口市淮阳县）。陈胜在此地称王，指派诸将分略各地。武臣、张耳、陈余被指派攻赵，武臣攻下邯郸，自立为赵王，恢复了赵国。

燕：武臣建立赵国后，派遣过去燕国下级官吏出身的韩广北略燕地。旧燕国的贵族、平民出于对秦暴政的强烈不满，热烈欢迎韩广北略。韩广于是重演了武臣自立的一幕，自称燕王，恢复了燕国。

齐：陈胜派周市北略魏地，周市攻到狄邑（今山东淄博高青县）时，旧田齐王族支系的田儋杀狄令起兵，反击周市，自立为齐王，恢复了齐国。

魏：周市在狄遇阻，退回魏地，拥立魏国王族后裔魏咎在临济（今河南开封东北）称王，恢复魏国。

韩：韩国旧贵族张良在韩国被秦灭亡后亟思报仇，谋刺秦始皇不成，藏匿下邳。刘邦起兵后，张良跟随刘邦依附楚怀王，同时极力向楚怀王推荐原韩国公子成，立公子成为韩王，恢复韩国。

这些所谓“六国”与战国六国有很大不同。其王大多没有周朝赋予的正统王系，往往是自立或他人拥立，所以地位并不稳固；其国没有相对稳定的疆域，不过是以旧六国都城为核心地区，依据实力占据土地；其首领往往缺乏号召部下的绝对权威，内部关系和相互关系都十分复杂，又处于对秦战争和相互之间的争战中，所以首领更替也很频繁；反秦战争的军事形势复杂，“六国”往往处于流动作战的环境中，实力变化也更剧烈。

秦国作为统一的大帝国，掌握着全国的正规军队，特别是身经百战的猛将章邯率秦军出函谷关，到中原大地与各路反秦武装大战，各路大军畏章邯兵强，大多不敢西向。秦二世二年（前208）后九月（秦置闰月于年末，后九月即闰九月），楚怀王命刘邦军西向击秦，刘邦经过一年的鏖战，从南阳方向进击，攻破武关，从南部进入关中，直捣秦帝国心脏。秦二世四年（前206）十月[①]，秦王子婴素车白马向刘邦投降，秦亡。尽管楚怀王曾经与诸将相约“先入定关中者王之”，刘邦却不敢称王，把咸阳秦宫的珍宝府库封存，对关中父老说，“父老苦秦苛法久矣”，“与父老约，法三章耳：杀人者死，伤人及盗抵罪，余悉除去秦法”。然后退到咸阳西南，屯军霸上。

此时在关东中原，项羽的楚军是诸路军队中势力最为强盛的，他苦战秦军，逼降了秦将章邯，自称“上将军”。除韩国跟随刘邦进入了秦中，其余各国迫于项羽的威势，只得从属楚军。项羽率各路大军进入关中，在咸阳屠城，一把火焚掉秦宫，自称“西楚霸王”，占据以彭城（今江苏徐州）为中心的九郡，同时大封诸侯。其时，项羽所封有 19 王，原关东六国旧地被拆分给反秦战争中的各路军将，关中秦国故地则分给了章邯等三个降将，刘邦被封为汉王，封地是四面环山、交通最为不便的汉中地区。

各路诸侯各自归国，刘邦率军进入汉中，仅仅一个月，他便从故道县出陈仓直击秦中三个降将。同时分遣诸将从东、南攻击中原。被封各路诸侯对项羽的分封也十分不满，相互攻杀，形势又如齐人蒯通所说“秦失其鹿，天下共逐之”，秦亡后，战乱又延续了近五年。这五年中，混战诸侯或灭或归汉，逐渐演变为项

---

① 史书记此事为汉“元年冬十月”。盖史书记事通常以刘邦封汉王之年为汉元年。秦以十月为岁首，此时秦赵高杀二世，立子婴，并未更纪年；刘邦则刚刚入关，尚未封王，实际时间仍为二世四年的年初。

羽和刘邦的楚汉之争。十二月，项羽死于垓下。刘邦于汉王五年（前202）二月称帝，正式建立了大汉王朝。

刘邦虽已称帝，天下却并不安定。秦末诸雄起事的目的原本不同，各自拥有自带的兵将，此时对新王朝的需索也各有打算，所以刘邦对项羽分封的诸王不得不继续承认。刘邦甚至亲眼见到功臣们聚在一起窃窃私语，议论封功。在这种形势下，刘邦也不得不或王或侯，大封功臣。

但是当年七月，燕王臧荼就起兵造反，刘邦亲自出征镇压。

紧接着，颍川侯、原项羽的降将利几反，刘邦又是亲自出击。

高祖六年（即汉王六年，前201）九月，封在晋阳（今山西太原）的韩王信与匈奴联合反叛。刘邦又亲自征讨，韩王信亡走匈奴。直到四年多以后，韩王信才被斩杀。

当年十月，楚王韩信欲谋反，被人告发。刘邦利用大会诸侯之机逮捕韩信，考虑到韩信功高，降封为淮阴侯。

高祖八年（前199），赵国相谋逆。

高祖十年（前197），代国的相国列侯陈豨据赵、代之地（今河北省西部至西北部）反，直到十二年（前195）初才在灵丘被斩。

高祖十一年（前196）正月，淮阴侯韩信欲联结陈豨谋反，吕后设计诛杀韩信。

当年三月，拥有重兵的梁王彭越颇不驯，被指谋反而杀。

当年七月，淮南王英布反，刘邦亲自征讨，至十二年（前195）十月英布兵败被杀。

刘邦在征英布期间作战负伤，回到长安，后于十二年（前195）四月崩于长乐宫。

史书以刘邦封汉王为元年，到刘邦崩于长安，共12年。实际上，前5年各路诸侯混战，包括刘邦本人，都处于流动作战环境中，刘邦和家属（他的妻子吕雉和儿子、岳父）几乎性命不保，难于有固定的疆土，更难谈到经济建设。汉王五年（前202），刘邦正式称帝，然而各路诸侯仍保有各自的军队和封地。刘邦的帝位虽然名义上由各路诸侯拥立，刘邦本人却不得不与这些诸侯的分离割据倾向反复斗争，因而他始终身处战争环境中。直至崩逝前，他才把这些诸侯封地陆续置于刘氏家族控制下。为巩固刘氏政权，刘邦与臣下杀白马歃血盟誓——“非刘氏而王，天下共击之”。

高祖刘邦用军事手段结束了秦末以来诸侯纷争的战乱局面。高祖崩后，自惠帝、高后至文帝和景帝，在长达五六十年的时间里，汉朝中央声称以“黄老”之学为思想核心，倡导“无为”，保持了比较稳定的社会秩序。所谓“黄老”，是借黄帝和老子的名义，将社会存在的规律名之曰“道”。按照刘邦的谋士陆贾的说法，“道莫大于无为，行莫大于谨敬。何以言之？昔舜治天下也，弹五弦之琴，歌南风之诗，寂若无治国之意，漠若无忧天下之心，然而天下大治”。看上去没有治国的雄心，没有忧天下的仁心，却能使天下大治，“故无为者乃有为也”。[①] 实际上，所谓“无为”，是在国家经受长期战乱后，社会凋敝，无力承受重大动荡的背景下，以轻徭薄赋来恢复经济的一项政策。这五六十年里，由于社会安定，农民负担减轻，社会经济有了较大发展，社会财富有了较大积累，被后世史家称为“文景之治”。这一时期比较重大的政治事件是：

安刘。刘邦逝后，其妻高后吕雉以惠帝年少懦弱，临朝称制，大肆提拔吕氏子侄，封王封侯。公元前180年高后崩，诸吕姓王侯唯恐大臣引刘邦“非刘氏而王，天下共击之”之誓，准备发难。周勃、陈平等刘邦老臣及时平息了诸吕的异动，拥立刘邦庶

① 陆贾：《新语》。

子刘恒为帝，把政治争斗尽可能地限制在统治集团的上层，避免了社会剧烈动荡的发生。

七国之乱。刘邦虽然以同姓王替代异姓功臣封王，但封爵体制未变，诸侯在封国内可以征发自己的军队，可以自己征收赋役，可以自己设官治民。随着时间的流逝和社会经济的逐渐恢复，一些实力强大的王国虽然是刘氏子孙，却也产生了与中央分庭抗礼的趋势。这些同姓王国所占的土地已经超过了中央的控制，全国54个郡，诸侯王占据了39个，并且大大超过中央控制的人口。文帝时贾谊比喻说天下大势有如人生了重病，“一胫之大几如要，一指之大几如股”，“失今不治，必为锢疾，后虽有扁鹊，不能为已”。[①] 小腿比腰粗，手指比大腿粗，这样的病不及时诊治，将来就是扁鹊再生也会没救的。他所指的就是诸侯王坐大的现实。景帝时，御史大夫（副丞相）晁错力主削减藩王即诸侯王的势力，引起藩王极大不满。前元三年（前154），景帝削减几个藩王所辖郡县，吴王刘濞联络楚王刘戊和胶西王、济南王等共七个诸侯王，声称诛晁错、清君侧，起兵造反。景帝起初以杀晁错希望平息事态，然而吴、楚仍不罢兵，景帝于是派太尉周亚夫（周勃之子）和郦寄、栾布等率兵还击。七国之乱是高祖崩后国内最大的动荡，却不过三个月，就得以平息，没有给全国的社会和经济造成过大的损失。景帝也趁平乱之机，逐步削减了王国的封地和官吏，并且免除了王国的行政权（诸王只能享受一定的食禄），加强了中央的控制力量。

匈奴崛起。中原民族活动地域的北部，即黄河河套地区（今内蒙古巴彦淖尔市）向东经阴山南北到河北北部（今滦河上游地区）之间，自古是北方游牧民族活动的地域。这些游牧民族逐水草而居，还处于比较原始的社会生活状态。商周时期他们与中原

---

① 《汉书·贾谊传》。

民族就常有交往，或交战，或臣贡，或侵扰，依照《史记·匈奴传》的说法，他们“各分散居谿谷，自有君长，往往而聚者百有余戎，然莫能相一”。战国末期，匈奴民族强大起来，对秦、赵、燕三国都形成过一定的威胁。秦统一后，派大将蒙恬镇守北边，抑制了匈奴的南侵。秦末年，赵高害死公子扶苏和大将蒙恬，北方防务弛懈，匈奴趁机崛起。匈奴首领称单于，公元前 209 年，正是陈胜、吴广揭竿而起之年，单于之子冒顿（Mòdú）杀父自立，趁中原战乱，收服了分散的各部，东破灭东胡，西击走月氏，建立起北方草原第一个游牧大帝国。这个大帝国的疆域东起辽东，西达祁连山，北越过大漠（今蒙古国南部的东戈壁、南戈壁、中戈壁诸省）进入漠北草原，南部直接威胁汉地。匈奴帝国建立起了自己的政权体制，最高首领是单于，在单于之下，设有东西两大部分，分别由左、右贤王统治。以下又有左右谷蠡（Lùlí）王、左右大将、左右大都……号称“控弦之士三十余万”。但是匈奴毕竟是游牧帝国，生产方式仍然十分落后；牧业地区自然条件恶劣，人口增殖困难，时常需要劳动力的补充；又活动在以黄河河套为中心的农牧交错地区，生活方式受到农业社会的影响，对粮食、纺织品、手工业制品，甚至奢侈品的需求却逐渐增长。于是除了逐水草流动以外，劫掠乃至发动战争就成为匈奴重要的生活以至生产方式之一。而匈奴劫掠的主要对象，就是从事农业生产，物产丰富，生产技艺先进，人口众多的汉人居住地。汉初甚至曾经在平城（今山西大同）围困了高祖刘邦亲率的三十万大军。刘邦崩后，单于写信给吕后，言语侮慢，吕后欲伐匈奴。季布劝道，“今疮痍未瘳”，与匈奴作战会“摇动天下”。吕后于是“遂不复议击匈奴事”。但是匈奴确实成为汉朝社会稳定的巨大威胁。当年刘邦被匈奴围困的时候，为了脱困，曾经许愿与匈奴结亲。此后汉朝在实力不足以击破匈奴的环境下，不得不常常以“和亲”、送礼为解困的办法。可是匈奴求索无厌，汉朝大行（主管周边民族事务的官，九卿之一）王恢曾说，“汉与匈奴和亲，率不过数岁，即复倍（背）约”。匈奴成为汉朝北边长期的困扰。

二、武帝的盛世

经过汉初60多年的休养生息，大汉王朝的经济状况有了长足的发展，早期诸侯王强势，弱干强枝的社会政治状况也有了很大改变。公元前141年汉景帝崩，太子刘彻即位，后世称武帝。刘彻即位时年16岁，太皇太后，即他的祖母、文帝的窦皇后左右朝政。窦太后一生信奉“黄老”，崇尚“无为”。公元前135年，窦太后崩，武帝亲政，此时年22岁。汉朝在武帝主持下，利用文景时期积累的经济实力，采取了一系列重大措施，使大汉成为中国古代第一个强盛的中央集权王朝，与西方强盛一时的罗马帝国并立于当时的世界。

放弃“无为”，独尊儒术。窦太后崩后第二年，武帝就下诏，要贤良文学对国策“受策察问，咸以书对，著之于篇，朕亲览焉”。征召贤良之士始于文帝时期，称“贤良方正”，用以谏议，“匡朕之不逮”，不过是提意见的闲职。而武帝则要亲自与贤良对话，讨论国策。景帝时的儒士董仲舒的对策引起武帝极大注意，君臣之间进行了多次策对。董仲舒的儒家思想与黄老不同，不是主张“无为”，而是强烈主张入世。董仲舒认为，汉承秦末战乱之后，形势如朽木不可雕，“譬之琴瑟不调，甚者必解而更张之，乃可鼓也；为政而不行，甚者必变而更化之，乃可理也。当更张而不更张，虽有良工不能善调也；当更化而不更化，虽有大贤不能善治也。故汉得天下以来，常欲善治而至今不可善治者，失之于当更化而不更化也”。乐器声调不对，严重时必须拆开更换琴弦；政治上出了问题，严重时必须改革。“今陛下贵为天子，富有四海，居得致之位，操可致之势，又有能致之资”①，有外部环境、有内部条件、有经济力量，因而必须改弦更张。董仲舒的对策促使武帝下决心“独尊儒术”，兴官学，改正朔，以儒家“君君、臣臣、父父、子子”的纲常理论维护国家的中央集权，以推动一系列重大措施的施行。从此董仲舒所推崇的儒术成为武帝执政的理论依据和思想核心，也成为中国两千年中央集权王朝维护统治秩序的理论核心。

出击匈奴。因为匈奴帝国对中原的侵扰日益严重，武帝于亲自执政后的第二年（元光二年，前 133 年）召集会议，提出：“朕饰子女以配单于，金币文绣赂之甚厚，单于待命加慢，侵盗无已。边境被害，朕甚闵之。今欲举兵攻之，何如?”主管周边民族事务的大行王恢建议出击，武帝立刻组织 30 万大军，布置下一场马邑（今山西朔州市）伏击战。只是因为事机不密，匈奴临阵逃脱，但是这却是汉朝反击匈奴战争的开始。此后，武帝以卫青、李广、霍去病等率大军对匈奴进行了大规模的反击，战线东起辽西，西达甘肃河西走廊一带，北过大漠，直达漠北草原，经过几次战役，解除了漠南匈奴对汉朝的威胁。汉朝对匈奴的战争起起伏伏几乎贯穿了整个两汉时期，而武帝的战争使汉朝树立起了对匈奴取胜的信心。然而战争也耗尽了汉朝大量的人力和物力，对汉朝的社会、经济都产生了重大的影响。

开通西域。对匈奴由守势改取攻势的想法，实际上在武帝即位之初已经产生。早在马邑之战前五年，武帝就开始对反击匈奴预作准备。建元三年（前 138），因为了解到匈奴已经西击月氏（Yuèzhī），武帝征集志愿者前去月氏联系，准备夹击匈奴，郎官张骞主动应募，两次西行，两为匈奴擒获，足迹涉及康居（今哈萨克斯坦）、大夏（今阿富汗）和大宛（Dàyuān，今乌兹别克斯

① 《汉书·董仲舒传》。

坦的费尔干纳盆地），副使所到和所获西域国际情报更远达身毒（今印度）、安息（今伊朗）、条枝（今伊拉克、叙利亚一带）等地。中原民族与西域各国，民间早在商周时代就有间接的交往，殷墟妇好墓中也曾发现不少和阗玉制品，但是从来没有官方往来。张骞的出使，是中央政府第一次与西域各国正式交往，因而被称为“凿空”。张骞凿空以后，汉朝与西域的关系越来越密切，天山南北原来受到匈奴挟制的各国也趁机摆脱了匈奴的控制。为保护汉西交通的通道，汉朝的士兵驻到仑头（今新疆轮台），势力达到大宛，从河西走廊到罗布泊，“往往有亭”①，即建起驻有士兵的驿站，派驻军官，并且在适当地点屯垦，向往来人员提供保护和给养。这些都为在西域地区建立大汉威信，以致后来派遣西域都护，实际控制西域地区奠定了基础。

统一东南、西南。秦末，南海郡郡尉赵国人赵佗趁中原战乱，在番禺（今广州）割据自立，称南越王。元鼎五年（前 112），武帝派五路大军攻入南越，平定了东南地区，在今广东、广西、云南东南部和越南北部地区分设了 9 个郡，实行郡县制管理。西南地区历称西南夷，其实大多是分散居住在群山丛林间的部落民众。他们由于群山阻隔，生活环境封闭，语言、习俗各不相同。其中夜郎（地处今贵州西部）、滇（今云南滇池附近）、昆明（今云南洱海附近）、邛都（今四川西昌附近）等是比较大而已经建立了早期国家的民族。这些民族与汉族间早有原始商业往来。武帝听张骞汇报在西域看到汉朝西南的物产，希望通过西南开通与身毒的通道，与西南诸民族发生摩擦，于是派兵攻打西南夷。自元狩元年（前 122）到元封二年（前 109）的十几年间，汉朝相继攻降了西南各地，在今四川西南部设犍（qián）为郡和越巂（xī）郡，在今贵州西南部设牂牁（Zāngkē）郡，在今云南地区设益州

① 《史记·大宛列传》《汉书·西域传》。

郡。值得提及的是，武帝虽然在这些民族地区设置了州郡，但是由于地理、人文条件与中原迥异，武帝并没有使用与中原同样的统治手段，而是因为西南诸部中以夜郎和滇较大，把他们的酋长册命为王，颁发王印，仍以他们治理本部，同时又可威慑、挟带周围小部。当时司马相如曾这样概括这个政策："天子之于夷狄也，其义羁縻勿绝而已。"① 这种办法的创制，为后来在唐代形成主动、自觉的羁縻州府制度开了先河。1956 年，云南晋宁县发掘出土了一枚金质"滇王之印"，正是这一历史事实的明确物证。

◆滇王之印

确立统一的货币政策。西汉立国以后，一直在寻找一种适于国家经济状况的货币。然而战后初定，经济残破，诸侯林立，中央势力不逮，货币始终不能统一，甚至不能找到一个稳定的货币品种。经历文景时期的发展，武帝才能逐渐把青铜货币固定在五铢钱上。并且由于由中央控制了全国的货币制造，才第一次真正实现了国家货币的统一。五铢钱成为此后 700 年各个朝代货币的主流。

三、西汉后期的危机

武帝晚年，汉王朝已经显现出相当的疲相。国家在抑制匈奴、经营边疆方面虽然取得了前所未有的成就，但是也付出了极其沉重的代价。特别是有些对外征战已经超出了稳定边地的需要和国家经济的负担能力。如太初元年（前 104），武帝听说大宛国的贰师城产好马，遂命李广利为贰师将军，出兵大宛。大宛都城贵山，即今乌兹别克斯坦的费尔干纳盆地北部边缘城市卡桑赛②，汉代计

① 《史记·司马相如传》。

② 或认为是苦盏，如是则位于费尔干纳西南部，今属塔吉克斯坦的城市。

程 12550 里。李广利出征，西域沿途各绿洲国并不都予以支持，第一次出兵数万人，历时两年，攻大宛不成，回到敦煌只剩几千。朝臣都主张先专力对付匈奴，武帝却执意讨伐大宛。再次伐宛，除发兵六万，又再征十几万人供给后勤，从大军驻宛到酒泉、敦煌，万里征途，“转车人徒相连属”，“天下骚动”①。两次伐宛，历时四年，动用国内人力物力无数，牺牲数万战士。战争消耗、伤亡抚恤、战后奖励，财力损耗无以数计。加之北方与匈奴作战，南方征服西南夷，不但把文景时期积累的财富消耗殆尽，而且还必须依赖不断地增加财源、税源，百姓负担越来越重。

在政治上，武帝崩逝后，特别是宣帝以后，一些后妃利用外戚形成政治小集团，控制国家政治。这些外戚往往夤缘扩势，在上层，迫害政治对手，一旦失势，又被大批株连，造成政治动荡；在下层，贫贱乍贵，贪得无厌，使社会矛盾激化。同时历朝皇帝和嫡庶子孙、列侯贵族支脉繁多，分布全国，倚势欺凌地方，侵占土地，逐渐形成豪强。这些经济和政治问题的突出，造成了西汉后期的颓势。

轮台罪己诏。武帝晚年，他自己已经意识到，边境战争固然有事不得已，但已经超出了国家的负担能力。加之不断的巡狩、巡幸、封禅等花费巨大的奢靡活动，使社会矛盾开始严重显现出来。在崩逝前两年，他曾对群臣说：“朕即位以来，所为狂悖，使天下愁苦，不可追悔。自今事有伤害百姓，糜费天下者，悉罢之。”② 这时贰师将军李广利率军七万出大漠与匈奴力战不利，家属亲戚又卷入宫廷内争的漩涡，竟在燕然山前线（今蒙古国杭爱山一带）率军投降了匈奴。武帝大怒，将李氏灭族，而匈奴单于却将自己的女儿嫁给李广利为妻（李广利后来还是被匈奴用作祭

① 《史记 · 大宛列传》《汉书 · 西域传》。
② 《资治通鉴》卷二十二。

祀杀掉了)。此事对武帝形成了极大的打击，促使武帝深刻思考自己所持的国策。恰在此时，桑弘羊等大臣又提议在西域轮台地区(今新疆轮台县东)派兵屯田，既可供应粮秣，又可威慑西域诸国。但是这些开发边疆政策的启动，仍需大笔资金。这类动作过去一向用增加税赋来解决，武帝趁此发出了一个长篇诏书，深刻检讨自己所持的政策：

> 前有司奏，欲益民赋三十助边用，是重困老弱孤独也。而今又请遣卒田轮台。轮台西于车师（今新疆吐鲁番交河）千余里，前开陵侯击车师时……汉军破城，食至多，然士自载不足以竟师，强者尽食畜产，羸者道死数千人。朕发酒泉驴橐驼负食，出玉门迎军。吏卒起张掖，不甚远，然尚厮留甚众。曩者，朕之不明……乃者贰师败，军士死略离散，悲痛常在朕心。今请远田轮台，欲起亭隧，是扰劳天下，非所以优民也。今朕不忍闻……今边塞未正，阑出不禁，障候长吏使卒猎兽，以皮肉为利。卒苦而烽火乏，失亦上集不得，后降者来，若捕生口虏，乃知之。当今务在禁苛暴，止擅赋，力本农，修马复令以补缺，毋乏武备而已。郡国二千石各上进畜马方略补边状与计对。

诏书大意是，不久前有关部门上奏要求再增加百姓的赋税每人30钱，以补助边境作战，对老弱家族已经是负担，现在又要求屯田轮台。前次在车师作战，车师比轮台近千里，带去的粮食也很多，仍然不能保证部队还军。体壮者吃光了牲畜，体弱的在路上就死了数千。朕派驴驼从张掖出发驮粮迎接，路不算远，还是有很多人不能回来。过去，我不明情况，及至贰师将军李广利兵败，战士伤亡离散，我非常悲痛。现在又要求远到轮台屯田，还要沿途建设亭障烽燧，是扰民天下。现在边疆守卫风气不正，走私出关无人过问。边防长官只知道让士兵打猎，出卖皮肉获利，士兵辛苦，烽火却无人管理，甚至士兵逃亡长官都不知晓，直到从匈奴降卒口中才了解情况。所以当务之急应当是禁止边境苛政，禁止擅征税赋。地方要注力务农，制定养马免徭赋的法令，完善武备。各郡国马上派人来京师报告马政和核对账目。

这件诏书在武帝一朝的历史上十分重要，被后世称为“罪己诏”。若单纯从西域稳定的需要而论，桑弘羊关于屯田的建议确是明智之论。但是其时即便是让西域能够自保的措施，国家也已经无力启动了。权衡稳定全国经济形势和应对西域活动之间的利弊，武帝最终选择了改变全力经营边事的政策。自李广利兵败，武帝不再发动对匈奴的战争，同时将负责周边民族事务的大鸿胪（太初元年，公元前 104 年，“大行令”改称“大鸿胪”）田千秋任命为丞相，封富民侯，以示他的任务就是与民休息，使民富裕。又把农业专家赵过任命为搜粟都尉。搜粟都尉是大司农所属负责粮食生产的官，赵过精通当时一种最为先进的耕作方法——“代田”，即把土地犁成沟垄，每年沟垄互换，以休养土地肥力。对田千秋和赵过的任命，说明武帝已经把国策转到与民休息的轨道上来。

“罪己诏”颁发不过两年，武帝崩逝。但是与民休息的国策仍然被昭帝、宣帝坚持下来，宽刑减赋，所以宣帝时期，汉朝似乎又呈现出中兴的气象。然而终不能根本解决汉朝内部的危机。

盐铁会议。始元六年（前 81），昭帝请丞相田千秋（又称车千秋）召集了一次会议，名义是“问民间所疾苦”。由于会议的议题一开始就集中于政府的盐、铁、榷酤、均输政策，于是被称为“盐铁会议”。与会者对中央政策的态度明显分为两大阵营，一方是以御史大夫桑弘羊为首的政府官员，包括丞相属下的长史、御史大夫属下的御史中丞等人；另一方是从基层征调参会的贤良和文学。会议的记录后来由桓宽整理成《盐铁论》一书，流传至今。

武帝时期为支持战争而开辟财源，实行了官营盐、铁和酒的专卖制度；把上贡的方式改为“均输”，这几项上层贵族的收入遂为中央政府掌控，严重侵蚀了地方贵族的利益。在会议上，桑弘羊等人认为，政府采取盐铁榷酤政策是为了保证国家安宁、支持边境战争；而贤良文学则认为，治国应贵德而贱利，重义而轻财。经过激烈的辩论，双方不得不达成妥协：罢郡国的榷酒和关内的铁官，而官营盐铁的政策仍然保留下来。

盐铁会议以后，“与民休息”固然使民力逐步恢复，但是“独尊儒术”使国家对地方的控制也逐步减弱。经过宣帝时代的中兴以后，社会上土地兼并严重，地方豪强势力上升，贫富矛盾增强；在中央，贵族集团间矛盾更为突出，终于促成了大汉国家的改朝换代。

外戚专权。宣帝以后诸帝，大多生长深宫，或是庶出。元帝八岁立为太子；成帝三岁立为太子；成帝无子，后继的哀帝、平帝都是元帝庶孙。皇帝的幼小和弱势造成了外戚的强势。

自武帝时开始，大司马霍光历武、昭、宣三朝，长期执政，造成霍氏亲贵满朝。宣帝亲政尚能如他自称执政“杂以霸王道”，霍光死后，霍氏一族被诛。元帝更加推崇儒家，国家对政权的掌控进一步削弱。元帝之子成帝自小养于深宫，18 岁即位，虽“博览古今”，却耽于酒色，沉迷于赵飞燕姐妹，母亲元帝的皇后王政君于是尽力提拔王氏家族，太后的兄弟五人于一日之中皆封侯，当时名儒刘向曾上书称“今王氏一姓乘朱轮华毂者二十三人，青紫貂蝉充盈幄内，鱼鳞左右”。按汉初政策一切从俭，武帝以后才准许诸侯、公、卿以上的高级官员乘朱红车轮的车；高级武官的帽子装饰有貂尾、蝉纹；紫、青是二千石以上高官的印绶颜色。现在像鱼鳞一样排列在皇帝身边的这些高官都是姓王的人，可见成帝时外戚的势力，其中也包括一个叫王莽的人。

成帝无子，崩逝后将父亲元帝的宠姬昭仪傅氏的孙子立为皇帝，是为哀帝。哀帝登基后，尊傅昭仪为皇太太后，尊原是王妃的生母丁氏为帝太后，这婆媳两位太后又大肆提拔傅氏、丁氏家族，打击王氏。哀帝不永，在位仅 5 年，他的另一位庶出兄弟被立为帝，即平帝。皇权社会母以子贵，傅氏、丁氏本靠着哀帝受尊，子既不存，母系自然失势。平帝即位时只有 9 岁，他的祖母、太皇太后王政君就临朝称制，大权尽付王莽，王氏于是卷土重来。王氏重新崛起后，又打击傅氏、丁氏，重新任用王氏族人。这些成批成批浮起又沉没的外戚，利用各种手段攫取权力和财富，既激化了社会矛盾，又加剧了中央政府中不同集团的争斗。

元始五年（5），年仅 14 岁的平帝崩逝，从哀、平兄弟上溯两辈都无子嗣，元帝一系已经绝世。王莽从宣帝的玄孙中选取一位两岁的孩子刘婴继为皇太子，自己仿效西周初年成王年幼，周公“居摄践祚”的故事，由君臣拥戴为“摄皇帝”。大汉王朝名义上虽仍然姓刘，皇帝职权事实上已经为王莽掌握。

第二节　新 朝

“新”是西汉末年王莽继汉朝而建立的新王朝的名称。王莽正式称帝是在始建国元年（9），但早在此前三年，王莽已经实际上掌握了全部朝政。因而后世在叙述这一历史时期时，往往从始建国前的居摄年间起，统称之为“新莽”。这种称呼也具有以汉为正统而不承认新朝的意味在内。

新朝历年

居摄三年（6—8）——始建国五年（9—13）——天凤六年（14—

19）——地皇四年（20—23）

王莽是汉元帝的皇后王政君的侄子，本人虽然是外戚，由于深研儒家著作，追求儒家理想，在儒士知识分子和士大夫中名望很高。成帝绥和元年（前8）至绥和二年（前7）间曾任大司马，后因成帝崩逝，哀帝即位，被罢官。王莽任大司马时，礼贤下士，征召贤良以改善官场成分；皇帝的赏赐都用以分赠贤良儒士。这种刻苦工作、勤俭廉洁的为官作风为他树立了良好的形象。

元寿二年（1）六月，25岁的哀帝因病暴崩。太皇太后王政君立即赶赴未央宫，收取皇帝玉玺和调兵的玺、符，紧急召回王莽。命将发兵符节、百官奏事、扈从、宫门警卫等大权全部交予王莽，仍拜王莽为大司马。哀帝无后，王太后和王莽共同议立元帝庶孙中山王刘衎为帝，是为平帝。平帝才9岁，王太后临朝称制，大政交予王莽。王莽扫除了成、哀时期的外戚集团，使王氏重新崛起。

王莽执政后，做了一系列安定朝廷、扶贫济困的事，因而朝野都掀起了一股轰轰烈烈的拥戴王莽的热潮。朝中公卿百官、地方郡国乃至民间平民百姓，都不断上书、请愿，要求为王莽加赏。在这种氛围中，尽管王莽本人多次叩头流涕地推辞，王莽仍然被加上了“安汉公”的称号，又被比喻为商朝的伊尹、西周的周公，而加上“宰衡”的头衔，被赐予“加九锡”（拥有特殊的服饰、车舆、仪仗等九种器物的特权）的荣誉。

平帝自幼有病，元始五年（5）冬崩，年仅14岁。至此，成帝、哀帝、平帝的子孙已经断绝，王莽再向上溯，远从宣帝的支脉中选取了宣帝的玄孙广戚侯（封国在今山东微山县）的儿子刘婴继位。刘婴其时只有两岁，大臣们上奏王太后，请仿照西周初年武王崩逝，成王年幼，由周公摄政的成例，请王莽摄政。太后于是下诏，同意王莽“居摄践祚”，即以摄政的方式登皇帝的帝位，臣民谓之“摄皇帝”，服皇帝冠冕，一切礼仪参照皇帝，对之称“陛下”，第二年改元“居摄”。居摄元年（6）三月，把刘婴立为皇太子，仿照周成王幼时称号称“孺子”，意思是待成年后再登帝位，而摄皇帝成为实际上的皇帝。

王莽从任大司马执政到“摄皇帝”，就一直在努力实践他的儒家理想社会的思想。他“兴绝世、继灭国”，把周公的后代和孔子的后代都封为侯，把汉高祖以来功臣、列侯已经失侯、除国的后代又找出来重新加封。他兴儒学，按照儒家典籍的说法，修建了明堂、辟雍。明堂用以为天子布政之所，辟雍用以明教化。他征天下通天文、历算、经典、医、史、兵法、图谶等的儒生，用公车送至京师，前后达数千人。他整顿全国教育制度，郡国教育机构称“学”、县级和侯国的称“校”、乡称“庠”、聚落称“序”，各级机构都设置相应的经师。他把国家的太学学生名额大大扩大，扩宽了普通知识分子晋升的通道。他在京师增建房屋万座，以接待征召来的儒生和为太学生解决生活问题……

在为官的操守上，王莽也很努力地实践他理想中的儒家规范。他个人的生活依靠俸禄，日常买米度日，生活用品也是从市场购买；他有封地，却捐献自己的钱财和土地，交给大司农救助贫民；每次太后予以赏赐，他都坚决拒绝，实在推辞不过，他也把这些钱财土地捐出；他举贤虽不避亲，执法也不徇私，他姨母的儿子有罪，他举发首告；他自己的儿子有罪，他照样迫其自杀……

所有这些行为，都使儒生、官员，甚至平民都对王莽有了极大的好感，不但朝中公卿和儒士为拥戴王莽的热潮推波助澜，地方官员更是锦上添花，四处寻找“祥瑞”。元始五年（5）平帝崩逝，武功县（今陕西眉县与周至县之间）官员上报，说挖井挖得一块白石，上刻有红字“告安汉公莽为皇帝”，这就成为太后命王莽为摄皇帝的依据。居摄三年（8），齐郡临淄县（今山东淄博）报亭长梦天公说“摄皇帝当为真”。巴郡（今重庆市）挖得一头石牛、雍县（今陕西宝鸡市凤翔县）得到一块似乎有字的石头。石牛和雍县石头运到京师，王莽到未央宫前观看，此时狂风骤起，风过后石牛前出现一幅铜符帛图，上有“承天命，用神令”等字。这些谄媚奉迎王莽的把戏，以儒学为理想的王莽竟全盘接受，上报太后，不再称“摄”，改元“初始”。

王莽视此类荒诞为真，既激发了他以“假”为“真”的野心，实际上也是鼓励天下以谶纬方式劝进。有一个梓橦（今四川绵阳市梓橦县）青年，在长安求学，眼见这些政治活报剧愈演愈烈，遂打造了一个铜匣，内装两封书检，一封题“天帝行玺金匮图”，一封题“赤帝行玺邦传予黄帝金策书”，上缴官府。王莽检看书检的内容，称王莽是真天子，于是王莽亲自到祠庙拜受铜匣，然后坐到未央宫，下书说既是“天命”，“敢不钦受!”所以王莽当天就即了真天子位，改国号为“新”。为显示受禅为新王朝，改易服色尚黄，改正朔以十二月初一为正月之始，称年号为“始建国”，正式结束了汉朝210年的统治。这一年是公元9年。

王莽从居摄获得执政地位后，不仅在形式上搞建明堂辟雍、办学校一类的活动，而且把儒家的思想变成政治行为和国家的经济行为。

他以西周文王、武王封建诸侯为依据，称孔子说“郁郁乎文哉！吾从周”，所以改变秦汉以来的封爵制度，设立公侯伯子男五等爵制，以此大封贵族。不仅拥护王莽的得封公侯，王氏亲属按礼制所定的血缘远近，分别封为侯伯子男。

他甚至因为符命说星相标明新朝帝德在洛阳，就命人大肆修缮洛阳旧都，准备迁都洛阳。

他大改官制，找寻一些古代书籍上的官名，设置新官，又把汉代的官名成批改换，比如大司农改为羲和，以后又改成纳言，少府改成共工，水衡都尉改成予虞，县令改称县宰，御史叫执法等。官制的秩级也改名称，从百石到二千石，改成庶士、下士、中士、命士等。

全国的地名也成批改换，连长安都改成“常安”，各郡县更是更名不止一次，以至连公文都难以下发，因为发文机关实在记不住各地不断更换的地名。邮传递送公文也造成混乱。

对边疆少数民族，王莽更以宗主的身份，责令其改族名，改官名，把匈奴改称“降奴”、单于改称“服于”。单于原名囊知牙斯，因为新朝人名用单字，改单字“知”，并给单于发放改名后的新印。王莽认为，“溥天之下，莫非王土”，边疆民族无权为王，所以新印去“玺”字改为“章”。单于要求保留旧印，颁印的使者却将旧印砸坏。单于于是怨怼，终于起兵反莽。南方少数民族句町，也以不能称王而改封为侯。西域诸绿洲国，一律改王为侯。惹得从北至南以至西域，纷纷起兵反叛，使得新朝十几年间不断征兵征饷，成为引发全国性叛乱的重要诱因。

王莽看到西汉后期土地兼并严重，社会形成豪强势力，豪强不但拥有土地，而且占有大量奴婢，与国家争夺土地和劳动力，于是在始建国元年（9）四月，公布了“王田令”，宣布以古代井田为模范，“更名天下田曰‘王田’，奴婢曰‘私属’，皆不得卖买”。家庭中男丁不到八口而土地超过一井，必须把多余的土地交出分配。敢有非议井田制的，流放边疆。

为去除政权中汉代印迹，王莽不断萌发新的想法，尤以改货币为甚。王莽执政十几年，大的货币变革四次，和官制变革一样，越改越复杂，越改越乱，由错刀、契刀而六泉十布而货布，民无所从，引起经济混乱。为配合官制变换，王莽又改变官俸制度，却拿不出钱，致使各级官吏不得不自谋生计，奸弊百出，欺压百姓。

王莽的变革想法层出不穷，却并没有实施这些诏令的操作办法，以致政局混乱，民变蜂起。民变与边疆反叛相结合，使出世不久的新朝政权千疮百孔，其中较大的几支如赤眉、平林、新市、绿林中，王匡、王凤为首的一支在绿林山（今湖北省随州、荆门市交界处）起兵，立刘汉后裔刘玄为更始将军，地皇四年（23），更始称帝，更始军以恢复大汉为号召，称汉军。随后，汉军攻进关中，关中豪强和义民见汉军势大，起而响应，攻破常安。王莽逃至未央宫渐台，被义民追杀。反新的各路义军又经过三年较量，更始三年（25），出身于更始军中的刘秀称帝，年号“建武”，开创了又一个新的王朝——东汉。

第三节　东 汉

史家所称的东汉，其自称仍是“大汉”。无论当朝还是传统史家，常称之为汉朝中兴。其实东汉的建立已基本与西汉没有直接关系，这是一个以恢复汉朝为号召，而实际是由反新势力建立的新王朝。

东汉纪年

皇帝	年代	年号
光武帝刘秀	25—57	建武　建武中元
明帝刘庄	58—75	永平
章帝刘炟	76—88	建初　元和　章和
和帝刘肇	89—105	永元　元兴
殇帝刘隆	106	延平
安帝刘祜	107—125	永初　元初　永宁　建光　延光
顺帝刘保	126—144	永建　阳嘉　永和　汉安　建康
冲帝刘炳	145	永嘉

质帝刘缵	146	本初
桓帝刘志	147—167	建和　和平　元嘉　永兴　永寿　延熹　永康
灵帝刘宏	168—189	建宁　熹平　光和　中平
少帝刘辩	189	光熹　昭宁
献帝刘协	189—220	永汉　中平　初平　兴平　建安　延康

一、刘秀创立东汉

新朝后期，反叛势力在全国各地风起云涌，其中以起于今湖北地区的绿林军和起于今山东地区的赤眉军势力最大。大股的义军常分裂成若干支，又常吸纳若干小股义军。与此同时，各地还有很多独立割据的反新势力。仅见于史书的稍大的势力就有中原的刘永、今山东地区的张步、庐江（今安徽巢湖市庐江县）的李宪、南郡（今湖北荆州）的秦丰、河西（今甘肃地区）的窦融、天水（治今甘肃定西市通渭县）的隗嚣（Wěi'áo）、巴蜀（今四川地区）的公孙述、晋陕（今山西陕西北部）的卢芳等十几部。

地皇三年（22），南阳郡（今河南南阳）蝗旱连灾，地方不靖。十月，南阳春陵（今湖北襄阳枣阳吴店镇）豪强刘縯（yǎn）、刘秀兄弟率众起事，其时刘秀28岁。作战中，春陵兵逐渐与绿林各部合兵，第二年，推举出刘玄为“天子”，建年号“更始”，以刘氏宗室为号召，正式打出恢复“大汉”的旗号。更始元年（23）十月，刘秀受命镇抚黄河以北，以此为契机，刘秀逐渐脱离更始政权，发展自己的队伍。更始三年（25）六月，刘秀在鄗县（今河北省邢台市）筑坛告天，建年号“建武”，正式称帝。

刘秀称帝时，并非天下归心，各地的“天子”，甚至“大汉”天子此起彼伏。最早是“更始皇帝”刘玄，自称景帝裔孙。实际是景帝误幸程姬的侍女，生下庶子刘发，因为是姬妾的侍女所生，被封到卑湿之地的长沙。刘发的儿子有六人受封，一王五侯，其中庶子刘买封为春陵侯。刘玄是第二代春陵侯刘熊渠的不能得封的庶曾孙。而刘秀本人则是春陵侯刘买不得封的庶玄孙。他们虽称为族兄弟，又称汉室裔孙，其实支脉已经很远了。

另一支势力强大的义军赤眉，也在寻找刘氏后代。赤眉起于齐地，于是寻找封于齐地的高祖刘邦的庶孙、当年平定诸吕叛乱的功臣朱虚侯刘章的后代。谁知历经 200 年，他的后代仅在军中就找出 70 多位，最后用抽签的办法推出 15 岁的刘盆子为“天子”。

更有关中地区的方望，趁长安之乱找出被王莽废为孺子的西汉最后一位皇帝刘婴（此时已经 20 岁），立天子以为号召。

中原地区的刘永，父亲是西汉最后一位梁王（都睢阳，今河南商丘），为王莽所杀。此时以大汉为号召，称天子，占据了相当今豫、皖、鲁、苏一带 6 郡 28 城。因为是汉朝最为近支的嫡系，社会号召力也最为强劲，深得中原人士支持。

除此而外，还有晋陕北部地区的卢芳借助匈奴的力量，自称汉帝；河北地区一个卜者王郎，诈称是成帝庶子刘子舆，为恢复大汉而称天子；还有庐江李宪自立为天子，巴蜀公孙述称帝建“成家”政权，南郡秦丰称楚黎王，齐地张步称“定汉公”等，至于铜马、青犊、大抢、大彤等十几部流动抄掠的还有数百万人马。

建武元年（25）十月，刘秀定都洛阳，史称“东汉”。此后刘秀花了 12 年时间，或荡平或臣服各地的军事集团，直到建武十二年（36）十一月，大破巴蜀成家公孙述，才终于基本统一了全国。

刘秀对东汉国家机器做了形式上继承西汉、实质有重大不同的改造。西汉政权的中央为三公九卿制，最高官员为三公，即大司徒（即汉初丞相）、大司马（汉初太尉）和大司空（汉初御史大夫），总管政务和军事，辅佐皇帝执掌政府工作。刘秀看到西汉后期皇帝大权旁落，政权往往为大司马掌握，所以他虽然仍置三公，所有大事都亲自决策，交由少府属下的尚书台办理。尚书台长官为尚书令，在西汉不过是做秘书工作、秩千石的官员。刘秀在尚书令下置六曹，由六尚书分管：三公曹和吏曹，主管中央官员公卿选举、斋祀、岁末税课统计事；二千石曹，主管郡国事；民曹，主管地方官员工作汇报和工程事务；南、北主客两曹，主管外国和少数民族事务。六曹的尚书只是秩六百石的中级官员，却主持着全国的行政大事。三公往往仅是备员而已，就是开国的大将、功臣，也只是给予封土厚禄，却不得参与政事。由于尚书秩级低，易于控制，所以在皇帝亲自主持下，中央集权的政治制度得以强化，保证了东汉前期社会的稳定。

刘秀在位时间长达 33 年，保证了东汉初年的社会稳定，为明帝、章帝时代经济较好地恢复打下了基础。

二、班超父子经营西域

两汉的西域，广而言之是指玉门关以西的广大地域；一般而言，则主要指玉门以西、葱岭（今帕米尔）以东今新疆维吾尔自治区为主体的地区。从武帝时张骞凿空开通西域，汉朝与西域之间就交通不断。但是西域毕竟不同内地，处理西域事务有着自身的独特性。

第一，从地貌上看，西域地虽广袤，但大部是山区、荒漠，北界阿勒泰山，中有天山，南抵昆仑山；以中部天山为隔，形成北部的准噶尔、南部的塔里木两大盆地。这两大盆地的主体都是沙漠、戈壁或荒漠草原，只有从天山、昆仑山雪水流下的诸多河水的流域形成宜居的绿洲。这些绿洲为大片沙漠所隔，生成一个个依绿洲面积不等而大小不同的绿洲城郭国。

第二，从人种上看，西域绿洲城郭国的居民多数为高加索人种，操与中原人士完全不同的语言，张骞凿空前，西域与中原较少往来，其文化传统与中原差别较大。

第三，绿洲国多为农业国，匈奴势力扩大后，西进至西域地区。游牧的匈奴为获取农业物产，利用强大的军事实力，控制了西域诸国。

第四，绿洲之间相隔少则百里，多则数百里；行程少则数日，多则十余日。以当时的交通条件，只能借助马匹或骆驼自带给养跋涉通行。每经历一个绿洲国，必得休养若干时日，以恢复体力和畜力，补充给养，才能继续前行。

西汉宣帝地节二年（前 68），西汉政府首次在西域派置了“西域都护”。首任都护是郑吉。有学者研究，自那时到王莽新朝地皇四年（23），中原王朝在西域共派驻了 19 任都护①，直至中原战乱，无暇西顾，中西交往处于断绝状态。

东汉早期，也曾有过一次机会恢复中原与西域的关系。建武二十一年（45），西域的鄯善、车师等 16 个绿洲国的国王，派自己的王子到洛阳为质，请求汉朝仍向西域派出都护。原来西域诸国脱离中原后，又受到匈奴的控制。匈奴对绿洲各国“敛税重刻”，各国不堪压迫，看到中原恢复了平靖，又希望汉朝能够保护他们。但是刘秀认为，“中国初定，未遑外事”，只是对这 16 位王子“厚加赏赐”，仍然送了回去。

不久，匈奴分裂为南、北两部，南匈奴归附东汉，被安置于今华北至内蒙古中部一带；北匈奴虽处于漠北，势力仍然西向控制着西域地区。他们直接控制和操纵西域诸国的政治，培植绿洲大国势力作为控制小国的工具，甚至胁迫西域诸国出兵，跟随匈

① 余太山：《两汉魏晋南北朝与西域关系史研究》，中国社会科学出版社 1995 年版。

奴侵扰劫掠汉地。随着经济实力的逐渐恢复，明帝决定对北匈奴实施反击。

明帝永平十六年（73），汉遣四路大军从平城（今山西大同）到酒泉（今甘肃酒泉）全线出击。酒泉一路由奉车都尉窦固率领，在祁连山一带作战，其时闲居在家的班超随军出战，被窦固派作假司马（中级军官“军司马”的副职），另领一军从酒泉一带出击伊吾卢城（今新疆哈密地区）。班超到伊吾与匈奴在蒲类海（今新疆哈密市巴里坤县）大战，斩获甚多，很得窦固赏识。伊吾一带是匈奴控制西域的通道，也是中原进入西域的门户。占领伊吾，就有了控制西域的踏板。同时，伊吾所在地区是天山东麓的一带盆地，有比较丰富的水源，可以经营农业。所以明帝在此设置宜禾都尉，驻兵屯田，以为进兵准备。此事对西域震动极大，连远在塔里木盆地南缘的于寘（今新疆和田）等国也立刻派遣王子到洛阳作质子，表示臣服，西域自莽新时期断绝交通以来，终于重新与中原建立了正式关系。

第二年，明帝再派窦固、耿秉等人出敦煌，进入车师（今新疆吐鲁番西部），并且派陈睦为西域都护，耿恭和关宠分为戊、己二校尉。这是东汉首次在西域派驻都护，都护的驻所，可能仍因西汉之旧，在乌垒城（今新疆库尔勒市与轮台县之间，城今已无存）；而戊、己校尉则驻跸车师后、前部（分别为今新疆奇台县和吐鲁番市交河故城）。都护的职责，按《汉书·西域传》的说明，是督察西域各国动静，“有变以闻，可安辑，安辑之；可击，击之”。而戊、己校尉的职责，则主要是屯田。汉代流行五行、谶纬之说，以十天干配五行，则戊、己为阳土和阴土。所以从西汉就将屯田校尉称为戊己校尉，后来又分设有戊、己二校尉，分驻两地，以屯田兵力生产粮秣，同时震慑周边。然而匈奴势力尚强，永平十八年（75）六月，匈奴纠合焉耆、龟兹两国，围攻西域都护和戊己校尉，致使陈睦和关宠全军覆没，只有耿恭孤军奋战。恰在此时，明帝崩逝，章帝继位，章帝把耿恭救回后不再派西域都护，又撤销了驻车师的戊己校尉和驻伊吾的宜禾校尉，放弃了对西域的经营。

窦固此次出师西域时，仍照第一次一样，派班超别率一军出南路到鄯善。鄯善即西汉时的楼兰国，楼兰原在罗布泊之北，扼汉朝西域间通道天山南路的要冲，为汉朝和匈奴的必争之地。西汉朝廷杀了勾结匈奴的楼兰王，将楼兰迁到罗布泊西南，改称鄯善（今属新疆若羌县）。班超初到鄯善，鄯善王热情接待，不久态度忽然起了变化，班超意识到是匈奴使者到了，鄯善王在汉与匈奴两大势力间取舍不定。班超趁夜攻入匈奴使营，斩杀匈奴使者，第二天向鄯善王出示匈奴使者头颅，鄯善王大惊，随即向东汉派出王子为质。窦固向明帝上奏班超功绩，同时就天山南路的开通请求选派使节。明帝得到报告大喜，说“吏如班超，何故不遣而更选之？”直接任命班超为军司马，处理南路事宜。军司马是

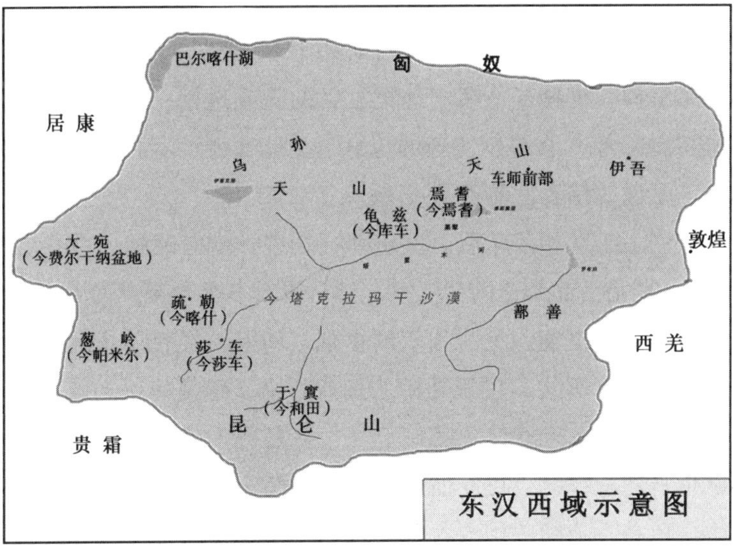

东汉西域示意图

比千石的秩级，窦固为此准备为班超添兵。班超说：“愿将本所从三十余人足矣。”率领30几个从人走上了向西的道路。

西域天山以南地区（今称之为南疆），沿今天所称的塔克拉玛干沙漠北、南两缘，天山南麓和昆仑山北麓，形成两条断续的绿洲带，也就是天山以南的南、北两道。南道葱岭和昆仑山雪水形成的疏勒河（今喀什噶尔河）、葱岭河（今叶尔羌河）和于窴河（今和田河）等向北深入大沙漠，季节性流入北缘的今塔里木河，使南北两道能够形成季节性通道。北道长期为匈奴控制，其中龟兹、焉耆所处的绿洲较大，又处交通要道，成为匈奴控制西域的主要工具，通过季节性河流，势力也到达南道；西南方向，隔着喜马拉雅山和葱岭，一个新兴的势力大月氏国（贵霜）正在崛起；而绿洲各国之间的争斗也非常激烈，形势十分复杂。

南道的莎车国其时正称霸于西域，势力向西达到大宛。莎车废立他国国王、迫使各国向它缴纳沉重的赋税，引起各国强烈不满。当班超沿南道西进时，于窴国（今新疆和田市）王广德攻破了莎车（今新疆莎车县），而匈奴又趁势控制了于窴。于窴王因为攻破莎车，正在志得意满，对班超十分倨傲，竟派巫师向汉使要马来祭神。班超毫不客气地把巫师的头颅送回，广德已经听说了班超在鄯善攻杀匈奴使者的消息，见此头颅，不再敢怠慢，主动攻杀了匈奴使者，向班超投降。

控制了于窴和莎车后，班超继续西进，指向疏勒（今新疆喀什）。疏勒是南北两道的交汇点，又是通向中亚大宛、康居、大月氏等国的交通枢纽，更为匈奴所重视。匈奴已经控制了北道，龟兹（今新疆库车县）国王建即为匈奴所立，建借匈奴之威，攻杀疏勒王，把龟兹人兜题立为疏勒王。班超派专使前往疏勒，出其不意地将兜题绑缚，再立前被攻杀的疏勒王的侄儿为王，将兜题驱逐回龟兹。疏勒“国人大悦”，班超由此控制了西域南道。

正在此时，明帝崩逝，章帝继位，北道西域都护和戊己校尉被匈奴和龟兹、焉耆攻没，章帝放弃了西域，同时下诏征召班超回京。班超启程时，疏勒“举国忧恐”，疏勒国的都尉说：“我必复为龟兹所灭耳，诚不忍见汉使去。”竟引刀自尽。班超走到于寘，于寘国的王侯拦路抱住班超马脚，哭诉“依汉使如父母”，不愿班超离去。见此情境，班超终于下定决心，留在西域。但是西域已无都护和戊己校尉，班超以一介军司马之身，统 30 余名战士，成了游离境外的一支孤军。

章帝建初三年（78），班超联络康居，集合疏勒和南道各国兵一万人，向东攻破北道的姑墨国（今新疆阿克苏市），将原来在匈奴控制下的天山南路西南方向全部平服。班超向章帝汇报战况，并且表示，疏勒、莎车一带，“田地肥广，草木饶衍”，可以不费中原而粮食自足。匈奴在西域，主要扶持龟兹，若干小国受龟兹控制，国王为龟兹所立，“既非其种，更相厌苦”，请求增派兵力，攻破龟兹，西域就可平定。章帝于是派徐干为假司马，率千人赴西域助班超。建初八年（83），又拜班超为西域长史（秩千石），以徐干为军司马，并且给予大将才能配备的仪仗和军乐队。班超于是联络各国力量，审时度势，纵横捭阖，千里折冲，不但平定了南北两道，还联络了乌孙，安抚了康居，击退了葱岭以外来袭的月氏，甚至翻越葱岭抵达悬度（约今克什米尔一带），平定了西域南道。接着又率兵沿北道向东，解决了多年来控制西域的龟兹国。

和帝永元三年（91），由于龟兹问题的解决，东汉任命班超为西域都护，以徐干为长史。这是自章帝放弃西域 16 年后，重新任命西域都护。班超随即调动龟兹、鄯善等诸国兵攻焉耆，将焉耆王于前都护陈睦所居的故城前斩首，传首洛阳，他自己将西域都护府设置在龟兹国内，居西域之中。从此东汉彻底将匈奴势力逐出西域，重新恢复了对西域的控制，西域五十余国向汉朝派遣质子，班超也被和帝封为定远侯。

班超在西域近三十年，娶胡妻生子，其子班勇甚至没有回过内地。永元十二年（100），班超上疏期望归根，他说："臣不敢望到酒泉郡，但愿生入玉门关。臣老病衰困，冒死瞽言，谨遣子勇随献物入塞。及臣生在，令勇目见中土。"班超的妹妹班昭也替哥哥向和帝求情，和帝终于同意班超回京。班超回到洛阳时，年已 71 岁，当年病逝。

班超回任，和帝任命戊己校尉任尚为都护。任尚不听班超临别嘱咐，"牧养失宜"，仅仅五年，招致西域反叛。安帝新即位，邓太后临朝，永初元年（107），再罢西域都护，朝廷派班勇为军司马，将西域官兵全部迎回，东汉再失西域。

东汉退出后，匈奴重回西域，不但仍然要求绿洲各国纳赋，而且"备其逋租，高其价值，严以期会"，要把匈奴退出西域期间的损失加倍补回来；又胁迫北路几国抄掠河西地区。面对这一形势，班勇力主在西域重设校尉。延光二年（123），在西域无汉官 16 年后，东汉终于又派班勇为西域长史，率 500 人出屯柳中（今新疆吐鲁番东南）。

班勇生在西域，长在西域，会胡语，懂胡俗，了解西域的政治形势，颇有乃父风范。他进入西域，首先收服鄯善、龟兹，使龟兹率姑墨、温宿来降，接着以河西汉兵会合鄯善、疏勒、车师前部诸国兵攻亲匈奴的车师后部（今新疆奇台，与车师前部隔天山相望），捕得车师后部王和匈奴使者，传首洛阳，又击走控制北道的匈奴呼衍王，保证了柳中地区的安定，将西域长史府设在了柳中。此时北道除匈奴所立的焉耆外，已基本向汉。班勇与敦煌太守共约合击焉耆。敦煌太守为抢功，先期出发，焉耆王因北道只剩焉耆未降而心生恐惧，敦煌太守于是直接进入焉耆受降，造成班勇后到。班勇竟因失期而被召回下狱。后虽被赦，再没有被用，终老于家。

班勇控制了西域北道后，南道疏勒、于窴、莎车诸国也纷纷主动来服。但是此后东汉中央政府自身一直处于不断的内乱之中，在西域虽长期派有官员，却难于服众，西域各国相互欺陵、征伐，甚至攻杀汉官，到桓帝时期，西域已事实上失控了。

三、东汉后期内乱不断

光武帝刘秀制定的政治制度是事实上不设宰相，三公仅存名义，国家的政治决策由皇帝亲自掌握，行政交由尚书台办理。这种制度虽然避免了皇权与相权的矛盾，但它的前提是皇帝必须清醒、能干而掌有实权。在东汉初年光武、明帝和章帝时期，还算大体能够保持这种态势。因此在最初的百年内，东汉呈现出社会安定、经济发展的势头。但自和帝以后，东汉的中央政权发生了很大变化。首先是皇帝死得早，继位的多为幼儿（在位极短的不列）：

章帝刘炟		逝年 33 岁
和帝刘肇	10 岁继位，窦太后临朝	逝年 27 岁
安帝刘祜	13 岁继位，邓太后临朝	逝年 32 岁
顺帝刘保	11 岁继位，宦官拥立	逝年 30 岁
桓帝刘志	15 岁继位，梁太后临朝	逝年 36 岁
灵帝刘宏	12 岁继位，窦太后临朝	逝年 34 岁
献帝刘协	9 岁继位，董卓专权	

皇帝不能亲政的后果，先是太后临朝，任用自己娘家亲戚，造成外戚专权。待皇帝长大后，不满足于听命外家，而自己身边可信任的只有宦官，于是专任宦官。外戚所倚是太后，太后一旦崩逝，所倚太后的整个外戚集团立刻失势；宦官所倚是皇帝，皇帝更替间，没有新皇帝会为旧奴婢撑腰。所以无论外戚还是宦官，在政权内部，都争着拥立自己中意的小皇帝，以便控制；对社会

管理，则显然采取短期行为，在自己有限的掌权时间内尽可能地搜刮和积累财富。

随着宦官外戚争权，不断出现小皇帝，政治丑剧恶性反复，朝廷乌烟瘴气，又引起官僚阶层和最为接近中央的太学生们的强烈不满。官僚阶层和太学生处于皇室集团之外，他们有自己的社会理想和价值追求，因而常用各种方式表达不满情绪。

针对这种不满，桓帝、灵帝时期，演出了两次由宦官大肆镇压士人和太学生的“党锢”事件。所谓党锢，是把反对宦官专权的官员和太学生以内外结党，诽谤朝廷的罪名逮捕下狱，株连甚广。第一次党锢事件中（桓帝延熹九年，166 年），官员士大夫被捕 200 多人，被释放后仍“禁锢终身”，即终身不得再做官。第二次党锢（灵帝建宁二年，169 年）更是大批抓捕官员，仅死者就达百余人，株连更广，甚至连附从者都株连到五服之内不得为官，又抓捕太学生千余人，把国家文官系统破坏殆尽。

政治的腐败加剧了经济的凋敝，经济的凋敝加上连年的天灾，又造成了社会的动荡。东汉中后期，各地方和边疆少数民族地区反叛起事不断，终于在灵帝中平元年（184），爆发了规模极大的黄巾大起义。黄巾起义是由钜鹿（今河北省邯郸市平乡县平乡镇）人张角兄弟谋划的，他们以“太平道”为宣传和组织手段，活动范围广及今辽宁、河北、山东、江苏、浙江、安徽、湖北、湖南、河南、江西等地，组织起来的信众达 30 多万人，分布各州郡，组成三十六方。张角提出的口号是“苍天已死，黄天当立，岁在甲子，天下大吉”，信众黄巾裹头，以黄天表示要替代汉朝天下，而起事时间则在“甲子”，而中平元年正是甲子年。于是在这一年的二月，三十六方同时起事，对东汉朝廷形成了极大的冲击。

面对全国各地同时爆发的起义，东汉政府的军事力量已不足以应付，灵帝一面不得不大赦天下禁锢的党人，参与镇压起义；一面诏“举列将子孙及吏民有明战阵之略者”，参与作战。经过9个月的激战，黄巾主力终于被镇压下去，但黄巾军是分散起事，各地黄巾军仍然在游击作战，全国战事并未停止。在镇压黄巾军的过程中，武将和豪强势力崛起，而由于文官体系的破坏，已没有了对武将和豪强势力的抑制和平衡力量。国家呈现出分裂和割据的倾向。

中平六年（189）灵帝崩，朝中混乱，董卓带兵入洛阳，控制朝政，立9岁的献帝。随后各路豪强以讨伐董卓为名，相互攻伐。建安元年（196），曹操挟献帝迁都许（今河南许昌），东汉名存实亡。建安二十五年（220）曹操薨，当年献帝逊位，曹丕称天子，国号魏；第二年，刘备在蜀地称帝，以继汉自居；同年曹丕封孙权为吴王，吴黄龙元年（229）孙权称帝，中国正式进入三国时代。

第四节　三国西晋

三国是汉末各路军阀经过反复征战、吞并后形成的一个相对稳定的时代。从曹丕称帝算起，到三国归晋，一共60年。司马氏灭吴，中国出现了一个短暂的统一时期。

三国西晋时期帝系

<table>
<tr><th>公元纪年</th><th>魏国</th><th>蜀汉</th><th>吴国</th></tr>
<tr><td>196</td><td>曹操迁许
年号 建安</td><td rowspan="2"></td><td rowspan="3"></td></tr>
<tr><td>220</td><td>文帝 曹丕
年号 黄初</td></tr>
<tr><td>221</td><td></td><td rowspan="2">昭烈帝 刘备
年号 章武</td></tr>
<tr><td>222</td><td></td><td rowspan="4">大帝 孙权
年号 黄武
黄龙
嘉禾
赤乌
太元
神凤</td></tr>
<tr><td>223</td><td></td><td rowspan="3">后主 刘禅
年号 建兴
延熙
景耀
炎兴</td></tr>
<tr><td>227</td><td>明帝 曹叡
年号 太和
青龙
景初</td></tr>
<tr><td>240</td><td>齐王 曹芳
年号 正始
嘉平</td></tr>
</table>

续表

公元纪年	魏国	蜀汉	吴国
252			会稽王 孙亮 建兴 五凤 太平
254	高贵乡公 曹髦 年号 正元 甘露		
258			景帝 孙休 年号 永安
260	元帝 曹奂 年号 景元 咸熙		
263		蜀汉亡于魏	
264			末帝 孙皓 年号 元兴 甘露 宝鼎 建衡 凤凰 天册 天玺 天纪
265	魏亡 晋武帝 司马炎 年号 泰始 咸宁 太康 太熙		
280			吴亡于晋

续表

公元纪年	魏国	蜀汉	吴国
290	惠帝 司马衷 年号 永熙 永平 元康 永康 永宁 太安 永安 建武 永兴 光熙		
307	怀帝 司马炽 年号 永嘉		
313	愍帝 司马邺 年号 建兴		
317	西晋亡于北汉		

一、曹氏魏国

曹操在东汉灵帝时任皇帝直属禁军西园八校尉中的典军校尉（相当比二千石武官），灵帝崩后，曹操参与讨伐董卓。当各路军阀互相征战时，曹操在建安元年（196 年）迎献帝迁都于许。尽管挟持了献帝在手，但天下名义上仍是大汉。各路豪杰据地称雄，还是要报请在许都的献帝给以名义。当时，割据一方的势力，在北方，有袁绍占据幽（今朝鲜北部、辽宁、河北北部和山西北部）、并（今陕西北部、山西北部和内蒙古中南部）、冀（今河北）、青（今山东半岛）四州，地域广阔；张琇占南阳，这里是光武帝刘秀家乡，历来受优待，富庶之地；袁术占扬州（今皖北地区）；吕布据徐州（今苏北和山东南部）；刘表在荆州（今湖北西部和湖南)；孙策在吴越（今苏南、浙江及以南地区)，曹操虽挟天子令诸侯，各路诸侯却还欲与曹操争天下。

建安五年（200)，曹操通过官渡之战打败北方最大的势力袁绍，此后又经过20年的争战，基本统一了北方。在此期间，建安十三年（208)，废除三公制度，曹操为丞相；建安十八年（213)，划北方10郡为魏国，曹操封为魏国公，国都邺（今河北省临漳县，近河南交界处)；十九年（214)，由魏公晋封为魏王。建安二十五年（220)，曹操薨，太子曹丕嗣王位，紧接着迫使东汉献帝禅位，立国号魏，重新营建洛阳为国都。

在三国时期，北方的魏国由于地处中原，承商周以来的社会发展，基础条件最好。但是历经汉末以后的黄巾起义、董卓之乱、军阀混战，社会秩序和农业生产遭到极大的破坏。曹操讨袁氏时在《蒿里行》诗中写道："铠甲生虮虱，万姓以死亡。白骨露于野，千里无鸡鸣。生民百遗一，念之断人肠。"诗句生动而纪实地描绘出了当时北方的社会景象。从曹操执政时起，魏国就采取了一系列恢复农业生产的措施。起初是从供应军事后勤的目的出发，采取屯田的办法生产粮食。以后继续把屯田和民间生产相结合，使北方的社会秩序和农业有了相当程度的恢复。可以说，魏国是三国时期经济状况最好的一个。

魏国共历5帝44年，从第二代国君明帝以后，朝廷陷于宗室曹氏与权臣司马氏的争斗之中，第三代国君曹芳被废，第四代国君曹髦被杀，大权归于司马氏，最终汉魏交替的历史重演，魏国以禅让方式逊位，魏国晋王司马炎继皇帝位，新国号称晋。

二、刘氏蜀汉

蜀汉创建者刘备自称西汉中山王刘胜后裔，先祖武帝时因为酎金案失爵，成为平民。历近300年，到刘备少年时只是织席贩履的贫户。在平黄巾的大势中，刘备趁机率众参与战事，势力逐渐壮大。

建安十二年（207），刘备得诸葛亮，说服东吴孙权，孙刘联合在赤壁大败曹操，曹、孙、刘三足鼎立之势基本成型。建安十六年（211），刘备入蜀，建安十九年（214）占领成都，获得蜀地为立足根本。

东汉时蜀地属益州刺史部，北自汉中（今陕西汉中），南达永昌（今云南）、牂牁（今贵州）。刘备初入蜀时，只得成都平原周围。成都北面的汉中，是蜀地的北方门户，原为张鲁所据。张鲁是东汉兴起的道教五斗米道的天师，当汉末群雄混战时，张鲁趁乱割据汉中和巴郡（今重庆地区），建安二十年（215），曹操取汉中，威胁蜀郡。二十四年（219），刘备攻占汉中，自称汉中王。建安二十五年（220）曹丕称帝后，刘备认为汉室已经被篡，以汉宗室后裔的身份，恢复汉朝，第二年也在成都称帝，年号章武，国号仍为汉，史称蜀汉。

章武三年（223），刘备征吴大败后崩殂于永安（今重庆市奉节县），临终嘱太子兄弟父事丞相诸葛亮，太子刘禅继位。刘禅17岁登基，在位40年后（263），蜀汉亡于魏。刘禅被迁于洛阳，封安乐公①。

刘禅继位后，诸葛亮主政期间，先是南下，平定永昌、牂牁地区，消除南方少数民族对蜀国的威胁，继而为实现刘备恢复汉室的理想，屡次从汉中北上伐魏。蜀建兴十二年（234），诸葛亮病逝于北伐途中。蜀汉后期，朝中宦官黄皓弄权，大将军姜维领兵在外，致使朝政腐败，国力日衰，最终国亡。

---

① 安乐公是县公，在安乐县（今北京市顺义区）划土设国，食邑万户，并不治民。刘禅并未之国，常住洛阳。后世有“此间乐，不思蜀”之讥。

三、孙氏吴国

吴国宗室孙氏世居江东[①]。黄巾起事时富春（今浙江富阳市）人下邳（今江苏邳州市）县丞孙坚参与战事，因军功升为长沙太守，封乌程侯，后死于诸雄讨伐董卓的战乱中。孙坚的儿子孙策率父亲旧部经过反复征讨，统一了江东各郡。东汉建安三年（198），曹操上表请献帝封孙策为吴侯、讨逆将军。建安五年（200）孙策遇刺，孙策的弟弟孙权接替兄长掌东吴大权，孙权时年15岁。

孙权接掌江东时，长江下游各郡虽然已属吴，但仍有势力不服于吴，而且江南南部至岭南为百越之地，这些越族大多住在山地，称为山越；荆州南部的原住民则属于百蛮的蛮族。这些地区的稳定都需要军事征讨和政治安抚。建安十三年（208），孙权接受诸葛亮建议，与刘备合作，在赤壁大败曹操，后刘备入蜀，曹、孙、刘鼎立之势确立。

孙权经多年西征、南征，势力西到荆州（今湖北、湖南），北过长江下游北岸一线，南达交州（今越南中部顺化一带），东派万人舰队浮海到夷洲（今台湾）。虽然南方经济较北方落后，但是随着中原战乱不断，北方百姓大量南逃，既带来了大量劳动力，又带来了先进的生产技术，使东吴的经济有了相当程度的提高。

建安二十五年（220），曹丕称帝，第二年刘备称帝，和蜀汉刘备、诸葛亮一心北伐恢复汉室不同，孙氏吴国的基本国策是保江东安定，所以孙权并不急于称帝，而是向曹丕称藩，把囚禁的魏国大将于禁送还，曹丕于是封孙权为吴王，孙权自行改元黄武。

---

① 长江流经鄱阳湖口后折向东北，古代称此后的长江东岸为江东。地域大致包括皖南、苏南、浙江和江西北部。

黄武五年（226），曹丕崩，孙权于黄武八年（229）称帝，建都建业（今南京），改元黄龙。吴太元二年（252）孙权薨逝，谥号大皇帝。从建安五年（200）孙权接替孙策算起，孙权在东吴掌权52年，基本保持了东吴的安定，也大体维持了与曹魏和蜀汉的关系。

蜀汉亡后，曹魏也很快让位于司马氏晋国，但是晋国并没有能够立刻并力灭吴，而吴国后世王朝也是一代不如一代。末帝孙皓在位期间，荒淫暴虐，朝野离心。晋咸宁六年（280），司马炎派兵攻吴，三国最后归晋。

四、司马氏西晋

魏元帝曹奂咸熙二年（265），司马炎通过宫廷政变取得政权，因为以魏朝的晋王承继大统，立国号晋，仍以洛阳为都，司马炎被后世谥为武帝。历4帝52年后，北方匈奴刘氏政权攻灭了晋国，宗室司马睿在建康（即吴建业，晋改建邺，西晋末为避帝讳改建康，今南京）重建晋国，史称洛阳晋为西晋，建康晋为东晋。

武帝司马炎在位25年，登基之初，尚能关注农业，发展生产，西晋在立国前期有了一个相对稳定的恢复和发展时期。但是武帝认为，司马氏之能取得政权，在于曹魏封王不广，兄弟相争。所以武帝分封了司马氏27个王，又借五等爵的名义，以公侯伯子男方式封了大批贵族，以为如此既可以诸王作为屏藩，又可以令贵族们互相牵制。这些王分封各地，虽不治民，但可以养军，实际势力越来越大，而且益愈谋取政治利益。

太熙元年（290），司马炎驾崩，嘱杨皇后外戚杨骏辅佐太子司马衷即位，是为惠帝。司马衷是个庸愚的皇帝，大权为皇后贾氏控制。贾氏联络汝南王、楚王欲消除杨氏势力，楚王于是带兵进京，围攻杨骏，清除了杨氏，贾氏专权；此后，贾后串通楚王杀了汝南王，又谋杀了非亲生的太子；赵王以此为由再杀贾后一党，自己称帝；接着齐王、河间王、成都王起兵讨伐赵王，赵王兵败被杀后，齐王专政；河间王、长沙王又讨伐齐王；齐王死后，长沙王揽权，河间王、成都王和东海王又和长沙王混战一场，光熙元年（306）司马衷暴崩，太弟司马炽继位，是为怀帝。怀帝以东海王司马越为太傅辅政，终于结束了这一场混乱。

这场混乱的参与者以八个王为主，史称“八王之乱”，实际上这场混乱延续 16 年，卷入的绝不只是八个王，还有一些王、公、大臣、武将，或参与一方，或自立割据，形势蔓延全国，对社会生产和人民生活造成极大的破坏。城市十室九空，人民流离失所，连宗室皇族都所剩无几。“八王之乱”期间，由于国家无序，北方少数民族趁势而起，“八王之乱”结束不到 10 年，愍帝建兴四年（316），皇帝司马邺为匈奴刘汉政权俘获，整个北方又陷入“五胡十六国”的割据状态下。

第五节　东晋南朝

西晋“八王之乱”，中原兵连祸结，中原士人纷纷避难南逃到相对平稳的长江流域，时任安东将军、都督扬州诸军事的琅琊王司马睿坐镇建邺（愍帝司马邺即位后避讳改建康，今南京）。匈奴刘汉南下中原，攻入长安，愍帝司马邺出降，又为刘汉所害，司马睿遂在建康就皇帝位，是为晋元帝。史称司马睿在建康重建的晋国为东晋，历 11 帝 103 年，为刘宋替代。

东晋纪年

元帝司马睿（317—322）—— 明帝司马绍（323—325）—— 成帝司马衍（326—342）—— 康帝司马岳（343—344）——穆帝司马聃（345—361）——哀帝司马丕（362—365）——废帝司马奕（366—370）——简文

帝司马昱（371—372）——孝武帝司马曜（373—396）——安帝司马德宗（397—418）——恭帝司马德文（419—420）

一、东晋偏安

晋元帝司马睿原是西晋的琅玡王。琅玡国在今山东临沂，远离建康，司马睿虽然出镇建康，在建康并没有真正的实力。而与司马睿关系极好的琅玡大族王氏，对司马睿在江东立足起了重要的作用，特别是王导和堂兄王敦，号召避乱南下的北方士族、团结原住南方的世家大族拥护元帝，奠定了东晋政权的百年基础。

然而这种关系也造成了东晋政治的特殊现象，即世家大族始终是东晋政权的核心，皇帝往往只具有象征意义。在东晋初期，王氏掌握实权，王导在朝中任侍中、司空、录尚书，王敦则任侍中、大将军、都督六州军事、荆州刺史，坐镇上游荆州，人称东晋国家是"王与马，共天下"。元帝曾经希图建立自己的力量，倚重刘隗、刁协，致使王敦以讨刘隗、刁协为名，相约沈充，起兵攻建康。王敦、沈充败亡后，仍是王导掌权。王导死后，庾氏、桓氏、谢氏等世家大族相继执掌朝中大权，为争夺朝政，世家大族甚至兵戎相见，严重削弱了东晋的国势。

东晋偏安江东，由于江南地区自然条件好，又经过孙吴时期的开发，有了一定的基础。北方南逃的农民带来了北方先进的生产技术，使南方维持了较好的经济条件。南逃的和原籍南方的世家大族依靠着这些条件，仍然占有大量土地、荫庇南逃劳动力，维持着西晋时期的醉生梦死的生活。东晋时期的经济生活仍然维续着谷帛钱币并用的政策，《晋书·食货志》说"自中原丧乱，元帝过江，用孙氏旧钱，轻重杂行。大者谓之比轮，中者谓之四文"。东晋晚期甚至提出过废除钱币的想法，因孔琳之反对而没有实行。

东晋虽然占据南方大片土地，北部边界却时时处在北方少数民族政权的威胁中。最初，是匈奴刘汉（后改赵，史称前赵）；以后是后赵，后赵曾对晋形成很大威胁；接着是鲜卑前燕、氐族前秦；以后是后燕、后秦；最后北方为鲜卑魏所统一，这些政权你来我往，也都时时想南下。而东晋虽然自命汉族正统，真正想北伐统一国家的却也并不多。较为有名的，早期有祖逖，后来有庾亮、桓温，最为著名的是谢安抗击前秦的“淝水之战”。这些战事有时在一定程度上扩张了北部的领土，却始终没有能够真正规复中原。最后的北伐主持者是东晋末期的大将刘裕。刘裕虽没有完全收复旧土，却最后推翻了东晋，建立了一个新的王朝——刘宋，开始了南北朝时期南朝的历史。

南朝纪年

南朝共有宋、齐、梁、陈四个王朝相继建立，都以建康为都，共历 169 年。

宋（420—479）：武帝刘裕建国，历 8 帝 60 年

齐（479—502）：高帝萧道成建国，历 7 帝 22 年

梁（502—557）：武帝萧衍建国，历 4 帝 55 年

陈（557—589）：武帝陈霸先建国，历 5 帝 32 年

南朝四个王朝寿命虽都不长，却都以中原汉族正统自命，掌握朝政的家族也多是南渡人士，因此大多以北伐标榜。北伐虽都没有完成，南方的地域却基本保持了稳定，为南方经济的稳定创造了一定条件。

二、刘宋

刘裕在推翻了东晋桓玄的政权后，控制了东晋的中央权力，被安帝封为宋国公，又进位为宋国王，最后迫使末代晋帝禅位，建立了宋国。

宋国承东晋领土最为广大的时刻，宋初的皇帝高祖武帝刘裕和太祖文帝刘义隆推行了一系列稳定社会、恢复经济的政策。如：

重用寒门，西晋以来，国家政权都由高门世族掌握，而刘裕本人出身寒门世族，所以刘裕打破晋朝的传统，扩大了用人的才路。实行“土断”，东晋南渡以来，北方逃难的人群在南方设置“侨置”的州、郡、县，这些侨置郡县的人群，历经100多年，早已有了自己的土地家产，却仍然享受着南渡之初的优惠政策，赋税既少，还荫庇了大量人口和劳动力。刘裕和刘义隆一方面裁并侨置郡县，一方面利用“土断”政策，把南渡人口并入本地郡县，与土著一样承担国家义务。限制“山泽”，南渡世族，凭借身份地位和南下时带来的武装，侵占山林、湖泽，不许百姓使用，此时虽难禁断，但是规定限额，凡超额的，一律收归国家，开放百姓利用。此外，还整理官制、减省开支、打击贪腐等。经过20多年整治，刘宋国内呈现出“氓庶蕃息，奉上供徭，止于岁赋，晨出暮归，自事而已”，“家给人足”，“凡百户之乡，有市之邑，歌谣舞蹈，触处成群，盖宋世之极盛也”。时正是文帝元嘉年间，史称“元嘉之治”。

宋国初建时，北方鲜卑族的魏国已经控制了中原，宋国的北部边界与北魏全面接壤，宋国的北伐主要发生在宋魏之间。其中最主要的战争有两次。第一次北伐发生在文帝元嘉七年（430）三月，宋军派到彦之为主将，大举攻黄河一线。战前派出将军田奇向魏国下战书：“河南是宋旧土，中为彼所侵，今当修复旧境，不关河北。”表示此次北伐以黄河以南为目标。魏国太武帝大怒，对田奇说，我从一出生，头发未干，就知道河南是我家地，你一定要来，我可以暂避，待天冷河封，我“自更取之”。果然，战到十一月，宋军全线奔退，北伐失败。

第一次北伐失败后，宋国整理国内经济，经20年，进入元嘉盛世。曾任汝阴（今安徽阜阳）太守、彭城（今江苏徐州）太守的王玄谟不断给文帝上表，陈述北伐之策。文帝为王玄谟鼓励，意气浮动，说“闻王玄谟陈说，使人有封狼居胥意”。封狼居胥，是指汉武帝时，霍去病北伐匈奴，攻至大漠深处狼居胥山，封土祭天之事。元嘉二十七年（450），魏国抄掠边境，文帝趁机命王玄谟为宁朔将军，领军北伐。王玄谟出兵连战不克，不听部下所计，又苛下过刻，还一边打仗一边做生意，一匹布强买人八百梨，更失人心。于是宋军连退，魏军直追至瓜步（今南京市六合区，当时已是长江北岸），建康惊慌。此次北伐又告失败。南宋辛弃疾有“元嘉草草，封狼居胥，赢得仓皇北顾”，正指此役①。

两次北伐，特别是第二次北伐，几乎断送了元嘉盛世的全部成果。此后，刘宋又陷入内乱不断的局面中，一方面，皇室与贵族奢靡之风盛行；另一方面，皇族为争帝位，互相残杀，6 个皇帝 3 个被杀。顺帝时，将军萧道成辅政，重演刘宋历史，由齐公而齐王，最后迫使顺帝禅位，建立齐国。

三、南齐

宋顺帝末年，大将萧道成封为齐公，后进位齐王。宋顺帝昇明三年（479），重演晋宋禅让故事，萧道成由齐王而进位皇帝，国号齐，年号建元。因为北朝后来也有齐国，史称萧道成的齐国为南齐。

南齐有国 22 年，其中高帝萧道成在位仅 4 年，传位太子萧赜，年号永明，延续 11 年，萧赜谥号武帝。萧道成出身素族，高帝、武帝父子二人都曾在宋朝做官，比较了解下情，看到宋朝的覆亡，因而在他们在位的 15 年间，比较关注民生，注重节俭，加之南北基本没有大的战事，南方百姓得以休养生息，经济有了较

① 王玄谟其时正是年轻气盛。此役以后，王玄谟逐渐成熟，曾做到开府仪同三司，南豫州刺史，加都督衔。史官称“观其大节，亦足为美”，只是待下苛刻如故，军士传言“宁作五年徒，不逢王玄谟”。

大的恢复。

武帝以后，南齐又陷入了皇室骄奢淫逸、宗室兄弟争位的漩涡。齐国一共享国22年，就历7帝，7帝中3个被废被杀。武帝以后，在位长的明帝不过5年，萧宝卷在位3年，昏聩淫逸，“步步生莲华”的历史话柄就出自他的3年中。南齐的国家收入和支出仍以谷帛为主，国家仍使用前朝旧币，并没有正式铸币，市场币制经过宋朝时的几次波动，已基本稳定。但是齐国贵族又极其重视收取和宝藏钱币，其来源主要是向商业搜刮。武帝在国家上库中“聚钱五亿万”，斋库又有三亿万钱，金银布帛不可胜计。这些钱在后世诸帝手中，都用于赏赐和奢侈、大肆营建宫室了。

在南齐皇室的争斗中，皇室的一个远支亲属萧衍崛起，于是以公而王，以王而禅让的活剧再度重演，齐国易主为梁国。

四、萧梁

萧梁的开国主萧衍出身素族，是南齐皇室的远支族亲。齐末年，皇帝萧宝卷荒淫昏聩而残暴，宗室萧宝融起事，萧衍作为主力，攻入建康，建首功，以此封为梁公，既而进封梁王。中兴二年（502）再受禅，改国号梁，改年号天监，史称萧梁。梁有国55年，共历4帝，而萧衍在位就达48年，是整个南朝诸帝在位时间最长的，身后谥武帝。武帝在位长，保证了社会的安定；武帝前期，与北方也没有发生太大的战事，梁朝前期的社会经济有了较好的发展。

江南水网纵横，交通便捷；大批北方农民带来先进的耕作技术，大批北方世族带来贵族和城市的生活方式及文化。依托水运和稻作的优势，沿江河湖泊兴起成批的城市，也带来了城市对商业的依赖。尽管布帛和谷物在国家财政中仍然占据着主要地位，可是城市和贵族的生活方式却需要大量的货币支撑。由于梁武帝在位时政治的稳定和政策执行的保证，梁国在整顿货币上做了一些工作，但是效果却并不理想。

梁武帝早年无子，收继了侄子萧正德，后来生了儿子萧统，又把萧正德送回，致使萧正德怀恨，种下动乱的种子。中大通六年（534），北方的鲜卑魏国分裂为东魏和西魏。太清元年（547），东魏大将侯景来降。此时武帝已在位45年，年事已高，希望利用这一机会在有生之年能够北伐恢复中原。谁知侯景后来却与被夺太子之位的萧正德勾结反叛，大军攻进建康，洗劫城市，杀戮贵族和士人，对南朝社会造成了极大破坏，武帝也被幽禁，饥绥忧愤而崩。这一变故史称“侯景之乱”。侯景之乱延续了4年，期间大批城市被毁、大批世族被杀、大批财富被抢、大批建筑被破坏，侯景在建康立帝又废帝，最后侯景虽然兵败被杀，各路以勤王名义起兵的宗室、军将又互相厮杀，梁室江山被破坏殆尽。

侯景乱起，振远将军、高要（今广东肇庆）太守陈霸先发兵北上勤王，终于在建康推翻梁朝，建立了陈朝。

五、南陈

陈朝开国皇帝陈霸先，梁时吴兴（今浙江湖州）人，侯景乱起时任广州高要郡太守、西江督护，率军北上勤王。侯景死后，萧氏宗室和各路军将混战，陈霸先拥梁武帝14岁的孙子萧方智为帝，然后，自己被封南豫州陈留郡等十郡为陈公，再加封十郡升公国为王国，再后来照例演出禅让活剧。新朝国号陈，改年号永定，永定元年为公元557年。陈朝历5帝32年，亡于隋。

武帝立国不到三年便崩逝，文帝陈蒨继位时萧梁的残余势力还在各地割据，文帝号令不出建康。文帝是个有为的皇帝，他陆续平定了长江流域的萧梁残余势力，南方一些原来趁乱反叛的少数民族蛮族也渐渐归附。文帝本人看到萧梁时朝政腐败、风气颓靡，也注意节俭，主张与民休息，发展生产，南朝的经济渐有恢复。

文帝在位 7 年，太子因为无能，继位不到三年，被武帝的宣后所废，由文帝的弟弟陈顼继任皇帝，年号太建，是为宣帝。宣帝曾经试图北伐，也一度有所进取，但因谋划不力，指挥失措，反而大败于北周，国土仍局限于江南。但是萧梁“侯景之乱”后，文帝、宣帝期间，是江南经济有所恢复的时期，商业也呈现了一定的繁荣。尽管宣帝想有所作为，但《陈书》称其“德不逮文，智不及武”（指武帝、文帝），陈朝已经走向末路。

太建十四年（582），陈朝的末代皇帝，宣帝长子陈叔宝继位，后世称为“陈后主”。后主即位时，北方已由杨氏统一，建立了隋朝，处于蓬勃日上时期，后主却日益耽于享乐。陈祯明三年（隋开皇九年，公元 589 年），隋大军南下，攻入建康，陈叔宝被俘，陈朝覆灭。自晋室司马氏南下建康（317 年）开始，历 270 年的南朝（通常把三国吴一起并称“六朝”）结束了。

第六节　十六国北朝隋

一、五胡十六国

在中原政权晋朝的北方和西方，生活着一些以游牧为主要生活方式的民族。这些民族自汉以来，有的内附，被中原政权安置在北方边界地区，与汉族人民保持着长期的杂居或交流；有的长期维持着自主的游牧生活，与汉族人民也有经常的交流或交易关系。这些周边民族在与汉族人民的交往中，接受了很多汉族文化的因素。

西晋末年，“八王之乱”造成国内社会的严重失序，不少居住内地的少数民族介入到中原的政治纷争中来，也有大量边民向内地流动，加剧了内地的动荡，而内地的地方官吏和中央政府又无暇或无力或无计解决这些民族问题，甚或借助少数民族的武力达到自己的政治目的。于是这些地区纷纷成立了多以周边民族上层为统治集团的割据政权，有些政权日益壮大。晋愍帝建兴四年(316)，匈奴人刘渊所建的汉国攻入长安，西晋亡，北方进入多民族割据时代，史称“五胡十六国”时期。

所谓“五胡”，是指匈奴、鲜卑、羯、氐、羌；所谓“十六国”，主要是指西晋末年至北魏期间在北方各地由“五胡”和汉族先后自立的十六个割据政权。十六个国以外还曾有几个小政权，但或因时间短暂，或因地处边远而被忽略，传统上称这一时期为“五胡十六国”。这十六国的社会发展状态也不同，因而货币经济状态也各不相同。大多数是以实物经济为主，兼用前朝旧币，也有少数政权铸造了自己的钱币。

十六国概况

国名	族属	年代（公元）	创立者	地区	货币
前凉	汉	301—376	张轨	今河西、新疆，都今武威	有
成汉	巴	304—347	李雄	今四川，都成都	有
前赵	匈奴	304—329	刘渊	关中、甘肃东部，都平阳，后迁长安	
后赵	羯	319—350	石勒	今华北、中原、山东等，都襄国，后迁邺	有

续表

国名	族属	年代（公元）	创立者	地　区	货币
前燕	鲜卑	337—370	慕容皝	今华北、辽宁、中原、山东，都邺	
前秦	氐	351—394	苻健	统一北方大部地区，都长安	
后秦	羌	384—417	姚苌	关中、今内蒙古中部，都长安	
后燕	鲜卑	384—409	慕容垂	今华北、辽宁、中原、山东，都中山	
西秦	鲜卑	385—431	乞伏国仁	今陇西，都兰州	
后凉	氐	386—403	吕光	原前凉辖地	
北凉	匈奴	397—439	沮渠蒙逊	张掖地区，都张掖	
南凉	鲜卑	397—414	秃发乌孤	今青海、甘肃东部，都今青海乐都	
南燕	鲜卑	398—410	慕容德	今山东、江苏北部，都今山东益都	
西凉	汉	400—421	李暠	今甘肃西部、新疆，都酒泉	
夏	匈奴	407—431	赫连勃勃	今宁夏、内蒙古中部，都今陕西靖边统万	有
北燕	汉	409—436	冯跋	今辽宁西南、河北东北部，都今朝阳龙城	

二、北朝、隋

北朝建立者是鲜卑族。鲜卑族原生活在大兴安岭西麓呼伦贝尔地区，东汉时逐渐南迁。魏晋之际，鲜卑族的拓跋部 20 万人马迁到今内蒙古中部，以盛乐（今内蒙古呼和浩特市和林格尔县）为都，建立早期国家，初称代国。中原的前秦建元十九年（东晋太元八年，383 年），秦晋发生淝水之战，东晋以弱胜强，前秦大败，致使前秦政权发生分裂，关中为姚氏后秦控制，中原则是鲜卑族慕容部建立的后燕。拓跋鲜卑趁机崛起，拓跋珪自称魏王，东征西讨，历经十年，收服北方诸族，然后大举进攻后燕，很快攻占了后燕都城中山（今河北定州）和燕国重镇、曹魏旧都邺城。拓跋珪随即议定国号“魏”（史称北魏），迁都平城（今山西大同），制定行政区划，统一度量衡，制定官制、礼仪、法律，正式称帝，定年号天兴（398）。

公元 420 年，刘裕灭东晋称帝，在南方建大宋国；北魏国经 40 年战争，灭夏、燕、凉诸国，于公元 439 年统一了北方，中国进入南北朝时期。

北魏的皇帝采取了发展农业生产和主动汉化的措施，一方面“计口授田”，使游牧贵族建立的国家逐步成为定居的农业国家，一方面要求鲜卑贵族改汉姓、穿汉服、读汉书。孝文帝拓跋宏（拓跋改姓元后称元宏）更于太和十八年（494）迁都洛阳，稳定了对中原地区的控制。

北魏后期，政治昏暗，社会动荡，朝廷帝后矛盾加剧。帝后各自引进自己的军事力量，致使军事将领操控政权，终于造成北魏分裂成东西两部。东部仍称魏，建都邺，年号天平（时为南朝梁武帝中大通六年，534 年），大权操控在武将高欢手中，史称东魏；第二年，西部建都长安，也仍称魏，年号大统，大权操控在武将宇文泰手中，史称西魏。

东魏维持了16年，高欢的儿子自立为帝，建国“齐”，改年号天保（550），史称北齐；西魏也只维持了21年，宇文泰的儿子自立为帝，建国“周”（557），史称北周。东西分裂20年后，北周灭齐，重新统一了北方。两年后，北周外戚杨坚自立为帝，建立了隋朝。

隋文帝杨坚灭南朝“陈”，历经两个半世纪的分裂，中国终于又重新归于统一。隋朝历二帝38年，为唐王朝替代。

北朝、隋概况

北魏（398年建都平城）
（473年迁都洛阳）

西魏（535年建都长安） → 北周（557年宇文氏建）

东魏（534年建都邺） → 北齐（550年高氏建）

北周灭北齐（577年）

隋（杨坚建，581－618年，建都长安）

事纪

第一节　西汉

一、汉初半两小钱

《史记》《汉书》对汉朝的纪年是从刘邦封为汉王的公元前206年开始的，项羽战败、刘邦称帝其实是在此后4年的汉王五年（前202），定都长安更是两年后的汉王七年（前200），大汉的最初年代是在战争中度过的。由于秦末战争和楚汉战争范围涵盖当时全国的大部，兵燹之下，物资消耗、人民离散，社会极度凋敝。据学者研究，秦代人口在2000多万，到西汉之初，大约只剩了1300万①。司马迁生活的时代距当时不过百年，他的记述相对准确，因而为人熟知：

> 汉兴，接秦之弊，丈夫从军旅，老弱转粮饷，作业剧而财匮，自天子不能具钧驷，而将相或乘牛车，齐民无藏盖。（《史记·平准书》）

按照先秦的舆服制度，“天子驾六”，洛阳出土的周王车马坑证实，周天子的车确实是由六匹马拉的。汉初的皇帝却连四匹毛色一样的马都找不到。朝廷高官大臣由于没有马，出门只好坐牛车。这段艰苦的日子给汉人留下的印象极深，不仅司马迁以此作为汉初困苦的典型，甚至100多年后在昭帝时期的盐铁会议上，御史中丞发言还提到：“老弱负辂于路，而列卿大夫或乘牛车。”（《盐铁论·未通》）朝廷高官只好坐牛车，老百姓就只能人拉车

① 据路遇、滕泽之《中国人口通史》，第二章“秦汉三国时期”，山东人民出版社2000年版。

(负辂)，家里没有藏粮、财物（无藏盖）。在这样的生活状态下，人们的购买力极低。

以粮食为例，《云梦睡虎地秦简·司空》："系城旦舂，公食当责者，石卅钱。"在秦代，服刑者的伙食是每石粮食30钱，也就是一斗3钱。在《居延汉简》中有驻军戍卒的口粮记录："戍田卒七十人，月食百五十九石六斗九升少。"（简号74. E. P. T56：30）依此记录，戍卒的口粮是每人每月约2.28石，一天口粮是7升多。秦钱3钱一斗，一天的伙食大约要2枚钱。《睡虎地秦简·司空》另有一条："有罪以赀赎及有责于公……其弗能入及偿，以令日居之，日居八钱；公食者，日居六钱。"有罪当处罚款或欠公款而又还不起的，可以用劳役抵债，干一天抵8钱；如果吃官家提供的伙食，则一天抵6钱，二者之差是一天的伙食，恰恰是2钱。也就是说，秦钱2钱相当一天的饭钱。《睡虎地秦简·法律答问》中有一案，有人在祭祀未完时就盗走了祭品一副腰子，问："一肾赃不盈一钱，何论？"一副腰子价不到一枚半两钱，如果城邑中的平民买些日常的蔬菜或是草鞋、麻鞋，将无法交易，这就是所谓"秦钱重难用"。

自秦以来，市场上的钱币本来就是良莠不齐的。尽管秦朝不许民间铸钱，但中央也无力铸造供全国使用的钱币，钱币一般是由各地方官府铸造的。所以钱币的质量出入很大，以致秦律不得不规定"百姓市用钱币，美恶杂之，勿敢异"，"毋敢择行钱布"。秦末和楚汉战争期间，社会几乎处于无政府状态，民间铸钱已经缺乏管制，秦钱在社会上已经自动脱离了每枚重12铢的标准。《史记·平准书》记叙道：

> 于是为秦钱重难用，更令民铸钱，一黄金一斤，约法省禁。而不轨逐利之民，蓄积余业以稽市物，物踊腾粜，米至石万钱，马一匹则百金。

所谓“更令民铸钱”，是承认了事实上早已存在的民间自铸钱行为。“约法省禁”即简化秦朝的法律、减少秦律的禁令。在汉初这种开放的气氛中，民间自铸的钱，就是已经实际减重了的钱币。这种钱币的面文仍然保持着秦钱的“半两”字样，而钱径和钱重已经无法保证。从出土发现来看，这一时期的钱币大小轻重悬殊，最为典型的是1982年四川涪陵（今属重庆市）西汉初年的1号墓出土的96枚半两钱，钱径最大的2.36厘米，最小的1.56厘米，两者相差一半；重量最大的2克，相当3铢，最小的才0.3克，不过半铢，则差距更大。至于民间铸钱故意多掺杂铅以牟利，更是难以避免。货币的混乱自然会引起“不轨之民”借大小钱操纵市场的行为，所以卖米的一石卖到万钱，应当是指小钱一万，以应对大小钱共用的局面。

为了稳定市面，汉朝政府制定了法律。《张家山汉简》中可以看到“钱律”，其中对钱币的规定是“钱径十分寸八以上，虽缺铄，文章颇可智（知），而非殊折及铅钱也，皆为行钱。金不青赤者为行金。敢择不取行钱、金者，罚金四两”。“十分寸八”意为一寸的8/10。秦汉一尺约为23.1厘米，“十分寸八”约当1.85厘米。这是底线，不小于这一尺寸的，不得拒收。当然如果钱币含铅量过高、缺损伤及钱文，在市场上是可以拒收的。

作者评述：刘邦不同于很多秦末时六国余孽的诸雄，他起于草根，手下身边的将、相也多是底层人物。西汉草创，在战后荒敝的环境里，很难依靠这些底层人物在短期内建立起完善而有效的行政机构和机制。因而暂时将钱币市场的混乱容忍在一定限度内，是维持社会经济运转的必要方式。同时，高祖还对富商大贾采取了严厉的打击政策，“令贾人不得衣丝乘车，重租税”。司马迁在记述时说这是“以困辱之”，深层原因应当还有，有实力大量铸造小钱劣钱以牟利的，恐怕主要就是这些人。

二、汉初黄金

黄金在秦已成为正式货币，但是套用现在的眼光，似乎还不具备完全法偿地位。在《睡虎地秦简》中，有“出入钱以当金、布”的规定，即官府作为财政收入支出的黄金和布匹应折为钱，即以“半两”铜钱来计算。钱，是官府的基本计算尺度。从现在见到的秦律来看，秦对官员或民间违反法令的惩罚，大量的还是用实物，主要是甲、盾等武器。例如《睡虎地秦简·效律》：“数而赢不备，直百一十钱以到二百廿钱，谇官啬夫。过二百廿钱以到千一百钱，赀啬夫一盾；过千一百钱以到二千二百钱，赀官啬夫一甲；过二千二百钱以上，赀官啬夫二甲。”“司寇盗百一十钱，先自告，何论？当耐为隶臣，或赀二甲。”类似材料在秦代文献中不胜枚举。黄金在某些特定场合也有使用，如《睡虎地秦简·法律答问》：“广众心声闻左右者，赏。将军材以钱若金赏，毋恒数。”在战场上鼓励士气，可以赏以黄金；“夫、妻、子十人共盗，当刑城旦，亡。今甲捕得其八人，问甲当购几何？当购人二两。”购，偿也。发生重大盗窃逃逸案，捕获人犯后可以奖励黄金。但是此类事例有限。

汉初的黄金货币。在《史记》中，司马迁这样记述汉初的黄金：“于是为秦钱重难用，更令民铸钱，一黄金一斤。”即在放开民间铸钱禁令的同时，把黄金也规定为合法货币的一种，它的标准是以斤为单位，即所谓“百金”“千金”之类的称呼，意思是指 100 斤黄金、1000 斤黄金。例如高祖崩，惠帝即位，大赏天下，直接参与高祖治丧的予以重赏，视作参与的，“将军四十金，二千石二十金，六百石以上六金，五百石以下至佐吏二金”（《汉书·惠帝纪》），即属这种情况。

汉代官员的俸禄主要是以粟计量的实物。即便中期以后，增加了铜钱，也并没有以黄金为官俸。黄金大多是以赏赐的方式投放的。赏赐的黄金，少则几斤、几十斤，多至以千斤计。赏赐的对象，大多数情况下都是贵族和高官。这些贵族高官，大多自己有田土，有家业，他们所获得的大量黄金，除部分成为私人库藏、制作器饰宝物外，相当一部分可能是作为赏赐或军功奖励，分发给了下级官吏和军士。如景帝时期，吴楚七国反叛，景帝“乃拜（窦）婴为大将军，赐金千斤……所赐金，陈廊庑下，军吏过，辄令财取为用，金无入家者”（《史记·魏其武安侯列传》）。因此，在我们看到的汉律中，处置法律事件时，已不像秦代那样用盾、甲之类，而往往用黄金。《张家山汉简》共有竹简500余支，其中涉及罚、奖黄金的律令就达四五十条之多（不少律条罗列多种情况和奖惩办法，难于精确计数）。

单从这些汉简看，律条中罚则多于奖则和赐则，而奖惩的方式，平民与官吏有很大的不同。对于一般平民，赏赐多用钱币，惩罚多为罚钱或用肉刑；对于下层官吏，则处罚多为黄金。《捕律》：“捕从诸侯来为间者一人，拜爵一级，有购二万钱。”受封在外的诸侯常派人刺探中央政情，凡抓住诸侯的间谍一人，除升民爵一级外，奖励二万钱。《爵律》：“诸当赐爵而不当拜爵者，级予万钱。”所谓赐爵，也是指民爵。当因为各种原因赐民升爵一级的时候，有人因为各种原因不能受赐，可以用钱补偿，一级补一万钱。《兴律》：“已徭及车牛当徭而乏之，皆赀日十二钱。”征发徭役，应当出人力或车牛却不能及时应征，每延迟一天罚十二钱。这些是对平民而言。再看《津关令》：“阑出入塞之津关，黥为城旦舂，越塞斩左止为城旦；吏主者弗得，赎耐；令、丞、令史罚金四两。”没有证明文件而私自出入边塞关隘，刺面罚做苦役；已经出去而抓回来，砍掉左脚做苦役。守关的士兵疏于防守，剃头或用钱赎罪；主管官吏则罚金四两。类似律令对于涉及对象中的平民和官吏，大多采取这种分别处置的方式。可见黄金大多在官场和上层社会中流动，与一般平民关系不大。

以黄金处罚官吏的金额，一般都不大。可以看到的罚则，多为一两、二两，最高四两。也有例外，分为两种情况。一种是用黄金赎重刑。《具律》："赎死，金二斤八两；赎城旦舂、鬼薪白粲，金一斤八两；赎斩、腐，金一斤四两；赎劓、黥，金一斤；赎耐，金十二两；赎迁，金八两。"另一种是针对商人。秦自商鞅以来，就认为商业的发展是严重影响农业的，因此应该对商人予以严格限制。汉初经济凋敝，急需恢复民力，刘邦显然是继承了秦朝这种思想。《平准书》说："天下已平，高祖乃令贾人不得衣丝乘车，重租税以困辱之。孝惠、高后时，为天下初定，复弛商贾之律，然市井之子孙亦不得仕宦为吏。"在汉律《（关）市律》中，有"市贩匿不自占租，坐所匿租赃为盗，没入其所贩卖及贾钱县官，夺之列。列长、伍人弗告，罚金各一斤。啬夫、吏主者弗得，罚金各二两"。在市场中，商人要自报商业税，隐匿不报按盗贼论，没收商品和收入，收回摊位。市场中的列长、伍人是从商贩中指定的组长和互保商铺，他们没有举报，罚金是一斤，而主管官吏罚金是二两，官商之间差异可见。

黄金的价格。汉代黄金的价格，自古以来，有一个说法，即所谓"黄金一斤值万钱"。其来源，一是三国如淳说"时以钱为货，黄金一斤直万钱"（《史记·平准书》"索隐"注引），一是唐颜师古说"一金与万钱也"（《汉书·惠帝纪》注）。后人常以此为据，认为汉代黄金一斤值一万钱。但是近年来的出土实物说明，汉代的黄金并非一斤万钱，金、钱的比价是浮动的。

《张家山汉简·金布律》：

> 有罚、赎、责（债），当入金，欲以平贾（价）入钱，及当受购、偿而毋金，及当出金、钱县官而欲以除其罚赎责，

及为人除者，皆许之。各以其二千石官治所县十月金平贾（价）予钱，为除。

罚款、偿债、赎罪，无论什么原因，凡应当缴纳黄金的，如果没有黄金，可以折成铜钱。折钱的比价，是按二千石官所在县十月的市价为准。汉承秦制，地方行政区划为郡县制，郡的长官郡守的级别为二千石。同样承秦制，历法以十月为岁首。也就是说，汉初的黄金，在地域上郡郡之间是有差别的；在时间上每年都是有差别的。因此官方计价必须以郡守所在县年初的市场价为标准。

《张家山汉简》中有一部《算数书》，是一部解题形式的数学著作。书中的题目多以现实生活为题材，其中有一题：

金贾（价）两三百一十五钱。今有一朱（铢），问得钱几何？

曰：得十三钱八分一。

抛开算法不论，题中金价是每两 315 钱，一斤是 16 两，则黄金一斤值 5040 钱。题目所举虽然未必是真实事件，应当离现实不远。

黄金的管理。黄金既然成为国家正式货币的一种，从中央到地方就有了一定的管理规范。我们可以看到的，有管理的机构，有管理的法令，也有黄金一定的形制。

各地黄金的管理，由地方政府中的“金布”负责。金布一职，秦代就有，《睡虎地秦简》有《金布律》，《张家山汉简》也有《金布律》，内容虽有出入，但可以看出，“金布”是地方政府中职官的一种。金布所掌，既有金、钱，也有器物，还管理税收、财务等，是政府的总务吏。黄金在地方的收入、出纳、市场买卖等，都是“金布”的职掌。

黄金是贵重的正式货币，所以是不允许自由流动的。在汉律中，可以看到多条管理流动黄金的法令：

金不青赤者，为行金。敢择不取行钱、金者，罚金四两。（《张家山汉简·钱律》）

这是对黄金品质的管理。颜色不泛青的，当看作可以行用，称“行金”，市场上不允许挑拣、拒收。

盗出黄金边关徼，及吏部主知而出者，皆与盗同法；弗知，罚金四两。使者所以出，必有符致，无符致，吏知而出之，亦与盗同法。（《张家山汉简·盗律》）

黄金不允许随便携带出境，发现私带，主管官吏按偷盗治罪。使者携带，必须有出关的证明。

其令诸关，禁毋出私金□□。或以金器入者，关谨籍书，出复以阅，出之。籍器、饰及所服者不用此令。（《张家山汉简·津关令》）

出入关卡，除不许带黄金外，如果携带金器，必须登记，再次经过时必须符合登记才许通过。但随身装饰品之类不在此列。

黄金的形制。汉初黄金的形制为金饼。战国时代已有呈饼形的黄金出现。但是从出土文物看，金饼的大小不太固定。进入汉代，黄金有了一定的形状和重量。各地都有相当数量的汉代金饼发现，形状基本一致。重量大多在 250 克上下。只是由于当时的制造技术所限，往往有上下数克的出入。250 克正是汉代一斤的重量。但是黄金在实际使用中是称量的，在出土汉金饼中，也往往见到被錾切成小块的金饼碎块。

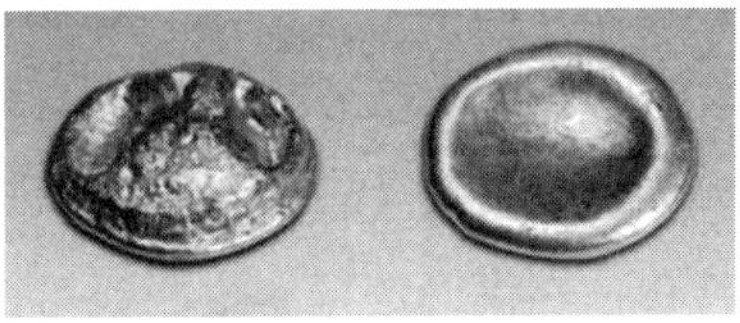

◆汉金饼　　左：正面　右：腹面

（中国钱币博物馆藏品）

出土汉金饼的成色，多在90%以上，往往还高于98%。虽然黄金未必是一斤当万钱，毕竟价值较高，民间伪造者难于绝迹。汉律中既有“金不青赤者，为行金”的说法，则必有夹杂了低值金属，成色较低的伪金存在。所以《钱律》中还有“为伪金者，黥为城旦舂”，刺字罚做苦役的规定。

三、吕后铸八铢半两钱

高祖刘邦的皇后吕雉，性格刚毅果决，为人妒忌心强、残忍。楚汉战争期间受尽苦难；立汉以后，又佐刘邦安定天下。高祖十二年（前195），刘邦崩逝，继位的17岁的儿子惠帝懦弱，吕雉遂以太后身份控制大政。惠帝崩后吕后又立惠帝幼子，自己临朝称制，以高后纪年。至高后八年（前180）崩逝，吕后控制朝政15年。这15年中，吕后大肆提拔吕氏族亲，弟侄数人为王，吕氏封侯无数，又立吕氏为将，以吕氏占据朝中文武要位。

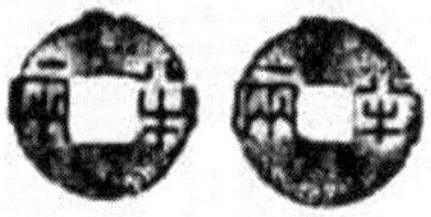

◆八铢半两钱币

高后二年（前186）秋七月，吕后宣布铸行八铢钱。所谓八铢钱，钱面仍铸“半两”二字，但重量应为八铢。半两为12铢，名义重量应为7.8克左右，8铢则是5.2克左右。在考古实践中，确实发现过尺寸较大，重量处于秦半两和汉初小型钱之间的半两钱币。在汉代铸行的半两钱币中，只有“八铢半两”是比较大型的一种。安徽阜阳西汉汝阴侯夏侯灶墓、山西安泽汉代窖藏、徐州北洞山楚王墓等出土的钱币中，包含相当数量这一类型的半两钱币，钱径大多在2.6~3.1厘米之间。相比起高祖时期的半两小钱钱径规定为“十分寸八以上”，即1.85厘米以上，显然大了不少。这类钱币大多大小划一，文字规整，显然是由官方正式铸行的。但也许是限于当时的铸造水平，也许是铸造时有意为之，这种比较大型的半两钱币，重量实际上都到不了所谓八铢的 5.2 克。研究者实测，这类钱币的实际重量大多在 3.2～3.8 克之间，轻的低于 3 克，重的高于 4 克，却也明显高于不足 2 克的小钱。

◆河北平泉发现的八铢半两钱范（作者摄于当地）

八铢的铸行，很可能只是由中央政府发布律令，实际铸造仍由各地方政府实行。河北省平泉县地处河北、辽宁、内蒙古三省交界，号称“鸡鸣三省”，西汉时属右北平郡，20 世纪 60 年代，这里出土一方钱范，阳文，属于铸钱用的母范。由于钱范是铅质，所以表面生成一层厚厚的铅锈，但仍然可以看出，钱型划一，直径为 2.65～2.75 厘米，“半两”二字清晰规整；同是 60 年代，河南南阳出土一方半两钱范，石质，阴文，钱型的钱径 2.8 厘米，范形精致，文字工整。这些出自不同地方，却有一致形制的钱范应当都是西汉地方政府铸造八铢半两钱币的器具。

《张家山汉简》的法律文书自铭“二年律令”，正是高后二年（前 186）。其中有“钱律”一种，第一条即“钱径十分寸八以上，虽缺铄，文章颇可智（知），而非殊折及铅钱也，皆为行钱”的规定，可见吕后虽然颁布了八铢钱，却并未废除高祖时“更令民铸钱”所铸的小钱。

大小两种钱币并行，却没有区分二者的币值，所引来的最大问题是，既然小钱只要“钱径十分寸八以上”就可以用，造成的必然结果是民间销毁大钱用以铸造小钱牟利。显然此类案情层出不穷。

故毁销行钱以为铜、它物者，坐赃为盗。（《张家山汉简·钱律》）

所谓故意销毁行钱铸造“它物”，主要就是化销八铢大钱铸造可以流通的小钱。看起来，吕后不得不废除了“更令民铸钱”的政策，改为严厉打击民间自铸钱币，把民间铸钱称之为“盗铸钱”。《钱律》共有八条，其中涉及“盗铸钱”的，就占了六条。

盗铸钱及佐者，弃市。同居不告，赎耐。

智（知）人盗铸钱，为买铜炭及为行其新钱，若为通之，与同罪。

捕盗铸钱及佐者死罪一人，予爵一级。

诸谋盗铸钱，颇有其器具未铸者，皆黥以为城旦舂，智（知）为买铸钱具者，与同罪。

这是“盗铸钱”罪的一些主要内容。相比其他盗窃之类的罪行，“盗铸钱”罪的惩罚是相当严厉的。罪犯要在市场上公开处死，以震慑效法者；参与盗铸并且把新钱流通出去的，同罪；知情不报，也要处以剃发的刑罚；置办了盗铸器具，还没有开铸就被捕的，要刺字罚做苦役；而吏员抓捕了犯死罪的人犯，可以奖励民爵一级。

然而，尽管颁布了如此严厉的律法，八铢半两的推行显然并不顺利。一枚官式八铢，即便实际上不足八铢重，也大致相当两枚“半两”小钱。利之所在，严法难禁。《汉书·高后纪》：高后六年（前 182）六月，“行五分钱”。五分，意指原标称 12 铢的“半两”钱的五分之一，按今天重量计，只有 1.6 克左右。这等于承认，八铢半两的推行是完全失败了。

作者评述：吕雉以太后身份培植外戚集团，自知在以刘氏为中心的汉朝统治阶层中，吕氏得权不正，所以愈加希冀在行政过程中增加吕氏色彩。推出明显区别于汉初小钱的八铢大钱，就是吕后建立自身形象的重要措施之一。但是终高祖一生，临终刚刚解决了功臣的割据问题，《史记》称为“天下初定”，农村生产力低下，经济恢复缓慢，国家税收和支出在相当程度上主要依靠实物，货币经济还远得不到国家公共权力和商业经济发展的支撑。社会低下的购买力正适合汉初小钱的流通，此时为政治目的而铸造的八铢大钱遭遇盗铸的冲击，也是必然的结果。

四、荚钱的盛行

五分钱的铸行，是吕后出于政治目的而造成的政策反复。这样一种反复，对社会却造成了极为不利的影响。两年后，吕后崩逝，诸吕惶恐，谋有异动。丞相陈平、太尉周勃等朝中大臣迎来封在代郡的代王——高祖刘邦庶子刘恒，继立为皇帝，即文帝。文帝以藩王即位，既要忙于消除吕氏影响，又要顾及自身政治地位的稳固，经济上采取了以静为主、休养生息的政策。这种放任式的政策，使民间的盗铸蓬勃孳生起来。

高祖、惠帝时期的汉初小钱，虽然大小不一，平均值大体还在3铢左右，即约1.8~2克之间。吕后行五分钱，只值约2.4铢，本来就小于汉初的小钱。吕后政策的反复、刘氏和外戚集团的政治斗争，造成对下层管理的失控，使民间盗铸蜂起，钱币的大小轻重更是无法控制，以至市场上的钱币越来越小，越来越

◆秦汉半两、榆荚和荚钱

轻。对于这些轻薄的小钱，民间俗称之为“荚钱”。荚，指的是榆荚。榆荚，榆树的种子，在种子外缘有一片薄薄的圆形果翅，以帮助细小的种子飘向远处。春季青黄不接时，农民常摘食青嫩的榆荚借以度过春荒。因为民间私铸小钱越来越薄，越来越小，薄如榆荚，所以被称为荚钱。荚钱钱型虽小，钱面文字仍为“半两”，后世的钱币研究者也常称之为“榆荚半两”或“榆荚钱”。

荚钱的特征是，钱径小，多在 1 厘米有余，小于 1 厘米的也为数不少；穿径大，往往钱径越小，穿径越大；重量轻，一般都在 2 铢以下，小的则多轻于 1 铢，仅 0.2~0.4 克左右。甚至有轻于 0.1 克者。

作者评述：由于停铸八铢钱、开铸五分小钱，原本出于防止用八铢熔铸小钱而出台的“盗铸钱”禁令放矢无的，反而为盗铸开启了侥幸之门，也为下层官吏胡作非为开启了方便之门。文帝时的太中大夫贾谊曾说，盗铸钱币“非殽杂为巧，则不可得赢，而殽之甚微，为利甚厚”。所谓“殽杂为巧”，是说盗铸钱币在成色上夹杂铅铁，在尺寸上越来越小，所以投入既少，获利又多。于是“民人抵罪，多者一县百数；及吏之所疑，榜笞奔走者甚众。”于是“曩禁铸钱，死罪积下”。社会问题的严重，迫使文帝不得不再次整顿货币市场。

五、文帝更铸四铢半两钱

文帝从小被封于代地（当时都晋阳，今属山西太原），23 岁才由大臣拥立入长安，对民情有所了解，登基后，一再实行一些减轻农民负担的政策。当年，停止了各地方郡国的税外贡献；第二年，因“列侯多居长安，邑远，吏卒给输费苦”，命列侯“之国”（回到封地去），既减轻供给的负担，又免除长安的政治隐患；一再下诏“夫农，天下之本也”，又实行亲自“耕田”的

“藉田”礼，号召务农；免除二年的“田租之半”……由于见到“荚钱益多，轻”（《史记·平准书》），于是决心整顿货币。

文帝前元五年（前175）四月，整顿货币的措施正式出台。措施主要有两项，一是重新由官方制定一种新的钱币“四铢半两”的标准；一是明确废除了“盗铸钱令”。

文帝的新钱宣布为“四铢”，但钱文仍为“半两”。按理论标称，四铢约当2.64克左右。1975年，湖北省江陵凤凰山168号墓出土了101枚半两钱币，与半两钱币同出的还有一支称钱天平。墓的下葬年代是文帝前元十三年（前167）五月，相距文帝宣布新钱8年。这101枚钱的大小比较一致，根据实测，钱径多数在2.4~2.6厘米之间，重量多在2.6克以上，最重的达到3.5克。钱型规整，全部平背，文字清晰，由于和称钱天平同出，可以把这101枚半两看作是标准的文帝四铢半两新钱。

应该说，文帝的四铢钱是比较适合当时的国家经济状况的，所以此后文帝时期18年，景帝继位后历16年，到武帝时期为五铢所替，共行用达50多年，是汉朝立国以来行用时间最长的一种钱币。考古学家和钱币学家分析了分别铸造于文、景、武三朝的四铢钱，尽管众多钱币铸行于50多年间不同的帝王时期，出土于不同的地区，铸造水平也不尽一致，但大小、重量的差别并不是很大，基本延续了文帝时期的钱币标准。

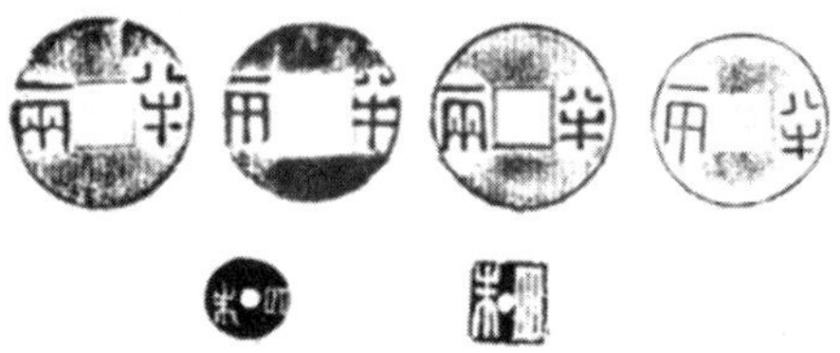

◆上：几种不同时期和地区铸造的四铢半两钱
下：用于称钱的四铢钱权

文帝在公布四铢钱标准的同时，宣布“除盗铸钱令”。吕后时禁民铸钱，盗铸钱将被“弃市”，在市场上公开处死。从后来贾谊的意见来看，“除盗铸钱令”并非允许民间自由铸钱。贾谊说“法使天下公得顾租铸铜锡为钱，敢杂以铅铁为它巧者，其罪黥”，即废除民间不得铸币的法令，而改由政府出资，或雇民间人士操作，或交由民间人士承包铸作收取租税，由政府控制产品的质量，即形制、大小、重量、成色，若发现在其中作弊，则处以刺面的刑罚。

但是这项政策在提出之初就引起了朝中部分人士的反对。持论迂腐的，如灌婴的从士贾山认为，钱是无用之物，却可以改变富贵，而富贵应该操于人主之手，所以不可“令民为之”，“与人主共操柄”。而专职谏议的太中大夫贾谊则提出了具体化的意见。

针对“公得顾租铸铜锡为钱”，贾谊说“然铸钱之情，非殽杂为巧，则不可得赢；而殽之甚微，为利甚厚……今令细民人操造币之势，各隐屏而铸作，因欲禁其厚利微奸，虽黥罪日报，其势不止”。意思是公家包给民间铸钱，利润很薄，如果不掺杂铅铁，不可能获利；但是如果掺杂铅铁，只要稍稍掺假，为利就很厚。把这样的工作交给老百姓自己去做，就是不断用黥法惩罚犯法的人，也止不住犯罪的势头。这是“县（悬）法以诱民，使入陷阱”，利用新法诱使人民跌入犯法的陷阱。他指出现在社会上货币的现状是：

> 又，民用钱，郡县不同：或用轻钱，百加若干；或用重钱，平称不受。法钱不立，吏急而壹之虖，则大为烦苛，而力不能胜；纵而弗呵虖，则市肆异用，钱文大乱……
>
> 今农事弃捐而采铜者日蕃，释其耒耨，冶镕炊炭，奸钱日多，五谷不为多……奸数不胜而法禁数溃，铜使之然也。故铜布于天下，其为祸博矣。

意思是国家钱币现状混乱，各地不一样。有的地方用小钱，每100枚必须加成若干；有的地方用了重钱，称量下来肯定超重。没有严格统一的钱币，让地方官吏去管理，很难建立市场标准；

放任不管又会造成市场混乱。这种现状的根源之一是铜的冶铸权没有收归国有。结果农民舍弃务农而都去采铜铸奸钱，一再申明法律，法律却一再失效，就是没有管制铜业。要改变现状，贾谊提出了七项措施：

上收铜勿令布，则民不铸钱，黥罪不积，一矣；

伪钱不蕃，民不相疑，二矣；

采铜铸作者反耕于田，三矣；

铜毕归于上，上挟铜积以御轻重，钱轻则以术敛之，重则以术散之，货物必平，四矣；

以作兵器，以假贵臣，多少有制，用别贵贱，五矣；

以临万货，以调盈虚，以收奇羡，则官富实而末民困，六矣；

制吾弃财，以与匈奴逐争其民，则敌必怀，七矣。

贾谊这七条措施的基本点是，中央控制采铜炼铜权，用铜的收放调节物资的分配；中原注重于农业，把商业利益交由周边民族，以缓解边境冲突。七条措施的核心与贾山的结论是一致的，即铸钱权不能下放。但文帝最终仍然决定开放铸币权。显然，文帝对开放铸币的利弊是清楚的，他采取了一个开放源头、管理市场的办法。江陵凤凰山 168 号汉墓与 101 枚四铢钱同出的竹制“衡杆”即天平上，三面都有墨书文字：

正面：正为市阳户人婴家称钱衡，以钱为累，刻曰四朱……

背面：敢择轻重衡及弗用刻，论罚繇里家十日

侧面：□黄律

“正”即市阳里的里正，居民基层长官。里正认可的婴姓人家用的称钱天平，“累”是砝码的意思，“以钱为累”即用标准钱

币为砝码，砝码刻有“四朱”字样……如果对市场上的衡器挑挑拣拣，或者不用刻有标准的砝码，要由里正罚做十日徭役。侧面的“□黄律”应是“□衡律”，“黄”与“衡”通，因为竹片侧面很窄，所以用了通假字。可以猜测，也许这是“钱衡律”，专门为称钱的天平规定的律令。

结合文献和出土文物，我们可以了解，文帝时期虽然允许民间铸钱，但是在向政府缴纳赋税或是在市场上做生意时，所使用的钱币还是有着比较严格的管理的。法律规定钱币必须使用政府统一规定的天平检验，天平所用的砝码是政府认可的，或是用标准钱币或是专用砝码。传世有一种青铜小块，或圆或方，大多刻有“四朱”二字，过去钱币学家常不知如何断代，其实这就是文帝（钱）衡律所规定的刻有四铢字样的“累”。文帝的政策显然是有效的，所以四铢半两钱币一直沿用到武帝时代。

作者评述：以一个在广袤的土地上实行中央集权的农业大国而论，贾谊的意见显然是有相当理由的。文帝之所以没有采纳，不在于它的对错，而在于它不合时宜。秦末以来，先是经过十几年的全国性战乱，又经过惠、吕时期十几年的政治动荡，中央尚无足够的政治和财政实力直接掌控全国的钱币铸造；特别是全国有十余个诸侯王，几占大汉帝国国土之半，而中央治权所不能及。文帝以一个偏远诸侯王的身份初继大统，一时还难以掌控全局。他采取开放铸币、管住市场的货币政策，更为切合实际而可行。

六、吴王钱铸成七国之乱

文帝开放钱禁，农民私铸弃农、顽劣私铸欺市，都属个人或小集团行为，即便铸造“殽杂铅铁”的劣钱，都有市场管理的约束和律法的刑罚，为害毕竟有限。一些倚托权贵势力铸钱的富商、王侯铸钱，为害更烈。其典型的代表是邓通和刘濞，以至被人称为“吴邓钱布天下”。

邓通是文帝的一个弄臣，由一个宫廷船夫被擢为上大夫。此人一无所能，仅以身媚上而已。因为有相面人说邓通“当贫饿死”，文帝不信，遂将蜀郡边境严道（今四川雅安市荥经县）的铜山赐予邓通，随意铸钱。铜山有铜矿、有燃料，铸钱成本远低于他处。邓通靠即山铸钱（即直接在矿区铸钱），交结贵族、大宗交易，竟富过王侯。景帝即位后，以邓通越境铸钱为名，没收其全部财产，邓通终以贫困死于寄宿的他人家里。

刘濞是高祖刘邦的侄儿，于汉高祖十二年（前195）被封于吴国，封地号称有3郡53县：长江以北淮水以东的东阳郡（秦东海郡南部，相当今江苏扬州至高邮以东一带）、长江以南的鄣郡（今安徽长江以南，即皖南一带）、会稽郡（今江苏的江南部分、上海直至浙江）。东阳郡是盐的重要产地。而铜更是吴国的重要物产。自商周以降，中原用铜主要依靠长江中下游地区，其中安徽皖南一带是铜的一个重要产区。《史记·吴王濞传》“吴有豫章郡铜山”中的“豫章”并非指江西豫章，实指鄣郡，即今安徽皖南地区，这里的宣州（今安徽宣城）和润州、句容（今江苏镇江）的铜矿早见于文献；贵池、铜陵、南陵、繁昌等地都曾发现大量古铜矿遗迹。春秋时代，屈原作诗“操吴戈兮被犀甲”（《国殇》），以吴戈为锐兵；战国《考工记》说“吴粤（越）之金锡，此材之美者也”。鄣郡武帝时改为丹扬郡，而丹扬铜成为西汉时期的名铜，连有的铜镜也铸有“汉有善铜出丹阳”的铭文。既有铜又有锡，这丰富的金属资源，在汉初的政治体制下，掌握在诸侯王手中，中央政府是无权过问的。

事实上，这些占据着铜矿资源的诸侯王，即便在“禁民铸钱”时期，也并没有停止铸钱。因为政府既无力向全国供应铜钱，事实上也就不得不依靠地方政府和诸侯铸钱。“禁民铸钱”禁的是民间百姓私自铸钱，所以吴王刘濞始终在自铸钱币。由于能够自铸钱币，又有靠海煮盐之利，刘濞的经济于是呈现了几个特点：

即山铸钱。所谓即山，并不像其他地方那样需要熔化旧钱或筹集旧铜器来准备原料，而是直接利用矿山的资源，即在产铜地直接铸钱。这就是说，吴国的王室财政除了需要一定人力以外，几乎没有其他成本。

煮海为盐。江淮一带阴雨多，不利晒盐，但滩涂苇草繁盛，取盐多以干草煮海水，其成本也主要取自自然资源。铸钱和煮盐，所用的人力，则是招徕亡人。凡各地郡县或因犯罪，或因债务，或因贫穷，无论何人，脱籍逃亡至吴国，一律予以收留，充作铸铜或煮盐的人工。使用亡命人力，成本更降至最低。以至外郡县来索要亡人，吴国拒不配合，国家亦无法深治。

百姓无赋。王国财政既是仰赖铸钱煮盐，就无需赋税支持，于是吴国百姓无须纳赋。不但无须纳赋，王国还常常慰问孤老、访求贤才，以至四方人士慕名奔吴。

以钱养军。西汉时期，国家兵制正处于役兵向常备军过渡的阶段中，百姓都有一生为国家服役两次，每次一年的义务。因为是轮流替换的兵役，所以称为“卒更”。驻在王国的军队名义上是国家的军队。实际上由于农事或其他原因不能或不愿服役的更卒，可以出钱雇人服役，称为“践更”。吴王于是用王国所铸钱以平价代百姓“践更”。军队既由王国出钱雇佣，国家军队于无形中竟成为王国军队。

郡国势力与国家争资源、争赋税、争人力，早已引起中央官员的不安。御史大夫晁错早在做太子家令时，就已看到了诸侯势大的危害，请求削减藩王权势的疏奏达 30 次，文帝虽然没有采纳，太子却很欣赏晁错的主张。太子即位后（即景帝）任晁错为内史，不久又升为御史大夫。晁错于是力主削藩，即削减诸侯王的土地和权力。晁错说，高祖所封的齐王占有齐地七十二城、楚王占四十城、吴王占五十三城，这三个高祖的庶兄侄所占，就“分天下半”。吴王“即山铸钱，煮海为盐，诱天下亡人谋作乱逆。今削之亦反，不削之亦反。削之，其反亟，祸小；不削之，其反迟，祸大”。景帝于是决心削藩，下诏削楚王东海郡、赵王常山郡、胶西王六县，并削吴王的会稽郡和鄣郡。削藩诏书尚未下达，吴王已经得悉消息，立刻联络其他诸侯王，密谋起兵反叛。

景帝前元三年（前154）正月甲子，吴王刘濞征兵20余万，约同胶西王刘卬、楚王刘戊、赵王刘遂、济南王刘辟光、菑川王刘贤、胶东王刘雄渠共七国起兵，声称晁错“侵夺诸侯之地”，离间“刘氏骨肉”“欲危社稷”，要“举兵诛之”。起兵公告说：“吴国虽贫，寡人节衣食之用，积金钱，修兵革，聚粮食，夜以继日，三十余年矣。”他宣布作战奖励的各种赏格，向诸王许诺“寡人金钱在天下者往往而有，非必取于吴。诸王日夜用之不能尽。有当赐者告寡人，寡人且往遗之”。吴王的话虽为夸张以鼓士气，但也反映了吴国30多年积累实力、割据一方，并且在全国各地设有经济基地的一定现实。

景帝获悉七国发难，一方面调遣太尉周亚夫、大将军窦婴等迎敌，一方面召曾任吴国丞相的袁盎商议对策。袁盎表示，七国目的在于晁错，可以诛杀晁错，还诸侯削夺之地，七国兵可罢。景帝虽然感到可惜，却又认为“吾不爱一人谢天下”，终于杀了晁错，命袁盎带着复诸侯土地的诏书召抚七国。袁盎到吴军，谕吴王拜受诏书，吴王却笑道：“我已为东帝，尚何谁拜?”最终，依赖周亚夫等大将，汉军历经三月，平息了七国之乱。吴王兵败被杀，其余诸王在兵败后也陆续自杀。

平定七国之乱后，参与叛乱的王国有的封国除为郡县，有的削减地域；此前王国的官制和中央政府几乎一样，景帝于是命王国丞相改称为相，撤除王国御史大夫一职，大大减弱了藩王的割据威胁。

景帝中元六年十二月（因十月为岁首，十二月尚属公元前145年），“定铸钱伪黄金弃市律”（《汉书·景帝纪》）。在吕后的《二年律令》中，伪造黄金货币的刑则仅是“黥为城旦舂”，景帝所定的盗铸钱则是“弃市”。可见当时社会治安的严重问题是盗铸钱。如今将伪造黄金定为死刑，也反映了这时社会货币需求上升，伪黄金问题突出。文帝前元五年（前175），废除了盗铸钱令，而经历了七国之乱，终于再次将民间铸钱定为死刑，“令民放铸”的政策在实行了整整30年后，终于废除了。

作者评述：“吴邓钱布天下”是时人而不是后人的评论。这个评论非常准确，它表现了放铸政策利弊两面中“弊”的一面。邓通虽称大夫，其实既无政治野心，也无政治能力，不过是借赏赐成为一方富户而已，是有能力自行铸钱的富民代表；刘濞是有政治权势而自行铸钱的代表。他们利用自行铸钱之便，可以与国家争夺社会经济资源，其极端而有政治目的者更可以利用这些资源危害国家安定。邓吴之败只是消除了眼前的威胁，解决深层病因尚待时日。

七、文景时期财政明显好转

汉朝的财政分为两大部分：国家财政和皇室、贵族财政。

汉初，国家财政来源的主体是农民赋税，分实物地租和劳役地租两大部分。实物地租主要是土地出产和家庭手工业品；劳役地租则有力役和兵役两部分，力役指为国家或地方政府各种工程、工作所服的各项劳役，兵役则是每个成年男性一生必须为国家服兵役两次，每次一年（临时的额外征发不算）。在劳役和兵役的服役期间，所需的小型工具和兵器、服装等需要自备。

国家的财政支出主要是官员和吏员的俸禄，采取实物发放的方式支付，主要是粮食和纺织品；中央和地方的行政、办公所需，其中相当大的部分是由无偿征发和劳役支持；军队作战所需，大部分也由实物支撑。汉初经济凋敝，国事简陋，《史记·平准书》说，惠帝、吕后时期，中央政府官员所需，由中原地区运输粟米支付，一年才几十万石。

皇室、贵族的财政原则上与国家财政是区分开来的。诸侯领有自己的封地，除向皇家提供地方特产的“贡献”外，占有封地上的全部赋税，他们的财政占据了全国国民收入的一半以上，但并不由中央政府支配；皇室也有自己的领地，以供皇帝的日常生活起居和皇室官僚的花费。《史记·平准书》说：

> 山川园池市肆租税之入，自天子以至封君汤沐邑，皆各为私奉养，不领于天子之经费。

汤沐邑原是周朝时的一种制度，诸侯、贵族分封在外，在近畿地区划拨一块土地，以其收入作为朝觐、参与祭祀或需要在天子身边工作时居住的费用，以祭祀沐浴的名义，称为“汤沐邑”。汉代诸侯王、诸侯、无法获得分封的太子、皇后、太后等高级贵族也划拨有一块土地，拟古而称为“汤沐邑”，是这些贵族的个人收入。此外，山林、河湖、苑囿和市场的商业税，也不纳入国家财政，而作为贵族的自有收入。于是，皇室、贵族的收入在全国财政总收入中占据有相当大的比例而与国家分庭抗礼。直至吴楚七国之乱平定以后，“景帝惩之，遂令诸王不得治民”，有的王国被撤除，有的王国被分裂，诸侯国的利益才有相当一部分回归国家管理。

无论是国家还是贵族私有的这些收入，其主体还是实物。除了这些保证基本生活所需的农产品而外，皇室贵族还需要大量手工业品和奢侈品。先秦时期的“工商食官”制度虽然早在战国时已经遭到破坏，但是皇室和贵族仍然保有大量的官属手工业者，这些官属手工业者对各级政府有着很强的人身依附关系，他们只能从官府获得生存必需的口粮和衣着，这些人和刑徒为上流社会生产着必需的工业品和奢侈品。在这样的经济体制下，尽管不断有民众舍本逐末，货币经济的水平仍然很低。甚至当边防粮饷出现困难的时候，文帝采取的措施不过是“令民入粟边”，鼓励民众向边境运送粮饷，而酬答民众的，不过是以爵位奖励（达到一定等级的爵位，可以享受若干赋税优惠）。

货币经济水平既低，政府对货币的需求也并不十分迫切。于是在地方，富商、诸侯控制了铸币的大权，在中央，铸币仅归属于少府。唐颜师古说：“大司农供军国之用，少府以养天子也。”少府是皇室的财政官。《汉书·百官公卿表》“水衡都尉”条说：“初，御羞、上林、衡官及铸钱皆属少府。”少府铸钱，大量的用途还是属于赏赐一类非商业活动。比如惠帝即位，为高祖丧事赏赐官员，二千石者钱二万、六百石以上一万、二百石以下五千等。可见，汉初时代，在国家经济体制中，货币经济相对于实物经济，还处于从属的地位。

然而国家毕竟还是需要货币的。特别是当政权的军事活动活跃于全国范围的时候，货币仍然是必需的。汉朝政府获取货币的最初方式是“算赋”，即向百姓征收钱币。最初征收算赋是在高祖汉王四年（前 203）八月，其时刘邦正与项羽谈判，以鸿沟为界中分天下。鸿沟是战国时修建的一条人工水渠，起自今郑州荥阳黄河岸，经开封、周口的沈丘、安徽的阜阳，注入淮河。鸿沟以西归汉王刘邦，鸿沟以东归项羽。当时韩信已攻下齐，立为齐王，以鸿沟为界也就是说，刘邦已经占有了中国北部和中西部，项羽仅保有东南地区，而双方还处于相争天下的激烈争斗中。《汉书·高帝纪》“八月，初为算赋”条注引《汉仪注》：“民年十五以上至五十六出赋钱，人百二十为一算，为治库兵车马。”成丁人口每人必须缴纳 120 枚半两钱，称为一算，用途是制备大型作战装备。这种货币税还属战时赋税。天下平定以后，征算赋的方式仍然保留下来，作为政府的货币收入。为恢复农业生产，不但没有鼓励工商，而且继承战国法家政策，采取了严厉打击商业的做法，《史记》说对商业的从业者“重租税以困辱之”。所谓“困辱”，《汉书·惠帝纪》注说“汉律人出一算，算百二十钱，唯贾人与奴婢倍算”。奴婢是为权富之家占有的，赋税由权富之家承担。商人和占有奴婢者算赋加倍，目的是打击商业和向政府释放劳动力。惠帝时期甚至还发布过“女子年十五以上至三十不嫁，五算”，即须缴纳五倍算赋的法令。这类政策固然可以增加若干货币收入，但是政策出发点的基础是实物经济，目的主要是增加小农户口，他们是政府粮食和纺织品之类实物赋税的基本来源。

文景时期，相继采用稳定社会、轻徭薄赋的政策，据贾谊的曾孙贾捐之说，文帝时期一度“民赋四十”，算赋仅每人收 40 钱，徭役也从一年一征改为三年一征。司马迁称，到武帝初年，“汉兴七十余年之间，国家无事”。所谓无事，是国家没有发动大的战事、没有兴建大的工程，遵循黄老“无为”的思想，以不为为有为，休息民力，发展农业生产。所以，文景时期被后世称为“文景之治”，到了武帝初年，终于有了司马迁在《史记·平准书》中那段著名的常为人引用的描述：

> 民则人给家足，都鄙廪庾皆满，而府库余货财。京师之钱累巨万，贯朽而不可校。太仓之粟陈陈相因，充溢露积于外，至腐败不可食。众庶街巷有马，阡陌之间成群。

作者评述：文景时期，出于对物质财富的生产和积累的急需，国家并不十分重视货币的作用。货币在国家经济生活中只起着维持社会运转和政权稳定的辅助作用。货币在中央集权的国家经济生活中的重要职能须在有了相当经济基础的条件下才有可能发挥。而这个经济基础则是文景时期打下的。

八、武帝初铸三铢钱

景帝中元六年（前144）结束了“令民放铸”的政策，其重要原因之一是民间铸钱有越铸越轻的倾向。尽管景帝在开放钱禁的时候，制定了市场管理的办法，但是民间自由铸钱30年，加之景帝时期减赋宽刑，在小额交易中，轻钱很容易通行。景帝显然看到了轻钱严重化的倾向，重新禁止民间铸钱。然而一项推行30年的自由政策，立刻改变，并不容易，更何况所谓“轻”，与官方认可的规范四铢之间，差距并不很大。禁民铸钱令不过三年，景帝崩逝，武帝继位，解决货币问题的责任落到了年轻的武帝身上。

武帝刘彻十六岁继位。与景帝的生活环境不同，景帝母亲窦太后好黄老，景帝不得不尊老子之术，清静无为而宽刑减赋。武帝的母亲、景帝的王皇后却是极有心计而善于行动的，武帝登极时虽然年少，却已经显示出敢作敢为的风格。建元的第一年十月（实为公元前141年），武帝以诏举贤良方正的名义，把文、景时期举荐上来的所谓“贤良”中主张申、商、韩等法家和苏秦、张仪等纵横家的人一律罢黜（只是窦太后在，尚未黜退治黄老之术的人），认为他们“乱国政”，初露出后来罢黜百家、独尊儒术的锋芒。紧接着，春二月（已进入公元前140年）赦天下、赐民爵、免老人赋役，同时还宣布了一项新政，即行三铢钱（《汉书·武帝纪》）。

自战国时期秦国行“半两”钱以来，半两钱在流通中已经具有了强烈的名义货币色彩。秦朝晚期，应为12铢重的半两钱已经实际减重至8铢左右。汉初小钱、吕后的八铢钱、五分钱、文帝的四铢钱，乃至轻如荚钱，钱币面文却都还标明“半两”字样。然而钱币毕竟是青铜所铸，在流通中往往仍须以青铜的绝对重量作为交易参照。于是在钱币名义、商品价格、官府税收以及市场管理诸方面出现了很大的脱节现象。武帝显然看到了这一点，才决定在登基之初，采取面目一新的措施，以显示新朝气象。这个新的措施就是铸行“重如其文”的三铢钱。

显然，武帝期望各郡、国的地方政府能够用一种钱、文一致的钱币来整理货币市场，而社会实际却远不如刚刚措手理政的年轻皇帝预期的那么理想。文帝四铢钱标重应为2.6克左右，三铢标重应为2克左右。以当时的铸造技术，要求分布于全国各地的不同郡国，能够大批量地铸造出规格统一，而与原有钱币仅有0.6克重量差的新钱币，是有相当难度的。也许是地方官员对新皇帝的诏命执行不力，也可能是两种重量差别不大的钱币在市场同时流通造成新的混乱，三铢钱的推行显然效果很不理想。建元五年（前136），武帝重新命“行三分钱”（《史记·汉兴以来将相名臣年表》）。所谓“三分”，是以重12铢的半两钱为标准，三分之而取其一，即四铢，事实上宣布了三铢钱改革的失败，恢复统一使用四铢钱。

停用三铢钱以后，武帝新铸的四铢钱还是带上了鲜明的新皇帝的风格。武帝新铸的四铢钱不称四铢而称“三分”，与文帝的四铢在形式上有了明显的区别。

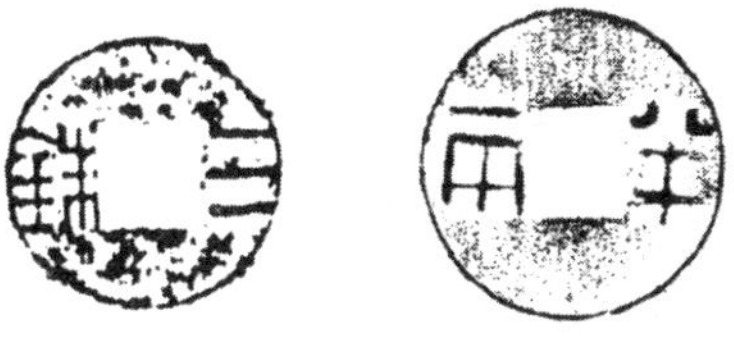

◆左：三铢钱　右：有郭半两钱

从出土实物看，新的四铢钱面文仍然为“半两”二字，但字体显然粗放。最鲜明的特点是钱币边缘有一圈细细的边线，称之为“郭”，即轮廓的“廓”。后世钱币学者称之为“有郭半两”。此前的钱币，边缘的郭线有时也可以见到，甚至战国时期的钱币上就曾有过带郭的钱币，但是那时的“郭”大多主要是在制作泥范时划钱模所取的边线（少数如齐刀的郭是钱形设计的组成）。文景时期有的四铢钱为显示规整而带上了郭线，数量并不算大。而武帝半两的“郭”应当是有了刻意为之的意味。只是由于各郡国都可以铸钱，这种规范也并不绝对。

九、文景积累被耗尽

文、景时期，汉朝政府通过“与民休息”、“国家无事”的政策，积累了大量物质的和货币的财富。然而正是由于“国家无事”，国家内部和国家对外也都积累了很多矛盾。武帝即位时年少气盛，很想依托这些巨大的财富有所作为。然而汉初六七十年积累下的财富，仅不到二十年就被消耗殆尽。

建上林苑。武帝即位之初，就想改变文景的“无为”政治，建元元年（前 140）征贤良方正，罢专治申、商、苏秦、张仪之士；征召儒学专家，向他们学习《诗》《春秋》等儒学著作。这让朝中早欲兴儒学的大臣看到了希望，他们提出要建立新皇帝的新法度，要在南门外仿古制建立明堂，让诸侯们从都城回到封国去，按制度到明堂朝见皇帝。建元二年（前 139），御史大夫赵绾、郎中令王臧甚至提议，文帝的皇后窦太后已是太皇太后，以后有事不必再奏窦太后。窦太后得知后大怒。自文帝崩逝，大事决于太后已经十几年，窦氏亲属封侯留京的也不在少数，两人的提议无异于政变。窦太后随即以尊“黄老”“无为”为名，命赵绾、王臧下

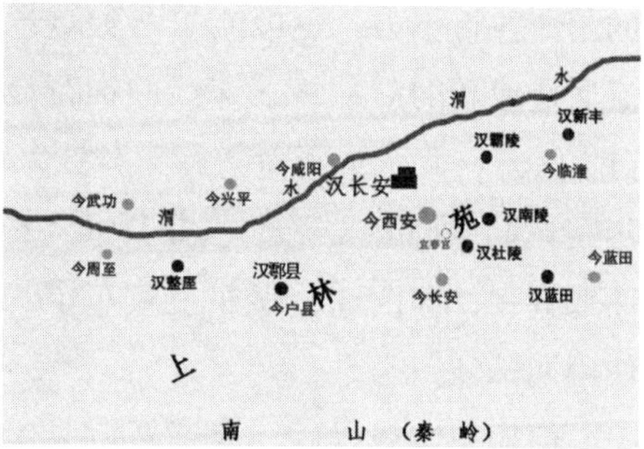

◆汉上林苑示意图

狱，迫使两人自杀。武帝雄心受挫后，便把注意力转向巡狩游乐。他经常假称侯爵，带领大批随从，约会富家子弟，微服出猎。时常夜半出游，逐兔格熊，奔驰于田野，甚至数日不归，践踏庄稼，引得农民呼号怒骂。太中大夫吾丘寿王（姓吾丘名寿王）于是为武帝规划，东起蓝田县，西至盩厔（Zhōuzhì）县（今周至），北夹渭河两岸，南达南山（今秦岭），周围三百余里（汉制）划为皇室禁苑。这片地区原有秦的旧苑，称上林苑，仅在鄠（Hù）县（今户县）左右，扩大后的上林苑地跨盩厔、鄠、杜陵、蓝田、霸陵、兴平等数县。这里多有良田好土，东方朔规劝说，这里的田土"号为土膏，其贾亩一金"，"取民膏腴之地，上乏国家之用，下夺农桑之业"，"非所以强国富人也"。武帝认为东方朔说得很对，却仍然坚持按吾丘寿王的意见建起了上林苑，把这里的农民尽数迁出，以其他县的荒地补偿。苑中陆续建起各种离宫约七十所，修治山水，开挖湖沼，命各郡、国贡献珍奇植物和珍贵动物，供皇族游猎。又设置大批官吏，管理山川、湖沼、宫观、名果异树、奇珍异兽。当时的司马相如，略晚的扬雄、张衡都曾作赋铺排上林的繁盛。武帝大肆靡费修建上林苑，更为国内已见端倪的奢靡之风推波助澜。

出击匈奴。秦朝以大将蒙恬镇守北边，匈奴不敢南下。秦汉之际，中原陷于战乱，无暇北顾，匈奴趁机壮大起来，势力东起今河北北部，西达今甘肃、新疆，不断侵扰内地，掳掠人口、牲畜和财物。汉初经济凋敝，无力与匈奴对抗，只得采取和亲以及奉送丝絮、金、帛财物的方式以换取边境的安宁。但是匈奴仍然不断侵扰南下，正如后来武帝所说"朕饰子女以配单于，金币文绣赂之甚厚，单于待命加嫚，侵盗亡已，边境被害"。由于文景时期经济的恢复，国家有了相当的积累，武帝即位后就准备反击匈奴，所以在建元的第二年（前 139）就派张骞出使西域，计划联络在河西走廊一带游牧，同样受到匈奴压迫的月氏，对匈奴形成左右夹击之势。然而由于窦太后主张“无为”，反对兴兵，此事就搁置下来。

窦太后崩逝后，武帝随即在元光二年（前133）发动了对匈奴的马邑之战。马邑之战并不成功，然而此后，匈奴和汉朝之间的战争愈演愈烈，十几年间，匈奴不断入侵。

元光六年（前129），匈奴入上谷（今河北怀来境内），杀掠吏民；

元朔元年（前128），匈奴入辽西，掠二千余人，又入渔阳（今北京密云）、雁门（郡治今山西朔州右玉县），杀掠三千余人；

元朔二年（前127），匈奴入上谷、渔阳，杀掠吏民千余人；

元朔三年（前126），匈奴入代郡（今河北蔚县一带），掠千余人，又入雁门，杀掠千余人；

元朔四年（前125），匈奴复入代郡、定襄（今内蒙古呼和浩特市和林格尔）、上郡（今陕西北部榆林地区），杀掠数千人；

元朔五年（前124），匈奴入代郡，掠千余人；

元狩二年（前121），匈奴入代郡、雁门，杀掠数百人；

元狩三年（前120），匈奴入右北平（今内蒙古赤峰市南部）、定襄，杀掠数千人；

……

武帝决心彻底解决匈奴问题，于元光五年（前130），发卒万人，修治内长城上的雁门关（今山西朔州与忻州代县交界处），以作为出击匈奴的准备。第二年，遣车骑将军卫青、骑将军公孙敖、轻车将军公孙贺分三路出击匈奴，卫青直捣龙城（今内蒙古东、西乌珠穆沁旗），公孙敖、公孙贺则战事不利。

元朔二年（前127），武帝发动河南之战。所谓河南，即今黄河河套之南，内蒙古鄂尔多斯市。这里是匈奴的发祥地，匈奴右贤王领地，向南可以直接到达汉长安。武帝遣卫青从云中（今内蒙古呼和浩特市）出兵，一路向西，经今包头、巴彦淖尔，傍贺兰山南下，把河套以南的匈奴全部击走，在此设朔方郡、五原郡，发十余万人建朔方城，从内地移民充实边防。匈奴为失朔方，试图反扑，双方又拉锯数战。汉朝战果辉煌，卫青从车骑将军得升为大将军。

元狩二年（前121），武帝发动河西之战。黄河上游流经金城（今兰州）以后从向东折向北，这段黄河以西称为河西。河西之战由骠骑将军霍去病指挥。霍去病从陇西出发，向西攻击右贤王所属地区，击杀多位部落首领和大批小王，自今天的兰州一带沿河西走廊到罗布泊一线，匈奴不敢再随意进入，俘虏和投降的匈奴达数万人。

元狩四年（前119），武帝又发动漠北之战。今蒙古国南部与中国内蒙古交界的东戈壁、南戈壁以达中戈壁诸省，是大片的沙漠、戈壁地区，中国古代称为沙幕、大漠、瀚海，大漠以南称漠南，越过大漠又是丰美的草原，也是匈奴生活的重要地区。漠北之战武帝派卫青、霍去病各将五万骑出击。霍去病一路越过大漠，行程二千余里（汉制），斩获七万余级，在狼居胥山（今蒙古肯特山[①]）附近封土祭告天地，又北上到达北海（今贝加尔湖）而还。

经过多次大的战役，《史记·匈奴列传》说，“是后匈奴远遁，而幕南无王庭”。匈奴实力大受损失，暂时无力南下，北方威胁得到缓解。

匈奴之战虽事不得已，但是战场基本都在北方民族的游牧地区，甚至深入千里荒漠，后勤全靠己方补给。例如卫青出漠北一

---

① 狼居胥山的确实地点，史学界的见解有分歧。此处取谭其骧《中国历史地图集》（地图出版社1982年版）标注。

役，《汉书·武帝纪》记“大将军卫青将四将军出定襄，将军去病出代，各将五万骑，步兵踵军后数十万人”。两位将军领军各五万，而为他们提供后勤的则另须征发数十万人。前方将士、后勤部队所需粮食又需从中原地区调运。斩杀敌人须奖励黄金，战士牺牲须抚恤钱币，调运军需须支付代价，《食货志》说“于是大司农陈藏钱经用，赋税既竭，不足以奉战士”。

经略南方。所谓南方，包括东南和西南两个方面。

东南方面包括今广东、广西、福建和浙江南部。秦时这些地方已经设为郡县，秦末战乱，这些地方的长官割地自立，以南越（治番禺，今广州）为最大。其余还有闽越（都冶城，今福州附近）、东海（都东瓯，今浙江台州温岭）、南海（史书语焉不详，后人多有歧见，大致在赣东南、闽西一带）。汉朝建立后，这些地方的割据者陆续内附，被封为异姓王。吴楚乱后，诸王势力削弱，唯这些占据少数民族地区的割据王表面称臣，实际自立，有的还在内部称帝。汉朝屡次想解决这些边疆地区的问题，一因交通不便，二因北方匈奴战争，只能实行羁縻政策。

元鼎四年（前 113），南越王相吕嘉作乱，杀国王、太后和汉朝使臣，此时北方匈奴经卫青、霍去病打击，势力削弱，武帝趁机派伏波将军路博德和楼船将军杨仆出大军平南越。南越王赵姓，本是中原战国赵国之后，与当地通婚，立国已经九十年，国势强大。为保确胜，武帝又动员西南夷兵力作为策应。

西南夷是指今云南、贵州、四川南部地区。这里的民族大多分散处在丛山之中，社会发展状态相对汉朝显然落后，其中贵州的夜郎，云南的滇、昆明等部是较大的部族，对周边的小部落有着很大的影响力。建元六年（前 135），武帝就了解到夜郎的牂牁江（今北盘江，流经贵州西南，汇入红水河，经西江从珠海入海）下游可以通航，直达南越。但夜郎与中原交通不便，武帝决定从巴蜀修路通牂牁江。巴蜀到夜郎，崇山峻岭，山中民族自来无人管束，一旦为人役使，又频频反抗。为平西南夷，武帝用时数年，才得以封夜郎和滇为王，设犍为（今四川宜宾）、牂牁（今贵州安顺）、越嶲（今四川西昌）等数郡。

打通西南夷的道路极其困难，《汉书·食货志下》说“时又通西南夷道，作者数万人，千里负担馈饷，率十余钟致一石，散币于邛僰以辑之……悉巴蜀租赋不足以更之，乃募豪民田南夷，入粟县官，而内受钱于都内”。为打通西南夷，在前方修路的有数万人，为供应后勤，需要从千里外挑担运粮。这里所谓钟，本是先秦齐国的容量单位，汉代并不正式使用。但是一些大商人为方便大量交易，有时仍以钟为单位，但钟的绝对值，或六或八或十倍于石，后人说法不一。无论如何，运输消耗几乎成百倍于前线用粮，以致巴蜀本地无力供应。政府只得募民在西南开垦荒地，纳粮后到长安领取现钱。

移民置邑。移民置邑是从高祖和吕、惠时期就开始实行的一项政策。起初是为了打击中原地区的豪富人家，充实关中地区，所以大多是强令部分豪富从关东搬迁，无非划拨一些无主土地，至多免除部分赋税。历经几代，关中土地封赏殆尽，再移民置邑，其目的和方式都有了很大变化。

置陵邑。西汉历代皇帝的陵墓，都设有陵邑，名义是供奉和管理陵园。陵邑人口起初是从关东强行移入的富民，利用他们的财富筑城建房，实际是对富民的打击和就近监管。文帝为政最是勤俭，生前既没有大肆兴工建陵，临崩留下遗诏，就在长安以东的灞水边，白鹿原头，因山为陵，不起坟。所用明器，皆瓦器，不用金银铜锡。人力也只动用近县和驻军。景帝时，已经有所改变。景帝建阳陵，开始动用经济手段，“募民徙阳陵，赐钱二十万”（《汉书·景帝纪》）。阳陵陵园现在已经建成博物馆，其中一处外藏坑建成开放式展厅，入葬器物已经足以令人瞠目。当然这已是景帝崩逝后武帝的安排。武帝本人早在建元三年（前138），即不到二十岁的时候就开始营建陵园茂陵，凡徙入陵园建邑者，每户赐钱二十万。

置边境城邑。对匈奴发动河南之战后，收复了黄河河套地区，设置朔方郡、五原郡。这里原本地荒人稀，是匈奴游牧地，设郡后，就募得民众十余万人在此建邑。但是这里向来不产粮，只得从关东辗转运粮，花费又达“数十百巨万”，巨万即万万，即上百亿钱。

安置匈奴。每次与匈奴作战，除斩杀外，必有大批俘虏。武帝为招降敌人，对俘虏都给以相当的优待，吃饭、穿衣一律由官府供应。元狩二年（前121），在河西走廊一带游牧的匈奴浑邪王杀死休屠王，带领两部人马数万之众投降汉朝。武帝派出三万车辆远道相迎，把他们安置在边境地区，以属国规格对待，再次大量奖励、赏赐降人和迎降有功人员。同时在河西陆续设置了敦煌、酒泉、武威、张掖诸郡，同样募民定居筑邑。《平准书》说“是岁费凡百余巨万”，即一百多万万钱。这是有明确时间记录的财政支出数字。汉代的财政收入，据两汉之际的桓谭《新论》说：“汉宣以来，百姓赋钱一岁为四十余万万，吏俸用其半，余二十万万藏于都内，为禁钱。少府所领园地作务之八十三万万，以给宫室供养诸赏赐。”这是指宣帝以后，政府收入和少府（即皇室、贵族）收入总计不过120多万万钱，而属于政府的实际收入才40万万钱。所以当年武帝不得不挪用少府收入补救。

救灾和水利。黄河流经中原时经常泛滥，特别是元光四年（前131），黄河在东郡观县到瓠子一带（今河南濮阳市）决口，洪水冲过巨野泽（今山东梁山、郓城到巨野诸县一带，现已不存），流向今商丘，直冲淮河流域，造成大批灾民。此后十余年间泛区扩大，屡堵屡决。元狩三年（前120），中原地区又遇大水灾，采取各种办法救灾不能奏效。于是武帝决定移民，把七十多万灾民从中原迁至今陕北和今内蒙古鄂尔多斯地区。自匈奴被挤出朔方，这里已几乎无人居住。据近世学者推算，元光时期西汉全国人口不过3500万[①]，70万灾民已达全国人口的2%。不同于过去充实关中的富豪，他们已无家业，吃穿都仰仗官府。既要在迁徙沿途为他们提供饮食，到达西北后还要供应安家材料、农业器具，“其费以亿计，不可胜数”，“县官大空”。

同时，为解决农业用水和向关中漕运粮食，武帝又批准了几项大的水利工程。关中用粮向来从中原通过黄河水路输送，但是黄河流经三门峡中流砥柱造成水流湍急，经常翻船。有人建议从砥柱以西和汾水以南开挖水渠，灌溉河滩地，就可不必从中原运粮。于是征发了数万人开挖水渠。又有人提议，过去从渭水向长安运粮，河道弯曲险峻，可以从长安向华阴方向挖渠，既可运粮，又可灌田，于是又征发数万人。官员们认为皇帝既热衷水利，于是纷纷动议兴工，长安北挖龙首渠、汉中开褒斜道、汝南和九江郡引淮水、泰山郡引汶水，连边境的朔方、河西、酒泉等地也大力开挖渠道。这些工程有的成功，有的并不成功，如砥柱和汾水灌渠，花费数年工力，结果黄河改道，基本失败；有的功效远不如设计预想，如龙首渠虽然通水，灌溉其实有限；又如褒斜道，原打算既通路又通航，结果路虽通了，却不能通航。全国大兴水利，动辄用工数万，耗时几年，人工虽然可以征发，但是几万人长期集中，生活必需的吃、穿、住；工程必需的材料、工具、器材则只能由官府提供。大的工程往往一项就“费亦各巨万十数”（《史记》《汉书》）。

武帝兴役自不止这些，这里只举其大要。只就这些战事和工

① 路遇、滕泽之：《中国人口通史》，山东人民出版社2000年版。

事，花费已是此前五帝，甚至秦始皇帝所不敢想象的。十几年下来，不仅日常赋税不能支持，文景时期的积蓄，也已被支付一空。不得不另谋财经政策。

作者评述：后人常责武帝好大喜功。平心而论，武帝所为，不论他主观意愿如何，大多有其一定的或相当的必要性。问题在于，汉代前期，虽然铁器已经大量使用，但是在广大农村，农业上仍然大量使用着木器、蚌器等古老的农具，牛耕也远没有普及，生产力大多只能维持在自我循环、略有积余的自然经济水平下。若有大的兴役，财政支持只能有三个来源：前期积累、外部获取和内部调整。武帝前期，文景时期通过“无为”形成的积累很快被花光；周边民族的社会发展程度大多远低于汉朝，对外战争只有消耗而少有获取；因而武帝不得不从内部调整经济结构中解决困境。

十、武功爵和口赋

为收敛社会上的钱币，武帝起初的办法是卖爵。卖爵并不是武帝的发明。早在文帝时期，晁错就向文帝提过建议：“今募天下入粟县官，得以拜爵，得以除罪。如此，富人有爵，农民有钱，粟有所渫。”汉承秦制，全国实行二十等爵制，平民按不同的爵位，在赋税、力役、赏赐、刑罚等方面有不同的待遇。晁错的意思是，用粟米换民爵，富人希望有政治和经济待遇；普通农民的粮食虽不够换爵位，却可以卖给富人换钱；富人把散在农民手中的粮食集中起来，可以运到边防换爵位，各取所需。文帝于是规定 600 石换上造，4000 石换五大夫，12000 石换大庶长，等等。但文帝卖爵的着眼点尚在实物，而不是货币。

元朔五年（前 124），卫青征匈奴，两次出征北方，斩获 18000 首级。汉承秦制，为鼓励军功，按首级赏赐金钱，18000 首级动用了黄金二十余万斤。加上安置俘虏、抚恤伤亡，大司农所负责的国家财政几乎花光，仍不足奖励战士。可是紧接着第二年，元朔六年（前123），卫青再次出征，清点斩首又是19000级，政府却已无钱可赏。武帝于是下诏："朕闻五帝不相复礼，三代不同法，所由殊路而建德一也……今中国一统而北边未安，朕甚悼之。"今大将军"斩首虏万九千级，受爵赏而欲移卖者，无所流贴，其议为令"（《汉书·武帝纪》）。所谓"五帝不相复礼，三代不同法"是为找敛钱的办法所做的铺垫。依秦汉律令，赏赐爵位是可以用来赎罪的。然而建功杀敌多而无所赎，或欲卖赏赡家却无处可卖，有司应当为之设法。武帝显然是在暗示臣下提出一种新的敛钱办法。

政府官员们于是制定了一种新爵制：武功爵。武功爵的名义是为赏"武功"而卖爵收钱。武功爵有十一级：一、造士；二、闲舆卫；三、良士；四、元戎士；五、官首；六、秉铎；七、千夫；八、乐卿；九、执戎；十、政戾庶长；十一、军卫。这十一级武功爵是独立于原二十等爵制之外的，富民可以出钱购买，第一级"造士"卖价17万钱，其余依次提价，最高可到30多万钱。买到第五级"官首"的，可以任命为吏；买到第七级"千夫"的，待遇相当民爵第九级五大夫，可以免除徭役，如果身负罪刑，则可以因此而减两等。只有第八级"乐卿"以上不卖，才是真正为赏战功而用的爵级。卖爵政策看来为武帝征得了一些钱币，那些有钱而不愿出征的，纷纷买五大夫、千夫爵，以至低级官吏的职位不够用，武帝干脆把原有的下级官吏大批贬谪，罚他们到上林苑去砍树、挖昆明池，腾出位子卖钱。

卖爵是为解决奖赏军功，但北方战争的花费不仅在军功。此前在中原地区进行的战争多是步战，配以少量战车，乘骑马和挽马虽然很受重视，但马在战争中仍处于辅助地位。而北方战争与此不同的是，由于和游牧民族作战，需要大量的马匹，这是过去从未遇到过的新问题。为供应军备，不得不从全国征集马匹，数万匹马集中在长安，又要向全国征调马伕。马成为需要在国家层面上解决的重大问题（早在战国末年《吕氏春秋》中已有所谓"马政"的法令，但主要还是作为农业的一个方面看待的，武帝以后，国家已经主要把马政作为军事层面的问题处理了）。元狩二年（前121），匈奴浑邪王投降汉朝，武帝派三万车马迎接，地方已无马可调，向民间借马，民间纷纷把马藏起来，政府十分尴尬。元狩四年（前119），卫青、霍去病大出击，汉兵虽然追至漠北，然而此役损失军马十多万匹。为解决马的问题，政府用法令压低母马的价格，鼓励马的繁殖；武帝把自己的一些厩马调给部队；因为现钱不足，武帝甚至动用了皇室私用的"御府禁藏钱"，即少府管理的钱币。

少府钱调给马政救急，为补充少府，武帝新增了一项货币税种——口赋①。口赋是一种以钱币缴纳的人头税。汉朝原有人头税，是高祖刘邦从汉王四年（前203）开征的"算赋"，"民年十五以上至五十六出赋钱，人百二十为一算，为治库兵车马"。这是大司农管辖下的成人税种。此时为补充少府调出的"禁藏"钱，武帝决定征收儿童的人头税，起名为口赋。所谓口赋，理由是儿童从三岁起长牙，可以吃食物了，因而抽税，所以3岁至14岁的儿童每名收税20钱。这20钱只属于少府，是皇室的私藏钱。以后由于战事的持续，又增收3钱，变成23钱，而增收的3钱，则归于大农，明确用于车骑马。口赋的征收，直到元帝时期，才改为从7岁起征收，理由是儿童7岁换牙。

① 口赋从何时起征，学界历来看法不同。本书采用日本加藤繁的说法，见《中国经济史考证》第一卷，商务印书馆1959年版。

十一、皮币和白金

元狩三年（前120）中原地区的大水灾给中央政府带来了极大的麻烦。把70万中原灾民迁徙、安置到西北，是需要各地全力支援的，武帝命各诸侯郡国开仓救济，“虚郡、国仓廥以振贫民”，地方政府和诸侯都有自己的地方利益，命令显然很难被认真执行。武帝再次召集公卿商议。时任御史大夫的张汤提出了解决经济困境的一系列办法。其中重要的一条是制造皮币和白金。

所谓“皮币”，原是周朝时代的一种礼仪用品。周王在位的时候，各地诸侯必须按时觐见天子。觐见时必有觐见的礼仪，其中就包括送上玉器和与玉器相配的包装、衬垫物品。这类物品按不同等级有兽皮或丝织品，在先秦通称为“皮币”。春秋以后，礼崩乐坏，诸侯既不大朝见，也不大尊礼。汉高祖刘邦出身平民，身边大臣、武将多为屠夫、无赖、胥吏之流，本不大懂礼。汉朝初立，礼仪粗简。惠帝、文景时代，皇帝本有意重建礼仪，无奈黄老之道盛行，议了几次都没有实行。此时皇帝请大臣们提出意见，大臣们便以尊礼为由，提出了行“皮币”的意见：

> 古者皮币，诸侯以聘享。
>
> 乃以白鹿皮方尺，缘以藻缋，为皮币，直四十万。王侯宗室朝觐聘享，必以皮币荐璧，然后得行。（《史记·平准书》）

朝觐，是晋见皇帝；聘，是贵族间互相交往问候；享，是祭祀供奉祖先或神灵。汉代的王侯，起初常常贪恋长安的生活，带领大批身边人员住在长安，既严重增加了长安供应的困难，更给贵族间政治串连带来了方便。文帝时期，便命令所有诸侯王、诸侯，除在京师有职务的以外，一律“之国”，即回到封地去。依照高祖的规定，诸侯封君须在新年到来时回京“贺正旦”（文景时期以十月为岁首，新年在十月，武帝改为正月）和“朝献”，一则维系君臣、宗族关系，二则述职，三要贡献财物。回京觐见皇帝，必须有觐见礼品；诸侯或宗室参加皇室的祭祀大典，也必须具备礼品。此前大约奉送什么礼器并无一定，不过是地方特产之类。而张汤以尊古的名义，要求必须使用“皮荐璧玉”，即用一种兽皮作为衬垫的玉璧。

这种“皮荐”是用白鹿的皮，裁制成一尺见方，装饰上美丽的花边，用以衬垫玉璧。鹿本不是白色的，所谓白鹿，用现代眼光看，不过是动物的白化现象。因为稀见，古人把白鹿看作祥瑞，各地发现白鹿，都要送交皇室的禁苑饲养，作为祭祀的牺牲。集中了若干白鹿后，禁苑中的白鹿可能在繁殖中产生隐性基因的显性化，于是禁苑有相当数量的白鹿，而各地则极为罕见。诸侯、宗室们在大典礼时觐见皇帝，既必须用白鹿皮币配玉璧，就必须向皇室领取。领取的代价是每一方皮荐交 40 万钱，实际是强卖。

当时主管国家财政的大农令颜异提出不同意见，说：“今王侯朝贺以苍璧，直数千，而其皮荐反四十万，本末不相称。”过度的包装费高过礼品本身，所以不相称。武帝听了很不高兴，没有采纳他的意见。

与“强卖”皮币的同时，张汤又提议，既是少府禁藏钱都提出用于补充政府大农的经费，而白银和锡都贮藏在少府中，可以加以利用。“金有三等，黄金为上，白金为中，赤金为下”，上金和下金（铜）都是货币，则白金同样可以造为货币。于是设计了“白金”三品。所谓白金三品，是以银锡合金为原料，铸成圆、方、椭圆三种形式，理由是“天用莫如龙，地用莫如马，人用莫如龟”（《史记·平准书》），圆形的重八两，铸有龙的形象，相当铜钱 3000 钱；方形的略小，铸有马的形象，相当 500 钱；椭圆的更小，铸有龟的形象，值 300 钱。文献没有说明银锡造的白金的合金比例，但锡的价值显然大大低于白银，既是合金，与规定的铜钱之比，价值同样是“本末不相称”的。这种“白金”的用途的对象也是诸侯贵族。当祭祀朝觐时，皇帝要赏赐诸侯，“锡诸侯白金，风符应合于天也”（《史记·封禅书》）。诸侯获赐很可能卖到市场，“白金”进入市场后，民间盗铸白金蜂起。张汤被人看作酷吏，他用刑严厉，又启用一批酷吏分管地方经济，发现盗铸一律处死。然而利之所在，严禁不止，犯禁者竟达数十万以上。由于羁押人员太多，武帝不得不行赦免，可是赦不胜赦，随赦随盗，市面白金假的越来越多，成色低下。自元狩四年（前119）至元鼎三年（前114），五年之间，白金已极不值钱，皇室终于不得不废止白金的铸行。

作者评述：皮币产自皇室禁苑，出售的对象是王侯、宗室，是向贵族收敛钱币，以用于少府。少府钱币又大量用于向贵族和官员的赏赐。皇室的喜庆、丧葬、祭祀等大典，重要官员的功勋、抚慰，动辄赏赐钱币数十百万，这是皇室的重大支出。文景以来的少府正常经费被挪用于救灾和马政，张汤此议正是为解少府之困。一面卖皮币向贵族们收钱，一面用白金代替钱币赏赐贵族们。少府于是增加了现金收入而减少了现金支出。皮币卖给贵族又通过觐见收回，在皇室、贵族间循环流转；白金通过赏赐方式投放，贵族们再把白金投向市场流通。皮币和白金是一个事物的两面。

皮币不直接作用于社会，而白金通过贵族之家流向社会，直接影响了社会的安定。

十二、煮盐冶铁和均输平准

皮币和白金要解决的是少府，也就是皇家的货币困难，并没有直接涉及国内社会的经济困难。然而在讨论到国内的经济困难时，张汤认为，有一个重要的领域，国家尚不能掌握在自己手中，即煮盐和冶铁，或可合称为“盐铁”。掌握盐铁的都是一些私人富商，他们“冶铸鬻盐，财或累万金，而不佐公家之急，黎民重困”。公家之财属大农令的职责范围，元狩三年（前 120），大农令郑当时向武帝推荐了善理财的人物东郭咸阳和孔仅。

郑当时为人任侠豪爽，好散财结交四方人士。他所推荐的两人，东郭咸阳是齐地的大盐商，孔仅则是南阳地方的冶铁商人。郑当时认为他们既能以盐铁致富，必然懂得管理盐铁事务。武帝即刻任命二人为大农丞，即大农令的辅佐官，专管盐铁事宜。汉初法令，商人不得为宦。景帝后元年间，曾放宽限制，规定家产在赀四算以上即有四万钱家产就可做官。但大农丞秩千石，以商人之身猝然擢拔为千石高官，这是非常之举。同时，武帝又为大农配备了一个自己熟悉的人——桑弘羊。桑弘羊也是洛阳商人之子，因为长于计算统计，并且能够快速心算，十三岁就被举荐，早已随侍在武帝身边，为武帝处理数字工作。此时武帝既命东郭咸阳、孔仅二人负责盐铁事务，武帝就命桑弘羊协助二人，以发挥会计的特长。三人都是经商出身，有共同语言，司马迁称“三人言利事析秋毫矣”。

此三人虽为经商出身，一旦为政府任命，也确能从执政角度出发，考察了全国范围内的盐铁生产销售状况。第二年，大农令郑当时报告了东郭和孔仅的考察结果。《史记 · 平准书》约略记录了报告的内容，而桑弘羊在后来的盐铁会议上，就同样内容叙说更为完整：

> 总一盐铁，非独为利入也，将以建本抑末，离朋党，禁淫侈，绝并兼之路也……浮食奇民，好欲擅山海之货，以致富业，役利细民……铁器兵刃，天下之大用也，非众庶所宜事也。往者，豪强大家，得管山海之利，采铁石鼓铸，煮海为盐。一家聚众，或至千余人，大抵尽收放流人民也。远去乡里，弃坟墓，依倚大家，聚深山穷泽之中，成奸伪之业，

遂朋党之权，其轻为非亦大矣！（《盐铁论·复古》）

按照汉初的规定，“山川园池市井租税之入，自天子以至于封君汤沐邑，皆各为私奉养焉，不领于天下之经费”。其中，山川即包含山中矿产收入，园池即包含海盐、池盐、井盐等煮盐收入，大多掌握在各诸侯国手中，由于中央政府无法管理，所以地方的豪强大户与诸侯相连，包揽了煮盐、冶金（既含冶铁，也含冶铜）之利。这些豪强大户不仅据此致富，而且煮盐、采矿冶炼的处所大多在深山野外，所用的人又多是“浮食奇民”。所谓浮食，是既不从事农业，又不是官府管理的手工业者，当时用以指商贾；而奇（jī）民则是指无任何事业，或游手好闲，甚或是流放、逃亡之人。煮盐、冶炼用人多，千余此类人聚于一处，为豪强所用，不但获取经济利益，而且具有极大的政治危险性，吴楚就是前车之鉴。而武帝要控制盐铁，最为这些诸侯和豪强反对。所以东郭和孔仅劝武帝“沮事之议，不可胜听”，不要管那些反对的言论。

孔仅和东郭二人的建议显然打动了武帝，决心收笼盐铁。具体做法是：

第一，派孔仅和东郭利用官方驿站周行国内，“乘传举行天下盐铁”，正式向各郡国传达武帝将盐铁收归国家管理的决定，同时也是实地调查各地方的盐铁资源。

第二，在各地方设立专管盐铁的机关。任命各地的大盐商和大冶铸商为盐官和铁官。没有铁矿的地方，在县一级设小铁官，负责收购废铁，铸作农具。盐官和铁官配备煮盐和冶炼的主要设备，招募工人，给予雇值。在官府统一管理下生产盐和包括农具、兵器在内的各种金属器具。产品由盐铁官统一管理销售。如此，绝了民间商人和郡国豪强的盐铁获利之路。

第三，在中央，在大农令下设置一个新的机关，负责主持和管理各地方的盐铁官，收受地方上缴的盐铁收入。这个机关称为

"水衡","水"指管理山川,"衡"即平,指管理收入。

第四,敢于私自冶铁煮盐的,没收全部器具,"釱左趾",即把左脚钉上沉重的铁鞋。

于是,过去始终没有有效管理,而与国民生活息息相关的盐、铁两项手工业,彻底纳入了国家经济体系,成为国家财政收入的重要来源,财政收入中货币收入的比例大大增加,也在相当程度上缓和了因战争造成的经济困难。

盐铁官营政策在运作初期显然是见效的,不过三年,元鼎二年(前115),大农盐铁丞孔仅被提升为大农令,桑弘羊也正式升任大农丞,负责国家财政会计事务。

桑弘羊任大农丞不久,就积极地提出了均输案。所谓均输,是指处理各郡国的贡献问题。地方各郡要向国家缴纳赋税,诸侯国(包括诸侯王和列侯的封地)的赋税并不向国家缴纳而是由封君收取。除此之外,各郡国都要向皇帝提供地方特产,称为贡或献。贡献古已有之,汉初承继了这个做法。但是各地方或是为向皇帝邀宠,或是官吏从中渔利,往往以贡献为名向下勒索。高祖刘邦晚年,在国内局势大体稳定的时候,曾经发布一个诏书:"今献未有程。吏或多赋以为献,而诸侯王尤多,民疾之。令诸侯王、彻侯①常以十月朝献,及郡各以其口数率,人岁六十三钱,以给献费。"刘邦的原意是尽量减少民间的负担。十月是新年,把地方贡献一事简化为每年每人交纳63钱,利用诸侯们新年觐见的机会一并办理,固定为"程"。诏书颁发仅仅一年,刘邦崩逝,惠帝、吕后执政。事实上,很可能献费归献费,贡献仍然在缴纳,百姓反而多了一项负担。

贡献的内容,桑弘羊在昭帝时的盐铁会议上曾有一个大概的

---

① 《汉书·高帝纪》原文为"通侯",是后世为避武帝讳而改。高祖颁诏时尚未有刘彻,此处还原为彻侯。

说明："陇、蜀之丹漆旄羽，荆、扬之皮革骨象，江南之楠梓竹箭，燕、齐之鱼盐旃裘，兖、豫之漆丝𫄨纻……"这些东西，不仅皇室和关中需要，各地也有大量需求。郡国把这些实物运送到关中，东西未必全是皇室需要，而运费时常反高过物费。桑弘羊的办法是，各地的贡献不必再直接送关中，改由中央政府在各地设置均输官，由均输官"相给运，而便远方之贡"①。实际上是将地方的贡献转化为国营的商业，把各地的贡献物品直接转运到其他需要的地方发卖，收入归国家所有。

均输法实行了大约五年，各地方的均输官竟互相竞争，商品不均，物价飞涨。元封元年（前110），武帝把桑弘羊由秩千石的大农中丞提升为比二千石的治粟都尉，领"大农"，即主持大农的盐铁工作。桑弘羊针对均输工作中出现的地方各行其是的现象，做了一次整顿，设置几十位大农部丞，作为大农的派出官，分管全国各郡国的均输，在中央设置平准令丞，主管地方输送关中的货物。同类货物多了，由平准官收存入库，少了由平准官出售库存，以平抑物价。

均输和平准的实施，减少了物资在全国范围内的无谓运输，减省了大量人力物力；同时在地方也初步建立了国家控制的物资存储。以致后来武帝巡行全国，北到朔方，东到泰山，巡游海上，所到之处，在在都要赏赐，"用帛百余万匹，钱金以巨万计，皆取足大农"。

特别是在平定南越和西南夷的过程中，武帝在这些新区建立了17个郡，称之为初郡。为适应新区的政治形势，武帝"以其故俗治，无赋税"，即不强行改变当地的社会制度，往往以原首领、酋长为基层官员，并且不收赋税。而中央派驻的官吏，仍需由中央供给俸禄和办公经费。初郡的少数民族不习惯国家制度，时时

① 《盐铁论》"本议"。

“小反”，还要发兵镇压。这些费用都要由大农支出。大农利用均输体系，把各地的盐铁收入调拨初郡，并且支应兴兵部队，显示出了中央政府集中管理经济的强大优势。

作者评述：盐铁政策和均输平准的实施，其出发点固然是对于武帝时期大规模的战争和开发活动的财政支持。但是通过这两项政策，将自然资源收归中央，把属于皇室、贵族的收入转化为国家的财政；再通过国办商业，把物资转化为货币，大大提高了西汉社会的货币经济程度，也为货币在西汉开始发挥资源配置工具的职能打下了基础。

十三、改铸五铢

元狩三年（前 120），武帝与大臣们讨论财政问题，谈到了社会上的货币问题日趋严重的情况。

首先，数量无法控制。其时，市场用钱在相当程度上还是依靠地方官府。凡有矿山的郡国往往仿照邓通的方式，即山铸钱。即山铸钱，省略了原料的运输、购买原料时中间商盘剥等问题，在工匠“食官”的条件下，多铸钱币可以获得最大利益。于是郡国贪利，铸钱无节制。

其次，由于铸钱无节制，产品必然粗糙，甚而为贪利而减重。官有减重，民间遂无管制，于是民间盗铸风行。民间的盗铸造成了社会上钱币的进一步增加。

◆四铢半两钱背面明显的锉磨痕迹（采自王雪农、刘建民《半两钱研究与发现》）

再次，既然减重钱币能够通行，而矿山又控制在官方手中，民间于是“盗摩钱里取鋊（yù）”。钱里即钱的背面。从秦半两至今，半两钱币的形制基本上是一面有字，背面完全平素。这就是“摩钱里”的条件。从发现的实物来看，盗铸者利用一些足重的，较厚的四铢半两钱，在钱背面锉磨，钱币锉磨后变薄，但仍可使用，锉下的铜屑收集起来作为盗铸的原料。

由于钱币数量猛增，而社会生活资源并没有明显增加，造成实际上的通货膨胀，物价上涨。而轻于法定重量的钱币大量流通于市场，也成为物价上涨的推进因素。

武帝显然对建元初年行三铢钱的失败耿耿于怀，此时选择了适应市场的方式，决定重新推行三铢钱。与建元五年（前136）改三铢钱为“三分钱”一样，当年称三分钱，钱面文字是“半两”，实际是四铢钱。此次推行三铢钱，也只是一次减重行为，即尽量收回市场上的四铢钱，重新改铸为三铢重的半两钱①。

然而此次的三铢钱更为失败。同为半两钱，标称重量仅0.6克之差，市场和官吏难以管理，盗铸者却更有了减重取利的机会，市场更加混乱。大臣们及时反映了市场的情况，武帝也意识到混乱的原因，在御史大夫张汤的提议下，决定彻底改变行用百年的半两钱制。元狩五年（前118），武帝诏令全面废止半两钱，一律改用一种全新的钱币——五铢钱。

新钱制由中央统一规定重量、尺寸、文字形式，由各郡国分别铸造。

从出土发现看，新五铢钱的重量约当3.3克，钱径为2.5~2.6厘米，方穿边长0.9~1.0厘米。钱面文字为右“五”左“铢”。钱币最大的特点是，钱面和钱背都有较粗的边郭，这是为了防止“摩钱里取鋊”。

但是因为钱币由各郡国分别铸造，所以各地铸造出来的钱币并不完全一致。从出土的郡国五铢钱可以看出，这些钱币大多基

---

① 史学和钱币学界对武帝的三铢钱历来有多种不同看法。蒋若是据出土钱币和钱范认为，元狩年间武帝再铸文为半两的三铢钱。本书采纳此说。

本遵循了国家的统一规定，可是无论重量、文字，仍然有不少细微的差别。

作者评述：后来的历史证明，五铢钱的出现，在中国货币史上有着重大的意义。重12铢的秦半两钱主要不是用于个体小农，所以在秦统一后自然逐渐减重到8铢左右，但仍然被汉人认为“秦钱重难用”。汉朝建立后，一直在寻找一种适用的钱币，从汉初小钱、吕后八铢、五分钱，到荚钱、四铢钱、三铢钱，钱制的摇摆反映了社会政治与经济在战乱和恢复中的动荡。五铢的出现，及后世对五铢的沿用，正说明，这是一种在社会比较稳定的条件下，适合于中世纪农业生产力，建立在小农经济基础之上的社会使用的钱币。

十四、算缗和告缗

三铢钱的推出，对市场造成一定的混乱，盗铸者以轻钱取利，商人则囤积货物，市场钱币过多，却并不在朝廷之手。公卿大臣们报告说：

> 陛下损膳省用，出禁钱以振元元，宽贷，而民不齐出南亩，商贾滋众。贫者畜积无有，皆仰县官。异时算轺车贾人之缗钱皆有差，请算如故。（《史记·平准书》）

依照汉代的制度，士、农、工、商是分类登记（籍）的，商人地位最低，汉初甚至不得穿丝绸，不得坐马车，不得做官。直到吕后时因为经济状况好转，才放松了管制。如今商人囤积货物赚钱，吸引了大量农民抛弃土地去经商。商人越来越多，而灾民失去土地，移民又依靠官府，生产者减少而支出增加。当初开发西南夷的时候，曾经对商人乘坐的轺车（一种轻便马车，一马一箱，可以乘两人）征收过税赋。有司希望对商人继续增加征税。武帝于是于元狩四年（前119）发布“缗钱令”，对商人征收财产税。因为汉代的人头税称算赋，多年以来，“算”已成为税赋的代称，所以对商人征收财产税也称为“算”。

算缗令规定，算的方式，以占有的铜钱或财产按铜钱计算价值，因此这种税收又称“算缗”（缗即串钱的绳子）。主要内容为：

一、商人无论是行商、坐贾、放贷还是囤积，必须自报财产（“自占”）。

一、没有市籍的，即本来不是商人而经商的，也必须自报财产。

一、征税以二千钱为单位，每二千钱征二十钱，称为一算。

一、经营手工业的，每四千钱征一算。

一、征纳车船税。下级官吏常乘坐轻便的轺车，而一些并不属于国家官吏系统的人也有轺车。对这些车辆，属于乡官（三老）、边境骑士的（多为乡间富人），每车征税一算；商人有轺车的，每车征二算；有五丈以上船（长约合今11.5米），每船征一算。

一、藏匿不报，或自报不实，没收财产，罚戍边一年。

一、商人有市籍的，本人和家属一律不得占田，敢于犯令的，没收全部土地、货物和仆佣。

缗钱令下达后，显然效果不佳，商人们大多隐匿资产不报。武帝先是企图用道德力量推动算缗，推出一个以财助国的模范——卜式。卜式是河南郡（今河南省洛阳至中牟一带）的一个农民，以牧羊致富。武帝出击匈奴时，卜式上书武帝，愿捐献家产的一半以助边境事务；当中原灾民迁徙的时候，卜式又捐钱二十万，资助移民救灾。武帝拜卜式为中郎，赐爵左庶长，赐田十顷，布告天下，希望能号召商人们向他学习。然而在利益面前，道德显然并不奏效，无人响应武帝的号召。武帝不得不强行推动告缗。

所谓告缗，是用行政力量强行促使民间举报商人隐匿财产。元鼎三年十一月（十一月尚属公元前 115 年）武帝发布告缗令，能举报藏匿不报财产或自报不实者的，以所没收财产的一半作为奖励。同时任命了一个叫杨可的官员负责推动举报。此时御史大夫张汤已死，但张汤执法极其严苛，他所任用的酷吏，其时负责刑狱的廷尉杜周极力效法张汤。杨可与杜周两人紧密配合，将一批御史大夫的属官和廷尉的属官分派到各郡国，督办算缗和告缗，人称“杨可告缗遍天下”。这些官员到各郡国，发现隐匿，立刻纠办，没收的“财物以亿计，奴婢以千万数，田大县数百顷，小县百余顷，宅亦如之”。中等以上的商贾几乎都因此破产，没收的财产全部输入上林苑。

告缗使政府的货币收入大大增加，再加上盐铁收入，缓解了国家的财政危机。在民间，商贾有了收益，为避免受罚，却不再积蓄，不再置产，而是奢侈消费，世家子弟也斗鸡走狗、赌博田猎、吃喝玩乐，使社会奢靡风气大涨，这是告缗的一个负面结果。

杨可告缗没收的人、钱、物，大批输入关中。土地无法输入，成为地方官府的官地，而中央官府也就仿照地方，在关中增加官地，各机构如负责上林苑的水衡、负责皇室事务的少府、负责马匹的太仆和负责国家财政的大农，也都大量设置官田。田地无论用于种植、放牧、畜养，都需要增加人员照料，没入的奴婢大量分派到这些田地上，为管理这些田地，各机构又都设置大批农官，“官益杂置多，徒奴婢众”。每年为支付官俸从关东输入的粟米汉初不过数十万石，至此已达四百万石，没收的缗钱分派到各机构，就用于购买增加的官俸粟米。

元封四年（前 107），武帝巡行北方，北出萧关（今宁夏固原），沿黄河河套视察北方防务，东行到涿郡（今河北涿州），历时数月，经今山西回到长安。视察中发现新秦中地区（今内蒙古鄂尔多斯西北到巴彦淖尔一带）防务疏散，以至有的地方“千里无亭徼”（边塞哨所），而从中原迁徙来的水灾灾民生活仍然困难。武帝怒杀北地太守，令移民在边界地区放牧，官府借给骒马（母马），三年归还，每十匹马只需以一匹马驹为利息。如此大大充实了边防，也减轻了官府救济新秦中地区的负担。由于移民负担的减轻，武帝终于解除了发布十年的告缗令。

十五、赤仄五铢和上林三官五铢

元狩五年（前118），武帝“罢半两钱，行五铢钱”。从以后的历史可以看出，五铢钱是适合当时的社会生产和生活水平的。但是新钱制的一通诏令，并没有立刻解决钱币市场的混乱问题。

郡国五铢。汉初全国流通的钱币大多是由各地自行铸造的。中央有少府。少府执掌皇室事务，“掌山海池泽之税，以给共养”，共养即供养皇室。铸钱是属于供养工作之一，以铜山之矿生产铜钱。地方上，因为“山川园池”，“自天子以至封君汤沐邑，皆各为私奉养，不领于天子之经费”，所以那些“封君”，也就是王、侯、亲贵的封地或“汤沐邑”，都在自铸钱币；不属封地的郡县制地方，郡的官府同样也在铸造钱币。除了大致遵循中央政府颁发的钱币形制外，实际铸造质量，中央政府完全无法控制。更为严重的是，郡国既可以铸币，也就并不严格执行禁民私铸的法令。民间在使用四铢半两钱的时期就存在大量的私铸现象，四铢钱刚刚废止，私铸者自然很快转向铸造五铢钱。五铢与四铢最大不同处在于五铢钱背也有轮廓，需要增加一种刻有轮廓的背范，而且铸造时必须与面范严格对齐，这就加大了铸造成本。私铸者为了降低成本以取得最大利益，自然会铸减重、多夹铅的钱币，于是“民多奸铸，钱多轻”。钱轻问题并没有根本解决。

赤仄五铢。钱轻若仅在市场流通，则由民铸由民用，商品价格自然浮动，对朝廷影响不算太大。但是对匈奴战争扩大，战争地域已经从今华北延伸向西北，甚至深入西域，大规模战争不是靠农民的更役能够解决的，军费的增加必须依靠货币的发行和调度；中原地区黄河泛滥造成的几十万灾民成了国家的沉重负担，移民支出也必须由国家用货币解决。这两项当时最大的财政支出已经迫使皇室把属于皇室的少府钱币都转交大农（即国家财政）支配，因而国家对货币收入从未有过如此大的依赖。但是各郡国上交算赋、口赋、算缗等货币收入时，却往往只愿缴轻币，使朝廷收上轻币，而地方自留足重钱币。为解决轻币、重币同时存在的问题，大臣们提出一个办法：铸造足重的、质量明显突出的钱币，作为政府专用钱币，这就是“赤仄”钱币。

元鼎二年①（前 115），武帝令铸赤仄五铢。仄，《说文》：“仄，侧倾也。”清段玉裁注：“古与‘侧’、‘昃’字相假借。”赤又引申为鲜明昭著，所谓“赤仄”，即裸露红色的侧边。武帝发布五铢钱制之前，无论半两、八铢半两，还是三铢、四铢半两，都是一面有字，一面完全平素。武帝初行五铢时要求背面有轮廓，但并没有对钱币的侧面提出要求。而赤仄五铢则是一种侧面显示出红色铜质的钱币。1968 年，河北省满城县发现了西汉中山靖王刘胜和其妻窦绾的墓。刘胜是景帝的庶子，武帝的兄长，薨于元鼎四年（前 113），其时正是赤仄五铢颁行的时期。在刘胜墓中，中室堆有 2000 多枚五铢钱，多为流通中的普通五铢钱，平均重 3.5 克左右，即郡国铸造的五铢钱。而后室有一个漆盒，内存 40 枚金饼和 200 多枚五铢。这 200 多枚五铢与中室钱币对比，格外厚重，多在 4 克以上，

◆左：郡国五铢　右：锉平侧边的五铢

① 一说元鼎三年。《史记》《汉书》均没有指明明确时间。

钱文清晰，制作精美，边郭锉磨整齐。它们被郑重其事地与金饼同时放在漆盒里，和刘胜遗体一同被放入后室，所以学者们认为它们是赤仄五铢。

铸造赤仄五铢的目的本是为保证上缴中央的钱币不减重，所以赤仄钱是不许郡国铸造，而专门由中央铸造的。为此，武帝调整了中央的制造机构。原来，由于少府“掌山海池泽之税，以给共养”，所以少府的执掌有“上林”（管理上林苑事务）、“御羞”（羞通“宿”，xiù，管理皇帝游上林时的住宿、膳食）、“衡官”（衡即平，管理税收）和铸钱。此时上林苑经近二十年建设，已经粗具规模，于是在元鼎二年（前115），武帝把货币和实物收入的工作全部放到地域广大的上林苑，把相关执掌从少府脱离出来，专门设立“水衡都尉”一职，管理上林苑，并主持收受告缗没收的钱财和铸币事务。水衡都尉地位很高，秩二千石，只比少府（中二千石）低半格。下有五位“水衡都尉丞”（秩六百石），即都尉的助理。而上林、御羞和铸钱等项工作则在水衡都尉下专设令丞管理。赤仄五铢的铸造就在上林苑设钟官专管。

依照武帝设计的货币政策，赤仄五铢钱是政府专用钱币，钱币既特别厚重和精美，在使用上就有特别的规定，赏赐、政府采购、官府行政等只用赤仄钱支付。而地方上缴各种税赋，也必须用赤仄钱。为强力推广赤仄钱，规定赤仄钱一枚相当于流通的郡国钱币五枚，即“一当五”。虽然投放时以一当五，与市场相比却并不足值，但上缴时也只需以赤仄一当五，实质上赤仄只在官府中上下周转，则政府就可免于在税收中吃减重钱币的亏。

三官五铢。赤仄五铢钱投放后，效果远不如预计的理想。赤仄钱与“行钱”即社会流通的钱币的差别并不很大，两种钱币同时流通，价值却相差五倍。由政府机关向社会按1∶5投放，社会显然不情愿接受。投放少而收缴多，地方政府收缴税赋，也就很难以新币收齐。《史记》《汉书》记载了两起此类事件：

一起是汝南郡在收赋税时，民间不愿用赤仄钱，太守虫皋柔没有严肃处理，结果被论罪。虫皋柔的祖上虫达是高祖时的功臣，因功封曲城侯，屡经改复封，现为恭侯，封国在垣（今山西垣曲）。论罪的结果，是“国除”，被取消了爵位。

一起是太常周仲居不收赤仄收“行钱”。太常是主管宗庙祭祀礼仪的重要职官，位列九卿之首。既管宗庙礼仪，就当向宗室收受祭祀费用。大约他是在收费时因宗室用行钱缴纳而被论罪。周仲居的祖父也是高祖功臣，与刘邦同乡，起事时常做刘邦的“参乘”，即陪刘邦坐同一辆车，其地位可想而知，刘汉建国后被封为蒯成侯。后世经改复封为郸侯（郸县在今安徽涡阳）。周仲居论罪的结果是免去太常，由睢陵侯张广国接任。

以列侯高官的地位尚不能完全做到使用赤仄钱，全国更难管理。京师一处铸钱，与全国各郡国铸钱，数量既无法抗衡，钱币重量又相差不多，逐渐地，赤仄不得不降低币值，“其后二岁，赤仄钱贱”。赤仄一动摇，“民巧法用之”，市场更其混乱。于是迫使武帝不得不采取更为强硬而彻底的办法以整顿币制。其办法是“悉禁郡国毋铸钱，专令上林三官铸”。

所谓上林三官，是指上林苑所属的三个官署：钟官、技巧和六厩。

钟官，据考古调查，在今陕西户县兆伦村，原为秦始皇收天下兵器销铸为钟镰的工场。因为铸铜设施和工匠较为齐备和集中，入汉后逐渐成为中央官府主要的铸钱工场，武帝扩建上林苑时划入了上林范围。

技巧原来应是为宫廷制造应用器械和建筑构件的机构，有一定的铸铜基础，其铸造工场应位于今西安北郊高低堡。那里不但发现大面积铸钱遗物，在发现的钱范上有的还有“巧一”“巧二”

等标记。

◆从已发现的封泥可见上林三官各有火丞、钱丞的设置。上为“钟官钱丞”“六厩钱丞”“技巧火丞”封泥

六厩原来属于太仆，是为皇帝养马的机构。天子御苑有六处养马场，每处都有马万匹，需要大量的马镳、马衔、当卢、车辖、车軎、节约等车马器具，因此也设有专门的铸铜机构。此处发现的大面积铸造遗址，不仅有钱币和钱范，还有带扣、马衔、马镳、齿轮等铸造遗物。

或许此前技巧、六厩一类机构早已铸过钱，起码有铸钱的现成条件。于是武帝将钟官、技巧、六厩这三个官署的铸铜机构全部置于上林苑的水衡都尉属下，专门铸钱，所铸钱币，被称为三官钱。各郡国的铸钱活动则一律停止，收缴原来所铸的钱币，化销为铜，送到上林三官，作为铸钱原料。

赤仄钱名为五铢，实际重量在六铢以上。新铸的三官五铢钱，看上去形制与赤仄钱并无大的差别，只是因为全国钱币的统一，无须考虑与其他共同流通钱币的区别。对已发现的三官五铢进行实测的结果，平均每枚重 3.5 克左右，考虑到技术条件的限制，三官五铢确实是“重如其文”的。

为满足全国钱币在短时间内替换的需求，既要尽快铸造出足够数量的钱币，又要保证钱币的质量，以避免再次出现民间盗铸而市场难以区别的现象，在钱币的铸造技术上因而出现了一次重大的革新。在上林三官的铸钱遗址上，曾发现了大量陶钱范，这些钱范中的钱模都是阳文，也就是说，它们铸出的不是阳文的钱

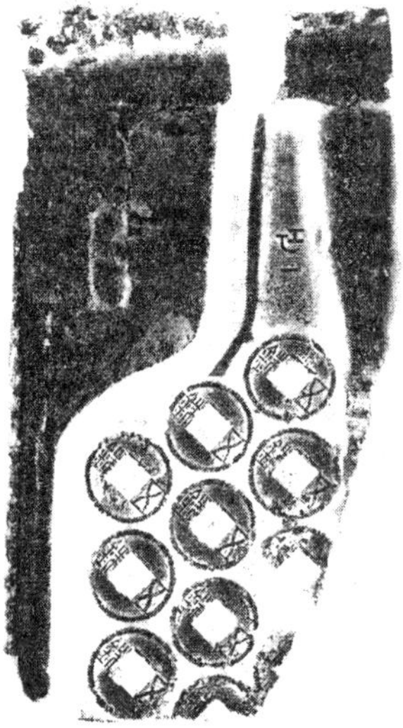
◆有“巧一”字样的陶母范残块

币，而是铜质的阴文钱范。而铸造钱币，最终是用青铜的阴文钱范完成的。这种阳文陶范被称为母范，用于铸钱的青铜钱范则称为子范。在郡国铸钱的时候，钱范多用石材、泥质制成，泥范只能用一次，石范使用次数也有限。特别是泥范、石范都是手工刻成，容易造成钱币的个体差异，而钱币个体差异正是钱币的大忌。铜范可以反复多次使用，同一范铸出的钱币完全相同，而母范由于减少了制造数量，精工程度大大提高，也使个体差异减到最小。母范技术并不是此时才出现，而技术的精巧化、规模化则在于这一技术在铸钱工艺上的运用。

三官五铢的铸造，利用了皇家工场的大型设施、成熟技术、熟练工匠和精巧工艺，几乎不计成本，而技术的革新又事实上尽可能地降低了成本，能够生产出质量精美、规格统一的产品。这个优势是民间和郡国的小工场几乎无法企及的。所以《史记》说：“计其费不能相当，唯真工大奸乃盗为之。”

◆三官五铢钱正、背面

自武帝元狩五年（前 118）初铸五铢，到平帝元始年间政权为王莽掌握为止，五铢钱共铸造了 280 亿万余枚。这个数量是此前任何时代所没有的，也是武帝以来社会货币经济发展程度的直接反映。

作者评述：上林三官的设置和三官五铢的铸造在中国货币史上有着特殊的意义。

上林三官是中国真正意义上第一个集中统一的国家造币工厂。此前的货币，尽管国家规定了钱币形制，却并不能，也不可能禁止地方造币。从三官五铢的铸造开始，历代政权都尽力把铸币权集中在中央政府的手中。

正是由于货币由中央政府集中铸造（或集中管理），中国的货币才具有了配置社会资源的功能，成为政府对社会资源实行再分配的重要工具。

十六、官俸改钱

汉代初期，秉承秦制，官俸以粟米发放，官吏的秩级也承秦制以粟米的量制“石”为名称①。例如丞相，号称万石；廷尉、大司农、少府，中二千石；左右中郎将、西域都护，比二千石；博士、戊己校尉，比六百石；县丞、县尉，二百石，等等。但是秩级若干石并不等于实得俸禄若干石粟米。官吏俸禄的实得粟米单位是“斛”。西汉量制为龠（yuè）、合（gě）、升、斛，二龠为合，合以上为十进制。《汉书》说量器“其状似爵，以縻爵禄”，晋灼注“縻，散也”。也就是说，量器是用以发放官吏的俸禄的。殽山函谷关以东，诸侯土地占据王朝之半，诸侯既不向国家缴纳赋税，以自己的土地人民所产供应自己，而居住关中（即以长安为中心的渭河流域）的官吏，俸米则是由关东也即中原地区的实物赋税漕运而来。

至少在武帝即位以后，官俸逐渐改为用钱币发放。起初大约是部分发放钱币，《汉书·东方朔传》记东方朔应武帝征方正贤

---

① 汉代在量制的使用上，往往“石”“斛”通用，都是十斗。而在衡制中，“石”则为4钧、120斤。

良入宫后，长久不得用，与宫中的侏儒相等对待，东方朔表达不满："朱儒长三尺余，奉（俸）一囊粟，钱二百四十；臣朔长九尺余，亦奉一囊粟，钱二百四十。朱儒饱欲死，臣朔饥欲死。"这是武帝即位之初的事。以后由于五铢钱的大量铸造，俸禄就完全改由钱币发放了。元帝时期，贡禹上书曾说他自己："拜为谏大夫，秩八百石，奉钱月九千二百……又拜为光禄大夫，秩二千石，奉钱月万二千……"贡禹的话略有夸张，谏大夫应是比八百石，光禄大夫应秩比二千石。此外，在《史记》《汉书》中有一些后人的注也涉及了以钱币发放官俸的材料。出土汉简中，边防军官的俸钱材料更多。综合目前可以看到的材料，也可以列出各级官吏的货币薪俸。

汉初实物官俸和汉朝中期以后货币官俸的对比如下①：

官员秩级	月俸粟米	月俸钱币②
三公	350 斛	丞相 60000 钱，御史大夫 40000 钱
中二千石	180 斛	20000 钱
二千石	120 斛	16000 钱
比二千石	100 斛	12000 钱
千石	90 斛	
比千石	80 斛	
六百石	70 斛	6000 钱
比六百石	60 斛	3000 钱
四百石	50 斛	
比四百石	45 斛	
三百石	40 斛	

① 实物官俸数量源自颜师古注《汉书·百官公卿表》。有研究者认为，颜师古的数据源于东汉材料，与西汉的实际数值是有出入的。但若抛开数量绝对值的概念，就俸禄的内容而言，证实西汉早期确是用粟米发放的。

② 钱币俸禄资料整理取自黄惠贤、陈锋的《中国俸禄制度史》，武汉大学出版社 1996 年版。

比三百石	37 斛	
二百石	30 斛	2000 钱
比二百石	27 斛	1200 钱
一百石	16 斛	720 钱

作者评述：官俸改钱的两个最基本的条件，一个是景帝以来，诸侯自行治理封地行政和自行处理封地经济的权力被废除；一个是武帝集中统一铸造国家货币。

官俸改钱是汉代社会由实物经济为主转向以货币经济为主的一个重要标志，也是货币真正发挥社会资源配置工具职能的一个重要标志。特别是武帝因开边事业而形成军队、边境的军官、文官长期脱离内地的现状，对货币经济的形成起到了有力的促进作用。

十七、酎金失侯和麟趾马蹄

元鼎五年（前 112）四月，南越国（都番禺，今广州）的国相吕嘉反叛，杀死国王、太后和汉使，武帝派路博德为伏波将军，杨仆为楼船将军，另以归顺民族为策应，平定南越。此役动兵十多万人，路途遥远，崎岖难行，花费巨大。当时担任齐国国相的卜式向武帝上书，表示“臣闻主忧臣辱。南越反，臣愿父子与齐习船者往死之”。武帝立卜式为榜样，下诏：“今天下不幸有事，而式奋愿父子死之，虽未战，可谓义形于内。”赐卜式爵关内侯，黄金四十斤，田十顷，布告天下。结果天下百余诸侯，却没有一人响应，武帝十分恼火。

当年八月是祭祀宗庙的时候，依例刘姓诸侯都应该参加。献祭要用一种经过三重酿的醇酒，祭过之后，祭祀人饮酒如仪。这种酒称为酎。因为要经过三重酿，费粮多而出酒少，而且汉时祭祀活动很多，用酒也多，规定诸侯应当献金助祭。诸侯根据所封户口数每年在助祭时上交黄金。该年祭祀饮酒的时候，少府现场检验酎金，结果发现，有106位诸侯所献的黄金不合格。不是分量不足，就是成色极差。如此多的诸侯酎金不如律，可见这已不是一年的偶然现象。恰值本年诸侯对平南越的号召置之不理，武帝决心以此为借口整治诸侯们，于是按照法律，诸侯王削减封县，列侯免国。连丞相商陵侯赵周也因为知情不理而免职下狱，在狱中自杀。这次事件史称“酎金夺侯”或“酎金失侯”。

太始二年（前95），政府官员们上了一个提议，改变黄金的形式。缘由有三：获白麟；渥洼水出天马；泰山见黄金。这是大臣们应合武帝笃信鬼神的心理而制造的理由。

《史记》《汉书》都说，武帝“尤敬鬼神之祀”。初即位时，武帝年轻而窦太后好黄老，不许武帝祭祀鬼神。即位六年后窦太后崩，第二年武帝就开始办郊祀，举行各种祭祀活动，其中郊祀五畤和太一是最重要的一种。所谓郊祀，是不在城里举行的祭祀。五畤是祭白、青、黄、赤、黑五帝，以后又有方士说天神中最尊贵的是太一，五帝为太一之佐。于是武帝又建了祭祀太一的神坛，以五畤环列周围，每三年一祭。祭坛建在秦时的祭坛所在“雍”（今陕西省宝鸡市凤翔县）。元狩元年（前122），武帝郊祀到了雍，此地处陇山山脉，武帝在登陇首山围猎时，雷电交加，大雨滂沱。雷雨中，捉到一只神兽，神兽独角，像鹿。臣僚们说，这是因为陛下敬诚祭祀，“上帝报享，赐一角兽”，这是白麟[1]。乐府为此而作了《白麟之歌》：

朝陇首，览西垠，雷电尞，获白麟。爰五止，显黄德，图匈虐，熏鬻殛。辟流离，抑不详，宾百僚，山河飨。掩回辕，鬗长驰，腾雨师，洒路陂。流星陨，感惟风，籋归云，抚怀心。

① 以现代眼光看来，应该是一种色泽较浅淡的麋鹿，亦或是基因突变造成的白化现象。下引祥瑞诸歌见《汉书·礼乐志》，不作白文解释，仅资读者参考。

元鼎四年（前113）秋，在敦煌附近的一个小湖渥洼池畔，当地的屯田兵捉住了一些来饮水的野马，其中有的马身长雄壮，上报朝廷。武帝本爱马，甚至还试骑了一下，“渥洼水出马，朕其御焉”（《武帝纪》“祠太一诏”）；他又好仙，常期望乘天马西往昆仑，臣下迎合，誉其为天马，是太一神所赐。为此同年祭祀太一的时候，乐府又作《天马之歌》：

太一况，天马下，沾赤汗，沫流赭。志俶傥，精权奇，籋浮云，晻上驰。体容与，迣万里，今安匹，龙为友。

因为武帝好仙，欲求长生不老，一个叫李少君的方士，自称会祠灶、辟谷和却老，受到武帝的召见。李少君对武帝说：“祠灶皆可致物，致物而丹沙可化为黄金，黄金成以为饮食器则益寿，益寿而海中蓬莱仙者乃可见之，以封禅则不死。”[①] 于是武帝的“鬼神之祀”又增加了一项祭灶活动，并且企图以炼丹药化成黄金以做饮食器。李少君病死，武帝认为是“化去”而不悟，又宠信一个方士少翁，拜他为“文成将军”。文成将军识破被杀，武帝又相信方士栾大，拜为“五利将军”，继续求炼黄金。五利将军把戏戳穿被杀，武帝又信方士公孙卿。公孙卿称黄帝封禅泰山而与神通，于是武帝又开始封禅。从元封元年（前110）第一次开始，武帝一生六次登泰山封禅，大约在第四次天汉三年（前98）封禅的时候，有人报告在泰山采得黄金[②]。有白麟、有天马、有黄金，于是武帝正式改制黄金“以协瑞”，符合祥瑞。

改制的内容是把原来的黄金形式“金饼”改为“麟趾”和“褭蹄”。麟趾，即“白麟”的足蹄样子。世上本没有麒麟，就是一种较为罕见的麋鹿。褭（niǎo）蹄，俗称马蹄（以下径称“马

---

① 《汉书》卷二十五上“郊祀志”。

② 泰山并无金矿。至今山东省拥有多个“黄金万两县”（年产黄金万两以上），黄金公司在山东省拥有多处金矿，却没有一处在泰安。

蹄”)。“褭”的本意是以丝带牵马，秦代二十等爵中第三等称“簪褭”，意为四驾马车的车夫。褭后引申为良马，应劭注汉书说：“古有骏马名要褭，赤喙黑身，一日行万五千里也。”麟趾金、马蹄金就是把金饼铸成麋鹿和骏马的蹄形。

◆汉马蹄金
（中国钱币博物馆藏品）

麟趾金、马蹄金是什么形制，何为麟趾、何为马蹄？由于难见实物，这个问题困扰了历史学家们2000年。宋朝的沈括在《梦溪笔谈》中说当时在“襄、随之间”曾发现有“金麟趾、褭蹄”。他认为，麟趾“中空，四傍皆有文，刻极工巧”，褭蹄则是如柿饼状，“土人谓之柿子金”。近几十年来，由于出土文物渐多，沈括所谓的“柿子金”实是汉代的金饼，并非马蹄金，已为人共识。一种比较金饼更有一个斜向上方形成的周壁、一边高一边低而中空的蹄形金饼，也有多处发现，学者们认为这才是“马蹄金”。但是“麟趾”又是什么？沈括所谓的“四傍皆有文，刻极工巧”的麟趾竟从所未见。于是一些学者将所见马蹄金中有呈圆形略小的称为麟趾，略大而椭圆的称为马蹄。由于难于印证，学者们对此仍存不同看法。

2011年，江西省发掘了汉代海昏侯大墓，出土了大量文物，其中包括黄金制品。这些黄金制品为我们揭开了“麟趾”“褭蹄”的千年谜团。墓中出土货币，既有铜钱，也有大量金饼、金版，还有上述所称的“马蹄金”。更引人注意的是还有两类黄金制品。一类类似马蹄金，中空，也有大而椭圆、略小而呈圆形两型；另一类则小而细长，中空，呈扁形，底面斜平。这两类黄金的共同特点是，制作极其精巧，而且加有“刻极工巧”的掐丝黄金缀边。据此大致可以认为，形似原马蹄金而加工精细，加有掐丝边缘的，是汉武帝为马蹄金改称“褭蹄”而特制的黄金；小而细长、加有掐丝金边的是因获麟而创制的“麟趾”金。大约普通马蹄金是诸侯们上贡的黄金，而裹蹄、麟趾则是武帝“班赐诸侯王”的皇室制品，故而在制作上特别显示出皇家气派。其用意，名义上是“班赐”，实际成为收敛诸侯“酎金”时的品质标准。

社会上普通作为货币的黄金多为金饼。做成马蹄形大约是诸侯将黄金作为酎金上贡时，利用黄金的熔融特性，拔高边缘，以便检查贡品的品质成色。

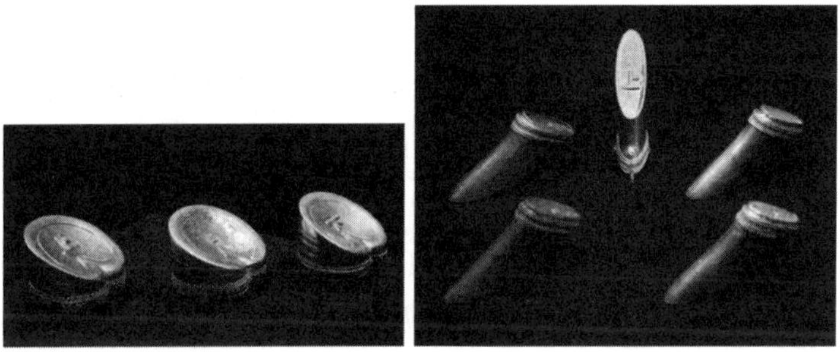

◆左：裹蹄　右：麟趾

（作者摄于2016年首都博物馆“海昏侯墓出土文物展”）

作者评述：酎金夺侯事件固然有武帝打击王侯的政治目的，但几乎多数王侯上缴的都是不合格的黄金，也从侧面反映出黄金在社会经济生活中的重要性已经下降。同样，黄金由金饼改为麟趾、马蹄，也不仅仅是形式的变化。外形从实用性很强的金饼，变为形式性很强而并不实用的马蹄，也可以看出，黄金在制度上虽仍是正式货币，但已经开始向“器饰宝藏”转变。

支持上述看法的材料还有：铸造麟趾金、马蹄金的前两年和当年，武帝两次下令，“死罪入赎钱五十万减死一等”。但是在汉初，《张家山汉简·二年律令》中明文规定：“赎死，金二斤八两”（“具律”）。同样赎死罪，从用金到用钱，反映了金、钱二者在武帝时代的社会生活中地位的转换。

十八、张骞报告西域货币信息

武帝继位之初即有打击匈奴的考虑。建元二年（前139），武帝从匈奴俘虏口中得知，在敦煌、祁连山一带游牧的月氏民族被匈奴打击，月氏王被杀，头骨被匈奴做了饮器。月氏怨恨匈奴，不得不西迁远行。武帝认为应该与月氏联络，共击匈奴，以断匈奴右臂。于是武帝招募敢于探险的勇士。张骞应募，被派遣出使月氏。

张骞是汉中人，高大强壮，性格倔强，为人宽厚诚信，是武帝身边随侍的中下级官员。他请了一位熟悉西域情况又能够担当翻译的胡人堂邑氏甘父（后史家称其"堂邑父"）为助手，随从100多人，除带队伍供应外，还带了大批礼品，从陇西向西域进发。当时的汉朝，西面有匈奴和游牧民族阻隔，对河西走廊以西的情况所知极其有限，张骞的队伍一出陇西即为匈奴擒获。单于把张骞扣在了匈奴，为留住张骞，又给张骞配了一位匈奴妻子，为张骞生下了一个儿子。张骞在匈奴被羁留11年，待到看管稍宽，张骞和堂邑父逃跑出来，继续西行，到了大宛（今乌兹别克的费尔干纳地区）。从大宛经康居（今哈萨克斯坦南部，锡尔河北岸），终于到达月氏的驻留地。

该地位于阿姆河上游（这一河段称喷赤河），今乌兹别克和土库曼的阿姆河北岸地区。喷赤河对岸即塞种大夏人的驻地。公元前4世纪，希腊亚历山大远征军到达中亚，亚历山大退走后，留下的希腊人和后来陆续迁移殖民的希腊人在阿姆河南岸建立了希腊化的巴克特里亚王国。在张骞到来之前约10年左右，大夏人进入巴克特里亚，覆亡了希腊人的巴克特里亚国。但是大夏人部落分散，各不统属，在强悍的月氏人到达喷赤河北岸后，即臣服于月氏。张骞来到此地，考察了大河两岸，看到这里"地肥饶，少寇”，月氏民族已经“志安乐”，不想再为远在万里之外的汉朝去作战，“殊无报胡之心”。张骞驻留了一年多，“竟不能得月氏要领”，只得回国。

张骞回国时，为躲避匈奴，从塔克拉玛干盆地南缘东行，但还是被匈奴捕获，又羁留了一年多。好在这次见到了留在匈奴的胡妻和儿子。直到匈奴单于死，匈奴内乱，张骞趁机携妻、子逃回了汉朝。这时离他出使，已经过去了13年。

13年前，张骞出使时，是100多人的浩浩荡荡的队伍，回来时，除了胡妻和儿子，当初一同出国的只剩了张骞和堂邑父两人。张骞联络月氏共击匈奴的目的虽然没有达到，但是张骞此行，途经西域36国，远达今哈萨克斯坦、土库曼斯坦和阿富汗地区，为武帝带来了西域的大量情报，都是汉朝从未了解到的。张骞也因了解西域而参与打击匈奴的战争，被封为“博望侯”。即便是后来在战役中因失误失侯，武帝也“数问骞大夏之属”。大夏，即月氏已臣服的阿姆河南岸巴克特里亚地方。

元狩四年（前119），武帝拜张骞为中郎将（比二千石的高官），再次派他出使西域。因为卫青、霍去病大击匈奴，匈奴已经退出西域。张骞此行大张旗鼓，随行300人，并有多位副使，都手持代表国家的“节”。队伍中每人有马两匹，赶着牛羊数万头，携带的礼物金器币帛价值数千亿。

这一次，张骞驻留乌孙（乌孙活动在伊犁河、楚河一带，即今哈萨克斯坦东南、巴尔喀什湖南部），将副使派往周边各国，副使所到有大宛、康居、大月氏、大夏、安息（大月氏西面之国，今伊朗）、身毒（今印度北部）、于窴（今新疆和田）、扜罙（Yūmí，今新疆于田）等国。张骞使团的活动对西域造成了极大的影响。西域各国早已听说东方的汉朝，但并不了解汉朝的具体情况和实力。使团的访问和赠送的礼品使各国极为惊讶。使团回国时，张骞请各国派使随团来到大汉。他们见到大汉国家广大、物资丰饶，都愿与汉互通往来，从此中国与西域使节、商人往来日益频繁，后来派往西域的使节甚至往往自称“博望侯”，可见张骞的巨大声望，而张骞的西行则被称为“凿空”。

张骞回国后，将西域的情况向武帝做了详细汇报，报告范围南达今印度，西及今叙利亚，《史记·大宛列传》即是司马迁依据张骞的报告而写成的。其中关于西域各国的地理位置、土地、人民、自然条件、特产、生产和生活方式、风俗习惯、政治制度、重大政治事件等的记载，对今天世界历史的研究都有重大贡献。当时中亚很多民族和政治实体都没有文字或是留传下来的历史记载，现代对中亚历史的研究，在很大程度上，仍然需要依靠张骞的著述。在这些报告中，也记叙了中亚地区的商业经济和货币经济情况。这些情况在后来汉朝在西域设置西域都护以后，得到进一步丰富，又记于《汉书·西域传》中。

在张骞的记叙中，西域各国的生存形态分为“土著”（著，zhúo）和“行国”两类，土著即农业国，国民依附土地生活；行国即游牧国，逐水草而居。当发生战争时所能动员的兵力为“控弦者”。以经营商业为生的，也予以说明。如大夏，张骞记道，“善贾市……其都曰蓝市城，有市贩贾诸物”，还详细报告说，见到大夏有汉朝蜀地的邛竹杖、蜀布。张骞询问其来源，“大夏国人曰，吾贾人往市之身毒”，即来自印度。这一报告对武帝开通西南夷，起了重要的推动作用。

张骞报告的安息，是西域诸国中唯一记叙了货币使用的国家：

> 安息在大月氏西可数千里，其俗土著，耕田，田稻麦，蒲陶酒。城邑如大宛。其属小大数百城，地方数千里，最为大国。临妫水（即今阿姆河），有市，民商贾用车及船，行旁国或数千里。以银为钱，钱如其王面，王死辄更钱，效王

面焉。画革旁行以为书记。其西则条枝，北有奄蔡、黎轩（qián）。（《史记·大宛列传》）

安息，即今伊朗。伊朗高原在亚历山大东征以后，成为亚历山大的部将塞琉古建立的希腊化的塞琉古王国的一部分。由于塞琉古王国重点经营西部地中海沿岸，东方的帕提亚（今伊朗地区）、巴克特里亚地区的总督相继独立。公元前3世纪中叶，帕提亚北方（今土库曼斯坦南部）的游牧民族入侵帕提亚，建立了独立的帕提亚王国。这个民族的首领是阿尔萨息（其希腊文原文音“阿尔萨柯息”，或译阿萨息斯），所以张骞把这个王国以当时的译音称为“安息”。安息的原住居民是世代居住在伊朗高原的波斯人，波斯帝国早在公元前7世纪就在与小亚细亚和希腊的交往中创制了金银钱币。希腊化以后，采用塞琉古王国的希腊化银币。安息人虽然是游牧民族，统治伊朗高原后，也吸收农业文明，打制了自己的钱币。这种钱币受到本地希腊化货币的很大影响，又有本民族的特点。其正面是国王的侧面像，背面则是国王手持一张弓的坐像，周围希腊字母通常都写有“阿尔萨息大王”一类的词句。

当张骞的副使到来的时候，正是安息米特拉提德斯二世时期，这是安息王国最为强盛的时期，领土不仅含有伊朗高原，而且向西进入今伊拉克，据有两河流域的中下游。听说汉朝使节来访，安息王派出两名将军率领两万骑兵到东部边界迎接。汉使随队历经数千里，路过数十城，到达安息都城，实际上是沿途考察安息的国情。所以报告所说“以银为钱，钱如其王面，王死辄更钱”不但是准确的，对于汉朝来讲，也是第一次了解到，在中华文明之外，同样存在着发达的农

◆米特拉提德斯二世银币

业文明和与中华青铜货币完全不同的货币样式。

除了安息以外，当时其他各游牧国尚没有发达的货币经济，张骞报告说："自大宛以西至安息，国虽颇异言，然大同俗，相知言。其人皆深眼，多须髯，善市贾，争分铢……其地皆无丝漆，不知铸钱器。及汉使亡卒降，教铸作他兵器。得汉黄白金，辄以为器，不用为币。"（《史记·大宛列传》）所谓大宛以西，即中国所称康居，也包括今阿姆河、锡尔河之间西方所称的索格底亚那（即后来中国所称粟特地区），当时的花剌子模，以及一系列其他小国。从后来苏联在中亚各国的考古发掘来看，这一时期的遗址中也确实没有发现金属钱币①。

张骞第二次西使回国，武帝任命他为负责周边民族事务的"大行"，位列九卿。两年后张骞去世。

作者评述：《史记·大宛列传》所记安息钱币是"钱如其王面"，并没有提及钱背，也没有提及大月氏的钱币。但是《汉书·西域传》却说大月氏"民俗钱货，与安息同"；又说安息钱"文独为王面，幕为夫人面"。同时还提到《大宛列传》中没有说明的罽宾、乌弋山离等国，说罽宾"市列，以金银为钱，文为骑马，幕为人面"；乌弋山离"其草木、畜产、五谷、果菜、食饮、宫室、市列、钱货、兵器、金珠之属皆与罽宾同"，"其钱独文为人头，幕为骑马"。罽宾即今巴基斯坦白沙瓦地区，乌弋山离在今阿富汗中部，都为当年亚历山大大军遗留的希腊人统治过。一般认为《西域传》多参考《大宛列传》，但是司马迁逝于武帝末年，而汉朝第一位西域都护是在宣帝时期设置的。西域都护常驻西域，统领大宛以东诸国。如罽宾等国虽不属都护，但既有外交往来，都护也介入其政。罽宾就因与汉使摩擦，都护就曾派兵废立其国

① ［苏］弗鲁姆金：《苏联中亚考古》，黄振华译，新疆维吾尔自治区博物馆，1981年。

王。班固修《汉书》时，所得西域情况显然比张骞时代详尽得多。

公元前20年，安息在与罗马的战争中讲和，归还缴获的罗马军旗，罗马赠送安息王女奴穆萨。穆萨成为安息王后以后，与儿子同谋杀死老王，又嫁给儿子，与儿子共王，打造了一面为王、一面为后的银币。这是安息历史上唯一的“文为王面，幕为夫人面”的钱币。此时中国正是王莽的新朝。从西汉宣帝到王莽新朝覆亡，中国在西域都派有都护，对西域情况十分熟悉。班固在东汉初年撰写《汉书》时正是利用了这一时期的资料。

◆文为王面、幕为夫人面银币

（伊朗钱币博物馆藏）

第二节　新朝

一、王莽铸错刀契刀

汉平帝于元始五年（5）十二月崩，安汉公大司马王莽选中两岁的刘婴即位，群臣拥立王莽为摄皇帝，第二年改元居摄（6）。居摄二年（7），王莽进行了一次重大货币改革，铸造大钱和错刀契刀。铸造此类大钱的起因在于中央财政的匮乏。

汉末自元帝以后，不再实行宣帝所谓“霸王道杂之”的政策，一味崇儒，减税息事。成帝建始二年（前31）三月，罢除了六厩、技巧官。自武帝把国家铸钱事业集中于中央以来，五铢钱币一直由上林三官统一铸造。三官就是上林苑所属的三个机构钟官、六厩和技巧。罢除六厩、技巧，至少削减了中央货币一半以上的产量。到哀、平之世，朝政在外戚和宦官集团争斗中紊乱不堪，新贵们争相攫取短期利益，尽管从三官初铸五铢钱到平帝时期，总共铸钱280余万亿枚，但中央财政却只是增加了消耗而减少了产量。

王莽执政后，却增加了大量的财政支出：

大肆封建。哀、平之际，朝中利益集团大更替，为稳定局势，王莽需要培植起拥护自己的贵族、官僚势力，也需要拔擢辅佐自己的工作班子。群臣建议给王莽加“安汉公”号，王莽坚辞不受，屡次推托不过，提出首先“宜立诸侯王及高祖以来功臣子孙，大者封侯，或赐爵关内侯食邑，然后及诸在位，各有第序”。元始元年（1），从中山国（治所在今河北保定定州市）迎立平帝的官员，高级官员赐爵关内侯，各有食邑；从中山到长安沿途护送、接待的中下级官员，各赐民爵；所有诸侯王、公、列侯、关内侯，因为无子绝嗣，或有罪除爵的，都可以由孙、侄孙继承或是复爵；二千石以上官员致仕（退休）的，终身给三分之一原俸；由于成帝、哀帝都无后，又另封宣帝的耳孙（远于曾孙的后裔，对祖上只有耳闻者）36人为列侯，以笼络刘氏子孙；元始二年（2），又加封一批诸侯王，甚至把高祖、吕、惠时期的功臣已经除国的后裔如周勃、樊哙等人的玄孙113人都赐爵关内侯……这样大规模的封赐活动远远超出了正常的封赐，这些新封的王侯，都要一份食邑，一份俸禄，受爵时还要有金、钱、帛的赏赐。

崇儒活动。王莽一直以崇儒复礼为己任，执政后，除找出周公后裔、孔子后裔封侯赐爵外，元始五年（5），征召天下学者，凡通《尚书》《诗经》《论语》《孝经》《尔雅》《周礼》等儒家经典，或懂得历史、天文、历算、文字学、图谶、兵学、医学等的，由所在地方用公车送达京师，养起来，研究学问。最后送来的学者达数千人。又兴办学校，京师太学扩召，郡国所设称“学”，县、道、邑、侯国称“校”，乡曰“庠”，聚曰“序”，都设学官、经师。

基本建设。为安排京师突然增加的大量知识分子，王莽下令在京师建设住宅一万座。

元始四年（4）夏天，王莽提出，应当仿效西周制度，建设明堂、辟雍。明堂、辟雍是传说中周朝初年天子颁布政令的处所，用以明教化、祭先祖。所以明堂应当高大、宏伟、轩敞。在明堂的四周，应当环绕一周水道，使整个建筑像玉璧，像教化流行，称为辟雍。自周至汉，明堂辟雍未能够再建，武帝时曾有重建的想法，却没有实现。王莽要把它作为崇儒的象征，也是京师的地标性建筑来完成。提议得到王太后许可后，王莽亲临工地，号召十万学生、平民参与。据考古发掘证实，这座明堂辟雍，三重屋檐，占地广阔，高大雄伟。落成后举行了盛大的祫祭仪式，诸侯王 28 人、列侯 120 人、宗室子弟 900 多人一起参加。礼毕后又加封 36 位列侯，其余参与者都有赐爵、增加封户、黄金玉帛之赏。

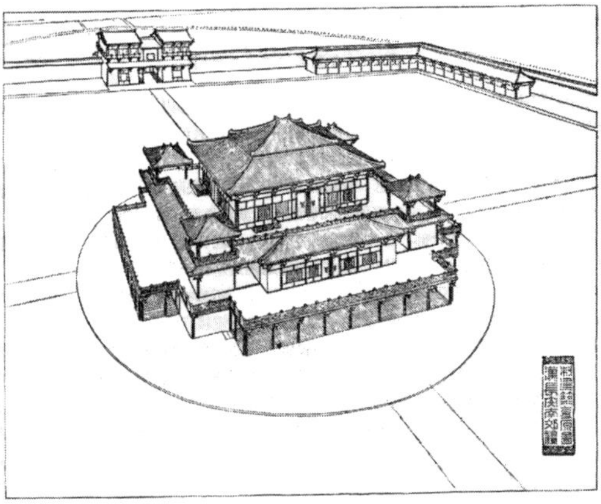

◆根据遗址考古发掘绘制的莽新明堂辟雍复原图

（采自刘敦桢主编《中国古代建筑史》）

修建子午道。子午道是长安翻越秦岭通往汉中的通道，道路艰险，秦时修有栈道。楚汉战争时高祖被项羽封为汉王，走此道入汉中，接受张良的建议，烧毁栈道，以示没有东进的野心。以后“明修栈道”，却从陈仓出兵，栈道实际没有修复。元始五年

(5) 秋，王莽14岁的女儿、平帝的皇后，月经初潮，这是女人成年，可以生儿育女的标志。古以子为北、午为南，子午即经线。王莽既笃信谶纬，就欲以子午协皇后通经之瑞，决定重新修通子午道，工程浩大。

赈灾。元始二年（2），北方大旱，青州（今山东地区）尤其严重，大旱诱发蝗灾，造成大批灾民流亡，饿死农民无数。为赈济灾民，灾区免赋、派出官吏督捕蝗虫，以斗收购蝗虫鼓励灭蝗。因瘟疫而死的地区，一家有六尸以上赐葬钱五千，四尸以上三千，二尸以上二千。逃荒灾民的安置地区官给安家，长安城里还新建五个“里”，建筑住宅二百座，安置灾民。

既减少了铸造，又增加了支出，王莽遂从改造货币上寻找出路。他创设了三种新的货币：“大泉五十”“契刀五百”和“一刀平五千”。他既是崇儒，便从仿古上寻找出路。汉代已有人认为，钱如流水般周转，因而称之为“泉”。又自战国至汉初，钱币又往往被称为“刀布”。王莽新钱于是以泉为名，以刀为形。又自战国以来，经济领域中已流行“轻重”观念，进而有了“轻重相权”“子母相权”的思想。“大泉五十”即以一枚重12铢的钱币，相当50枚五铢钱。“契刀五百”铸成刀形，刀头是一枚圜钱，一枚相当500枚五铢钱。“一刀平五千”钱形与契刀相似，圜钱上的“一刀”两字却是用黄金镶嵌而成（错金），“平”即衡，意思是一枚刀币相当于5000枚五铢钱。因为钱币用了错金技法，后世也把这种钱称为“金错刀”。

◆一刀平五千和契刀五百
（中国钱币博物馆藏品）

与此同时，“禁列侯以下不得挟黄金”，本人已有的黄金应当上缴官府，兑换成钱币。这两项政策同时执行，显然，一方面把黄金集中到中央政府，另一方面，中央政府用以兑换黄金的钱币，即是那些相当50、500、5000枚的大钱。而加封的那些列侯、关内侯和林林总总的大小贵族、官员，应当赏赐的钱币，也就可以用这些大钱来支付了。

因为国家原来的铸钱机关上林三官停掉了两官，仅靠钟官一处，无法供应临时加封的许多新贵，王莽又临时在长安城外西南新添了一个铸钱工场，这处工场在今西安市区西北三桥镇附近。从已经发现的铸钱遗物可以看出，这里后来成为新莽时期最大的集中铸钱工场。

作者评述：王莽在铸行新钱的时候，并没有禁止原五铢钱，新钱与五铢并行，结果可见，所以班固的《汉书·王莽传》写到收贵族黄金的时候，说“然卒不与值”，未必是不给钱，而是给了那些没有价值的小刀。

二、王莽二改货币——大小泉制

居摄三年（8）十一月，王莽改国号为“新”；将原汉朝的“太子”孺子降封为“定安公”，“永为新室宾”，名义上尊为“新朝”的国宾；改年号为“始建国”；改汉朝的正朔，以当年十二月为始建国元年正月，正式即真天子位，结束了大汉210年的国运。当年（实际进入公元9年）新朝就开始了一系列政治和经济的变革①。

大封拜。王莽是依据一个铜匣“金匮”中的所谓“策书”而“即真”的，“策书”中罗列了一批“辅臣”的名单，其中除一些老权贵以外，甚至还有一些参与伪造“策书”的莫名其妙的人，

① 由于班固不承认王莽的新朝，故《汉书》所纪新朝时期的日期、月历仍按汉朝，不以十二月为岁首。

如造“金匮”的哀章、看城门的王兴、卖饼的王盛之流，都被封为三公、将军等高官高爵。又新封了各级官吏数百人，而原是刘姓的各地方郡守，就都改封为谏大夫，即从实权改为虚职。

改官制。王莽把汉朝的官制做了很大的改动，有的是改变或增减职位，更多的是在原本不动的体制下改动名称。如汉朝的大司马、大司空、大司徒三公，都按文献上周朝的记载增加了司允、司直、司若的副职；大司农改称羲和（后又改称纳言）、大鸿胪改称典乐、少府改称共工、水衡都尉改称予虞、执金吾改称奋武，地方官郡太守改称大尹、县令改称县宰、御史改称执法等，作为吏禄级别的官秩全部改名，百石叫庶士、三百石叫下士、千石叫下大夫、二千石叫上大夫……所改远不及此，无法一一罗列。特别是王莽认为，“溥天之下，莫非王土，率土之滨，莫非王臣”，把汉代的诸侯王全部改为五等爵，而周边原来羁縻称王的少数民族也都要改换称呼，匈奴单于改称“降奴服于”、西域和南方诸国的“王”一律改称“侯”，这引起了周边民族极大的不满，后来终于引发了推倒新朝的战乱。

改地名。全国的地名在新朝改得乱七八糟，譬如长安改作常安、河南郡改为保忠信乡，而洛阳改叫宜阳、济南郡改叫乐安、汉中郡改叫新成、陇西郡改叫厌戎……郡改、县改，有的甚至改到乡，而且不止改一次，以至公文都难以递送，因为官吏们搞不清地名。

改田制。西汉后期，历经200年的和平年代，私有土地的变化很大，大量土地被豪强兼并，引发严重的社会问题。王莽看到了土地问题的严重性，他所采取的措施是，恢复古代的“井田制”。首先将全国土地收为国有，称为“王田”，再以井田方式分配下去，不得买卖。现有土地凡一家男丁不足八口，而田超过一井，超过部分分给乡里无田少田者。敢有异议，流放边疆。作为一种理想化的实验，“王田制”确实推行到了一定程度，然而被王田制打击的豪强地主也成了后来推翻新朝的主力。

改货币。居摄时期的货币是在原五铢钱的基础上，增加了大泉五十、契刀五百和一刀平五千三种高值钱币。其中大泉五十只有 12 铢，要当 50 枚五铢钱；契刀重量相当五铢钱 6 枚左右，却当 500 枚五铢钱；而金错刀重量只相当 11 ~ 12 枚五铢钱，竟当 5000 枚五铢。虽然两种刀币大概只用于向贵族和受赏官员发放，但是这些东西的发放等于口惠而实不至，受赏者拿到后在市场上无法获得价值认同，实际上是很难推行得下去的。所以在始建国的改制浪潮中，货币也必然要改。可是刀币发行才不到两年，立刻改币必须有正当理由。为此王莽发布了一个诏令，解释说，自己在居摄的时候，看到汉朝气数将尽，想方设法要维持汉朝的气运。只要是能为刘姓延长气数的办法，都要试一试，所以发行了两种刀币。但孔子作《春秋》，成为后来的君主的法则，《春秋》一书结束于鲁哀公十四年（前 481），拿来比照今天，从汉哀帝算起，也是 14 年（这是把平帝 5 年和王莽的居摄 3 年都算在一起），说明汉代气数已尽，是不可勉强的。所以只能“废‘刘’而兴‘王’”。废刘兴王的办法是：“夫‘劉’之为字，‘卯、金、刀’也。正月刚卯，金刀之利，皆不得行。”“其去刚卯莫以为佩，除刀钱莫以为利，承顺天心，快百姓意。”

这件诏令以拆字法作理由，废除了两件物事：一是刀币，即契刀五百和一刀平五千；二是“刚卯”，刚卯是一种驱邪的小佩饰，三寸来长的方柱形，用玉或金、银、桃木雕刻而成，中心有孔用以穿绳，汉代十分流行，本来与政治、经济无关，因为“劉”字头上有个“卯”字，一并受了牵连。

不用刀币，实行新的币制，即连五铢一并废除，发行新钱。新钱连“铢”字、“钱”字也不能用，因为“铢”字、“钱”字都有“金”旁，犯“卯金刀”的金字之讳。王莽从古籍中发掘出一个“泉”字，用以代“钱”。

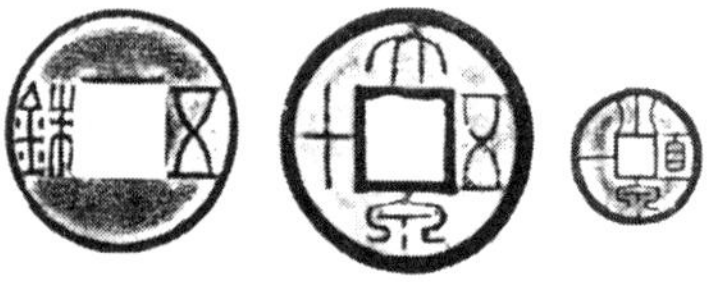
◆五铢、大泉五十和小泉直一比较

新币制有钱两种，一种小钱，名“小泉直一”，一种是居摄年间发行的“大泉五十”，大小两种并行。小泉直一是基准货币，大泉五十不再相当于50枚五铢钱，而是相当于50枚小泉直一钱。为防止民间盗铸，下令民间不得私自挟带铜料和木炭。不得挟铜也还罢了，木炭却是冬季的生活用品，自然会引起人民的反感。

西汉的五铢钱是基本达到了5铢的法定重量的。大泉五十钱法定12铢，原规定当五铢钱50枚，民间显然不愿接受。这次改为当作小泉50枚。而新铸行的小泉直一，规定重1铢（据出土物实测，多在2铢以上），比例虽然比前稍小了些，二者实际之比仍然只是5∶1左右，却要当50∶1，所以民间还是不愿接受。加之同一种“大泉五十”钱，两年之间，忽而当五铢50枚，忽而当小泉50枚，于是流言在民间开始流传，说大泉五十长不了，一定会废罢。百姓纳税虽然不得不用新钱，私下交易却仍然只信任五铢钱。这种现象使王莽十分恼火，他再次下令：挟带五铢钱，传言大钱当罢，比照对井田持异议处理，流放边疆。此令一出，“农商失业，食货俱废，民人至涕泣于市道”。而因为“卖买田宅奴婢，铸钱，自诸侯卿大夫至于庶民，抵罪者不可胜数”。

造成这种现象，除了民间对新钱的不信任外，在全国范围内，骤然废除旧钱，极短时间内推行新钱，却没有足够的新钱供应，是一个客观存在的困难。王莽于是派遣谏大夫50人，分头到全国各地，监督铸造新钱。近几十年来，南至江南地区，北至内蒙古地区，西到青海省海晏县，都有莽新时期的铸钱遗址和钱范、钱币发现，多为此次分派铸钱的结果。

作者评述：王莽“即真”以后，立即开展大规模的去刘化运动，力图迅速去除社会上的汉朝印迹，表现出他对自己取得政权的合法性的极度不自信。两次币改不过是这种不自信的表现和去刘运动的组成部分而已。

两次货币变革已经开始呈现乱象，人民对王莽的盲目崇拜态度已经开始出现变化。

三、王莽三改货币——宝货制

大小钱制的推行不如人意，王莽决定再次改变币制。始建国二年（10），王莽推出了宝货制。对于距上次币改仅仅一年就再次币改，王莽给出的理由是：“民以食为命，以货为资，是以八政以食为首。宝货皆重则小用不给，皆轻则僦载烦费。轻重大小各有差品，则用便而民乐。”[①] 理由听起来很有道理，货币等级合理，民众使用起来就会感觉方便。为“轻重大小各有差品”，王莽设计了一个庞大的货币体系：五物六名二十八品。五物：金银铜龟贝；其中铜一物又分泉、布两种，故又六名；二十八品是指每一“名”下又分若干等级，各有其名。其细节如下：

金（1品）	单位为斤			值 10000钱
银（2品）	单位为“流”，每流8两		朱提银	值 1850钱
			其他银	值 1000钱
贝（5品）	四寸八分以上	二枚为一朋	大贝	值 216钱
	三寸六分以上	二枚为一朋	壮贝	值 50钱
	二寸四分以上	二枚为一朋	幺贝	值 30钱
	二分以上	二枚为一朋	小贝	值 10钱
	一寸二分以下	不得为朋	每枚	值 3钱
龟（4品）	长一尺二寸	相当于大贝10朋	元龟	值 2160钱

① 《汉书·王莽传》。

长	九寸	相当壮贝10朋	公龟	值 500钱
长	七寸以上	相当幺贝10朋	侯龟	值 300钱
长	五寸以上	相当小贝10朋	子龟	值 100钱

以上是四物四名十二品。以“物”而论，白银分为二品，朱提（Shúshí）银单独作为一种。朱提是地名，位于今云南昭通的鲁甸县，自古是白银产地，银矿的品位高，产品品质好。但是就成品而言，朱提银与其他地方的银要做区分，却是困难的。至于龟贝，原是自然物，来源不定，数量不定，国家又如何控制呢？所谓龟，是指龟的甲壳，把龟甲起名为“公、侯、子”的爵名，是取自《礼记·王制》，以显示这种货币的地位尊贵。而最大的“元龟”，名称来自《诗经·鲁颂》“元龟象齿”一句，龟甲据说产自自古出大龟的“蔡”地（西周武王的弟弟的封国，在今河南驻马店上蔡县），虽然规定了它的价值，百姓却不许拥有，如果有百姓获得了这样的大龟，必须上交给负责国家占卜的官员“大卜”，按值换钱。

这四物四名十二品，至今没有实物被发现或出土过，究竟其形制是什么样子，谁也没有见过，文献也没有关于其形制的说明。真正供百姓日常使用的货币是以铜为“物”的“泉”“布”二名。二名又分16品：

泉（6品）：①

小泉直一	重一铢	这是宝货制的基础币值，所有货币的币值以小泉为准。《汉书》似因不承认王莽制度，“小泉”等币名的“泉”多写为“钱”。
幺泉一十	重三铢	币名数字即相当小泉的价值

① 六泉十布中除大泉五十、大布黄千等少数几枚外，如今大多十分难得，收藏者获齐全套更属珍贵，所以很难以相当数量的样本求取平均值。且民间盗铸数量也不在少数，目前所见，往往同一种钱币重量即有较大出入。所以此处不列重量的公制平均值，只列出文献所见的规定重量。

幼泉二十　重五铢

中泉三十　重七铢

壮泉四十　重九铢

大泉五十　即第一次改变币制时的“大泉五十”

布（10品）：

小布一百　幺布二百　幼布三百　序布四百（《汉书》误为“厚布”）

差布五百　中布六百　壮布七百　弟布八百　次布九百　大布黄千

◆弟布八百和大布黄千

这二名16品铜钱，称“泉”的，是方孔圆钱；称“布”的，是王莽以古代铲形币为原型，经过重新设计而生产的新的铲形币。钱币铸造精美，文字一律用古篆书，布钱中的六百、七百、八百、九百四品数字不用汉字，而用筹码字。而大布黄千中的“黄”，其实是“横”字的简化，古文以“横”作为“衡”的假借字，而“衡”，即平衡，“大布黄千”即大布相当一千枚小泉的意思。

如此形式繁杂、内涵深邃的货币制度，不要说不识字的百姓，即便是官吏和知识分子，也很难记得清、看得准。更不用说一枚法重十几二十几铢的铲布要代表几百上千枚小钱，无法让用惯了单一五铢钱币的平民百姓接受。

五铢既不许用，民间就只认小泉直一和大泉五十两品。尤其是大泉五十，国家在全国50个地方同时开铸，铸造水准难于统一。法重十二铢，即8克左右，从目前所看到的各种大泉五十实物，轻的只相当一枚五铢钱（不足4克），重的有达10克以上。以这样的钱币1枚，当法重一铢的小泉50枚，盗铸者多是必然的现象。面对社会既不认可杂乱的币制，又大量盗铸大泉，王莽下令，一家盗铸，五家连坐，全部没入为奴婢。

为提高新朝新钱的形象，王莽甚至专门铸造了一种钱币形式的“符”，相当一种通行证，这种“符”看上去完全是一枚方孔圆钱，方孔两边是“布泉”二字，用和“大布黄千”一样的悬针篆字体。百姓商民出门旅行，必须携带布泉，没有布泉，传舍（即后世的驿站）不得容留，不给饭吃，关卡不许通过。甚至常安的宫廷中，公卿大臣上朝出入，也必须携带布泉，否则不能入宫。

作者评述：王莽的“宝货制”显然是精心设计、精工铸造的结果。如果说“大小泉制”还是王莽为了去除刘氏印迹而行的权宜之策，从“宝货制”的设计精巧、配套严密来看，它显然是王莽向往、憧憬儒家经典描绘的古代社会，从而浸透了王莽要实现复古理想的心血的结晶。然而它还是一个迂腐、愚蠢的结晶，在现实面前，必然碰得四分五裂。唯一留给今天作证见的，是所谓铜货二名的“六泉十布”，成为钱币收藏界的珍品。

四、五均六筦

王莽在用复古的方式改造货币的同时，也力图用儒家古代的理想改造社会经济。推行宝货制的同年，始建国二年（10），王莽开始在社会上实行五均六筦（guǎn）制度。

五均制度最初的建议者是当时的大儒、国师公刘歆。刘歆是西汉大儒刘向的儿子，由于精通儒家典籍，深得王莽信任，而王莽每有变革动作，也往往需要以古籍为依据。刘歆提出，古《周礼》中有“泉府”之官，负责“收不售，与欲得”，政府收购滞销的货物，在短缺时卖给需要的人。这是《易》经所说的“理财正辞，禁民为非”，即管理经济公正，百姓就不会做坏事。见到刘歆的建议，王莽认为，《周礼》中“泉府”一职不仅“收不售，与欲得”，还负责赊贷。于是王莽在京师常安（即长安）和五大都市设立五均官。五大都市是：洛阳、邯郸、临淄、宛、成都。

临淄即今淄博，宛即今南阳。这六大都市分别是关中、中原、齐地（今山东）、江淮和蜀中的商业集散地，原来就有规模较大的市场，它们所涵盖的地区差不多覆盖全国主要商品的供应。王莽令长安的东市更名为京市，西市更名为畿市；洛阳的市更名为中市；邯郸更为北，临淄更为东，宛更为南，成都更为西。王莽说，在古籍《乐元语》① 中，有关于天子设立管理物价的官员“五均”的记载，所以六大都市的七大市场管理机关命名为“五均司市”，司市首长叫五均司市师，下各设“交易丞”五人，钱府丞一人②。司市的主要职能是掌握物价，以一年四季的中间月份核定物价。民众买卖的五谷、布帛、丝绵等物品，有滞销现象时，司市以成本价收购；遇到物价高涨，超过核定水平一钱，就把收购来的商品以平价出售。市价如果低于核定物价，听民自相贸易。

司市还有一项功能是赊贷，赊贷的职责由司市的钱府丞承担。民众如果遇到祭祀或是丧葬事宜而缺钱的时候，可以用市场的税收放贷，祭祀的贷期不过十天，丧葬不过三月。百姓如欲进行工商，也可以贷款，利息的方式是计算工商收入，扣除成本，年息不得高于实际收入的十分之一。

随着宝货制的实行，宝货中“金银龟贝铜”五物的来源也是需要控制的，这项工作也由司市的钱府丞承担。工商业者中，凡涉及采购到这五种物资的，都要向钱府自行申报，叫作“自占”，由钱府按照收购时令统一收购。

六筦的意见是由羲和（即汉时的大司农）鲁匡提出的。筦，

① 《乐元语》是西汉时发现的一种先秦音乐理论书，现已失传。据西晋学者臣瓒注《汉书》所引，其中有“天子取诸侯之土以立五均，则市无二贾，四民常均”等语。

② “钱府丞”的记载出自《汉书》。由于班固对王莽的否定态度，《汉书》中涉及王莽改“钱”为“泉”的地方往往仍记为“钱”。以王莽忌“卯金刀”的说法和《周礼》有“泉府”的记载，“钱府丞”很可能实际是“泉府丞”。

古籍也作斡，通管，管理的意思。六筦是指由国家专营管理的六个经济项目，即山泽（含山林和水泽）、盐、铁、五均（指管理物价和赊贷）、铸钱和酒酤。实际上，名山大泽、盐、铁和铸钱自武帝时代以来就是由国家控制的，只有酒酤，原本已经实行专卖，在昭帝时期，经过盐铁会议的激烈斗争以后，政府被迫放弃了管制。从元帝、成帝以后，朝政受制于外戚集团，吏治日趋腐败，管理松弛。鲁匡作为国家财政的主管官员，提出把酒再次纳入国家管理。他引用儒家经典：《诗》经有“无酒酤我”的句子，古天子燕饮族人，酒不够也一定要去买酒；《论语》有“酤酒不食”的句子，周朝衰乱之时，管理废弛，酿酒多薄恶，不心诚，所以孔子也不信任民间自酿的酒。现在如果天下禁酒，无以行礼；如果放任无限，则费财伤民。所以应该把酒也一并管理起来。他的管理办法是：官家开办酒肆，用古法酿酒。一酿用粗米二斛，酒曲一斛，成酒六斛六斗。按每月初一米、曲价格的三分之一作为一斛酒的价格。卖酒所得，扣除物料成本，其余部分以七成入官，三成作为水炭器具人工成本。以此为契机，王莽决定将这六个项目加以整顿管理。于是羲和鲁匡设置了“命士”一职，每郡都有数人，专门督办五均六筦。

但是鲁匡所用之人，多为各地的富商，像洛阳的薛子仲、张长叔、临淄的姓伟（姓姓名伟）等人。这些富商得了官方任命，就利用官府驿传的便利，与地方官吏交结，伪造文簿账目，欺压百姓，反而造成了百姓的反感。政策执行不利，也促成了新朝反对力量的滋生。所以七年后，天凤四年（17），王莽再次重申六筦之令说：盐是“食肴之将”；酒是“百药之长、嘉会之好”；铁用于农具是“田农之本”；名山大泽是财富之藏；五均赊贷能平抑物价、救急济贫；铸钱是“通行有无”。“此六者，非编户齐民所能家作，必仰于市，虽贵数倍，不得不买。”所以那些豪民富贾以此欺侮贫弱，先圣的论述就是针对这种社会状况的。他又为每一筦制订了针对可能犯禁的罪则，罪则的最高刑罚可以是死刑。

然而死刑也没有禁住犯科，民间不顾禁令，与地方官吏勾结作奸的事层出不穷，反而是平民不得安生。而王莽却听不进不同意见。纳言（即汉时大司农，先改称羲和，后又改称纳言）冯常对六筦表示了一些意见，王莽立刻将他免官。地方犯禁起事为盗，王莽派去处理动乱的使者回报，说动乱的原因是“愁法禁烦苛，不得举手。力作所得，不足以给贡税；闭门自守，又坐邻伍铸钱挟铜。奸吏因以愁民。民穷，悉起为盗贼”。王莽就“大怒，免之”。而有人顺着他的心思说“民骄黠，当诛”，又有人说这是时运不济，造反长不了，王莽就很高兴，立时提拔了这些人。

作者评述：“五均六筦”并不是王莽的发明，不过是西汉后期朝政废弛，社会各项管理混乱，王莽看到了社会现实，决心加以整顿而已。只有官办赊贷一项，虽见于文献，汉代以前却并没有现实的历史证据，新朝算是在历史上第一次实现了由官方开办的货币赊贷（只有《包山楚简》见到楚国由政府出面借贷黄金以便为农民买种子）。但是混乱的货币变革使这种赊贷政策难以真正实行下去，正显示出王莽长于复古幻想却短于实施手段的尴尬。

五、王莽四改货币——货泉和货布

繁复的宝货制难于推行，民间只认大小两钱，但是小钱币值太低，市面需求数量又大增，给小钱的铸造生产带来极大压力。骤然在全国范围内取消旧币、采用新币，而且新币制发布于旧币制实行才一年的短暂时间里，不仅民间需求不能满足，就是政府和皇室本身，也无法立刻得到所需产品。

始建国四年（12），王莽为扶持一批拥护新政权的贵族，以仿照周朝封邦建国的名义，把新分封的公、侯、伯、子、男五等爵

（大致相当于汉朝的诸侯王和列侯）近800人，附城（相当于汉朝的关内侯）1500多人，还有新朝和旧汉朝的女眷、政府高官若干，总共有2000多人都召到常安，举行盛大的授诸侯茅土的仪式。其时事出仓促，连这些被封贵族的国邑还没有划分清楚，地图也没有制好。仪式很隆重，仪式以后这些贵族却只好在京师留等分配封地。既没有封地，自然无法取得收入，京师名义上每月发几千钱的俸禄，实际上很可能发的是那些“宝货”，难于得到市场的承认。诸侯们十分狼狈，在京师没有产业的新贵族甚至只能靠替人庸工度日。

贵族如此，官员更是难过。由于缺乏钱币，汉武帝以来的货币官俸制度已经无法沿用，只好发放实物，用所谓十緵布（緵，zōng，织布时每80根经线为一緵。法定二尺二寸宽的布用10緵即800根经线，算是比较正常的布）和帛（平素的丝织品）来替代，“自公卿以下，一月之禄十緵布二匹，或帛一匹”。

尽管经济窘迫，王莽却还在“专念稽古之事”，要模仿上古帝王，巡狩五岳，为此向全国征集经费，也只能是用布帛替代，“募吏民人马布帛绵，又请内郡国十二买马，发帛四十五万匹，输常安”。后来此事因为王太后病危而作罢。

天凤元年（14），王莽再次强调金银龟贝必须接受，但也不得不略为改变了它们的原定价值，期望能稍微适应人们的需求。然而这毕竟只是空话，没人愿意接受龟贝一类“货币”。王莽只得再次变革币制。

考虑到“六泉十布”难于为百姓接受，新的币制把青铜钱币简化为两种：“货泉”和“货布”（仍然避免使用带“金”的字样）。货泉是方孔圆钱，重五铢，作为新币制的基准货币；货布仍然是铲形币，重二十五铢，币值相当于二十五枚货泉。旧的“六泉十布”废除，只有其中的“大泉五十”一种，是从居摄年间就推行到社会上的，已经使用了八年，算是前几次币制改革中寿命最长的，社会保留数量较大，不易骤然取消，但是币值改为与货泉相同，即相当于五铢，而且只能和货泉并行六年，六年后不得再流通。

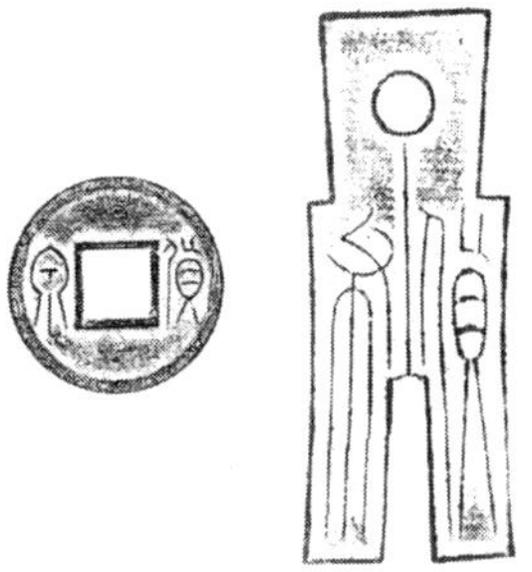

◆货泉和货布拓片

仅仅七八年间，王莽四变币制，每一次变革，百姓手中的钱币就会大大贬值。以本次变革而论，百姓手中的大泉五十钱，原本名义上尚值50枚小泉直一，虽然小泉币值过低，但与五铢相比，究竟不过数倍之差。经此一变，大泉五十只值一枚相当五铢的货泉，其损失几近十倍。这自然就开启了侥幸之门，盗铸已经是防不胜防。王莽原定盗铸者死，非议币制，或者私挟铜炭，都要流放边疆。由于犯禁者太多，已经无法一一执行，王莽不得不改变办法，放松私挟铜炭的罚则。新的办法是，私铸泉布，全家没为官奴；地方官吏和连保的五家知而不举，同罪；非议新币制的，连同保五家一起，罚苦役一年，到钟官参加铸钱劳动。结果全国的道路上，“男子槛车，儿女子步，以铁锁琅当其颈，传诣钟官，以十万数”。到达钟官的人，夫妇重新匹配居住，愁苦而死者十之六七，人民怨气益发强烈。

天凤三年（16）五月，王莽认为财政有所增长，决定变革官吏俸禄制度。他说，过去只能以十緵布和帛支付吏禄，现在政府财政稍有改善，从六月开始，执行新的吏禄制度。但是新制度仍不能以货币支付，而改为用粟米。王莽为新的俸禄制定了十分严密细致的规定，从中央高官四辅、公卿到大夫、士，直至基层幕僚，分为十五等，僚属一年66斛，逐级上升到四辅年俸万斛。但是，王莽又说，为使官员与百姓同忧喜，如果遇到丰年，官员要捐出一部分俸禄充礼，遇到灾年，则必须减俸。减俸方式，依照年度核算时，按各地灾害不同，按比例减损。中央官员分别保若干地方，官俸与地方同进退。他详细规定某官负责某地，“几上下同心，劝进农业，安元元焉”。王莽亲自制定这些细节，醉心于这些“复古”事务，但地方难于执行，他派出的监督执法官员却倚势贪贿。因为吏禄制度过于复杂，实际上往往执行不下去，官员实际得不到俸禄，只得以贪贿方式维持生活，造成社会越来越严重的反叛心理。

对付官员用粟米作俸禄，对待贵族则不得不用钱币。六月，王莽再次举行封授茅土仪式。他说，为诸侯的封土，我考察古代经典，思考再三，从始建国以来九年了，现在终于确定了封地的地理位置，可以祭告天地先祖了。所以举行大典，请各位诸侯回到封地。凡在都城的诸侯，由纳言属下的掌货大夫暂调内库的库存，公爵发 80 万钱、侯伯发 40 万钱、子男发 20 万钱。但是实际上并不能尽发，可能仍然是发那些高值大钱。

贵族、官员拿不到俸禄，只好“并为奸利”，以至“郡尹县宰家累千金”，都是盘剥百姓所得。王莽为治贪利，又下诏，要查考始建国以来“诸军吏及缘边吏大夫以上为奸利增产致富者，收其家所有财产五分之四，以助边急”。向地方各郡县派出官员，考核贪饕。《汉书·食货志》总结此时的情况是因为

> （钱币）制作未定，上自公侯，下至小吏，皆不得奉禄，而私赋敛，货赂上流，狱讼不决。吏用苛暴立威，旁缘莽禁，侵刻小民。富者不得自保，贫者无以自存，起为盗贼，依阻山泽，吏不能禽而覆蔽之，浸淫日广……陷罪、饥疫、人相食，及莽未诛，而天下户口减半矣。

四方的反叛，终于把王莽的新朝推向了覆灭。

作者评述：王莽最后推出货泉，重五铢而每枚值一，是实际

承认了前几次币制改革的失败。但是王莽重于复古而不切实际的经济改革和行政操作，使国家财政始终未能改善，而币值混乱则是由他本人一手造成，加剧了政治、经济的崩溃。四次币制改革，实在是王莽亲手制造的覆灭推手。

六、莽钱——铸币的新技术舞台

◆五铢铜钱范

（中国钱币博物馆藏品）

西汉时期，钱币的制造以直浇式铸造为主。相比战国时代，从武帝时代开始，技术上已经有较大的进步①。从目前的发现看，在西汉长安附近的几个铸钱遗址，户县兆伦村、西安相家巷、窝头寨、澄城坡头村等地，都曾发现相当数量的五铢铸钱陶（实为泥质，低温烘干）母范和铜范。陶母范钱模呈阳文，而铜范钱模呈阴文。显然用于铸钱的是铜范。铜范铸钱最大的困难是铜范与铸钱的铜溶液熔融温度极为接近甚至一致，当铜液浇铸进钱范时，高温铜液会将钱范熔化。经过自然科学史研究者对现存文物的研究可知，武帝时期，铸钱工匠已经熟练地掌握了铜范与浇铸铜液的隔离技术，因而用泥质母范制造出铜钱范后，理论上一块铜钱范如不破损就可以反复使用。这一工艺的出现大大提高了铸造效率，尤其是大大降低了铸造成本，而不必大量反复地去制造泥钱范了。

王莽执政，崇拜孔子所说“郁郁乎文哉，吾从周”，以重建儒家典籍中描述的古代社会为终极理想。从行政角度看，王莽这

① 参见本书“形成篇·事纪·铸币技术的进步”和“五铢篇·事纪·赤仄五铢和上林三官五铢”。

种迂腐的幻想和由此造成的币制混乱，促成了他的新朝的加速覆亡；而从技术的角度看，正是他固执地追求完美，使新朝的钱币尽管在经济方面一塌糊涂，而在形式和技术上，却成为自青铜货币诞生以来，最为规范、最为精美的艺术作品。

王莽的钱币，从居摄时代一开始，就注重形式的美观和工艺的精湛。他不惮工艺的繁杂，一定要使钱币合于自己的政治理想，所以他把居摄时期的钱币设计成他心目中古代的刀钱模样。但是顾虑到短期内更换钱币，力所不逮，所以又设计成相当 500 和 5000 钱的高值大钱。发行高值钱币又担心其社会信任度，这种两难的纠结，使得他必须要求钱币用精工铸造，以至每枚“一刀平五千”都要镶嵌黄金。这种错金技术，要求钱币在铸造时先期铸出“一刀”两字的浅槽，再用黄金细丝仔细镶嵌进浅槽中，再打牢、磨平，绝不能轻易脱落，或者被剔挖出来。他的“宝货制”六泉十布，多用篆书，钱面字体布局疏落有致。从“大布黄千”开始，直到后来发行货泉和货布，都用极细的笔画，细长的字脚，有如细针直垂，形成独特的艺术风格。这种字体被后世称为“悬针篆”。

王莽执政 17 年，变革币制四次，短的间隔只有一年。在这么短的时间里，要应付全国大量的钱币更换，除用大钱对付外，在铸造工艺上必须有所革新，所以在新朝，铸造工艺上大量采用了叠铸法。

叠铸法铸钱早在西汉初年的放铸时代就已经出现，是民间私铸钱币时为节省工力而创造的。当武帝统一钱币铸造，利用铜范铸造钱币以后，由于铜范钱模的严谨统一，叠铸已悄然消失。王莽频繁币改，迫使官营铸币工场把效率和产量放在了第一位，于是采用民间发明的叠铸技术，把它的工艺精致化、管理规范化、生产规模化，使叠铸的生产效率大大提高，铸造的产品质量更加精致，生产成本也大大下降。

所谓叠铸，是把铸造钱币的泥范层层叠叠地放在一起浇铸的造币工艺。这种工艺的第一步是制造母范。母范是一种内有阳文钱模的盘形铜范。武帝时代以前的半两钱，背面是平素的，所以民间私铸钱的母范也比较粗陋。王莽时代的钱币，不仅正面有钱文，背面也很规范，制造钱范必须顾及正背两面。所以莽钱的母范中钱模一般都是正背两两相隔。盘状范的里面还有一些凸起和凹下的榫卯印模。在盘范的中央，是与范的边缘同样高的凸起，四周有浅凸与钱模相连，这是未来浇铸铜液的浇道。

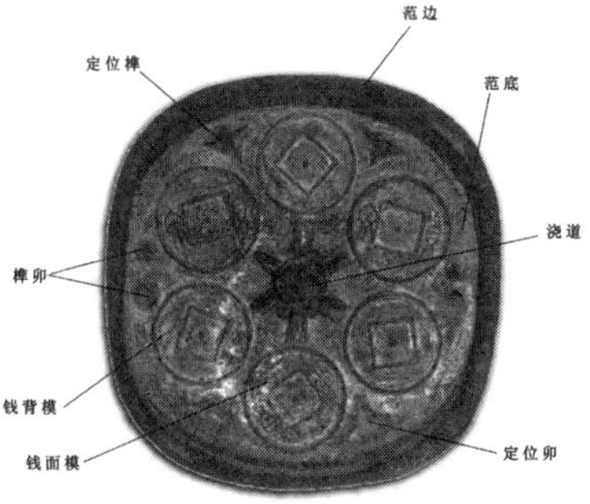

◆货泉母范

用母范可以制造子范。子范是用调制好的细泥放在母范中，拍实后扣出，形成薄薄的泥范片。泥子范的中央有一个孔洞，是母范中央的凸起主浇道造成的。孔洞周围浅浅的凹槽通向各个钱模。子范片上也有凸起的榫和凹下的卯，用于定位。铜母范可以制造出大量完全一致的泥质子范。这些子范必须小心阴干，不能弯曲变形。待子范全部阴干后，每两片子范的范面两两相对，榫卯扣合，钱模的正背面也正好相对。把七八个或十几个这样扣合好的子范片叠在一起，用湿泥紧紧包裹，做成范包。范包的中央形成一个上下串通的孔道，即主浇道，铜液即由此通向钱模。

◆叠铸子范片

范包必须经过烘干，严格排除内部的水分。如果有残留水分，多量的水分会引起范包爆炸；哪怕是极少量的水蒸气，也会在钱模内聚集形成空腔，使浇铸不完全而造成废品。烘干后的范包就可以用于浇铸了。浇铸冷却后，打碎范包，就可以获得钱币毛坯，稍微加工即可入库。

西汉的直浇法铸钱，即使使用铜范，一次浇铸也不过十几枚钱币。叠铸工艺以一般大泉五十钱每范 6 枚计，一个范包如果用 10 层子范，一次浇铸就可得 60 枚钱币，生产效率的提高极其显著。更不论生产泥子范成本极低，如果中央制造母范向各生产工场发放，还可以生产出大量形制完全一致的产品。要完成生产过程，生产出合格的产品，必须要对工艺进行精确掌握和严格管理。无论是母范设计制作、制作子范的泥料、子范干燥、范包的烘干等，任何一个环节控制不好，都会影响产量和质量。这也只有在官办的大型工场中才能做到。

◆叠铸完成后的“钱树”

作者评述：正是叠铸法这一工艺的产生和完善，才支撑了王莽不断冒出的币制新想法。而这一新工艺的进步，在中国的钱币铸造领域里延续使用了五六百年，直到隋唐时期，才为翻砂法所替代。

第三节　东汉

一、新汉之际的货币

王莽新朝的末年，各地反叛和义军频起，王莽本人在地皇四年，也即更始天子的元年（23）就被响应义军的长安民众所杀。没有了共主，各路势力各自称主，天下大乱。这一时期，无人能够左右全国的形势，自然也无人能左右全国的货币铸造。《后汉书·光武纪》说这一时期是“王莽乱后，货币杂用布、帛、金、粟”。不过既是无人控制全国，一些控制局部地区的势力为稳定本地经济，也曾经铸造过一些货币。

更始政权。更始是莽新末期活跃在今湖北北部、河南南部的下江、新市、平林、舂陵等部义军合兵建立的政权。地皇四年（23）二月，立刘玄为皇帝，以恢复汉朝为号召，年号更始。先建都宛城（今河南南阳），王莽死后，更始二年（24）二月，迁入长安。刘玄入长安后不修政事，第二年九月，为另一支义军赤眉军逐出长安，后为赤眉所杀。刘玄在长安共一年半有余，史书并没有关于更始铸钱的记载。近代著名金石学家刘体智《小校经阁金文》收录有一方铜叠铸钱母范，范中有八枚钱模（正背各四），范背刻有文字“更始二年十月工缑岑刻”；上海博物馆、西安市文物局也都收藏有同类铜钱范，风格、背面刻文完全一致。从钱模表现的钱币风格看，大致介于西汉后期至东汉早期之间，而这种叠铸母范是在莽新时期才发展起来的，因而说刘玄的更始政权在长安时期曾经铸造过五铢钱，应该是基本可信的①。然而以更始二年十月铸钱到第二年更始被逐，时间不足一年。

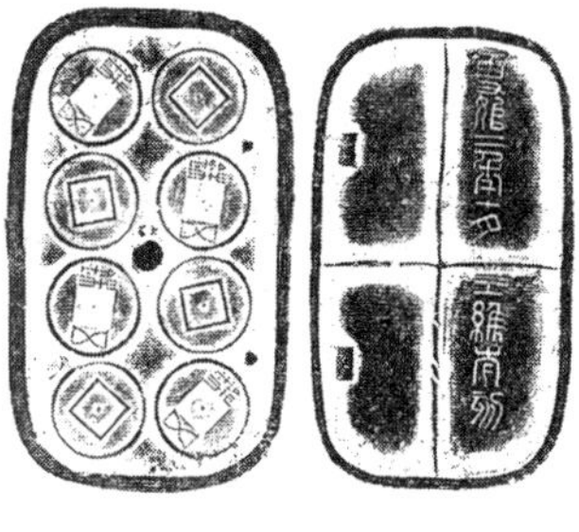

◆更始二年铭五铢钱范

（上海博物馆藏）

成家政权。成家是建武初年公孙述在蜀地建立的政权。公孙述原是西汉末年的清水县长（今甘肃省天水市清水县。汉时县官大县曰令、小县曰长。）由于能力强、政绩出色，被委以兼摄五县。王莽时，拔为导江卒正（即蜀郡太守。王莽改蜀郡为导江，

① 上海人民出版社 1958 年、1965 年版《中国货币史》称是淮南王刘玄铸钱则有误。此刘玄非彼刘玄。

改太守为卒正）。新朝覆亡，公孙述以蜀地肥饶，物丰兵强，据地自守。建武元年（25）四月，自立为天子，国号成家，国德尚白，建年号“龙兴”。建武六年（30），公孙述废铜钱，设立铁官，开铸铁钱。公孙述的铁钱是什么钱，史无明载，史家意见也不一致，多数认为是铁五铢。《后汉书·公孙述传》说当时市面童谣“黄牛白腹，五铢当复”，以黄喻新朝土德，成家尚白，是应公孙述“以白继黄”之瑞。《传》说“述亦好为符命鬼神瑞应之事，妄引谶记”，“五铢当复”是童谣讽刺，预示着公孙述将还政于汉。龙兴十二年，也即建武十二年（36），东汉攻蜀，公孙述战死，成家覆灭。

河西政权。河西政权为窦融所立。窦融于王莽居摄时从军。更始进入长安后，获得更始皇帝允许，出任张掖属国都尉。属国都尉是处理河西地区边远部族事务的官员，窦融于是举家西迁，由于他的家族累世管理河西事务，在当地少数民族中甚得人心，所以河西诸郡的太守对窦融也很看重。更始失败，河西的武威、张掖、酒泉、敦煌和金城（今兰州）五郡太守共推窦融为“行河西五郡大将军事”。行，代行之意，实际是以窦融为首，河西五郡割据自保。

刘秀定都洛阳后，窦融曾有意臣属于刘秀，但是割据天水的隗嚣，正横梗在河西与关中之间。隗嚣在洛阳刘秀和蜀郡公孙述之间首鼠两端，建武三年（27），他到洛阳上书，接受建武年号（29），窦融也相从受汉的正朔。隗嚣正当河西与关中的通道，窦融只能派使者间道与刘秀联络。建武五年（29），刘秀得窦融输诚的书信，复信承认窦融的“行河西五郡大将军事、属国都尉”官衔，又加封窦融为凉州牧。凉州牧即西汉凉州刺史部，所管不仅含河西五郡，连同天水也包括在内，刘秀借助窦融处置隗嚣的心思显露无遗。建武八年（32），窦融配合刘秀东西夹攻隗嚣，隗嚣败没，窦融正式拜见光武皇帝。建武十二年（36）平公孙述后，刘秀升调窦融为大司空，留驻洛阳，脱离河西事务。

20世纪70年代，甘肃省居延考古队在额济纳地区发现了两万余件居延汉简，其中有纪年的简上起西汉武帝天汉二年（前99），下迄东汉建武八年（32）。这些简中有几件的内容关乎铸钱，是一个比较完整的公文案情①：

●甲渠言，部吏毋铸作钱、发冢、贩卖衣物于都市者

建武六年七月戊戌朔乙卯，甲渠鄣守候　敢言之。府移大将军莫府书曰：奸邪吏民作使宾客私铸作钱，薄小不如法度，及盗发冢、公卖衣物于都市，虽知莫谴苛百姓、患苦之。

掾谭 令史嘉

书到，自今以来，独令县官铸作钱，令应法度，禁吏民毋得铸作钱，及挟不行钱，辄行法；诸贩卖发冢、衣物于都市，辄收没入县官，四时言犯者名状。●谨案，部吏毋犯者，敢言之。

●甲渠言，部吏毋铸作钱者

不如旧时行钱法，□自政法罚，令长吏知之，及铸钱所依长吏、豪强者名有无，四时言。●谨案

部吏毋铸作钱者，敢言之。

"甲渠"是汉代的一个边防驻所。居延一带建立边防，起于武帝反击匈奴时。此处边防部队属居延都尉管辖，都尉有都尉府，都尉府下按地段设"候"，候的机关是"部"，部的长官是候长，候下再按地段设"燧"，即最下级的边防站。甲渠就是一个"候"的名称。这几件文书涉及三个问题：铸钱、盗墓和卖衣物。盗墓

① 《居延新简》，"破城子房屋二二"，文物出版社1990年版。有研究认为此简是转发"中央"即刘秀政权的文件，不确。建武六年（30）刘秀政权并未铸钱（详下文），且窦融与洛阳间有隗嚣相隔，政令不通。

和卖衣物不论，就铸钱而言，是都尉府转发大将军幕府（简文写作“莫府”）的通知：有人私自铸钱，薄小不合法度。铸钱是政府（汉代称“县官”）的工作，边防部队和百姓不得铸钱，也不得挟带不合法度的钱（汉代称“行钱”）。候的机关接到通知后上报，本部没有犯案的人。同时，部机关又发文警告下属，不得违法，有凭军官、豪强势力犯法铸钱者，当按时上报。

居延边塞地处沙漠戈壁，除弱水从祁连山流向居延海（湖泊）外，周围缺少水源，进驻大批兵士后，物资供应部分由政府运输，在相当程度上还要依托商人。向官兵发放货币薪俸，由商人运输实物成为支撑边塞经济的重要方式。因而货币供应对维持边防不可或缺。

上引居延汉简发生于建武六年（30），正是窦融被推为“行河西五郡大将军事”的期间。窦融就任大将军后，“政亦宽和，上下相亲，晏然富殖。修兵马，习战射，明烽燧之警。羌胡犯塞，融辄自将与诸郡相救”①。无论内地如何战乱，窦融仍保持了边塞的稳定，居延简正反映出烽燧管理的正常。然而由于河西与内地交通隔绝，货币供应发生困难，一些基层部队与地方有权势的豪强之家相勾结，私铸钱币，这才有了大将军幕府关于禁止私铸的通知。简文说，“独令县官铸作钱”，可知河西地方政府是铸造了钱币的。至于窦融铸造的是什么钱，史无明文，在现存实物中，也还很难指定。

作者评述：上举三例只有公孙述一例见诸传统文献，更始铸钱和窦融铸钱都是从文物中得知。可见在新朝末年和建武初年，各地的割据势力自行铸钱以解决军需或所控制地域内的经济困难的事例，当非个别。只是全国处于无政府状态，而后世记事只为胜利者服务，很多情况失记。

---

①《后汉书·窦融列传》。

二、东汉再铸五铢

在新朝末年的反叛起义势力中，最后重建了全国性统一政权的是刘秀的武装。刘秀是南阳郡舂陵（今湖北襄阳市枣阳吴店镇）人，在新朝末年起兵后，与平林、新市等起义武装共推刘玄为帝，年号更始。更始帝派刘秀经略河北，刘秀遂北上发展自己的势力。更始三年（25），刘秀自立为帝，以继承汉朝为名，年号建武，不久定都洛阳。

刘秀称帝前后，王莽已死，天下纷纷攘攘，称王称帝的不下十位，裂地割据的更不知凡几。举其大者，就有：河北原西汉末代储君孺子刘婴；齐地（今山东地区）的赤眉刘盆子、张步；庐江（今安徽巢湖庐江县）的李宪；中原的西汉梁王刘永（都今商丘）；巴蜀的公孙述；天水的隗嚣；晋陕的卢芳；等等。因而刘秀长期处于征战状态中，时时还须御驾亲征。

由于当时全国都处在战乱兵燹之中，全国人口锐减、土地荒芜。尽管刘秀势力不断壮大，逐渐殄灭各派割据力量，但是战乱造成的经济衰退，却使中原的货币经济一直处于凋敝状态。《后汉书·光武帝纪》说，建武二年（26），农村的状况还是“野谷旅生，麻菽尤盛，野蚕成茧，被于山阜”。粮食和麻、豆由于无人耕种，只是随意生长，蚕竟成为野蚕，在山冈上结茧。此后，在建武三年（27），刘秀击破赤眉，获得赤眉掌握的西汉皇帝的传国玺，作为继承正统的象征；建武五年（29），平定中原刘永，陇西、河西隗嚣、窦融表示归附，齐地张步降；建武六年（30），获庐江李宪，中国的核心地区初步平定。刘秀为恢复经济，赦免新朝的罪犯，归并地方行政建制，“并省四百余县，吏职减损，十置其一”，撤并400多个县的建制，行政官员减撤十分之九，又向西汉景帝学习，赋税由年产量的十分之一减为三十税一，通过一系列与民休息的政策，才使经济逐渐走向正常。

建武十一年（35），刘秀拜太中大夫马援为陇西太守。马援曾是隗嚣旧将，熟悉西北事务，陇西属凉州牧监察范围，而凉州牧正是在河西铸钱的窦融。马援到职后，目睹河西铸钱的事实，更加了解陇西乃至河西地区对货币的需要。于是马援向皇帝上书："富国之本，在于食货，宜如旧铸五铢钱。"① 建议像西汉时代那样恢复铸造五铢钱。书上之后，竟无动静。建武十六年（40），马援奉调回京任虎贲中郎将，查问此事，原来当年上书后，刘秀将书交三公府讨论。三公即大司马、大司空、大司徒。其时大司马吴汉，出身贫寒，"为人质厚少文"，是个武夫，只管打仗，并不懂政事；大司空李通，自到任就"谢病不视事"；只有大司徒侯霸，是王莽旧臣，因为刘秀政权的中央官员大多出身草根，不懂礼制和政事，倚赖侯霸"收录遗文，条奏前世善政法度有益于时者"。所以所谓三府议，实际上只是侯霸的意见。大概是侯霸对王莽时的货币弊政印象太深，他列出十三条意见，认为马援所议不妥，此事遂罢。马援查问之下，找到了公府当时答复皇帝的文件，重新上表，逐条解释疑难，终于说服了刘秀。建武十六年（40）十二月，刘秀下诏复铸五铢钱，次年三月正式开铸。自此，东汉正式铸造五铢钱，作为国家统一的货币，"天下赖其便"。

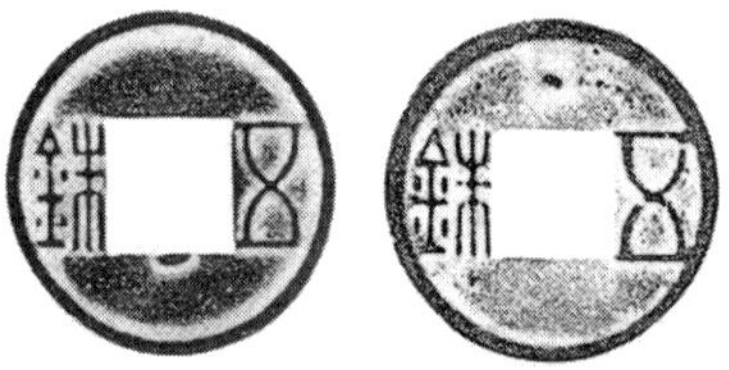

◆典型的西汉五铢（左）与东汉五铢（右）

西汉五铢：五字中间两笔略内收，铢字金头较小而尖，朱字折角方折；东汉五铢：五字较宽展，铢字金头为等边三角形，朱字圆折。事实上，两汉五铢并非都是典型化的，上述特征有时很不明显，甚至很难区别。

---

① 这段上书文字，见于《晋书·食货志》，系于建武十六年（40）。《晋书》系简述，按事件过程，此上书实应在马援陇西任内。

东汉的五铢钱，基本沿袭西汉五铢钱制。1954年，文化部组织考古队在洛阳烧沟发掘了一批汉墓。发掘完成后，洛阳文管会的蒋若是把葬有钱币的160多座墓葬的钱币做了整理，成为认识东汉五铢钱的基础。从洛阳烧沟东汉五铢钱来看，其形制基本沿袭了西汉的钱制，钱径在2.6厘米左右，重量3~4克，依当时的技术条件，是符合五铢的重量的。

作者评述：近代著名钱币收藏家著录有一种铜质叠铸五铢母范的拓片，背面铭文有“建武十七年三月丙申”的字样，钱范内的钱模与所知东汉五铢钱的钱形一致，这正是东汉官式五铢的正式钱范。此类铜母范近几十年来各地陆续有所发现，形制大体一致，精粗程度有所不同，而范背面的纪年一律是“建武十七年三月丙申”，而从没有其他纪年。可知建武以后历朝铸钱，官方都是以建武十七年（41）的钱制为标准，除东汉末年外，东汉时代的钱币虽然有重量逐渐轻薄的倾向，而钱币的形制没有大的变化。

三、第一部货币专史——《汉书·食货志》

东汉和帝时期，记述西汉历史的断代史《汉书》完成。《汉书》继承了司马迁《史记》的写法，采用“纪传”的体裁，以帝王纪年为经、人物传记为纬，又辅以8篇《表》、10篇《志》，以丰富这一时代的自然、社会现象和典章、制度等事物。其中的《食货志》“下”篇，是一篇断代的货币专史。

《汉书》署名班固撰，实际可以说是由班彪、班固、班昭、马续三代人历经几十年才完成的。其中的《食货志》是出自班固之手。“食货”之有《志》，是承袭了司马迁《史记》中的《平准书》。司马迁《平准书》是一篇记叙社会商业经济的专志，之所以取名“平准”是因为，西汉武帝元封元年（前110），桑弘羊主管大农，在各地方设立均输官，负责将地方向中央上缴的贡献品商业化，而在中央设置“平准令丞”，协调这些贡献品市场的物价，贱则买进、贵则卖出，既增加了政府财政，又平抑了物价。“平准”成为由政府调控社会商品的手段，而《平准书》则是细述平准政策的“源”和“流”。司马迁在叙述这一政策的根源时，首先说明了汉朝建立时的社会经济状况，再说明由这种社会经济状况而形成的货币经济变化，中间细述变化之“流”，最后到武帝时形成比较成熟的政府管理政策和措施。尽管无论是政府的政策还是社会的实际情况，都还有很多问题和不尽如人意之处，司马迁最后评论说，这是“事势之流，相激使然，曷足怪焉”。司马迁的《平准书》虽然已经把社会商业状况置于社会大环境中，与政府的政治、军事和经济政策相联系，并且涉及货币状况的变化，但它毕竟只是一部以述商业政策为主的专志，不足以反映整个社会的经济全貌。因而班固的《食货志》试图以更大的视角全面地叙写汉朝的社会经济。

《食货志》开篇就说：

> 《洪范》八政，一曰食，二曰货。食谓农殖嘉谷可食之物，货谓布帛可衣及金刀龟贝，所以分财布利通有无者也。二者，生民之本，兴自神农之世。

《洪范》是《尚书》中的一篇，相传是箕子回应周武王的答辞①。箕子是殷纣王的大臣，因为不满纣王所为，被纣王囚禁。西周建立后，武王问箕子殷商亡国的原因。箕子作为商朝旧臣，不忍说故国的坏话，就以应当如何治国回应，这篇答辞就是《洪范》。洪，大也，范，法也；洪范，就是治国大法，根本原则。《洪范》所提出的大法包括五行、五事、八政等，有指导思想，

① 《洪范》的成书年代，学者各有不同的看法，古代人认为在西周初年；清代以后学者认为在战国；当代学者有人认为其初文在春秋，经后世增益，至战国成书。无论成于何时，汉朝以后，对历代统治者的治国思想都产生了极大的影响。

有行政方法，有与自然的关系，有占卜敬神，还有其他，而君王行政就是“八政”。这八政：“一曰食”，农业；“二曰货”，财政；“三曰祀”，祭祀；“四曰司空”，工程；“五曰司徒”，教化；“六曰司寇”，司法；“七曰宾”，诸侯礼仪；“八曰师”，军事。从西汉独尊儒术以后，《尚书》就具有了治国指导的崇高地位，而《尚书》所列这八项中，“食”与“货”是居于第一第二的重要位置，这样，《食货志》利用《尚书》关于行政的论述，从一开篇就把《食货志》的眼界提到了国家治理的最高高度。

“食”“货”既是两项，《食货志》就分为上、下两篇，上篇专述食。虽是说“食”，却并不是仅仅说物质的“食”，而是“理民之道，地著为本”。此处“著”读 zhuó，即“着”，附着的意思。农业社会，“民”以附着于土地为“本”，“地著为本”也就是土地制度。文中追述先秦土地制度，再叙说西汉的土地制度变化。由于土地税是国家的主要财政收入，于是又及国家的赋税制度演变，概括了整个国家农业社会的概况。

下篇专述货。

在叙说货币的时候，班固首先说明：“凡货，金钱布帛之用，夏殷以前其详靡记云。”上古时代的货币状况不清楚，所以不说，这是一种科学的态度。《食货志》说，自周朝以来，货币的品种有三项：黄金、铜钱和布帛。借此三项，《志》文说明货币的特性：“故货宝于金，利于刀，流于泉，布于布，束于帛。”这意思是：货币像黄金一样宝贵，可以像快刀一样迅速获利，可以像泉水一样流动，可以像麻布一样广布于民间，又可以像丝帛成束使用一样收拢。

为特别说明货币的特性，紧接着举了两个先秦时期的例子。第一个，管子相齐桓公。管子对齐桓公说，国家每年的丰歉是不一样的，所以粮食有贵贱；如果人君不介入管理，富商必然趁百姓的困难图百倍之利。国家应当在丰年粮食有余的时候收购，当灾年物贵时出售，“凡轻重敛散之以时”，这就是市场的“准平”。为求“准平”，“使万室之邑必有万钟之藏，藏繦千万；千室之邑必有千钟之藏，藏繦百万”。居住有一定数量人口的城市，必须有相应的物资和货币储备。桓公用了管仲之计，终于“合诸侯，显伯（霸）名”。第二个例子，周景王患钱轻，要铸造大钱，单穆公劝阻。但是景王不听，终于铸了大钱，“以劝农澹（赡）不足，百姓蒙利焉”。

这两个例子一出自《管子》一出自《国语》，以今天的眼光看，都不是春秋信史，不过是战国诸子的言论。《食货志》以这两篇举例，是因为作者认为，货币是关系国家和民生的重器，应当由人君，也就是由中央政府紧紧把握。

出于这一指导思想，即使在《食货志》中主要摘抄于《史记·平准书》的部分，例如关于文帝除盗铸钱令的文字之下，还大段引用了贾谊的谏书（又可见于贾谊《新书》），指出放铸的不当，“铜布于天下其为祸博矣”，主张“上收铜勿令布”。

《平准书》止于武帝时期，《食货志》不仅述及昭、宣、元、成、哀、平，而且记载了铸钱数量：“自孝武元狩五年三官初铸五铢钱，至平帝元始中，成钱二百八十亿万云。”为后世《食货志》开创了一个很好的先例。

《汉书》作者由于自诩承汉朝正统，不承认王莽的新朝，所以不为新朝独立写史，仅在《汉书》中设了《王莽传》。但是王莽执政时期，货币变化极大，《食货志》尽管不以新朝为正统，却还是详细记载了王莽时期的货币状况，为后世留下了即便在整个中国古代历史中也是非常重要的一页。

作者评述：《汉书·食货志》是中国第一部货币断代专史。先秦虽有百家，论及货币的几乎没有。《管子》《商君》虽然涉及货币，讲的却是治术而不是记史。《平准书》也是不货币专史，只有《食货志·下》是专记货币的史书。

四、西域铸汉佉二体钱

西汉自武帝“凿空”西域后，宣帝开始派驻“西域都护”。但是西汉的都护驻节乌垒（今新疆轮台县附近），虽说职责是护西域诸国，但实际上都护的活动范围主要在西域北道，即天山以南、塔克拉玛干沙漠北缘诸国。东汉自明帝永平十六年（73）开始重返西域，大将窦固的部下班超受命领一支独立部队南下西域南道。班超在南线收降鄯善（今新疆若羌）、于寘（今新疆和田），攻破莎车（今新疆莎车），重立疏勒（今新疆喀什）王，基本控制了西域南道。永平十八年（75），明帝崩，而北道龟兹（今新疆库车）、焉耆（今新疆焉耆）反叛，攻没西域都护陈睦。章帝新即位，即放弃西域，召回班超。班超受西域诸国挽留，孤悬境外，率少数部队在西域诸国和匈奴间纵横捭阖，外交沟通康居（今哈萨克斯坦锡尔河流域）、大月氏（今乌兹别克斯坦阿姆河流域）等国，维持了东汉王朝对西域的影响，抵御了匈奴在西域的势力。和帝永元三年（91），东汉再置西域都护，班超被任命为都护。永元十二年（100）班超回任，五年后，东汉再失西域，西域又为匈奴控制，直至安帝延光二年（123），班超之子班勇再被任命为西域长史，重回西域。经过艰苦奋斗，班勇在西域威名大振，重新驱走匈奴，再次控制西域。顺帝永建二年（127），班勇在策划收复焉耆后回到洛阳。此后，东汉在西域虽然到献帝时期（公元3世纪初）仍派驻有官员，但对西域的控制能力却因为王朝本身实力的衰弱而大为降低。

有关两汉的史书《史记》《汉书》《后汉书》中，《大宛列传》《西域传》《班超·班勇传》等章节关于西域诸国的情报，多是从张骞、班超和班勇的报告中抄录的。特别是《西域传》，于葱岭以西各国的货币都做了应有的描述，然而对葱岭以东各国，关于货币却不着一字。事实上，西域各国不但互有贸易，葱岭以西各国，凡与汉交往，也必须经由南北两道诸国。两道诸国甚至为争夺接待过往使队、商队之利而纷争不已。从考古发现来看，自楼兰至葱岭，各地遗址中也都有汉代钱币的发现，不过那只能看作汉军、汉商过往、驻跸的遗迹，没有根据认为是当地的货币发行。可以说，自张骞通西域以来，从中国所了解到的资料，西域各国虽有商业行为，却并没有铸行货币。

1873 年，英国人道格拉斯·福赛斯（Douglas Forsyth）受印度的英国殖民当局派遣进入新疆，收集到大量情报和文物，其中含有两枚小铜钱。1877 年福赛斯首次发表它们的时候，以为是巴克特里亚末代君主赫尔默乌斯的钱币，然而此后这类钱币不断被陆续进入新疆的英国、法国、俄国、德国、日本等外国探险家在以和田为中心的地区发现，发现最多的是英国鲁道尔夫·赫恩雷（Rudolf Hoernle）和奥里尔·斯坦因（Aurel Stein），总数达 200 多枚。

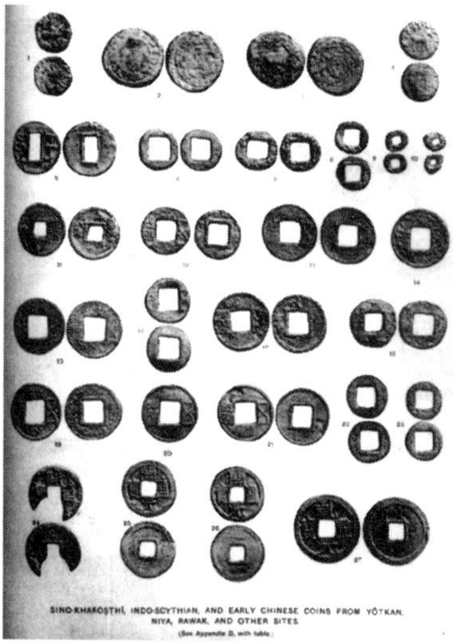

◆斯坦因《古代和阗》一书发表的在约特干、尼雅等遗址发现的钱币

随着发现的增加，研究者的人数和兴趣也日益增加，认识也逐渐深入，它的面貌逐渐显现出来。原来这种钱币是铜质的，由打压制成，有大小两种。它的钱币图形很独特，小的一种，一面的中心是一匹马（或骆驼），周

围有一圈很难认识的文字，另一面则是字体稚拙的汉字“六铢钱”，可知这种钱币与中国有关；大的一种，一面中心是一匹马，周围同样有一圈字母文字，另一面是一圈汉字，经辨认，是“铜钱重廿四铢”六个字。围绕马的文字后来也已认出，是一种古代印度地区曾经使用过的文字 Kharosthi，在中国佛教典籍中，被称为佉卢虱吒文字，简称佉卢文。钱面佉卢文的内容大多是“大王、于竇之王”，有的甚至是“大王、王中之王、于竇王”，随后是佉卢文人名。由于钱币一面标有佉卢文，一面是汉文，所以这种钱币被通称为“汉佉二体钱”，于竇即今日的和田，所以民间俗称其为“和田马钱”。

原本此类钱币主要为外国人发现，绝大多数都收藏在英国、法国、印度等国家的博物馆，20 世纪 80 年代以前，国内见于发表的仅有中国历史博物馆（今国家博物馆）收藏的 1 枚（属“廿四铢”的一种）。自 80 年代以后，国内对汉佉二体钱的关注加深，发现也日益增多，至今经报道的已有数十枚。

◆汉佉二体钱

上：铜钱重廿四铢　下：六铢钱

这类钱币主要发现于和田地区，佉卢文头衔又明确称“于竇王”，属古代于竇国铸造已无疑问。问题是张骞通西域后，五铢钱才流入西域，其时塔里木盆地南缘的于竇国早已存在，而唐朝此地仍有于阗国，那时已不用五铢而用开元通宝钱，在这七八百年的时间段里，这种钱币是在什么时代铸行的？是由哪一位于竇王铸行的？

要为钱币断代，首先要释读钱币上的佉卢文字。这些文字中，有头衔：大王、王中之王、于竇王；有人名，但由于钱币文字漫滤，在人名的释读和认知上，学者们存在着很多分歧。有指为6个不同的人的，也有认为是一个人的，都很难与汉文文献所记的于寘王准确对应。对汉字的释读，学者们没有分歧，它们既用了汉字，又使用了中原政权的衡制单位“铢”，则钱币的发行肯定是在中原政权控制或影响于寘的时期，这也没有疑问。但是钱面上使用了印度地区使用过的佉卢文字，而且虽然用了铢的单位，却并没有按汉地制度采用五铢方式，所以，仅凭文字是不足以断代的。

其次，要检查这类钱币的同出器物。除了一般采集品和搜集品无法确定外，有部分钱币是在古代遗址中发现的。这些遗址处在沙漠掩埋的古代城镇中。问题是要确定这些古代城镇，或是发现物的准确地层年代，也是很困难的。

幸运的是，在发现这些汉佉二体钱的同时，往往还能发现一种类似的钱币，经研究者考察，那是一种“贵霜”国的铜币。显然，汉佉二体钱的铸行与贵霜钱币有关。特别是经钱币学家辨认，有的汉佉二体钱是利用旧贵霜钱币作为钱坯打制的，个别钱币甚至留有清晰的原钱的痕迹。这似乎至少可以确认汉佉二体钱的铸行上限。

然而事情远没有如此简单。贵霜国的历史和纪年就是一个国际性的难题。由于没有成文的贵霜历史文献，在19世纪以前，国际学术界对贵霜国几乎一无所知。贵霜国起源于今阿富汗北部与塔吉克交界的阿姆河流域上游，势力扩大到今巴基斯坦、印度西北部。这一带地区被称为“亚洲的十字路口”，公元前1500年（相当中国商朝初年）左右，雅利安人经此地进入印度西北部地区；大约公元前6世纪（相当中国春秋晚期），波斯人占领该地；公元前4世纪，希腊的亚历山大大军途经此地攻入印度西北，亚历山大死后，他的部将塞琉古建立了从印度西北到地中海的、庞大的希腊人帝国；大约在公元前250年左右，帝国在阿姆河流域的总督脱离塞琉古帝国，建立了独立的、希腊化的巴克特里亚王国，并且逐渐扩大到印度西北部。此时，居住在这一地区的有最早在这一带活动的游牧人，有进入印度时遗留下来的雅利安人，有统治过这里的波斯人，也有随着亚历山大征服和在塞琉古时期大量移民的希腊人。又过了大约100年左右，这里与中国的历史开始发生关系。

公元前176年，在中国祁连山、天山间游牧的月氏民族受匈奴打击，向西迁徙，西徙过程中，挤迫得处于伊犁河、楚河间（今哈萨克斯坦巴尔喀什湖南部）游牧的大夏人越过锡尔河。大约在公元前140年左右，大夏人再渡过阿姆河，推翻了巴克特里亚的希腊人统治。阿姆河南岸是广阔肥饶的平原（今阿富汗北部的朱兹詹、巴尔赫、昆都士诸省），希腊人在这里建立了许多城邦，生活在这里的原住民很多也接受了希腊文化，城市建筑、文化艺术、经济生活，到处都弥漫着希腊气息，其首都是蓝氏城（今阿富汗北部马扎里沙里夫市西部巴尔赫镇）①。大夏人进入巴克特里亚后，很快也定居下来，从游牧逐渐接受了农耕文化。

再过10年左右，月氏人也尾随而来，先是停留在阿姆河北岸。北岸是阿姆河支流汇入阿姆河的小片河谷地和三角洲，有较为丰沛的水源和草地，留住了月氏人的脚步，但是他们的势力仍越过阿姆河，迫使大夏人称臣。张骞公元前129年来到月氏，鼓动月氏人回身与汉朝夹击匈奴，但月氏人长途迁徙才得以居留此地，所以张骞不得要领而回。

张骞前脚才走，月氏人又越过阿姆河，占据了大夏人的王国，

---

① 蓝氏城，西方史料名为Bactra。亚历山大大军所过之处建立的一些中心城市往往命名为“亚历山大城”，有学者认为，“蓝氏”即亚历山大一名的汉译。

立都蓝氏城，把已经城市化定居下来的大夏人整合为5个部落：休密、双靡、贵霜、肸（xī）顿、高附，每部落设一个翎侯，驱赶到东部的兴都库什山区和今日的瓦罕走廊一带。这种局面维持了100多年，形势发生了巨大的变化，《后汉书》记叙说：

> 后百余岁，贵霜翎侯丘就却攻灭四翎侯，自立为王，国号贵霜。侵安息（今伊朗东部），取高附地（今阿富汗喀布尔地区，不是高附翎侯），又灭濮达（即Bactra蓝氏城）、罽宾（今巴基斯坦白沙瓦地区），悉有其国。丘就却年八十余死，子阎膏珍代为王。复灭天竺（今印度西北），置将一人监领之。月氏自此之后，最为富盛，诸国称之曰贵霜王。汉本其故号，言大月氏云。

由于《后汉书》的记录主要来自班勇的报告，而班勇于公元127年回到洛阳，只能说，阎膏珍此时仍然在位。但是此后的事，由于中国对西域控制的减弱，已没有准确的记载。国际历史学界对贵霜认识的主要依据是在中亚地区发现的各种钱币，特别是贵霜钱币。

巴克特里亚地区，由于亚历山大军队的入侵和塞琉古王朝的统治，从公元前4世纪就开始流行希腊式钱币。这种钱币用银制作，打制而成，图形多为神像、王像和动物图像，并且往往有文字标明王号。大夏人推翻希腊人王朝后，也仿照希腊样式打造了钱币。不过可能由于大夏文明远远落后于希腊，在统治区域内的经济发展不尽如人意，所以大夏时期货币渐渐由以银为主过渡到以铜打制。贵霜成为这一地区的统治者以后，自然也继承了这一传统，打制了自己的钱币。这些钱币后来成为近代史学家整理贵霜历史的重要依据。

在中亚地区发现的贵霜钱币数量不少，再结合发现的石刻、器物铭文，已经找到了一系列贵霜王号。丘就却、阎膏珍以后，有一个伟大的国王迦腻色迦，在他的时代，把王国的疆域大大扩张，国势最为强盛，人称贵霜帝国。500年后，玄奘的《大唐西域记》也记述了迦腻色迦的事迹。此后又有胡毗色迦、韦苏提婆、迦腻色迦二世等。问题是，这些贵霜王的绝对年代，在学者们之中存在着差距极大的不同意见。在考古资料中，贵霜文物常见用迦腻色迦纪年，而中亚在不同统治者时期用着不同的纪年，这些纪年很难统一，更难与中国史料和公元纪年比对。所以仅迦腻色迦的元年，在国际学者们中间就有从公元前2世纪到公元2世纪的巨大差异。迦腻色迦与丘就却的排序也存在极为矛盾的意见。显然受到贵霜影响的汉佉二体钱的断代也就成为研究者们争论的焦点。

目前，学者们对汉佉二体钱的铸行仍然存在距离很大的不同意见。从类型学出发的，可以安置在公元初年到2世纪前期；从佉卢文字的传播出发的，可以归结在2世纪晚期到3世纪；从历史事件出发的，更有归到3世纪至4世纪的。还有从佛教典籍出发的，有从考古文物出发的，各自可以得到不同的结果。但是总的看法是，东汉班超、班勇父子对西域的经营是于寘铸行货币的一个重要因素。而汉佉二体钱是西域自行铸造的第一种真正的货币。

◆巴克特里亚王米南德一世（前155—前130年）的希腊佉卢二体钱

作者评述：用两种文字铸造钱币并不是于寘的发明。在巴克特里亚，由于居民民族成分复杂，早在希腊人统治后期，就已经开始铸造两种文字的钱币；大夏人进入后，也用两种文字铸币；大月氏统治巴克特里亚以后，同样继承了这个习惯。从这个角度看，于寘出现二体钱，不必是汉人政权统治的体现，而应该是当地已经有了相当数量的汉人居民的体现。钱币采用打制方式，大小两种钱币适合中亚希腊式的使用习惯（中亚希腊式钱币以德拉克马和四德拉克马为主），标以六铢和廿四铢，这都说明，当时仍以贵霜的影响较大。只有一种长方孔圆形钱（见斯坦因《古代和阗》一书插图），标着鲜明的“于”字，应当是于窴在被汉人控制时铸造的钱币。

五、灵帝铸四出文钱

东汉从光武帝建武十六年（40）才开始自铸钱币，在此之前，社会的经济活动按《后汉书·光武帝纪》的说法“王莽乱后，货币杂用布、帛、金、粟”。汉代的官员官阶虽然看起来是以粟米俸禄的量制为名，实际上从汉武帝时代就已经改以钱币支付俸禄了，但从东汉建立起，政府官员的俸禄又都改用粟米支付。直到自铸钱币十年以后，建武二十六年（50）刘秀诏“增百官俸，其千石以上，减于西京（按即西汉）旧制；六百石以下，增于旧制”。《百官志》说，“凡诸受俸，皆半钱半谷”。实际上，“半钱半谷”的制度可能实行得更晚一些。《后汉书·第五伦传》说第五伦在建武二十七年（51）拜为二千石的会稽太守，他“受俸裁留一月粮，余皆贱贸与民之贫羸者”。可见那时俸禄还是以实物支付的。

晋朝荀绰记述了殇帝延平年间（延平仅一年，106 年）半钱半谷的数量：

官员秩级	月俸粟米	月俸钱币①
中二千石	72 斛	9000
真二千石	36 斛	6500
比二千石	34 斛	5000

① 钱币俸禄资料整理取自黄惠贤、陈锋《中国俸禄制度史》，武汉大学出版社 1996 年版。

一千石	30 斛	4000
六百石	21 斛	3500
四百石	15 斛	2500
三百石	12 斛	2000
二百石	9 斛	1000
一百石	4 斛 8 斗	800

与西汉武帝时期相比，官俸明显降低，这也说明，东汉铸钱以后，社会上的钱币流通总量虽有一定程度的增加，但绝对数量仍然是有限的。此后，史书关于铸钱的记载很少，虽不能以此肯定停铸，但铸钱数量显然远不及西汉。

东汉社会长期把布帛作为货币的补充使用，两种不同性质的货币同时存在，在一定条件下就会对物价产生不良影响。明帝时期，天下太平，风调雨顺，市场平和，史书说“天下安平，人无徭役，岁比登稔，百姓殷富，粟斛三十，牛羊被野。”（《后汉书·明帝纪》“永平十二年”）每斛粟 30 钱，即后世史家心目中的所谓“斗米三钱”的理想社会。当社会、自然条件发生变化，这样的局面就不容易维持了。

永平十八年（75）明帝崩，19 岁的章帝即位。就在这一年，国内发生大规模的牛疫。耕牛瘟疫的影响极其深远，第二年就“垦田减少，谷价颇贵，人以流亡”。牛的繁殖不是三两年可见成效的，尽管政府采取了加赐民爵、流动人口允许登记等措施，但是流年不利，建初三年（78），牛疫再次大流行，接着又连年旱灾，灾荒迫使南方边疆少数民族连年反叛，战事不断。由牛疫和天灾造成的影响长近十年，章帝为期望社会有所改善，特地改年号建初为元和。就在这一年（84），有一个尚书张林建议：“谷所以贵，由钱贱故也。可尽封钱，一取布帛为租，以通天下之用。”张林其人原是冀州真定县的县令，为官污浊贪秽，只是因为阿附外戚窦宪，被荐为尚书。他提议“封钱”，即不再发行新钱，只要求地方用布帛缴纳租税。当时的经济状况显然是由于连年灾情造成的物资短缺，而不是钱币问题，张林的用心为尚书仆射（尚书令的副职，是尚书的长官）朱晖看穿，他向皇帝力争，“布帛为租，则吏多奸盗，诚非明主所当宜行”。朱晖因此愤而辞官，张林后来因臧污而抵罪，此事最终以不了了之。

后世论说章帝，说他“深元元之爱”，“平徭简赋，而人赖其庆”；魏文帝曹丕称其为“长者”，其实章帝崩逝的时候不过33岁。其后和、安、顺、桓、灵、献诸帝即位时没有超过15岁的，而桓帝最为寿长，亦不过36岁（按今天的算法是虚岁）。皇帝年幼，致使外戚和宦官互争、专权，政治益愈腐败，加之自然灾害严重，经济也遭受极大破坏，官方所铸的钱币，也越来越轻薄。这种现象始自桓帝时期。根据考古资料，从有纪年的东汉墓中出土的东汉五铢钱币（仅举官铸），其重量，早期枚重平均约为3.0克；中期也能达到3.0克；到东汉晚期，则钱币日益减重，一般仅在2.4克左右，私铸钱更有低至1.0克左右的。所以考古学者说：“桓灵之世，经济崩溃而钱法亦乱。其时建武钱型亦随之减重，铜质粗劣，铜色多黄。钱型仍未脱建武规范，仅铸作轻薄而已。然已足以作为晚期钱币之标志。”① 社会上私铸钱币现象更有加重之势，有的把官铸钱币凿磨取铜，既铸造了轻薄的私铸钱，又凿小了官铸钱。钱币轻薄，必然导致物价上升。

面对社会凋敝、钱币日益轻薄、物价日益上涨的现象，在桓帝登基10年的永寿三年（157），有人上书，建议禁止磨削钱币、铸造足重的大钱。桓帝将这一建议下发中央政府各部门，同时也发给太学，征求意见。有一位太学生刘陶，十分认真。他跑到基层，深入民间，特别是一些穷苦人家，听取他们对社会状况的看法，发表了一通后来颇引人注意的言论：

---

① 蒋若是：《秦汉钱币研究》“东汉五铢钱”，中华书局1997年版。

臣伏读铸钱之诏，平轻重之议，访覃幽微，不遗穷贱，是以藿食之人，谬言逮及。

盖以为当今之忧，不在于货，在乎民饥。夫生养之道，先食后货。是以先王观象育物，敬授民时，使男不逋亩，女不下机。故君臣之道行，王路之教通。由是言之，食者乃有国之所宝，生民之至贵也。窃见比年以来，良苗尽于蝗螟之口，杼柚空于公私之求，所急朝夕之餐，所患靡盬之事，岂谓钱货之厚薄，铢两之轻重哉？就使当今沙砾化为南金，瓦石变为和玉，使百姓渴无所饮，饥无所食，虽皇羲之纯德，唐虞之文明，犹不能保萧墙之内也。盖民可百年无货，不可一朝有饥，故食为至急也。议者不达农殖之本，多言冶铸之便，或欲因缘行诈，以贾国利。国利将尽，取者争竞，造铸之端于是乎生。盖万人铸之，一人夺之，犹不能给；况今一人铸之，万人夺之乎？虽以阴阳为炭，万物为铜，役不食之民，使不饥之士，犹不能足无厌之求也。夫欲民殷财阜，要在止役禁夺，则百姓不劳而足。陛下圣德，愍海内之忧戚，伤天下艰难，欲铸钱齐货以救其敝，此犹养鱼沸鼎之中，栖鸟烈火之上。愿陛下宽锲薄之禁，后冶铸之议，听民庶之谣吟，问路叟之所忧，瞰三光之文耀，视山河之分流。天下之心，国家大事，粲然皆见，无有遗惑者矣。

……伏念当今地广而不得耕，民众而无所食。群小竞进，秉国之位，鹰扬天下，乌钞求饱，吞肌及骨，并噬无厌。诚恐有役夫穷匠，起于板筑之间，投斤攘臂，登高远呼，使愁怨之民，响应云合，八方分崩，中夏鱼溃。虽方尺之钱，何能有救！①

① 《后汉书》卷五十七《杜栾刘李刘谢列传》。

刘陶的议论大意是：当今之忧，在于民饥。土地连年遭受蝗灾，家庭纺织难于应付国家和地主的征收，这哪里是钱币厚薄和轻重的问题！主张铸钱的人是利用国家谋私利。要使百姓殷富、国家财丰，主要是应该减少劳役，禁止侵夺。想用铸钱救敝，好比在沸水中养鱼，烈火上栖鸟。刘陶的主张是，不要急于禁止凿磨官钱、铸造轻薄的钱币，把铸足重大钱的事先放一放，听听民间的呼声，检视自然的变化，就可以找到解决国家困难的办法。

尤其使刘陶忧心的是，土地虽广，民不得耕、不得食，而小人掌控朝政，贪得无厌。如此下去，恐怕在服劳役的农民中，有人登高一呼，四方响应，国家会像腐烂的鱼肉一样溃散。到那时，就是铸一尺大的钱，也救不过来了。

虽然刘陶不过是个太学生，桓帝看到了刘陶的上奏，还是把铸钱的事搁置了。但是桓帝可以不铸钱，却无法改变朝政的混乱和腐败。外戚和宦官的斗争招致官僚阶层的不满，不久，发生了宦官迫害文官的第一次“党锢”事件。12 岁的灵帝登基后，又发生了第二次“党锢”事件。经过两次“党锢”，国家文官系统被破坏殆尽，社会矛盾更加突出。27 年后，刘陶曾经忧心忡忡地提醒的事情终于发生，黄巾大起义爆发了。

黄巾起事于灵帝时期。灵帝刘宏是河间王的庶孙，桓帝崩逝时刘宏才 12 岁，承袭了父亲的爵位解渎亭侯。解渎亭不在河间国而在中山国境内，所以这个侯只能食亭户的爵禄而寄居在河间（今河北献县）的曾祖家。桓帝的窦皇后在桓帝崩后，为贪权而选定刘宏，从河间把刘宏迎到洛阳。然而刘宏登基的当年宦官即发动武力政变，铲除了窦氏外戚势力，少年天子完全被宦官控制。宦官们一方面把自己的家属亲朋都任为各级官吏，分发到各地，想方设法地搜刮百姓；一方面控制教唆皇帝奢侈享乐。结果是灵帝一心敛财，生活荒淫无度；宦官无所忌惮，威仪煊赫；下层则民不聊生，反叛四起。到中平元年（184），也就是灵帝登基16年后，各地分散的反叛终于在张角太平道的旗帜下，组织为规模浩大的黄巾大起义。

黄巾起义的主体是农民，不足一年就被官军镇压了。但各地的反叛并没有结束，黄巾余部和其余的反叛力量此起彼伏没有停歇。宦官们为自己的私利，向皇帝封锁隐瞒消息，打击朝中力图恢复秩序的力量。年轻时曾向桓帝表达过社会忧虑的刘陶，此时任谏议大夫，他忧心忡忡地向皇帝上奏，列举八条，指出社会的危急和宦官之祸，结果被宦官迫害致死。

中平二年（185），洛阳南宫遭遇火灾，大火燃烧半月才熄，烧毁乐成、灵台、嘉德、和驩等一批殿宇。这成为宦官们的敛财机会。以张让为首的宦官以修宫为名，新设土地税，天下田每亩收10钱；又强令地方送交木材、石材，送到后以不合格为名，以十分之一的价格强令贱卖；任命地方官员，以助修宫钱为名必须先交钱才能上任，大郡官员被开价至二三千万钱，有交不上钱，或清廉自守的官员甚至被迫自杀。到中平三年（186），宦官们终于开工修建新宫室。为粉饰太平，新修宫室有一系列新举措：铸造四个大铜人，立于宫阙外；又铸四座巨大的铜钟，悬于殿前；在宫门外道路桥边，铸造了神兽天禄、虾蟆，配备新式抽水机械，使神兽能够吐水洒路。为宣扬这一浩大工程，还特地铸造了一种新的钱币。

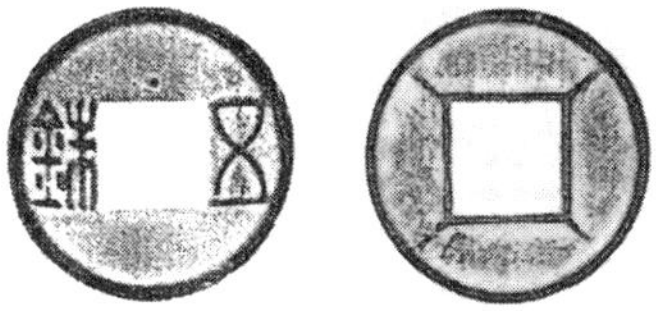

◆四出五铢

新的钱币仍为“五铢”钱，所不同的是，原五铢钱背面只有轮廓，地张是平素的，而新钱背面方孔的四角各有一道凸起线伸向边缘，当世称之为“四出文”。据对考古发现的四出五铢测量观察，这种钱直径、文字与光武帝建武年间的标准五铢钱没有什么差别，除背面有四出文以外，甚至比光武帝的标准五铢更为厚重一些。经实测，四出五铢的重量多在3.4克以上，重的甚至超过4克。桓、灵时期，市场的问题是钱币轻薄，即便是官方铸造的五铢钱，重量也比东汉初年的钱币有所下降。从《后汉书》的记载看，当时四出五铢钱铸造数量不少，但仅仅是一种在洛阳都内为建宫室而特地铸行的钱币。

当此天灾、战乱之后，经济凋敝之时，却铸造这种特别厚重的钱币，显而易见不是为了缓解经济矛盾，而是为了制造升平假象。所以当时知识分子中出现了一种政治流言，认为宦官们这些做法太过分，铸造四出钱，已经成为一种征兆，钱币铸成，国运“必四道而去”。不久，袁绍、袁术兄弟攻入宫内，杀尽宦官，洛阳大乱。接着董卓进京，各路军阀混战，四出钱随之流向全国。四出五铢虽然数量不算多，如今在各地却都有发现，证实了《后汉书》说的四出钱“果流布四海”。

作者评述：四出五铢的铸造并不是国家的一次政策性货币改制，史书也不是将其作为货币制度的变化而记载的。用现今的眼光看，这只是一种出于特殊目的而铸行的特种流通币而已。

六、董卓铸小钱

东汉中平六年（189）四月，灵帝崩逝，灵帝17岁的长子刘辩即位。八月，洛阳即发生政变，以张让、段珪为首的宦官集团诛杀灵帝何皇后的哥哥、大将军何进，袁绍、袁术兄弟攻入宫城，尽杀宦官。张让、段珪挟持新即位的少帝兄弟出逃，被带兵入朝的董卓截获。张让、段珪自杀，董卓挟皇帝返回洛阳。

董卓，临洮（今甘肃定西市岷县）人，《后汉书·董卓传》称其“性粗猛有谋”，膂力过人，能骑马挎两弓，左右驰射。桓帝末年，以良家子的身份征为皇帝的侍从羽林郎。以后长期在西北地区带兵，也曾经任过并州（今陕北、晋北一带）刺史、河东（今山西运城地区）太守。洛阳事变前，董卓正带三千兵马在河东（今山西夏县）观望局势，经何进、袁绍召唤，带兵入朝。入朝后，董卓把被杀的大将军何进所辖武装、原皇宫守卫执金吾丁原所辖武装一并收入麾下，实力大增，于是废少帝，另立少帝的弟弟刘协为皇帝，即献帝。凭借武力和废立之势，董卓又自任相国。东汉本无相国一职，董卓既任相国，便任意处置朝政。他所辖军队，原长期在西北与羌人作战，军纪极坏，进入都城后，董卓纵兵胡为，部队随意突入贵戚之家，抢劫财物，淫掠妇女，自称“搜牢”。董卓甚至趁何皇后与灵帝合葬而开陵之机，把灵帝陵中随葬珍宝洗劫一空。初平元年（190）二月，董卓驱赶皇帝和洛阳百姓迁都长安，把洛阳城一火而焚。

董卓把皇帝迁出洛阳后。自己仍留在洛阳郊区宫苑中，对洛阳东汉诸帝的皇陵逐一发掘，掠取珍宝。接着，更改币制，废除五铢钱，改行一种小钱。为铸造小钱，董卓命将洛阳宫城中的铜人、铜钟、铜兽之类一律熔毁，用作铜料。第二年二月，董卓自己也赶到长安，又把原长安宫殿中秦始皇收缴天下兵器铸成的铜人铜钟熔毁，改铸小钱。

◆东汉建武五铢钱与董卓小钱比较（采自《中国历代货币大系》）

《三国志·董卓传》说董卓小钱“大五分，无文章，肉好无轮郭，不磨鑢”。“大五分”即略重于标准五铢的五分之一，换成国际衡制，即略重于 0.7 克；“无文章”是说有的钱币平素无文；“肉好无轮郭”是说钱币的方孔和外缘都没有凸起的轮廓；“不磨鑢”是说钱币的边缘都不锉磨加工。从已经发现的实物看，与史书的记述基本符合，小钱一般重约0.4~1.5克；钱面倒是有字，是五铢二字的粗略形象，却都极不完整；钱币边缘甚至连合范造成的毛刺大多都不打磨。这样的钱币投入市场，其结果《三国志·董卓传》有记载：“于是货轻而物贵，谷一斛至数十万。自是后钱货不行。”

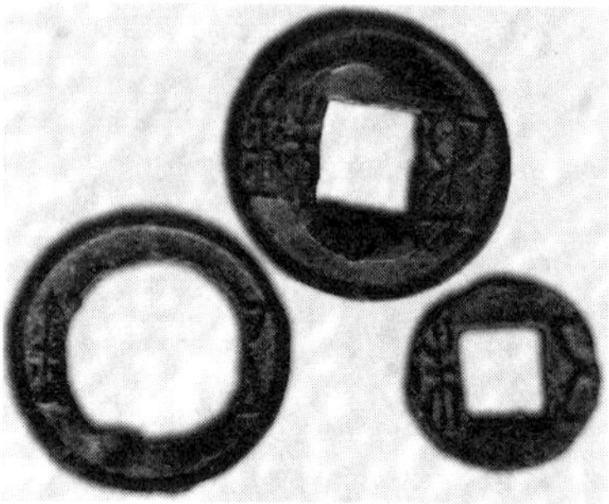

◆东汉末年的盗凿小钱

上：经凿未断开的五铢钱

右：已经凿去外缘的小钱

左：凿下的外缘（綖环）

作者评述：应该说，董卓的小钱不是凭空而铸。早在桓帝时期，小钱已经出现在市场上。起初是由于天灾和平叛军事频繁造成的百姓生活困难，购买力降低。灵帝登基后，天灾频仍，政治进一步混乱，为维持日常生活，民间在小额交易中把标准的建武五铢钱凿去外缘，变为小钱。更有盗铸者，以凿磨后的小钱作模制范，直接铸造小钱。市场上出现了大小钱并行的现象，大钱用于缴纳官府赋税和大额交易，小钱常在民间私下流行。两种钱币非法并行，计价方式不同，自然会造成物贵钱贱的现象。

董卓坏五铢、铸小钱，正是基于社会已普遍使用小钱的现象。但是董卓出身一介武夫，不从涵养社会经济出发，目的只在支撑自己的军队，故而用极其粗粝的方式处理经济问题，其结果是“自是后钱货不行”，民间不再使用这种恶劣的钱币，只以实物相贸易而已。

至于“谷一斛至数十万”，不是小钱之过，而是事出有因。《三国志·魏书·武帝纪》也有记：兴平元年（194）“是岁谷一斛五十余万钱，人相食”。《后汉书·孝献帝纪》有载：当年三辅（即关中地区）大旱，粮食暴涨，米一斛五十万、豆二十万钱。

长安城中“人相食”，出现吃人事件。献帝得知后，派侍御史侯汶出库太仓的米豆煮粥救济。但是多日以后，城中饿死人的事件不见减少。于是献帝亲自督责，取出米、豆各五升，可以煮成三大盆粥，这才发现侯汶作弊。清除贪官后，城中饥民得以存活。兴平元年董卓已死，社会仍以董卓小钱计价，但无论用小钱还是大钱，在天灾人祸的条件下，谷价飞涨是必然的。

第四节　三国西晋

一、曹魏更立五铢钱

曹丕在建安二十五年（220）受汉献帝禅让称帝，但在此之前，其父曹操早已操汉权柄。建安十三年（208），曹操成为丞相，实际上掌握了汉朝政权，曹丕称帝后尊曹操为魏国武帝，所以后世称曹魏，常从曹操任丞相时一并算起。

东汉在货币市场上长期采取钱谷布帛共用的政策，经历董卓对钱币的破坏以后，在群雄讨伐董卓的战乱中，钱币的作用进一步被削弱。曹操剪灭北方诸雄以后，北方基本统一，北方地区的社会稳定和经济问题上升为政权的主要问题，货币是其中重要的一部分。

鉴于布帛谷粟原本是东汉的货币成分，在铜钱不足的情况下，仍然使用谷帛是自然的事情。问题是，曹魏是否还使用和铸造铜钱？史书有关记载很少，而且大多语焉不详。可见的有：

1.《晋书·食货志》：“及献帝初平中，董卓乃更铸小钱，由是货轻而物贵，谷一斛至钱数百万。至魏武为相，于是罢之，还用五铢。是时不铸钱既久，货本不多，又更无增益，故谷贱无已。

及黄初二年，魏文帝罢五铢钱，使百姓以谷帛为市。至明帝世，钱废谷用既久，人间巧伪渐多，竞湿谷以要利，作薄绢以为市，虽处以严刑而不能禁也。司马芝等举朝大议，以为用钱非徒丰国，亦所以省刑。今若更铸五铢钱，则国丰刑省，于事为便。魏明帝乃更立五铢钱，至晋用之，不闻有所改创。”

2. 《三国志·魏书·文帝纪》：黄初二年（221）三月“初复五铢钱”。同年冬十月“以谷贵，罢五铢钱”。

3. 《三国志·魏书·明帝纪》：太和元年（227）“夏四月乙亥，行五铢钱”。

《三国志》的记载略同于《晋书》，应该说，晋书记载更明晰些。曹操为相是在建安十三年（208）。此前，建安元年（196），曹操迎献帝至许都时，献帝命曹操领司隶校尉、录尚书事、假节钺。献帝假曹操节钺是被迫的、临时的；司隶校尉不过是管领京师治安、纠察官员的职务，在战乱时期，只是一个级别名义；录尚书事虽然算中央行政官，而曹操实际上长年在外征战，并没有真正管理尚书事。从建安五年至十年（200—205），曹操花了五年时间，基本肃清了袁氏在北方的势力，建安九年（204），献帝任曹操为冀州牧，曹操把袁绍的冀州首府邺（今河北省临漳县）作为自己的政治中心，这时，名义上曹操还只是一个地方官吏；接着曹操又北征乌桓（乌丸），至建安十三年（208），北方已经平靖。《三国志·魏书·武帝纪》记，十三年正月，汉取消了三公之制，六月，曹操作为丞相，正式成为东汉中央政府的行政首脑，这时曹操才可以在东汉政权范围内管理全国的行政和经济事务。正是在此时，曹操正式废除董卓的小钱，使汉朝五铢钱重新进入流通领域。有学者认为，初复五铢钱应当为《文帝纪》所说的黄初二年（221），则二者相差十三年。建安十三年曹操废董卓小钱应无问题，或许，由于废小钱，社会自然重新使用旧五铢钱，而曹丕则是在黄初二年正式下诏认可旧五铢。

但是，如《食货志》所说，当时由于长期不铸钱，董卓为铸小钱又销毁了大量五铢钱，市场钱币严重不足，致使币值上涨，而粮价相应下跌。当国家正式认可五铢钱后，五铢不仅在市场上自然流通，而且成为赋税收入的重要成分。谷物和钱币两种货币之间有了浮动比价。仅仅七个月后，曹丕就以“谷贵”又罢了五铢钱，仍以谷帛为货币。这次“谷贵”是很可疑的事，三月里“复五铢”是一件大事，不可能是头脑一时发热的结果，而七个月间，魏国并没有大的举动，就朝令夕改，却以“谷贵”为理由，难合情理。但是谷价与钱币之间不平衡却是可以想见的。因而两次废除五铢，而仍以谷帛作为货币。

长期使用实物作为货币，其弊病是显而易见的。谷物，有人掺水以增加重量；布帛，自秦汉以来虽有长宽标准，却难有经纬疏密之分。所以到明帝时，司马芝提出意见，认为仍应以五铢作为货币。作于唐朝的《晋书》说，此次是由司马芝等发起了一次大讨论，才决定了复五铢的问题，但是三国时代的过来人陈寿作《三国志》，于此却不着一字，甚至在《司马芝传》中都没有写，只在《明帝纪》“太和元年”条下有“夏四月乙亥，行五铢钱”九个字。所以当时如何讨论，今天却难知其详。司马芝在明帝时曾为大司农，提出货币的意见是职责所在。他的意见不仅是“复五铢”，而是“更铸五铢”，即新铸一种五铢。

什么是曹魏所铸的五铢钱？这曾经是困扰了钱币学者多年的问题。20 世纪 90 年代以来，钱币学者做了大量工作，特别是从对考古发掘和窖藏钱币的整理中，得出了令人信服的结论，魏明帝确实铸行了一种新的钱币。这种新钱币采取西汉初年减重半两钱的模式，即钱面仍铸“五铢”二字，重量却不足四铢。其最显著的形制特点是，五铢两字的外侧侵压钱币的外轮。这种钱币除蜀地外各地都有发现，实测重量大致在 1.4～2.5 克之间，少数有更重或更轻的，应是一种技术误差。

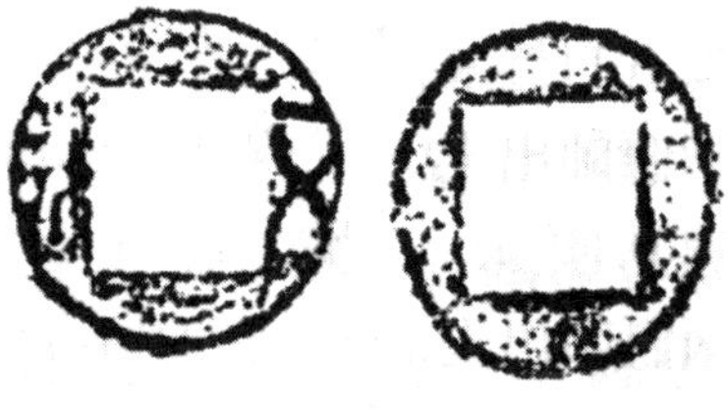

◆曹魏五铢

（河南偃师魏晋故城出土）

作者评述：曹魏五铢的确认，不仅有着考古学上的意义，而且说明曹操统一北方后，北方社会经济状态的恢复，而这种恢复所达到的程度，正是和新式五铢 2 克上下的重量相适应的。不但曹魏，就是在曹魏以后很长时期，社会都保持了这种经济状态，以至曹魏五铢钱“至晋用之，不闻有所改创”。

二、蜀汉铸直百五铢

建安二十五年（220），曹丕受禅称帝，把东汉献帝降封为山阳公。刘备在蜀地以传闻为据，称曹丕已经加害汉帝，随即自己称帝，仍以汉自诩，以示续汉运脉，史称蜀汉。

刘备起于草根，自称西汉景帝裔孙，以兴复汉室为号召，建安十六年（211）入蜀。蜀地被诸葛亮称为“沃野千里，天府之土”，“民殷国富”，东汉时益州刺史所部北起汉中，南达云、贵，地域广大。灵帝时群豪纷争，东汉的一个远支宗亲刘焉趁机谋得益州牧，得以割地自据。据考古和钱币学家依据发现的实物研究，刘焉在自据益州期间，曾经铸造一种五铢钱，大致仅流通于益州北部地区。这种钱币基本沿袭汉五铢形制，只是边缘略阔，重量多在 3 克上下。可见当时蜀地的经济状况是优于中原地区的。

刘备入蜀时刘焉已死，守益州的是刘焉之子刘璋。刘璋得乃父荫余，蜀地依然富饶。刘备曾先后投于公孙瓒、吕布、曹操、袁绍、袁术、刘表等人，数起数落，因此所部军士成分极其芜杂，士气不得不靠经济利益维系。攻入成都前，刘备向部队许诺，“府库百物，孤无预焉”，即任由军士劫掠。占领成都后，“士众皆舍干戈，赴诸藏竞取宝物”。丢了手中刀枪，竟将益州原政府库藏劫掠一空，以至刘备接掌政权后军费无着，靠着原刘璋的谋士刘巴向刘备献计铸钱，才解决困境。

刘巴才智过人，名声早已远播，连诸葛亮都说，运筹策于帷幄之中，不如刘巴。只是刘巴为人倨傲，尤其看不起武人。后来在刘备幕中时，张飞曾借宿刘巴家中，刘巴不屑与张飞说话。诸葛亮劝说刘巴，刘巴竟说：“大丈夫处世，当交四海英雄，如何与兵子共语乎？”在刘璋幕中时，刘巴几次劝刘璋不能留刘备，刘璋不听，终于为刘备所破。刘备攻成都时，传令军中，有加害刘巴者，诛三族。刘巴见刘备不计前嫌，才留在刘备身边。此时见刘备军费不足，献计说：“易耳，但当铸直百钱，平诸物贾，令吏为官市。”刘备听从此计，“数月之间，府库充实”。此事的现实含意是，刘备凭着手中刀戈，铸造大钱，设立官市，强买强卖，才充实了府库。

刘备铸钱的事，史书几乎不著，仅见于《三国志》裴松之注所引的《零陵先贤传》，十分简略。陈寿写《三国志》，说蜀汉“国不置史，注记无官，是以行事多遗”，埋怨诸葛亮“虽达于为政，凡此之类，犹有未周焉”。现在关于蜀汉货币的状况，主要得之于文物发现。

◆蜀汉直百五铢、太平百钱和定平一百

蜀汉最初所铸应该是“直百五铢”钱，所见“直百五铢”，大小悬殊，大的有重于10克的，一般都在8~9克间；又有逐渐减小减重，直至不足4克。铸钱的管理和场所看来也不一致。直百五铢有背面有一“为”字的，应该是“犍为”地方（今四川宜宾）所铸。

除直百五铢外，蜀汉铸钱还见有多种。“太平百钱”，钱型大小和字体变异种类繁多，重量也从7~8克逐渐减重至1~2克。更有“定平一百”，钱型很小，仅1克至0.5克左右，当是蜀汉后期所铸。

刘备称帝仅三年就崩殂于白帝城，刘禅继位40年后亡于魏，40多年间，蜀汉货币多有流出蜀地，在吴、魏地区都有发现。但是曹魏货币和孙吴货币在蜀地却很少见，也可见蜀汉曾尽力向外套购物资而由于蜀地交通不便和政治隔绝，魏、吴商人却是难于入蜀。

作者评述：蜀汉后主刘禅在曹魏景元四年（263）降魏，降魏时上缴的蜀汉“士民簿”记录，有户28万、口94万、军人10.2万、吏4万，总计人口108.2万。应该说，实际人口不止此数，这里可能不包含南方少数民族部落内部的人口，特别是奴隶人口，不包含蜀地豪强荫蔽的人口，但这是向国家缴纳税收的人口。以百万百姓（包括老幼），养14万军人和官吏，还要承受多年的平南、六次北伐曹魏的军事负担，以大钱支撑经济是可以想见的。

三、孙吴铸当千大钱

孙吴是三国中称帝最晚的，然而当曹操尚在河北与袁绍势力争斗时，孙氏已经历经孙坚、孙策两代努力，尽有江东会稽、吴郡、丹杨、豫章、庐陵诸郡（今江苏、安徽两省的江南部分及浙江、福建、江西等省），称吴侯了。建安五年（200），孙策的弟弟孙权继父兄统治江东，经奋力开拓，北据有长江北岸，西有了荆州（今湖北、湖南及广西北部），南延至交州（今广东、广西和越南北部、中部）。魏国曹丕称帝（220）后，刘备称帝，孙权却向曹丕称藩，被授吴王；直至9年后（229年），才正式称帝。吴国又是亡国最晚的，到西晋亡魏15年后（280年）才向晋投降。从孙权称帝算起，吴国共历4帝51年。

孙吴铸钱，史书记载仅见两处：

> （嘉禾）五年（236）春，铸大钱，一当五百。诏使吏民输铜，计铜畀直。设盗铸之科。（《三国志·吴书·吴主传》）
>
> 赤乌元年（238）春，铸当千大钱。（《通志·食货·注》）

嘉禾五年时孙权已称帝七年。此前，周瑜就向孙权表达过铸钱的意愿。建安七年（202），曹操官渡之战刚刚战胜袁绍，气势正盛，下书要孙权向朝廷派儿子作人质。孙权刚刚接掌东吴，年方十九，犹豫不定，向周瑜问计。周瑜说："今将军承父兄余资，兼六郡之众，兵精粮多，将士用命，铸山为铜，煮海为盐，境内富饶，人不思乱，泛舟举帆，朝发夕到，士风劲勇，所向无敌，有何逼迫，而欲送质？"① 周瑜与孙权兄长孙策是同龄好友，征战多年，他所谓"铸山为铜"即意为可以自行铸钱。当时是否已经铸钱，尚不能判定，但这个意见对孙权应该是有影响的。

从已经发现的实物来看，孙吴的铸钱，远不止"一当五百"和"当千"两种。目前可以确定的，至少有"大泉五十"（十分罕见）、"大泉五百"、"大泉当千"、"大泉二千"、"大泉五千"（很罕见）五种。

值得注意的是，孙吴的钱币并不如文献记载是"大钱"，它的钱面文字都是"大泉"，而且钱币风格明显是仿照王莽钱币的。王莽的时代距孙吴已有200年，且相对汉朝（无论东西）的人来

① 《三国志·吴书·周瑜鲁肃吕蒙传》。

讲，王莽是篡汉的负面形象。孙权偏偏采用王莽钱币风格，显然，在意识形态上，孙权是要与北方受汉禅让的魏和西方自诩是汉的蜀拉开距离。

作者评述：孙吴降晋时与蜀汉降魏一样，要上缴“图籍”，图籍登记的人口是：户 52.3 万、人口 230 万、吏 3.2 万、兵 23 万，大致倍于蜀汉的人口。与蜀汉一样，孙吴的南方，扬州南面是所谓“山越”民族；荆州南面是“蛮夷”民族；交趾（今越南北、中部）更是尚未开化，这些地方时降时叛。与北方的曹魏的关系，后世辛弃疾有“坐断东南战未休”的词句形容。以 250 万人口养 25 万官兵，支持不断的战争，铸大钱的实际意义就相当于一种强征。

但是，从东吴地区出土的三国时期的墓葬和窖藏来看，当地的货币除谷帛等实物外，铜钱的成分很杂。前朝钱币如半两、西汉五铢、莽钱、东汉五铢；当时钱币如曹魏五铢、蜀汉钱币等都在大量使用。这一方面说明孙吴与各方的经济往来（含民间的商业往来）并没有因为政治原因受到阻隔，另一方面也说明孙吴钱币的缺乏。

四、西晋社会和《钱神论》

西晋建立之初，社会比较稳定，武帝逐渐把屯田还为郡县土地。三国时期魏、蜀、吴都曾实行屯田，这种屯田有强烈的军需性质，军事既平，土地自然应回归正常。咸宁六年（280），孙吴投降，为此当年改元太康，实现了全国统一，为重建土地、赋税制度创造了条件。晋武帝随即颁布了“户调之式”，即新的土地赋税制度，主要是为确立国家的赋税收入，其主要内容是：

纳税者：普通农民，16～60 岁为正丁；13～15 岁、61～65 岁为次丁。可以占有土地，丁男 70 亩，丁女 30 亩；其中纳税地

(课田) 男50亩，女20亩。课田50亩的税课是4斛，每户还须缴纳绢三匹、绵三斤。偏远之地一户纳“义米”三斛，极远运输不便的地方，输算钱，一人28文。

不纳税者：按官品占田，第一品50顷，至第九品10顷。他们还可以按贵贱荫庇亲属，“多者及九族，少者三世”。“宗室、国宾、先贤之后及士人子孙亦如之”。这些可以不纳税的人还可以荫有佃客，名义上最高可以荫有50户。

从明文规定的制度上看，除极远地方以外，国家赋税已经完全不用货币而采用实物。官吏的俸禄也完全不用货币，按《晋书·职官志》记录，诸公及开府位从公者，“品秩第一，食奉日五斛。太康二年，又给绢，春百匹，秋绢二百匹，绵二百斤。元康元年，给菜田十顷。田驺十人”。以下各不同品秩，依次递减，连吃菜都是给田和种田的人。

看起来，似乎西晋时代已经完全退回到自然经济，而且从文献记录和出土实物看，西晋也完全不再铸造新的钱币，货币似乎完全不起作用了。

其实不然。

从出土实际看，西晋时代的墓葬和窖藏曾出土大量钱币，多为两汉五铢，加之少量三国钱币，甚至王莽钱币和前汉半两钱。

从文献看，仅《晋书》中，皇帝赏赐的钱币，就常动辄几十上百万，宫廷里日常费用也是以铜钱支付。《晋书·愍怀太子传》说：“东宫旧制，月请钱五十万，备于众用。太子恒探取二月，以供嬖宠。”

特别是孙吴投降以后，整个晋国风气为之一变，始作俑者就是武帝司马炎。司马炎得位之初，能相当克己，史称“厉以恭俭，敦以寡欲”，自己牛车上牵牛的丝绳断了，他命换根麻绳。平吴以后，他自认当享天下太平，“遂怠于政术，耽于游宴”，“彝章紊废”。上有所好，下必甚焉，于是社会种种奢靡风气更加弥漫开来。

西晋时期最为著名的奢靡事例是“石王斗富”，其主角是石崇和王恺。石崇是司马懿、司马师的功臣石苞的幼子。石苞为司马氏出力，文治武功都有所成。临终遗言，殓时穿日常衣服、嘴里不得含玉、墓中不设床帐明器、不起坟种树；身后六子，遗产独不给幼子石崇，说“此儿虽小，后自能得”。石崇后来曾任官荆州刺史，在荆州“劫远使客商，致富不赀”，靠打劫商人致富，在京城“财产丰积，室宇宏丽，后房百数”，“丝竹尽当时之选，庖膳穷水陆之珍”。王恺是武帝司马炎的舅舅，宠贵无比，财富丰盈。王恺出门，以紫丝作帐遮挡路边，长达40里，石崇就用锦作障长50里；石崇装修房子用花椒和泥抹墙，王恺就用中药赤石脂涂墙；作为皇亲，武帝司马炎帮助王恺斗富，给王恺一支二尺多高海外进贡的珊瑚树，石崇一见，用铁如意一击而碎。正当王恺气极之时，石崇说，不怕，我还你，说着取出六七支三四尺高的珊瑚树来，光彩耀日。武帝送的珊瑚自是外洋进贡，石崇的珊瑚却只能是抢劫或是购买来的。

亲贵逐富，官僚士大夫自然也成风气。任恺，素有识鉴，为公勤勉，甚得朝野称誉。后来被人排挤，失职后纵酒耽乐，一顿饭逾万钱，还说“无可下箸处”。何曾，是晋国能臣，官至丞相，为官主张兴利除害，而且一生无嬖幸之好，到老与妻子相敬如宾，算得上是一个好官。这样一个官员，也是穷奢极欲，“帷帐车服，穷极绮丽”，“日食万钱，犹无下箸处”。他的儿子何劭，“食必尽四方珍异，一日之供以二万为限”。

这样的上流社会和官场风气，自然引得中产阶级、知识分子也以追逐钱财为一己目标，也引得许多正直人物的不满。积极的，如傅咸，任车骑司马时，上书批评世风奢侈，说“窃谓奢侈之费，甚于天灾”，“欲时之俭，当诘其奢；奢不见诘，转相高尚”，但是当时“朝廷宽弛，豪右放恣，交私请托，朝野溷淆”，对于傅咸的规谏，“朝廷无以易之”。消极的，如和峤，和峤是惠帝的太子少傅，为官“直言不行”，虽然“家产丰富，拟于王者”，却因为不愿攀缘世风，被人讥为“至吝”，称他是“钱癖”。更有一些知识分子，不满于世风，不愿意随俗，写下一些批评文字，在世间流传。我们能够看到的较早的文字，是成公绥的《钱神论》。

成公绥，白马（今河南省滑县）人，生于魏明帝时代，《晋书》有传，“幼而聪敏，博涉经传，性寡欲，不营资产，家贫岁饥”。入晋后做到中书郎，还参加制定法律。晋武帝泰始九年（273）卒，年才43岁。他善于诗赋，《钱神论》留下的只有残句（载《太平御览》）如下：

> 路中纷纷，行人悠悠，载驰载驱，惟钱是求。朱衣素带，当途之士，爱我家兄，皆无能已。执我之手，托分终始，不计优劣，不论能否。宾客辐凑，门常如市。谚曰：“钱无耳，何可暗使？”岂虚也哉？

晚于成公绥《钱神论》而流传更广的是鲁褒的《钱神论》。鲁褒，《晋书》本传文字极其简略：“鲁褒字元道，南阳人也。好学多闻，以贫素自立。元康之后，纲纪大坏，褒伤时之贪鄙，乃隐姓名，而著《钱神论》以刺之。”“盖疾时者共传其文。褒不仕，莫知其所终。”《钱神论》是一篇“答客难”文体写成的赋，文中以虚构的司空公子和綦母先生二人的对话来讥刺社会追逐财富、追逐钱币的风气。

鲁褒的《钱神论》流传下来的，在不同文献中有不同的版本和片断。清代严可均将各种版本片断辑为一篇，收入《全晋文》，其文如下：

有司空公子，富贵不齿，盛服而游京邑。驻驾乎市里，顾见綦母先生，班白而徒行。公子曰："嘻！子年已长矣。徒行空手，将何之乎？"先生曰："欲之贵人。"公子曰："学诗乎？"曰："学矣。""学礼乎？"曰："学矣。""学易乎？"曰："学矣。"公子曰："《诗》不云乎：'币帛筐篚，以将其厚意！然后忠臣嘉宾，得尽其心。'《礼》不云乎：'男贽玉帛禽鸟，女贽榛栗枣修。'《易》不云乎：'随时之义大矣哉。'吾视子所以，观子所由，岂随世哉。虽曰已学，吾必谓之未也。"先生曰："吾将以清谈为筐篚，以机神为币帛，所谓'礼云礼云，玉帛云乎哉'者已。"

子拊髀大笑曰："固哉！子之云也。既不知古，又不知今。当今之急，何用清谈。时易世变，古今异俗。富者荣贵，贫者贱辱。而子尚贤，而子守实，无异于遗剑刻船，胶柱调瑟。贫不离于身，名誉不出乎家室，固其宜也。

昔神农氏没，黄帝尧舜教民农桑，以币帛为本。上智先觉变通之，乃掘铜山，俯视仰观铸而为钱，故使内方象地，外圆象天。大矣哉！钱之为体，有乾有坤，内则其方，外则其圆。其积如山，其流如川。动静有时，行藏有节。市井便易，不患耗折。难朽象寿，不匮象道，故能长久，为世神宝。亲爱如兄，字曰'孔方'。失之则贫弱，得之则富强。无翼而飞，无足而走。解严毅之颜，开难发之口。钱多者处前，钱少者居后。处前者为君长，在后者为臣仆。君长者丰衍而有余，臣仆者穷竭而不足。诗云：'哿矣富人，哀哉茕独。'岂是之谓乎？

钱之为言泉也。百姓日用，其源不匮。无远不往，无深不至。京邑衣冠，疲劳讲肄。厌闻清谈，对之睡寐。见我家兄，莫不惊视。钱之所祐，吉无不利。何必读书，然后富贵。

昔吕公欣悦于空版，汉祖克之于嬴二；文君解布裳而被锦绣，相如乘高盖而解犊鼻，官尊名显，皆钱所致。空版至虚，而况有实；嬴二虽少，以致亲密。由是论之，可谓神物。无位而尊，无势而热。排朱门，入紫闼，钱之所在，危可使安，死可使活；钱之所去，贵可使贱，生可使杀。是故忿争辩讼，非钱不胜。孤弱幽滞，非钱不拔，怨仇嫌恨，非钱不解，令问笑谈，非钱不发。

洛中朱衣，当途之士，爱我家兄，皆无已已。执我之手，抱我终始。不计优劣，不论年纪。宾客辐辏，门常如市。谚云：'钱无耳，可闇使！岂虚也哉，'又曰：'有钱可使鬼，'而况于人乎。子夏云：'死生有命，富贵在天。'吾以死生无命，富贵在钱。何以明之？钱能转祸为福，因败为成。危者得安，死者得生。性命长短，相禄贵贱，皆在乎钱。天何与焉？天有所短，钱有所长。四时行焉，百物生焉，钱不如天；达穷开塞，振贫济乏，天不如钱。若臧武仲之智，卞庄子之勇，冉求之艺，文之以礼乐，可以为成人矣。今之成人者何必然，唯孔方而已。夫钱，穷者能使通达，富者能使温暖，贫者能使勇悍，故曰'君无财则士不来，君无赏则士不往'。谚曰：'官无中人，不如归田。'虽有中人，而无家兄，何异无足而欲行，无翼而欲翔。使才如颜子，容如子张。空手掉臂，何所希望，不如早归，广修农商。舟车上下，役使孔方。凡百君子，同尘和光。上交下接，名誉益彰。"①

作者评述：西晋正是清谈风气的极盛时期，士大夫一面雅好清谈，一面穷奢极欲。鲁褒是避世人物之一，写作《钱神论》也是以文字方式作清谈，以讥刺清谈"贵人"，展现时弊，谓《诗》

① 《全晋文》编者认为，此处后面还应有綦母先生的应答，遂附了一段"黄铜中方"的答文，因为不知出处，难于相信是原佚文，故不取。

《礼》名教与时弊“将无同”。

西晋时期社会上矛盾的奇怪现象是，一方面，农民的赋税缴纳和政府的财政收入以实物为主，加之贵族和豪强大量占有和荫庇土地、人户，社会基层几乎退回自然经济状态，底层农民对货币的依赖程度与西汉相比大大下降；另一方面，贵族、豪强和富商又拼命追逐财富、追逐货币，以满足自己日益奢华的生活追求，甚至官员也热衷于经商。这种商业与下层社会关系甚浅，而主要是为上层阶级的奢侈浮华服务。石王斗富的奇珍异宝、何劭“食必尽四方珍异”多从中来。商业不为社会整体服务而仅为部分，且是腐化部分服务，是以该王朝寿不永矣。

第五节　东晋南朝

一、宋文帝铸四铢钱

在东晋末年的内乱中，大将刘裕崛起，先封宋公，再封宋王，元熙二年（420）六月，刘裕迫使恭帝禅位，建立宋朝。因为后来有统一而长达 280 年的赵氏宋朝，史称刘裕宋朝为刘宋。此后，中国南方相继经历了宋、齐、梁、陈四个短暂的王朝，宋有 8 帝，历 60 年。刘宋于文帝元嘉七年（430）十月成立了一个货币管理机构“钱署”，开始铸造钱币。此次铸造，既没有用五铢钱，也没有用大额钱，而是用了一个新的钱制“四铢”钱。由于整个两晋时期基本没有铸造钱币，上一次铸造钱币如果以北方魏明帝铸魏五铢（227 年）算，已有约 200 年；如果以南方地区东吴铸钱，而吴国投降是在公元 280 年算，也有 150 年了。在这一二百年的时间里，国家没有正式铸造钱币，国家的收入和支出主要依赖谷帛或辅以少量黄金；民间所承担的国家义务，或是以力役形式，或是以谷帛形式实现。社会上民间交易也大多利用谷帛进行。

但是钱币并没有绝迹。贵族的奢侈生活、帝王的赏赐、市场的小额交易，往往仍然使用钱币，用的却多是前朝旧钱，而且各种旧钱杂用。《晋书·食货志》说："晋自中原丧乱，元帝过江，用孙氏旧钱，轻重杂行，大者谓之比轮，中者谓之四文。吴兴沈充又铸小钱，谓之沈郎钱。"其中所谓沈郎钱，只是沈充在参与王敦叛乱的时候在吴地铸造的小钱，时间短、数量少，使用地区狭，并不能算正式铸币。若以《食货志》此条的记述看，东晋，延续到刘宋，虽然旧钱轻重杂行，却基本以"中钱"，也就是民间所称的"四文"为折算基准。也就是说，一般中等大小的钱币，大约也就是汉五铢，甚或是大约仅重 4 铢的曹魏五铢，民间是看作"四文"钱币的。① 这大约也就是沈充铸造"小钱"的社会基础。

在当时全国战乱不止的情况下，国内生产力、物价水平和百姓购买力的实际状况都比较低下。从出土实物来看，宋文帝的四铢钱，初铸时平均重也是在 2~3 克，基本相当于四铢的实重。以后民间盗铸加上官铸减重，四铢钱实际越来越轻小。

刘宋开始铸钱，却并没有禁止前朝旧钱。其原因固然是因为旧钱在社会上流通数量很大，以刘宋的冶铸生产能力，很难在短期内全部更替。而前朝旧钱中，大量存在汉朝的五铢钱，与四铢相比，大小差距不大，于是就有人把旧五铢凿去一圈，当作四铢，凿下的边料用作原料，私铸小钱。私铸钱币又往往比较轻薄，得以牟利。元嘉二十四年（447），江夏王刘义恭建议，旧五铢钱既然大于四铢，不如干脆规定旧五铢钱一枚当四铢钱两枚，旧钱既

---

① 东晋至刘宋时期，社会对钱的称谓起了一点变化。汉代以前，钱以"钱"计，哪怕成千上万，也直称若干钱。此时，出现了"文"的称呼，一钱称为"一文"。这一称呼一直使用至近代。

然提高了币值，就不会有人再剪凿了。此议一出，引起一场争论。

支持刘义恭的有吏部尚书庾炳之、太子左卫率萧思话、中护军赵伯符、御史中丞何承天、太常郗敬叔、中领军沈演之等人。他们认为，晋朝刚刚南渡的时候，“疆境未廓，或土习其风，钱不普用，其数本少，为患尚轻”，宋国历经扩土，钱币使用已经大大扩大了，“用弥广而货愈狭，加复竞窃剪凿，销毁滋繁。刑禁虽重，奸避方密，遂使岁月增贵，贫室日虚”。所以，“若以大钱当两，则国传难朽之宝，家赢一倍之利”，不用严刑酷法，盗铸自然消失，“施一令而众兼美，无兴造之费，莫盛于兹矣”。

提出此议的江夏王刘义恭是高祖武帝刘裕七个儿子中的老五，年幼而聪颖，从小极得刘裕宠爱，在诸子中任性而为，所求必得，而其余诸子“求亦不得”。长大后，虽然任事能干，但是从小养成奢靡习惯，生活豪奢，钱不留手。文帝即位后，特别照顾小弟，每年“给钱二千万，它物倍此，而义恭性奢，用常不足，太祖（指文帝）又别给钱年千万”，他还是不够用。因此，刘义恭的意见，往往出自他本人的意愿。这个意见受到尚书右仆射何尚之的强烈反对。何尚之说，货币本是为交易而设，并不依赖数量多少。他说：

> 数少则币重，数多则物重，多少虽异，济用不殊。况复以一当两，徒崇虚价者邪。凡创制改法，宜从民情，未有违众矫物而可久也。
>
> 六货愦乱，民泣于市，良由事不画一，难用遵行。
>
> 若今制遂行，富人赀货自倍，贫者弥增其困，惧非所以欲均之意。又钱之形式，大小多品，直云大钱，则未知其格。若止于四铢五铢，则文皆古篆，既非下走所识，加或漫灭，尤难分明，公私交乱，争讼必起，此最是其深疑者也。命旨兼虑翦凿日多，以至销尽；鄙意复谓殆无此嫌。民巧虽密，

要有踪迹，且用钱货铜，事可寻检，直由属所怠纵，纠察不精，致使立制以来，发觉者寡。今虽有悬金之名，竟无酬与之实，若申明旧科，禽获即报，畏法希赏，不日自定矣。

此事的关键是建议者从本人占有大量财富出发，认为钱币的占有者由此可以财富倍增，自然不会再凿损旧钱。而如果从百姓生活出发，一是五铢四铢相差无几，民众多不能辨别，而孙吴大钱又大小不一，没有标准，统称大钱，必然造成混乱；而富人固然财富倍增，但穷人要获得一枚过去可以随意使用的五铢钱，却要再多付出一倍的劳力，“弥增其困”。加之官吏怠纵，纠察不精，所以剪凿旧钱的事频出。如果大钱政策一出，市场必然更加混乱。

辩论的结果，文帝仍然采用了刘义恭的意见，从元嘉二十四年（447）六月起，以旧五铢钱当作两大钱。实践的结果，真如何尚之所说，市场更加混乱，不但民间不便，政府各单位也感不便，元嘉二十五年（448）五月，这项实行了整整一年的大钱政策，正式宣布废除。

作者评述：宋文帝铸四铢钱事，最值得注意的是，正值元嘉七年（430），刘宋第一次北伐期间。三月，到彦之大军到达黄河；七月，北魏放弃碻磝（Qiāo’áo 今山东聊城市茌平一带）、滑台（今河南省滑县）；十月，罢侨置的南豫州，合并到豫州。豫州本是高祖刘裕为收复河南而置，此时合并，显示文帝对形势的乐观。大军前进，所有粮秣、战争装备、军需物资都从江南输送已有困难，此时设置钱署，铸四铢钱，恐怕主要是从供应前线考虑，北方的曹魏五铢，正是重约 4 铢。只是不出一月，北魏即开始反攻，宋军迅速败退，铸钱就改为供应本地了。

二、孝建—景和，从四铢到二铢

元嘉三十年（453），刘宋发生了一次重大的政治变故。由于太子刘劭搞巫蛊，文帝打算废掉太子，太子获知后，闯宫杀掉了文帝，篡夺帝位。文帝的第三子刘骏时为武陵王、江州（今江西、福建）刺史，随即起兵讨伐，很快便击溃了刘劭的势力。刘骏遂自立为皇帝，后谥孝武帝。

孝武帝是通过暴力即位的，于是起年号为“孝建”，以示征讨弑父的刘劭的正义性；又立皇太子，又赐天下承继父业的嫡长子“父后”民爵一级，赐天下孝子、顺孙、义夫、节妇粟帛，大力强调孝道。做了各种示孝的工作后，当月廿四，刘骏改铸成一种新的四铢钱，显示新皇气象。在新钱上，正面不是铢两，而是“孝建”两字，笔画纤细弯曲，像是藠头的叶子，即所谓“薤叶篆”；四铢二字移到钱币背面。从传世和出土的实物看，初铸的“孝建四铢”钱制作比较精好，但是重约 2 克以下，以铢两计，不足三铢。

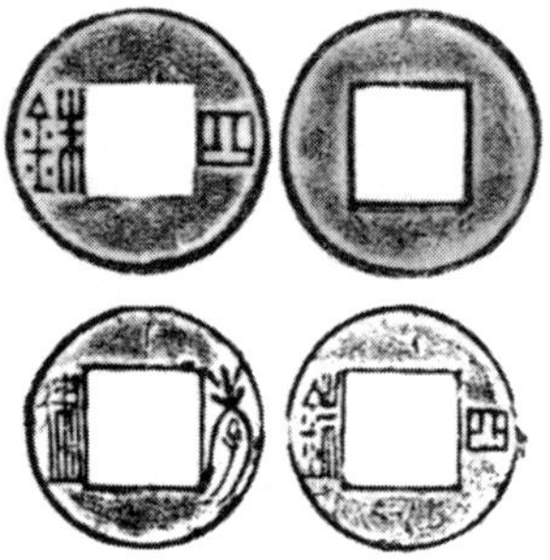

◆上：刘宋四铢（正、背）
下：刘宋孝建四铢（正、背）
（采自《中国历代货币大系》）

文帝的“四铢”类似五铢，孝武帝的初铸“孝建四铢”虽然比文帝四铢略轻小，质量也还精好。但是制作精好的钱币铸造成本很高，“用费损，无利”，所以虽然“百姓不盗铸”，朝廷也嫌太费，第二年竟下令“禁新品”，即不再使用“孝建四铢”。然而，朝廷不铸新钱，旧钱日渐减少，朝廷竟感觉“公私俱困”。孝建三年（456），时任尚书右丞的徐爰建议“式遵古典，收铜缮铸”，即扩大铜的来源，重新整顿铸币事业。其具体办法是，“以铜赎刑，随罚为品”，按照不同的罪刑，可以用不等数量的铜来赎免。

对这个建议，孝武帝的意见是“诏可”。然而新铸的钱币却并没有整顿出像样的质量，反而比禁用前的“孝建四铢”更为薄小，有的甚至连钱币的轮廓都细小得看不出来。由于官铸孝建钱变小，诱使民间也开始盗铸小钱。为获得盗铸原料，盗铸者往往把旧钱剪凿边轮，民间流通的钱币越来越轻小。在流传至今的孝建钱币中，有一种轻薄的小钱，连钱背的“四铢”二字都没有，即应是孝建末年到大明年间所铸（孝建共有 3 年，后改年号大明，历 8 年）。

为禁止盗铸，官府不得不行严刑峻法，“民吏官长坐死免者相系，而盗铸弥甚”。最为典型的例子是，武康（今浙江湖州市武康镇）县令刘亮，因为“境内多盗铸钱，亮掩讨无不禽（擒）”，仅他一个县，就“所杀以千数”。其结果是“百物踊贵，民人患苦之”。政府于是订立了一个标准，钱币太过薄小，没有边廓的，一律禁止。也就是说，稍有边廓，不太过小的，都可以通行。

面对市场困扰，始兴郡公沈庆之出了一个主意，“听民铸钱”，但不是放任随意铸钱，而是“郡县开置钱署”，凡愿意铸钱的人家，都集中居住到“钱署”里面，在钱署中铸钱。民间已经剪凿的原料，“官敛轮郭，藏之以为永宝”。开放“所禁新品，一时施用”，即把禁用的、较为精好的“孝建四铢”钱重新开禁，钱署中百姓铸钱，即以此为标准，“悉依此格”，“平其准式，去其杂伪”，所铸“万税三千，严检盗铸，并禁剪凿”，即收取 30% 的高额税收，如此则“数年之间，公私丰赡”。沈庆之，一介武夫，史称其“手不知书，眼不识字”，以战功得封公爵，一向不预政事，此时已经年过七十，请退在家。其家武康，盗铸现象严重，前述刘亮杀盗铸“以千数”，就在他的家乡，他有感而论，显然空想成分很重。孝武帝命公卿讨论他的意见，反对者居多。

孝武帝的叔叔，江夏王刘义恭逐条驳斥沈庆之的意见，认为设置钱署，“乐铸之家，皆入署居”，但百姓历来“不乐与官相关”，况且“凡盗铸为利，利在伪杂，伪杂既禁，乐入必寡”，谁肯来住；所谓“敛取轮郭，藏为永宝”，“百姓闻官敛轮郭，轮郭之价百倍”，谁还肯卖给官家？至于“万取三千”的高额税率，刘义恭说“私铸无十三之税”，肯定是“逐利犯禁，居然不断”；只有“所禁新品，一时施用”一条，还“在可开许”，有一定可行性。

建城县侯，丹阳尹（首都建康及属县）颜峻也表示反对，他说，开署放铸，想法固然不错，但恐怕一旦开铸，“器用日耗，铜转减少，器亦弥贵”，连铜盆、铜镜之类铜器都会涨价，铜一贵，铸钱无利，“虽令不行”。至于明令禁止的新钱，即不足三铢的孝建钱，颜峻称之为“细物”，如果“一时施用”，那么比这类钱大的五铢、半两之类大型旧钱，“不盈一年，必至于尽”，都会“私铸剪凿，尽不可禁”，如此“财货未赡，大钱已竭，数岁之间，悉为尘土”。况且“新禁初行”，“须臾自止”，不便朝令夕改。颜竣认为，当前社会的钱币“虽为转少，而市井之民，未有嗟怨”，当务之急，是“简费去华，设在节俭，求赡之道，莫此为贵”。

还有人说，既然铜料缺乏，不如铸成二铢钱，颜峻更是极力反对，他认为，不足三铢的孝建钱已经是“细物”，铸成二铢，成为“新细”，“于官无解于乏，而民奸巧大兴，天下之货，将靡碎至尽”。

大明八年（464）闰五月，孝武帝崩逝，遗诏江夏王刘义恭、中书令柳元景为太子刘子业辅政，大事可请沈庆之参决。刘子业即位后，第二年改元永光，改元当年的二月庚寅，到底还是铸造了二铢钱。此钱文献记为二铢，发现的实物文字是“两铢”。同时还铸有“永光”钱，“永光”二字还是薤叶篆，这两种钱都只重 1 克左右，实际不足二铢。

刘子业是个行事极其荒唐狂悖的皇帝，即位后日益凶暴，柳元景等人于是与江夏王刘义恭商议准备废立。此事为沈庆之所知，沈庆之既忠于皇室，又与刘义恭一向不睦，便向皇帝告发。当年八月，皇帝刘子业得知废立之事后，立即处死了刘义恭和柳元景等人，任命已经80岁的沈庆之为太尉。因为摆脱了叔父刘义恭等人的管束，处死刘义恭等人后又立即改元景和。沈庆之既得新皇帝信任，趁机再次提出放民铸钱。景和元年（465）九月，正式开放百姓铸钱。

改元、开放后所铸的钱币，即沈庆之的私铸钱，钱文“景和”，用正篆，重约二铢。然而私铸本来就难以控制，仿铸的官钱往往大小厚薄粗劣不一，民间称之为“耒子”。放铸之后，更是一塌糊涂，真不幸让颜峻当年的“天下之货，将靡碎至尽”言中，《宋书》说“由是钱货乱败，一千钱长不盈三寸”，相当这等大小的，称为“鹅眼钱”，连鹅眼都不如的，称为“綖环钱”。这些钱“入水不沉，随手破碎”，市场上无法数数，十万钱不足一捧，只能随手抓用。用这种钱买粮，一斗米要一万钱，市场已经无法正常做生意了。

新皇帝行事暴虐，随意诛杀大臣，朝中人人自危，沈庆之也时时劝谏，劝得皇帝性起，连沈庆之也赐死毒杀了。皇帝叔父众多，很怕叔父争夺帝位，便把诸叔父囚禁在殿内，肆意殴打凌辱，准备一并处死。暴虐终于引来杀身之祸，景和元年（465）十一月二十九日，刘子业的叔父刘彧联络内侍杀死了刘子业（后称废帝），自己登基即位，十二月，当年第三次改元，年号泰始，新帝后谥明帝。

明帝为了整顿钱币，首先禁止鹅眼钱、綖环钱流通，又禁止民间铸钱。泰始二年（466）三月，命“断新钱，专用古钱”①。从此以后，到宋亡直至有齐一朝，都不再铸币。这一年出现了三个年号，永光年号有八个月，景和年号有三个月，泰始年号一个月，所以永光、景和钱都极为罕见。

作者评述：刘宋朝货币的混乱主要源于政治的动荡。但是剥去政治人物活动具象的外衣，以抽象的眼光寻找货币运动的轨迹，我们看到了货币在寻找与社会生产和生活方式相适应的形式。

民间称一般五铢（大概既包括汉五铢，也包括魏五铢）为“四文”，可知小钱确实适合当时南方的物价水平和社会购买力。社会上流行对旧钱剪凿盗铸，也是因为“货重”，所以无论文帝的“四铢”钱还是“孝建四铢”钱，后来都越铸越小，直至二铢左右，是基本适合当时的社会的。至于私铸钱币越来越轻薄，则是政治和行政管控能力的问题。

三、南齐尝试铸钱

刘宋后期，大将萧道成靠政变掌握朝政，然后由齐公而齐王，由齐王而受禅称帝，建立齐国。史上“齐国”甚多，萧道成的齐国史称“南齐”，南齐有 7 帝，历 22 年。

中原王朝自南渡以来，就很少铸钱，有的王朝整代不铸钱，使用的全是旧钱。刘宋曾经少量铸过钱币，一般初铸质量较好，时间一长，加之民间盗铸，新铸钱越来越轻薄。由于新钱轻薄，民间宁可相信剪凿的五铢钱，还能大致与四铢钱相当，而不愿相信新钱。盗铸者又出新花样，把掺杂铅铁的盗铸新钱染黑，冒充

---

① 此事《建康实录》记有泰始元年（465）冬十二月“壬戌，罢二铢钱”一句。二年（466）三月所记是“断杂钱，专用古文钱”。按泰始元年十二月是庚申朔，明帝丙寅（即初七）即位，即位后当月不可能再有壬戌日，此句显然有问题，所以不用。至于“断杂钱”也不如“断新钱”明确，应当指废除刘子业的两铢、永光、景和钱。

剪凿旧钱。卖货商人卖出商品后，新钱脱色，商人显然大受损失。而盗铸者又低价买进新钱，反复染黑，循环欺诈。这类现象说明，货币市场需要加力整顿。

据《南齐书》说，萧道成在为刘宋顺帝辅政的时候，就有意铸造新的钱币，因为急于禅让，没有实行。南齐建元四年（482）奉朝请孔顗（yǐ）[①] 上了一道奏疏《铸钱均货议》[②]，提出了对当时社会钱币问题的看法。

孔顗认为，前代铸钱的问题在于大小轻重不一：

铸钱之弊，在轻重屡变。重钱患难用，而难用为累轻；轻钱弊盗铸，而盗铸为祸深。

轻重最为合适者，是五铢钱：

自汉铸五铢钱，至宋文帝，历五百余年，制度世有废兴，而不变五铢钱者，明其轻重可法，得货之宜。

现在社会上民之所以有盗铸，是因为官府认为成本太高，所以贪铸轻钱：

民所盗铸，严法不禁者，由上铸钱惜铜爱工也。惜铜爱工者，谓钱无用之器，以通交易，务欲令轻而数多，使省工而易成，不详虑其为患也。

所以最好的办法是，政府设置机关，地方献铜，大力铸钱，钱一定要足重五铢，严格禁止剪凿，过去的细小钱由官府论重收购，用以铸钱：

宜开置泉府，方牧贡金，大兴镕铸。钱重五铢，一依汉

① 或有版本作孔觊，恐是与刘宋名孔觊者相混。刘宋孔觊已在兵败中被杀。孔顗的头衔奉朝请是一种闲散职名，不算正式官职。齐武帝时期奉朝请多达600余人。

② 见《南齐书》列传第十八《刘悛传》。

法。府库已实，国用有储，乃量奉禄，薄赋税，则家给民足……若官铸已布于民，便严断剪凿，小轻破缺无周郭者，悉不得行。官钱细小者，称合铢两，销以为大。利贫良之民，塞奸巧之路。钱货既均，远近若一，百姓乐业，市道无争，衣食滋殖矣。

高帝萧道成认为这个意见很有道理，命各地州郡大力购买铜炭，准备铸钱。恰值此时高帝崩逝，此事不了了之。

武帝永明八年（490），蜀郡太守、行益州府州事刘悛报告，在南广郡（今云南省盐津县，与四川交界处）发现炼炉4座，高一丈，宽一丈五尺。附近掘地二尺就可得铜，而且还发现有古铜矿坑，此地必是汉代文帝赐邓通铸钱之所在。刘悛建议就在此地铸钱，随奏还附上铜一片、铜矿石一片。武帝同意了这个建议，马上派人入蜀铸钱。铸得一千多万钱后，武帝还是嫌成本太高，又把此事停顿下来。从此，南齐再没有铸钱。在蜀地铸的什么钱，现在似乎也没有确证，如果按孔顗的意见，应该是一种五铢钱。近代国内外学者有指一种轻薄五铢为南齐铸钱，近年也屡有报道说在四川发现一些钱型、文字较为特别的小型五铢钱，钱重多不足1克，被指属南齐五铢。究竟如何，尚待进一步的科学考古发现。

作者评述：所谓钱是“以无用之物以通交易”，这种说法由来已久，但是铸钱不能“惜铜爱工”，是孔顗已经模糊认识到的。钱币不仅是商业交易工具，而且是国家管理经济的工具，应由国家铸造，国家供应，保证品种统一、质量统一。为做到这一点，必须不以成本为唯一条件。钱币统一了，质量保证了，就能“府库已实，国用有储，乃量奉禄，薄赋税，则家给民足”。

四、萧梁天监钱和女钱

南齐末年，齐皇室远宗的萧衍掌握朝政，再次以梁公而梁王，以梁王而受禅，建立梁国，史称萧梁。萧梁有国55年，历4帝。

宋齐时期，南方社会经济取得一定程度的发展，为货币经济创造了一定的社会基础。《梁书》《陈书》《南史》都没有“食货志”，《梁书》和《南史》的帝纪也没有记载梁初的钱币。但是《隋书·食货志》追述了梁初的社会货币经济状况：

> 梁初，唯京师及三吴、荆、郢、江、湘、梁、益用钱，其余州郡，则杂以谷帛交易。交、广之域，全以金银为货。

这里说的京师是建康，“三吴”指吴郡、吴兴和会稽三郡(即今太湖周围和钱塘江口周围)，“荆”“郢”“湘”指今湖北和湖南地区，“江”指今江西和福建地区，“梁”“益”则指汉中和蜀地。“交”“广”是岭南和今越南北部。也就是说，除岭南不用钱币，江北地区是杂用谷帛外，萧梁国土内大部分地区是通用钱币的。但是所用的钱币却混杂不堪，《隋书》记叙百姓所用的旧钱“有直百五铢、五铢、女钱、太平百钱、定平一百、五铢雉钱、五铢对文等号，轻重不一”。其中，直百、太平、定平诸钱是从蜀地流入江南的；雉钱又称稚钱，言其小，比正常五铢钱要小，但钱文仍是五铢；对文，是把五铢钱凿去外圈取铜盗铸，剩下的内圈作小钱使用，这种钱的五铢二字各被凿剩半个，称对文，后来盗铸者甚至直接铸成对文的样子作小钱使用；女钱，被磨去外轮廓的五铢钱，因为略小，称为女钱，也有盗铸者直接铸成女钱样式的小钱。

所有这些为宋、齐、梁官府正式允许流通的旧钱，大致都在二铢多至四铢重的范围内。梁武帝新获天下，欲有所作为，打算以此为基础，整顿货币市场。天监元年（502），他新铸了两种五铢，一种钱文为“五铢”二字，制作精好，据梁人顾烜说，实重是四铢三参二黍①，实际上当时的铸造技术远达不到枚枚精准的程度。从传世和出土文物考察，梁初铸造的五铢钱，有些确实达到五铢左右，一般均在四铢左右。后世称这种钱币为“天监五铢”。

◆萧梁公式女钱铸范

（中国钱币博物馆藏品）

另一种同时铸造的新钱钱文也是“五铢”，大概是为了便于民众接受，依照市面流通的盗铸的“女钱”样子，不铸外郭，但制造工艺比盗铸要精致许多，被称为“公式女钱”。这种公式女钱实重大致在二至三铢左右，开始并没有正式发行，而是将官府库中的旧钱用于交换民间的私铸钱，比率是私铸钱一万二千换官府旧钱一万，希望淘汰尽净市面的私铸钱币。到普通三年（522），也就是新钱发行20年后，公式女钱才投放市场，与梁铸五铢钱并行。

萧梁五铢和公式女钱的铸造仍然使用叠铸工艺，但技术水平比较王莽和东汉时期的叠铸工艺有了很大提高。由于传世和出土的南朝钱币中，往往公铸和私铸混杂，很难区分规范的公式钱币。20世纪30年代和90年代，在江苏南京和镇江发现了萧梁官府的钱币铸造遗址，出土了大量钱范残体。特别是90年代发现的两处遗址，不仅出土实物丰富，而且有的还是经过科学规范发掘的，现场、地层、伴出物等记录清晰准确。从实物看，钱范的范片呈严整的正方形，范片用材细腻坚实，形状严格规整，每边印3枚钱模，每片共印有8枚钱模。更为令人惊叹的是，范片两面都有钱模，一面是正面钱模、一面是背面钱模，而范片的厚度仅不到3毫米。这种正方形范片不用汉代叠铸范片的卯榫结构，只要一

① 参为絫之讹，按古衡制，十黍为一絫，十絫为一铢。

边对齐重叠，就可以形成正背相对的型腔，不会出现错范。利用这样的钱范铸出的钱币，钱面平整，文字清晰，大小一致。

作者评述：常有人认为，六朝时期的钱币大多轻薄粗滥，实际上萧梁天监五铢和公式女钱的制造是相当精整的。这也反映出萧梁初年梁武帝对整理货币市场的态度。

五、萧梁普通年间铸铁钱

梁武帝在推行新五铢钱的同时，多次发布诏书，只许用新铸钱币，不许再用旧钱。在新五铢推出 20 年后的普通三年（522）才正式发行公式女钱，说明到普通年间，市场消除旧用杂钱的工作已经初见成效。普通四年（523），有一位给事中王子云①提出了关于铸钱事务的意见。

这个王子云，文献并没有留下更多个人资料，只知道他祖籍太原，原是一介平民，因为文采非凡，被人称为“闾里才子”。天监十五年（516），武帝命太子詹事徐勉编撰一部《华林遍略》，徐勉于是在各地网罗文学之士，向武帝举荐了王子云、钟屿、顾协等五人，共入皇家禁苑华林苑编书。该书前后历经 8 年，到普通四年（523），《华林遍略》编成，成为中国图书史上重要的一部类书。大约正是由于武帝对此书非常重视，王子云于书成后成为给事中，得以向皇帝呈述关于铸钱的意见。

王子云究竟说了些什么，文献没有留下一字。但似乎经过一番议论，据《南史》说最终是“用给事中王子云议，始铸铁钱”。普通四年（523）十二月戊午（初六），武帝正式下诏铸造铁钱。顾烜说这种铁钱“径一寸一分，文曰五铢，背为四出文”。从现

① 王子云，《梁书》无传，唐许嵩《建康实录》称其为“给事”，而《南史》称其为“给事中”。查萧梁称“给事”的官职有“门下省”属官“给事黄门侍郎”和“集书省”属官“给事中”。二者虽都是侍从官，但从执掌看，集书省给事中还掌“献纳得失，省诸奏闻文书”，而王子云以编书入选，似以给事中更恰当。

存的实物来看，这种铁钱中制作比较精好的钱币，直径在 2.5 厘米左右，重 3 克有余，基本符合“径一寸一分、重五铢”的标准。

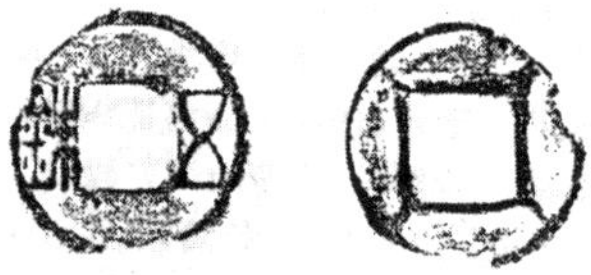

◆萧梁铁钱

（采自《中国钱币大辞典》，铁钱极易生锈，留存至今的古代铁钱大多有较重的锈蚀）

依据政府最初的设想，是用铁钱替换铜钱，达到禁止铜钱，尽用铁钱的目的。然而铸造铁钱的后果是中央政府始料不及的。政府尽管用精良的铸造技术制造铁钱，但是铁的原料毕竟易得，价值又低，民间竞相盗铸。历经十几年，到大同年间，竟是“所在铁钱，遂如丘山”。铁的资源分布广，冶炼技术早已普及，在民间极易购得，价格又远低于铜，所以同样货物，若以钱论价，铁钱的钱数必然大大高于铜钱数。市面由于铁钱充斥，物价自然腾贵。史书称“交易者以车载钱，不复计数，而唯论贯”。贯，是指串钱的麻绳。秦代，钱币用陶罐盛装，当时称“千钱一畚”，即每一千钱装一罐。到汉代，特别是武帝时代，五铢钱在社会上大量流通，钱币不再以陶罐盛装，而是用麻绳成串计数。司马迁《史记》记叙汉武帝时代“京师之钱累巨万，贯朽而不可校”，由于储存钱币太多，长期不用，串钱的绳子烂了，钱币散乱以至无法计数。但是汉代用钱仍然是以“钱”为单位，“贯”仅是一种存储钱币和方便计数的方式，而不是流通时使用的单位。以单枚的“钱”使用的方式一直延续到南北朝时期。此时由于使用铁钱，使日常商业行为所用的钱币数量成数倍地增加，再以“钱”计数将感到极不适应和不便，于是出现了新的流通单位“贯”。

“贯”的出现给钱币流通市场又带来了一种新概念——陌。一般来说，贯是指 1000 枚钱串成一串。在比较大的交易中，人们直接以贯计数，并不一枚枚数钱。而在日常比较小的交易中，若用铜钱，往往只需用到个位或十位数。但改用铁钱以后，日常交易的钱币也常常用到三位数以上。为方便计，人们便将100枚铁钱串成一串，称为“百”，每“百”也不过相当铜钱十数枚。当人们把整百枚的钱串当作整体使用的时候，便不再计较和清点串中的钱数，为携带方便，就约定俗成地把每串钱币减少若干枚，以减轻重量和体积。《隋书·食货志》说：“自破岭以东，八十为百，名曰东钱；江、郢已上，七十为百，名曰西钱；京师以九十为百，名曰长钱。”破岭，又称破冈，是今南京、镇江间丘陵茅山的北段，也是向西流经南京的秦淮河水系和茅山以东太湖水系的分水岭。三国时期，吴国凿通破岭，打通两条水系，成为建邺与江浙间的重要交通通道，因而破岭也成为两个经济区的交界标志；江、郢即江州和郢州，是今九江和武汉。“江、郢已上”指长江的九江、武汉上游；京师即建康（今南京）。

这种不同地区有不同货币标准的现象使武帝十分不满。中大同元年（546）七月丙寅，武帝下诏①：

> 朝四而暮三，众狙皆喜，名实未亏，而喜怒为用。顷闻外间多用九陌钱，陌减则物贵，陌足则物贱，非物有贵贱，是心有颠倒。至于远方，日更滋甚。岂直国有异政，乃至家有殊俗，徒乱王制，无益民财。自今可通用足陌钱。令书行后，百日为期，若犹有犯，男子谪运（远），女子质作，并同三年。

武帝要求全国统一使用“足陌”钱，这里“陌”即借用为“百”，每百钱一串称为“陌”，足陌即满100枚的陌钱，而所谓九陌即指仅90枚一串而民间承认为一陌的钱串。《隋书·食货志》说，“诏下而人不从，钱陌益少。至于末年，遂以三十五为百云”。

① 《梁书·武帝纪下》。

此时，武帝萧衍已经在位40多年，是个年过80的老人，对朝政的控制能力已经大不如前。不久，北方东魏降将侯景反叛，攻进建康，大肆杀戮，幽杀武帝，造成全国混战，史称“侯景之乱”。武帝的第七子、荆州刺史萧绎起兵勤王，与广州陈霸先协同扑灭侯景。萧绎自视为拯救社稷的拨乱元勋、宗庙的当然继承人，于是在江陵自立为帝，改元承圣，是为元帝。

由于“侯景之乱”使国家经济生活遭受极大破坏，元帝准备再造国家经济，也试图铸造钱币。但是此事《梁书》无载，倒是唐人李延寿的《北史·姚僧垣传》中略有提及。姚僧垣原是名医生，因为兼好文史，在萧绎称帝后被召为中书舍人，此时医好了元帝的心腹病，元帝赐钱，《北史》说：“时初铸钱，一当十，乃赐十万贯，实百万也。”从后来敬帝时期铸钱的当值来看，元帝所铸的很可能是铜钱，其“一当十”，应是一枚当10枚铁钱。萧绎从太清六年（552年，“侯景之乱”期间，各路势力自立年号，萧绎仍沿用武帝年号）十一月登基改年号“承圣”，到承圣三年（554）十一月被北方西魏俘虏，做皇帝仅两年，且多在与各路势力征战中。铸钱一事，在多大程度上实现，是很成问题的，所以《梁书》不见载，实物也很难考定。

江陵的元帝被西魏囚杀，另一勤王势力西江督护、高要（今广东肇庆）太守陈霸先北上据建康，于555年立元帝14岁的儿子萧方智为帝，即敬帝。此时梁朝已名存实亡，长江以北、信州（今湖北宜昌）以西尽归北朝，梁朝大权尽在陈霸先的掌握之中。敬帝太平二年（557）四月，陈霸先决定终止铁钱，铸造了一种新的铜钱。新铜钱于四月己卯发布，钱文仍为“五铢”，实重在4铢左右，一枚当20枚铁钱。为使这种当20枚铁钱的新钱区别于其他铜钱，新钱在铸造时做了标记：钱面上凸起4颗圆点，称为“四柱”。四柱钱兑换20枚铁钱的政策执行得很不顺利，仅仅13

天，当月壬辰，改为一枚当 10 枚铁钱。4 天后（丙申日），又宣布“闭细钱”，最终禁止了细小钱币的流通。

过了半年，太平二年（557）十月，陈霸先以陈公晋陈王再受禅的方式结束梁朝，建立了陈朝。

作者评述： 铁之用于钱币，并不从萧梁始。目前可知的，先秦即已在铸造钱币过程中使用铁；“半两”钱也已见有铁质者；两汉之际还有公孙述在蜀地铸过铁钱。但是这些或是民间私铸牟利，或是割据势力的权宜之计，而萧梁的铁钱则是出于正统政权的国家意志，这是中国货币史上的第一次。

从梁武帝推行五铢和公式女钱的过程看，武帝在排除民间市场细钱方面确实取得了相当的成果。然而排除细钱的过程却提高了公式钱币的操作成本，这是武帝采用铁钱的动因，也是执政者对钱币的工具意识的初步觉醒。既然钱币不仅是一种经济手段，而且是一种执政工具，在制造工具时，就产生成本问题，铁钱正是为降低“工具”的成本而产生的。①

六、陈朝铸行六铢钱

萧梁陈王陈霸先受禅所建陈朝共历 5 帝，有国 32 年。陈是南朝领土最为狭小的一国：长江下游江北地区在“侯景之乱”时已完全被北朝控制；中游荆州的江北地区在萧梁的残余势力后梁（为与五代后梁区别，又称西梁，开国君主为萧詧）的手中；萧梁的湘郢二州（湘州，治今长沙；郢州，治今武昌）刺史王琳控制了长江中游今湖北、湖南地区；南方的诸蛮民族也趁乱反叛。立国三年后，武帝陈霸先兄子陈蒨继位，改元天嘉（560），是为

① 萧梁时期的钱币，还有几种曾被发现，如“大吉五铢”“大富五铢”“大通五铢”，还有“太清丰乐”等，这类钱币是否正用钱币是很成问题的，文献也不见著录。深究这类钱币主要是钱币学的任务，作为货币史著作，本书不作叙述。

文帝。

陈蒨在侯景乱时被侯景拘为人质，曾密谋刺杀侯景未成。陈霸先从广东起兵北上时，陈蒨跟随叔父为前军，屡立战功。陈霸先称帝时封陈蒨为临川王、安东将军，临终遗诏传位陈蒨。有此经历，文帝继位后颇知励精图治，在民，他取与民休息的政策，天嘉元年（560）三月下诏："自丧乱（按指侯景乱）以来，十有余载，编户凋亡，万不遗一……今元恶克殄，八表已康，兵戈静戢，息肩方在，思俾余黎，陶此宽赋，今岁军粮通减三分之一……守宰明加劝课，务急农桑，庶鼓腹含哺，复在兹日。"在身，文帝律己克俭，同年八月，下诏"梁氏末运，奢丽已甚……今妄假时乘，临驭区极，属当沦季，思闻治道，菲食卑宫，自安俭陋。俾兹薄俗，获反淳风。维雕镂淫饰，非兵器及国容所须，金银珠玉，衣服杂玩，悉皆禁断"。在国，文帝努力恢复国土，结束地方割据。即位两三年间，攻破了王琳，收复长江中游（长江以南）地区，自江州（今九江）、郢州、巴州（今湖南岳阳）、湘州、荆州、宜都（今湖北宜都）一线都收归陈国。在政，文帝整理行政区划，安置流民。"侯景之乱"使世家大族受到极大打击，而平民流亡离乱，他一边在收复地区整理州郡，或撤并，或析置，同时在天嘉元年（560）七月下诏"自顷丧乱，编户播迁……其亡乡失土，逐食流移者，今年内随其适乐，来岁不问侨旧，悉令著籍，同土断之例"，借此重新整理户籍，稳定社会，并保证赋和税的收入。

进入天嘉三年（562），正月庚戌（初九），文帝就在南郊祭天。此次祭天的目的在于敬告先祖胡公。胡公即妫满，因为助周灭商而被封于陈国，后谥胡，是陈胡二姓的共同始祖。文帝祭后诏告天下，称自己"兢兢业业，庶几治定"，所以"昭事上玄，躬奉牲玉，诚兼飨敬"。这是陈文帝向祖先报告国家治理已见成效。在社会已经粗定的基础上，文帝决定铸行新的铜钱。

天嘉三年（562）闰二月甲子，陈国正式铸行铜五铢钱。在江南地区发现的陈铜五铢钱，形制较为规范，制作比较精致，直径较汉五铢略小，外郭略宽，方孔没有内郭，重量在4铢上下。《隋书·食货志》说，这种钱“初出一当鹅眼钱十”。“一当鹅眼钱十”，并不是以陈五铢收兑鹅眼钱，而是五铢与鹅眼钱并行。

文帝崩逝以后，文帝的弟弟陈顼执政，年号太建（569），是为宣帝。宣帝基本延续了文帝发展生产的政策，经济进一步稳定。此时北方强大的势力，西边是北周，占据今陕西、甘肃、内蒙古中西部、四川、湖北西北部和云贵川；东边是北齐，据有今辽宁、河北、山西、山东、河南和安徽、江苏的江北地区。特别是在江北地区，北齐隔江就可望见南朝宫阙，使南陈毫无安全感。太建四年（572），北周联络南陈夹攻灭齐，陈宣帝于是决意北伐。太建五年（573）三月，以吴明彻为都督征讨诸军事，率军十万，越江北伐。

北齐在北突厥、西周、南陈三面威胁下，无力抵御陈军。陈军北伐战争初期进展顺利，很快大军攻下淮水南岸的寿阳（今安徽寿县），解除了建康的隔江之危。在攻取寿阳的战斗中，还活捉了当年萧梁残余势力、兵败逃往北齐的王琳，传首建康。兵锋直指淮北重镇彭城（今江苏徐州）。

在陈朝进攻北齐南线的时候，西部的北周发动了灭齐战争，不久，北周灭北齐，统一了北方，陈齐之战变成了陈周之战。周挟战胜之势与陈争夺江淮战略要地彭城。彭城之战中，陈军大败，太建十年（578）二月，大都督吴明彻被俘。周军乘势南进，到十一年（579），北伐收复的淮北之地几乎尽失，北周军队已经剑指淮南。

陈军撤退，同时带来的问题是，淮北人民原是晋、宋、梁朝的子民，侯景乱后失陷于北方鲜卑政权。当陈朝大军到来时，淮北人民视如王师。王师败绩，很多百姓跟随大军后撤，一直过江来到陈国境内，这些人被称为“义人”。此时，宣帝的主要责任已经是重新布置江防守军、征发兵士、调动粮草并要为安置北来的“义人”再侨置郡县、分配土地、给予安家费用。所有这些都需要大笔资金。太建十一年（579）七月辛卯，宣帝决定发行一种大钱“大货六铢”。

◆大货六铢钱
（中国钱币博物馆藏品）

“大货六铢”铸行的初衷是为了解决由于战争不利所带来的财政问题，其发行方式据《隋书》说是“以一当五铢之十，与五铢并行”，“五铢”应当是指文帝的天嘉五铢钱。“大货六铢”有传世也有出土发现，制作精好。据实测，钱币一般直径2.5厘米左右，重在3.6~3.8克间，或有轻至3.4克重至4克者，基本符合六铢的标准。钱文直读“大货六铢”四字，其中“大”字“人”下有装饰性两短画，形似“太”字，所以后世钱币学家也因古代“大”“太”可通，常读作“太货六铢”。

依该钱铸行的本意，其“大货”本是当十大钱的意思。然而以一枚重6铢的钱当作10枚重4铢的钱，而且与重4铢的“五铢”钱同时并行，自然引起民间极大的不满。民间流传着各种关于大货六铢钱的流言。有的说是“六铢钱有不利县官之象”，“县官”是指政府；更有刻薄者传言“大货六铢钱，叉腰哭天子”，这是指钱币上的“六”字像一个人叉腰而立。由于朝野反对，不久，大货钱仍改为只作一枚五铢与五铢并行。大货钱发行两年半，太建十四年（582）正月，宣帝病崩，临终发布遗诏，“事从省约。金银之饰，不须入圹，明器之具，皆令用瓦。唯使俭而合礼，勿得奢而乖度”。宣帝之子陈叔宝继承帝位，很快废除了六铢钱。陈叔宝即后世所称“陈后主”，一改父伯作风，淫侈无度，昵近群小，日夜寄情于醇酒妇人，在位仅 7 年，为隋所灭，结束了南朝的历史。

作者评述：南朝初期，前代钱币杂行，以后钱币越用越小，细钱流行。从梁末陈初的政策和铸行的钱币看，细钱在南方终于逐渐被逐出了交易市场，为隋唐的货币规范化奠定了基础。

第六节　十六国北朝隋

一、蜀地成汉铸汉兴钱

成汉政权的建立者李雄，巴族。成汉是十六国时期最早建立独立政权的国家。李雄所属巴人部族原处甘南、汉中地区，从事农耕，与汉族长期杂居，受汉文化影响极深，说汉话，穿汉服，参与汉人政治生活。晋末丧乱，甘南、汉中的汉、巴、氐等各族人民大批向蜀地南迁，原在汉中略阳的李氏是南迁人民中的大族，李特逐渐成为南迁人民的领袖。晋朝派官吏率兵入蜀迫令流民返乡，与流民发生矛盾，流民聚众起事。起事流民先以李特为首领，晋惠帝太安二年（303），李特战死，李特的儿子李雄继称大都督、大将军、益州牧，攻入成都。304 年，李雄称成都王，年号建兴，废除晋法，约法七章。继而称帝，改元太武，国号“成”。

李雄在位 30 年，史称“时海内大乱，而蜀独无事……其赋男丁岁谷三斛，女丁半之，户调绢不过数丈，绵数两。事少役稀，百姓富实，闾门不闭，无相侵盗”。李雄不听臣下之言，未立自己的儿子，而是立兄子李班为太子，招致李雄诸子不满。李班继位后，李雄诸子作乱，李班在位仅一年就被杀。李班死后李雄的儿子李期即位，仅三年又被堂叔李寿推翻。

李寿是大成国的创立者李雄的堂弟，少年时“敏而好学，雅量豁然，少尚礼容，异于李氏诸子”，很受李雄器重，受封为“汉王”。李寿于李期玉恒四年（晋咸康四年，338 年）代李期自立，由于不是李特子孙，欲自立帝系，“慕汉武、魏明之所为，耻闻父兄时事”，所以改立宗庙，改国号为“汉”，年号“汉兴”；称自己已故的父亲李骧庙为“汉始祖庙”，改称李特、李雄庙为“大成庙”；对成国时的制度多做改易；成国旧时臣僚都被废黜，拔用自己的亲信。李寿一改李雄时宽厚俭约的作风，以严刑立威。李雄时不事宫室，李寿广修宫殿，征发各地工匠，开挖河道入城，大起工役，又把周边郡县家有三丁的，迁徙充实成都，以增加成都财富。与此同时，李寿铸行了一种钱币“汉兴钱”。四川成都出土这类钱币比较多，钱币较小，直径只有 1.7～1.8 厘米，重仅 1～1.2 克，也即二铢左右。

◆汉兴钱（成都出土）

李寿在位五年，传位长子李势。李势继位仅两年，嘉宁元年（东晋永和二年，346 年），东晋发动了西征，安西将军桓温率大军伐蜀，第二年三月，李势抬着棺材自缚请降。

李氏在蜀地建立的政权自李雄算起，史家通称为“成汉”，共历 5 帝 43 年。

作者评述：汉兴钱始自李寿，是随着李寿经济政策的变化而铸行的。李寿在位五年，李势继位不久即遇东晋伐蜀，汉兴钱铸行最多不过五六年。不过，在钱币上铸造年号，在中国历史上，汉兴钱是第一种。

二、石赵铸丰货钱

石勒，后赵国创立者，羯族，上党郡武乡（今山西长治市武乡县）人，生于西晋武帝司马炎泰始十年（274）。少年时曾随人到洛阳做生意，也曾被卖到马牧（今山东茌平）为牧奴，还曾聚众为群盗。

西晋末年遭“八王之乱”，匈奴贵族刘渊乘机起兵，牧奴头领率石勒为人响应。石勒在刘渊部下时，以战功逐渐升迁。刘渊是汉代匈奴冒顿的后代，祖上与汉和亲，所以冒姓刘氏，自承是汉外甥，与汉“约为兄弟，兄亡弟绍，不亦可乎?”指晋亡蜀汉，自己要灭晋继汉。于是于晋惠帝永兴元年（304）称“汉王”，怀帝永嘉二年（308）称帝，国号“汉”。石勒被授平东大将军、平晋王。

晋愍帝建兴四年（汉建元二年，316 年），汉将刘曜攻入长安，俘获晋愍帝，西晋亡。刘曜是刘渊族子，为刘渊养大。趁汉室内乱，于汉麟嘉三年（318）夺取了汉室帝位。他曾梦见两个道童称他为“赵皇帝”，所以改国号为“赵”，史称刘氏赵国为“前赵”。前赵名义上占有晋朝北方之地，实际上刘曜能够控制的仅是关中，而华北、中原、山东等地都在赵国各路大将控制之下，还有一些西晋残余势力也在图谋发展。

石勒其时活跃在中原和幽、冀一带，此地正是战国时赵国疆域。刘曜称帝后，先封石勒为“赵公”，后又晋爵为“赵王”。石勒以襄国（今河北邢台）为赵王国的国都，正式开始了国家建设。石勒出身贫寒，没有受过良好的教育。但他很注重学习和读书。成为大将军后，虽然戎马倥偬，却常让儒生在身边为他读史书，并且常有精彩的评论表达，令士人惊叹不已。因此，石勒的国家建设也是步步有序。

作为刘曜大赵国的赵王国，他起初并没有自立年号，而是仿东周列国和汉初之例，称赵王元年（319）。他在襄国建社稷、建宗庙，设置百官官署，任命百官，重新整理、制定法律，整理礼仪、制定礼乐礼舞；他注重文化教育，设史官著《起居注》和本国史，在襄国城的四门设立10所小学，命名为“宣文”“宣教”“崇儒”等，选拔军人和豪族子弟入学，还设立军事教育，专教军官子弟击刺战射军事技术，等等。

特别是在国内事务中，石勒推行了一系列经济政策。西晋“八王之乱”造成全国户籍紊乱，大批豪族挟农户南逃，大批小农在战乱中离散，流民遍地。石勒先是在幽、冀（今北京、河北）地区“阅实人户”，即普查人口，整理户籍。在此基础上，制定税制，每一农户租二斛、布二匹。称王后“均百姓田租之半”。

石勒非常想在国内建立一个规范的货币市场。魏晋以来，国内的商业市场就多以实物交易为主，历经战乱，更没有一种统一的为各地百姓所用的货币流通。北方民族喜用白银，有时也用白银交易，如石勒初进襄国之时，“襄国大饥，谷二升直银二斤，肉一斤直银一两”。石勒建国后，铸造了一种新的钱币，力图用这种钱币统一商业市场。钱币正面没有铢两的标识，只有两个大字“丰货”，意即丰饶的货币，显然是寄托了石勒对赵国社会发展的企望。丰货的铸造原意大约是重四铢，当为2.6克左右，但铸造并不算精，现存实物重多在2.2~3.0克之间。钱币虽然发行，社会却不太接受，仍愿用布帛交易。为推行钱币，石勒命提出国库的绢出卖，限令用钱交易，中等绢每匹1200钱，下等绢800钱。民间商业实

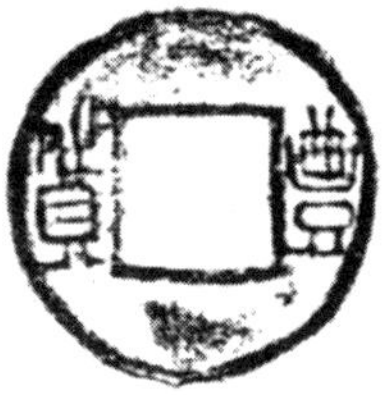

◆石赵丰货钱

（采自《中国钱币大辞典》）

际并不愿用钱，所以钱的价值很低，中等绢一匹竟需 4000 钱，下等绢 2000 钱，相差悬殊。有投机取巧者，用绢在民间买得钱币，再向政府买官绢以牟利。官府打击投机，“坐死者十数人，而钱终不行”。石勒整顿货币市场的计划到底失败了。

石勒在战场上声势不断扩大，逐渐敉平北方各派势力，汉光初十二年（石勒太和二年，东晋咸和四年，329 年），石勒派兵与刘曜大战，刘曜大败，前赵亡。太和三年（330），石勒正式称帝，国号仍称“大赵”，建元建平，迁都邺（今河北省邯郸临漳县），史称“后赵”。这时，北方为后赵基本统一，是赵国疆域最大的时期。

石勒从称王建国算起，在位 15 年。身后子侄纷争，尤其是他的族弟石虎（《晋书》称石季龙），争权嗜杀，残酷荒淫，对赵国的政治和北方地区的社会造成了极大破坏。末帝石祗（zhī）永宁元年（350），石虎的养孙冉闵自立魏国（史称“冉魏”），灭赵国，后赵共 7 帝，历 33 年。冉魏存世仅 2 年，灭于前燕。

作者评述：丰货钱是在石勒称帝前铸行的，至称帝时，石勒的行钱计划已经失败，前后不过 10 年左右。原因是战乱不止，社会未靖，行钱尚没有合适的社会条件。

严格地讲，石勒铸行“丰货”时，虽已称王，体统上还是刘汉所封，所以本节标题不称“后赵”而称“石赵”。

三、前凉铸凉造新泉

前凉的初立者是张轨。张轨，汉族，祖籍西晋安定郡乌氏（zhī）县（今甘肃平凉西北），西晋晚期任散骑常侍、军司一类闲散侍从官。八王乱起，张轨看到朝廷纷争、社会紊乱，因而谋求到西北任官，在晋惠帝永宁元年（301），被任命为护羌校尉、凉州刺史，开创了前凉的历史。

前凉在传统上被列为十六国之一，但实际上凉州始终奉晋朝（西晋、东晋）为君，用西晋“建兴”年号，并未独立建国（除张祚曾僭位不足二年）。张轨初到凉州时，凉州辖区东起武威郡，西到敦煌郡，不过以河西走廊为主。由于地处偏僻，多民族杂处，社会关系复杂，经济落后。张轨到后，先是镇压了鲜卑反叛，又兴办学校，制定礼仪，威名大震，被惠帝加封为安西将军、安乐乡侯，张轨随即以侯国营建姑臧城（今武威）。“八王之乱”，内地战乱不已，张轨仍时时向皇帝进贡，派兵为都城护卫。大量汉人官员、富豪、平民逃入凉州，张轨妥为安置，使凉州成为四海倾覆中的一方净土，政治较为安定，人口日益滋繁，经济也呈现出繁华局面。

晋愍帝建兴元年（313），太府参军索辅建议[①]：

> 古以金贝皮币为货，息谷帛量度之耗。二汉制五铢钱，通易不滞。泰始中，河西荒废，遂不用钱，裂匹以为段数。缣布既坏，市易又难，徒坏女工，不任衣用，弊之甚也。今中州虽乱，此方安全，宜复五铢以济通变之会。

张轨立刻采纳他的提议，“准布用钱，钱遂大行，人赖其利”。张轨依照当时市场的实际和作为货币使用的“缣布”的价格，制定钱币的比价，即“准布用钱”，使凉州成为当时全国范围内不多的流通使用铜钱的地区。文献并没有提到张轨铸造新的钱币，在甘肃武威地区，后世也没有发现带有当地特点的五铢钱币，此时凉州用钱，流通的应当是民间保有的旧钱。

张轨因安定河西，愍帝即位后，又被加为太尉、西平公。愍帝建兴二年（314），张轨薨，愍帝册封张轨的儿子张寔持节、都督凉州诸军事、西中郎将、凉州刺史、领护羌校尉、西平公，几

① 《晋书·列传第五十六·张轨》。

乎全盘继承了乃父的职权。第二年，刘汉大将刘曜军逼长安，张寔派步骑五千勤王。愍帝在临投降刘曜的前夜，亲写密诏："今进君大都督、凉州牧、侍中、司空，承制行事。"这是给了张寔自行管理凉州事务的全权。密诏最后写道："明便出降，故夜见公卿，属以后事，密遣黄门郎史淑、侍御史王冲赍诏假授。临出寄命，公其勉之!"①

西晋亡国，凉州虽然向东晋称臣，却仍奉西晋正朔，用西晋建兴年号。由于孤悬东晋境外，凉州实际上成了一个相对独立的政权，凉州官员也以独立政权自居，自行推张氏家族为州牧继承人，自行为已逝州牧上谥，史称"私谥"。建兴十三年（东晋明帝太宁三年，325 年），张寔之子张骏承位。其时受西晋愍帝之命向张寔传授密诏的黄门郎史淑因为关中失陷，还滞留在姑臧，凉州官员竟迫令史淑假皇帝名义拜张骏为使持节、大都督、大将军、凉州牧、领护羌校尉、西平公。同时，张骏又向前赵刘曜称蕃，接受刘曜所拜凉州牧、凉王。

西晋承汉魏之制，在西域的楼兰设置西域长史，领护西域诸国；在高昌设戊己校尉，屯田生产。长史和校尉都属凉州刺史管辖。张轨任职凉州以后，一直在西域派有长史和戊己校尉，但是由于凉州初定，还无力顾及西域，西域焉耆王势力增强，控制龟兹，影响着西域诸国。张骏继位后，戊己校尉赵贞不承认张骏的地位，西域长史李柏向张骏建议攻赵贞。张骏派大军涉流沙，伐龟兹、鄯善，将西域诸国重新置于凉州统治之下，把高昌由王国改设为郡，焉耆、于窴王都派人进贡。趁石勒攻刘曜，张骏又东向收复原属秦州的河南地（今甘肃省临夏、定西一带）。

在张骏和张骏次子张重华治凉时期，是前凉版图最大、社会最为安定的时期，凉州官员集体劝张骏称凉王，张骏表面上说

① 《晋书·列传第五十六·张轨》。

“此非人臣所宜言也，敢有此言者，罪在不赦”，还频频向东晋皇室上表称臣，实际上，他不奉东晋正朔，在凉州内部，君臣都称他为王；把凉州所辖和向东扩张的河南等地、向西稳定的西域之地整合，重新划分为三个州，任命三州刺史，自己称大都督、大将军、假凉王，督摄三州；按照中央政府的方式设置官署；在自己的府内舞六佾（按照礼制，天子八佾舞于庭，诸侯舞六佾，官员是无权按佾设舞的），建豹尾旗，舆服制度完全按照诸侯王制定，俨然一个独立王国。

张骏和张重华两代以后，张骏长子张祚搞了一次政变，篡位凉公，不久又称帝，立宗庙，舞八佾，设百官，自立“和平”年号。但张祚本人虽“有政事之才”，却“淫暴无道”，称帝第三年即被杀，张玄靓即位后，废除帝号，仍称西平公，复称建兴四十三年（东晋穆帝永和十一年，355 年）。虽然张祚称帝实际不到两年，却对前凉的政治起了很大的破坏作用，从此前凉每下愈况，前秦苻坚建元十二年（东晋孝武帝太元元年，376 年），前凉末代西平公张天锡投降前秦，凉州政权历 9 世 76 年而亡。

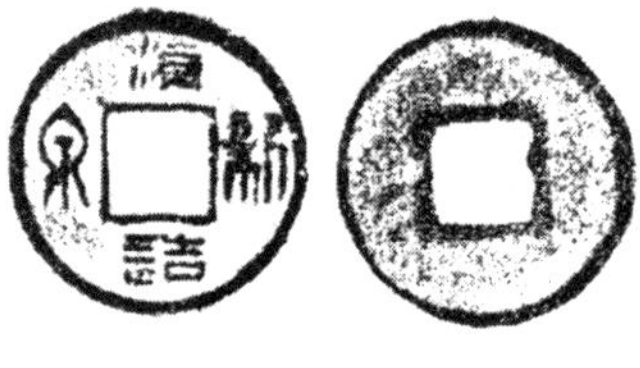

◆凉造新泉

（采自《中国钱币大辞典》）

除张轨曾经恢复五铢钱的流通以外，在文献中没有前凉关于发行货币的记载。清代钱币学家刘师陆（号青园）于嘉庆十年（1805）在武威发现三枚小钱，钱文“凉造新泉”，他认为这是张轨前凉铸钱。此钱为世所知以后，陆续又有发现，引起钱币学者的注意。特别是 20 世纪 80 年代以后，在甘肃武威市周围，多次批量发现含有“凉造新泉”钱的窖藏。这些窖藏多以汉、莽钱币为主，而窖藏钱币的下限多为十六国时期成汉的“汉兴”钱或石赵的“丰货”钱。此后，凉造新泉钱发现的地域日益扩大，东起宁夏、甘肃南部的临夏、敦煌，西至新疆和田。

已发现的“凉造新泉”版别丰富，钱径多在 2 厘米左右，平均重 2 克左右，约相当 2~3 铢。

武威地区窖藏所见的十六国钱币，“丰货”铸于石勒称赵王的公元 319 年；最晚的汉兴钱，铸于李寿建“汉兴”年号的公元 338 年，此时是前凉建兴二十六年，正是张骏在位，前凉疆界东起今宁夏、南到今甘肃临夏、西至新疆，达到极盛时期。张骏不王而王，张骏以后张祚又自称皇帝，都是可能铸钱的条件。这一时期，前凉的东面先后是前赵、后赵、前秦，东南面先后是成汉、东晋，与内地交流困难，且自铸货币难为内地政权承认，从“凉造新泉”的发现地域和同出器物判断，这种钱币应是前凉张骏以后铸造的。

作者评述：“凉造新泉”钱发现后，由于不见于史载，研究者意见纷纭。断代早至莽末东汉初年的窦融，晚到十六国的北凉（397—439 年）。从目前已知的出土实物和同出器物判断，仍应属前凉为妥。张轨治凉，创造了铸造社会流通钱币的基础条件；张骏时期，前凉逐渐从晋朝地方政权演化成变相的割据政权，有了铸钱的内在条件。而窦融出镇凉州时新朝已经覆灭，窦融本人由更始任命。更始以推翻王莽新朝自命，窦融岂能以“新泉”名钱？

附：夏国太夏真兴钱

太夏真兴钱，文献不著，清嘉道间学者顾沅（号湘舟）曾获得一枚，认为是十六国时期赫连勃勃所铸。然而当时学者刘喜海、李佐贤等人皆疑是近世臆作。直到近代钱币藏家张乃骥获得此钱，认为是珍品；近代学者罗振玉获得一品，惊喜之下，竟将自

◆太夏真兴钱

（采自《中国钱币大辞典》）

己的斋号命为“赫连泉舍”。以后，“太夏真兴”陆续有所见，当代更偶有发现，逐渐为泉界认可。但是十六国货币，见于文献的只有石勒“丰货”，现为学界认可的发现品也只有“汉兴”“凉造新泉”和“太夏真兴”，所以太夏真兴钱的性质就格外引人注意。

太夏真兴钱的铸主是赫连勃勃。赫连勃勃其人原是塞外匈奴贵族，在其父与北魏的争斗中，全族被杀，只勃勃独幸逃亡，辗转投奔后秦。后秦边防将领没奕于见勃勃高大聪慧，以女妻之，推荐给后秦皇帝姚兴，得以发展。姚兴命勃勃助没奕于镇守高平(今宁夏固原)，勃勃却乘机袭杀岳父没奕于，收其部众，发展势力，于后秦弘始九年（东晋安帝义熙三年，407 年）自称天王、大单于，立国号夏，建元龙升。此后勃勃又征讨当年救他的鲜卑薛干部，为求婚不成攻击南凉，再反复征战后秦姚氏，疆域扩大，几乎占有整个黄河河套地区。

凤翔元年（413），勃勃征发 10 万人兴建都城（今尚有遗址，称白城子，在陕西靖边县与内蒙古鄂尔多斯市乌审旗交界处）。他说：“朕方统一天下，君临万邦，可以统万为名。”新都于是名为统万城。新都营建历时 6 年。趁东晋伐秦，赫连勃勃攻入长安，遂在长安称帝，其时正值统万城毕工。统万城的修建极其豪奢，城墙夯土先蒸后筑，每夯一层用铁锥检验，铁锥刺入能达一寸，即杀工匠，把工匠夯入墙中。宫城高大雄伟，前置青铜大鼓，宫前排列飞廉、翁仲、铜驼、龙兽，都饰以黄金，仅建城即杀工匠数千人。勃勃自诩统万城“远迈于咸阳，超美于周洛”，于是回居统万，以长安为南台，以统万为北京，改元“真兴”，立碑刻石，以长篇碑文追述祖德，记叙自己的功绩，描述统万城的豪华雄伟，时为公元 419 年。

赫连勃勃在统万城做了 6 年皇帝，晚年诸子相争，自相残杀，北魏乘势进攻，两个儿子相继为帝却不能相敌，北魏太武帝拓跋焘神䴥四年（431），夏国亡于北魏，夏末帝赫连定为吐谷浑俘后献魏被斩。

通观大夏国史，夏国历3帝25年，其中赫连勃勃立国，在位19年。赫连勃勃家族祖居塞外，虽受到汉文化一定影响，其思想的核心却仍然是匈奴的原始游牧文化，丝毫没有农耕文明的礼义观念。后秦皇帝姚兴的弟弟姚邕对勃勃有个评价，说他“奉上慢，御众残，贪暴无亲，轻为去就”。勃勃本人残暴嗜杀，修建统万城时，铸造兵器，使工匠用箭铠互试，射甲不入斩弓人，射入斩铠匠。居住统万城，常坐城上，手边放弓剑，看人不顺，随手杀之。战争中，动辄残杀上万人，每占一地，掳掠而去。这类做法绝非发展农业，鼓励商业的政策。勃勃建统万城，选址既非商业中心，又不是交通要道，平地起城，也没有商业需求。统万城建成当年，改元“真兴”，其铸造“太夏真兴”钱，不过是和铸铜翁仲、铜驼一样，庆典纪胜而已。

四、魏孝文帝铸太和五铢钱

公元439年，北方鲜卑拓跋氏建立的大魏国消灭了西北地区的诸“凉”割据政权，最后统一了北方，中国进入南北朝时期。

鲜卑民族大约在东汉时代走出大兴安岭而逐渐南迁，到建立魏国，经历了大约200年的时间。这200年间，鲜卑主要维持着游牧和渔猎的生活。他们依靠部落维系人众，战争和抢掠是获取生产和生活资料的重要方式。公元383年中原发生前秦与东晋的“淝水之战”，前秦大败，失去了对北方各民族的控制，已经到达今内蒙古中部、山西北部一带的鲜卑拓跋部趁机崛起，在首领拓跋珪的率领下，东征西讨，历经10年，征服了北方各游牧部落，占领了黄河以北的大部分地区，建立魏国，立都平城（今山西大同），自称皇帝（后谥道武帝），建元天兴（398年）。

72年以后，大魏国第六代皇帝拓跋宏继位，即著名的孝文皇帝。拓跋宏继位时4岁，由祖母太皇太后冯氏临朝听政。北魏经前代皇帝艰苦努力和70余年经营，已经逐步改变游牧生活方式，“息众课农”，“离散部落”，使草原各部落定居下来，不再以部落血缘方式而是按定居地域管理，适应农耕经济，不再抢掠而是收取租税。冯太后本是汉人，出身贫寒，临朝十数年，在社会政治制度上也进行了一系列改革。太和八年至太和十年（484—486），连续推出俸禄、三长和均田三项重大政策。

所谓“俸禄”，就是“准古”。即仿照汉族制度，制定百官的秩级和俸禄。此前鲜卑作为游牧出身的民族，没有俸禄，百官多是大小贵族，只凭自己的资产做事，而自身资产不过是自己的牛羊、奴隶，加上劫掠所得。新规定的百官俸禄以粟米、布帛发放。

所谓“三长”，是在社会基层五家一邻，设邻长；五邻一里，设里长；五里一党，设党长。此前北魏社会没有正式的基层组织，鲜卑旧人虽然定居，原有的首领仍然荫蔽部民；汉人中的豪强也荫占了大量农民，这些人形成了荫附宗主。在官府登记中，往往一家大户宗主荫蔽三五十户农民。大户既与国家争夺赋税，又隐占劳动力，而被荫蔽的农民则受到豪强的随意盘剥，困苦不堪。三长制打破荫附，使农民都成为国家的编户齐民。

所谓“均田”，天下男夫十五岁以上，受露田四十亩，妇人二十亩，家有奴婢的，奴婢照样给田；每丁另给桑田二十亩，供种桑、枣、榆树，不养蚕处另给麻田十亩。露田死后收回，此外还有种种受田细则。“三长”制和“均田”制的实行，在相当程度上造成了国家的小农经济的基础。这些措施使北魏社会呈现出建国以来的新气象。

太和十四年（490）九月，冯太后崩逝。第二年，20岁的孝文帝拓跋宏正式听政，随即以前所未有的力度进行汉化改革。

太和十七年（493），即亲政后第三年，孝文帝提出迁都，而且不顾群臣反对，在太和十八年（494）强制迁都洛阳。使国家的行政中心建筑在具有悠久汉文化历史的地域之上。

太和二十年（496），孝文帝下诏改姓氏，自己首先把“拓跋”改为“元”，拓跋宏即“元宏”。接着又命由官员开始，鲜卑人必须改穿汉服；鲜卑人不许说鲜卑话，官员工作应使用汉语。30岁以上一时不易改口可以从缓，30岁以下办公故意不说汉语，就降爵黜官。

这一系列改革措施中，也包括了钱币。孝文帝亲政后，先是下诏天下用钱。经过一系列准备工作，到太和十九年（495），“冶铸粗备，文曰‘太和五铢’，诏京师及诸州镇皆通行之，内外百官禄皆准绢给钱，绢匹钱二百”。

◆太和五铢钱

（采自《中国钱币大辞典》）

由于此前长期不使用钱币，无论政府对钱币的生产和管理，还是民间对钱币的需求，都面临新问题。孝文帝采取的政策是，各地都参与铸钱事务，向地方政府拨发钱币作为地方铸钱的资金，只规定钱币形制，要求“铜必精炼，无所和杂”，不禁止民间铸钱。

“太和五铢”钱有传世的和考古发现的，钱文“太和五铢”四字用篆书，含有魏书笔意，风格独特。这些钱币大小、重量都有较大差别，有的“太和五铢”钱较大，重量可达3克以上，确实重如其文，应是洛阳中央政府所铸。地方政府或民间自铸的往往大小不一。但是使用钱币毕竟给民间商业的发展带来了便利，只是钱币严重不足。所以15年后，宣武帝永平三年（510），又增铸钱币，钱文仅“五铢”二字，与“太和五铢”并行。

北方社会毕竟曾经长期处于割据状态之中，各地方发展极不平衡，各地的货币状况也不一致。有的地方长期不使用钱币，有的地方各种杂钱流行。允许民间铸钱，民间就出现了不少滥杂钱币，以至鹅眼、镮凿之类小钱、杂钱又出现在市场上。孝明帝即位之初（熙平元年，516 年），任城王、尚书令元澄曾经上过一个长篇奏议，分析各地方钱币的差异，主张对除鹅眼之类的小钱，一律禁断，对各地区的不同状况，应采用不同的货币政策，但仍应有利于钱币的推行。这个意见使北魏的经济生活维持了一定程度的稳定，但并没有从根本上改变北方货币不平衡的状态。

作者评述：北方的货币市场在西晋时就布帛钱币杂用，进入十六国时期以后，中原被各胡族政权反复分割蹂躏，失去使用钱币的条件。前赵时石勒曾经做过行钱的尝试，铸造了“丰货”钱，结果无疾而终。在十六国以来 170 多年间，各个政权来来去去，而北魏势力深入中原长达百年，占据中原时间最久，为北方赢得了社会稳定的宝贵历史条件，才使金属货币重新在中原地区大体站住脚跟。

五、魏末变乱中的永安五铢钱

自孝文帝太和十九年（495）颁行“太和五铢”钱以后，北魏社会钱币开始流行。特别是由于孝文帝迁都洛阳，百官随迁，中原官员、贵族人口猛增，官制制度化使官僚队伍人数增加，官员俸禄由实物改为部分以钱币发放，官府机构重建，这种种变化为经济的繁荣和商品化创造了条件。

北东两魏之际的杨衒之游宦洛阳，写下《洛阳伽蓝记》。此书虽是以记述佛寺为主线，却也可以观照洛阳的繁盛。洛阳自西晋末年遭受战乱荼毒，早已荒废。孝文帝迁都前巡视洛阳时，曾在晋故宫基址前流涕说：“晋德不修，早倾宗祀，荒毁至此，用伤朕怀。”照杨衒之所记，孝文帝迁洛时，由司空穆亮负责，按魏晋模式重建洛阳城和皇宫。建成后的洛阳，东西二十里，南北十五里。到北魏末户口近十一万。北魏皇室又笃信佛教，在洛阳大兴佛寺。《洛阳伽蓝记》说，晋时，洛阳佛寺不过42所，魏迁都后，“招提栉比，宝塔骈罗，争写天上之姿，竞摹山中之影，金刹与灵台比高，广殿共阿房等壮。岂直木衣绨绣，土被朱紫而已哉!”

佛寺最多时达1367所，历经北魏末年残破，东魏迁邺时，还有寺421所。这样大规模的土木建设，所需大量建筑材料、无尽人工、宝物供奉、寺僧供养，必然造成依赖商业经济生活的人群。

杨衒之记叙洛阳的市场：“出西阳门外四里，御道南有洛阳大市，周回八里。”市东有两个里，名通商里、达货里。住在这两个里内的，“尽皆工巧，屠贩为生，资财巨万”。其中有个刘宝，“州郡都会之处，皆立一宅，各养马十匹。至于盐粟贵贱，市价高下，所在一例。舟车所通，足迹所履，莫不商贩焉”。有如今日的连锁经营。市南两个里名调音、乐律，所住都是音乐界人士。市西两里名退酤、治觞，专业酿酒。市北两里名慈孝、奉终，是殡葬业所在，既卖棺椁，又负责办理仪式、代唱挽歌。另有准财、金肆两个里，是富人住宅区。这“洛阳大市”周围的10个里是一个繁华商业区：

> 多诸工商货殖之民。千金比屋，层楼对出，重门启扇，阁道交通，迭相临望。金银锦绣，奴婢缇衣。五味八珍，仆隶毕口。

城南伊河洛河之间，有“四夷馆”，接待周边民族和外国来客，形成一个国际市场：

> 商胡贩客，日奔塞下，所谓尽天地之区已。乐中国土风，因而宅者，不可胜数。是以附化之民，万有余家……天下难得之货，咸悉在焉。别立市于洛水南，号曰“四通市”，民

间谓“永桥市”。伊洛之鱼，多于此卖，士庶须脍，皆诣取之。

中原商业的繁盛，对钱币形成稳定的需求。孝明帝熙平二年(517)，尚书崔亮报告，恒农郡（原弘农郡，避献文帝拓跋弘讳改恒农，今河南三门峡市）发现铜矿，又查得境内还有旧铜矿若干处，请求开矿取铜。铜源一开，民间私铸大增。私铸钱币又趋于薄小，影响钱价的稳定。

孝昌三年（527)，朝臣多上书议论铸钱，国子博士高谦之被任命为铸钱都将长史。高谦之上了一个表文，提出铸造三铢钱，与五铢轻重相权使用。其时恰值宫廷内乱，灵太后胡氏临朝，身边宠臣因与高家有恩怨，鼓动太后借故把高谦之下狱害死，铸钱的事也就不了了之。

此时，国内连遭变乱，北方边镇纷纷起兵反叛，声势浩大；内廷中胡太后害死亲子孝明帝，立三岁的元钊为帝，引发天下骚动。彭城王元勰之子元子攸密召大将尔朱荣带兵入洛阳，尔朱荣将胡太后及相关大臣两千多人一并杀害，拥立元子攸为皇帝（后世称孝庄帝)，又击破了最大的一股反叛势力葛荣，使政局暂时稳定下来。孝庄帝为示天下将平，改元“永安”。然而宗室元颢投靠南朝萧梁，在南朝大将陈庆之支持下大举北进，自称皇帝，永安二年（529）五月攻入洛阳。孝庄帝不得不北走上党郡长子县(今山西长治市)。镇东将军、度支尚书兼给事黄门侍郎杨侃向尔朱荣献计，击败元颢。孝庄帝避祸三个月后，杨侃伴送孝庄帝回洛阳。因此之功，杨侃被封爵开国郡公，这是第一品的荣爵。杨侃于是提出了铸钱的意见。他说，一年前他在雍州任职的时候，就建议铸钱，尚书们没有同意，现在请提取当年上表，请皇帝裁决。

孝庄帝把这一提议交朝臣们讨论，前国子博士高谦之的弟弟高道穆递上了长篇表文，极力主张铸钱。他说现在按市面铜价，一斤铜可得官钱81文，而私铸小钱竟得200多枚。这是由于官府“因循有渐，科防不切，朝廷之愆，彼复何罪”，不能全怪百姓。治理的办法，应当“改铸大钱，文载年号，以记其始”。钱币应当一斤铜铸76文，加上人工、锡、炭、铅砂之类，即使有人私铸，要铸成这样大钱也无利可图。由于高道穆的极力支持，孝庄帝终于同意了杨侃的主张，依照高道穆的意见，铸造了一种“永安五铢”。

◆永安五铢钱

（采自《中国钱币大辞典》）

从永安二年（529）九月开始，由官炉独自铸造“永安五铢”，铸了四五个月。政府又拿出官库的藏绢在市场发卖，每匹才200钱，而市价是300钱，目的是以人为提高价值的方式推广新钱。只是这种办法并不能遏制盗铸，毕竟其价值以绢计高于市价一半。

由于杨侃和高道穆的建议，“永安五铢”的铸造一般来说，宁求其精。传世和新发现的“永安五铢”钱大多精好厚重，不少钱币的重量远超5铢，有的竟达4克以上，已是6~7铢。而一些轻小的永安钱，多是民间盗铸的产品。

然而稳定货币市场的措施并没有能够持续下去，魏国大将尔朱荣以战功势力壮大，视孝庄帝为傀儡，使孝庄帝极为不满。永安三年（530）九月，孝庄帝召尔朱荣入觐，在殿上亲手杀死了尔朱荣。尔朱荣家族随即反叛，尔朱荣的侄子尔朱兆大军攻进洛阳，废孝庄帝。此后，领军大将自拥帝王，北魏陷入军阀混战中。公元534年，尔朱兆的大将高欢消灭尔朱氏势力，拥立元善见为帝，迁都邺；关中大将宇文泰拥立元宝炬为帝，建都长安，北魏一分为二，被史家称为“东魏”和“西魏”，结束了北魏近150年的历史。

作者评述：北魏的货币市场还是不平衡的，其原由是北方的经济发展受到长期分裂割据的影响，而北魏鲜卑贵族抵制汉化改革的势力仍然不小。但是北方的统一和较长时期的稳定毕竟给北魏社会带来积极的影响。因而尽管北魏分裂为东魏和西魏，两魏仍然通用“永安五铢”，甚至还分别续铸“永安五铢”，只是西魏在大统十二年（546）铸钱时，去掉了永安五铢钱上的“永安”二字，人称“大统五铢”。

六、北齐的常平五铢钱

北魏末年，统兵大将尔朱荣称太后秽乱宫廷，以“入匡朝廷”为名进入洛阳，杀太后和大臣，立孝庄帝为傀儡，自己控制朝政。尔朱氏势力壮大，尔朱家族的尔朱世隆、尔朱度律、尔朱彦伯、尔朱天光、尔朱兆、尔朱仲远等，或执政中央，或据兵一方，引发孝庄帝不满，谋杀尔朱荣，又引发尔朱氏反叛，天下大乱。其时，尔朱氏手下大将高欢乘势崛起，率领北方军镇反叛势力，与尔朱氏大战，诛灭了尔朱氏势力，另立魏宗室元修为帝，史称孝武帝，重演尔朱氏活剧，控制朝政。

尔朱氏部下的宇文泰为平乱进入关中（今陕西、甘肃一带），控制了长安为中心的西部地区，魏孝武帝封宇文泰为公爵、关西大行台兼尚书仆射，成为一支割据势力。

永熙三年（534）七月，孝武帝不堪高欢压迫，率轻骑西逃入关，投奔宇文泰，宇文泰杀孝武帝，另立孝武帝孙元宝炬为魏帝，控制潼关以西地区；高欢失去皇帝，为示正统，于当年十月又立11岁的宗室元善见为魏帝，迁都邺城。北方地区再次分裂，史称西魏、东魏。

两魏之间，东魏事实上承继着北魏的统治优势：宇文泰杀孝武帝已经丧失了对大魏继承的正统，两魏各自拥立元氏宗室，使双方在政治上处于平等地位；东魏地区包括中原、今山东，都是传统的农业发达地区，地势平坦，土地广阔肥沃，沿海兼鱼盐之利；自东汉建都洛阳以来，国家的手工业、商业重心早已稳定地坐定在关东地区；北魏迁都中原40多年，在中原地区已经奠定了良好的统治基础。所以东魏时期，尽管政治、军事、民族和周边国家关系等方面还存在各种问题，相对西魏，还算是比较丰饶的。

高欢的东魏，大体维持了北魏时期的货币状况，河北地区，主要是冀州以北，居民以鲜卑人为多，青铜钱币仍难推行，民间还是使用绢布；齐、豫之地，虽然北魏的“永安五铢”使用广泛，但是由于官铸不足，民间私铸盛行。私铸钱币在大小、重量、成色、铸造品质上，千差万别。据《隋书·食货志》记，有“雍州青赤，梁州生厚、紧钱、吉钱，河阳生涩、天柱、赤牵之称”。（按雍州在关中，北魏时雍州治所在长安，东魏并没有雍州。）所谓“雍州青赤”应是行商从西部地区带来的钱币，可能西部地区铸币含铜量稍高，所以呈青赤色。梁州治今河南开封，其中所谓“吉钱”，大约是指一种背面方孔上方有一个“土”字的永安五铢钱，土字与方孔恰结合成一个“吉”字。孝明帝熙平初年任城王元澄曾经提到，徐州刺史请求在本地允许使用“土钱”，有人认为，所谓土钱，即这种背有“土”字的“吉钱”。传世也确有一种背穿孔上有“土”字的永安五铢钱，比最初官铸“永安五铢”略小，重在2.5~3.6克，即4到5铢之间。河阳在洛阳以北的黄河北面，属河内郡，处今河南焦作市的孟州，文献所谓“生厚、紧钱”“生涩、天柱、赤牵”之类，应是民间对一些私铸钱币外形的描述。

东魏政权实际操纵在高欢手中，孝静帝武定八年（550），高欢之子高洋被封为齐王、相国，加九锡，接着演出新莽、曹魏、司马晋等历代都曾上演的禅让活剧，称帝，建国号“齐”，改年号天保，因为南朝曾建有一个萧“齐”国，史称高氏所建为“北齐”。

高氏祖上本是汉人，因为长居北方边镇而鲜卑化，但与汉人仍有着与鲜卑贵族不同的联系。高欢主政，比较注重与汉人士大夫的关系，注重发展农业。高洋称帝后，重用汉人大臣杨愔，关注农桑，注重节俭。他登基之初即下诏：“今运属惟新，思蠲往弊，反朴还淳，纳民轨物。可量事具立条式，使俭而获中。”“诸牧民之官，仰专意农桑，勤心劝课，广收天地之利，以备水旱之灾。”他重视学校，祭祀孔子，连同尧、舜、老君等汉族崇拜对象，还把原在洛阳、后运到邺城的东汉蔡邕等人书刻石经残碑树立在学馆。他又下诏，称原东魏时期“御府所有珍奇杂彩，常所不给人者，徒为蓄积，命宜悉出，送内后园，以供七日宴赐”。天保元年（550）秋，西魏宇文泰亲率大军出长安东伐齐，架桥渡过黄河。派出的探子探得高洋亲自戎装率军迎战，军容严盛，叹曰：“高欢不死矣。”加之秋雨连绵，只得还军。天保三年（552），北方部族库莫奚在代郡骚扰，高洋亲率大军征讨，俘获各种牲畜十多万头，俘虏的奚族人口安置在山东（指太行山以东）成为编户农民。天保四年春正月戊寅（十五），库莫奚派遣使者带来大批财物朝贡，表明对大齐的臣服。

◆常平五铢钱

（采自《中国钱币大辞典》）

这一系列表现显示着高洋欲在一个新的朝代创造一种不同于东魏的新气象。与这一系列行为相配合，天保四年（553）正月己丑（廿六），高洋改铸新钱。新钱不用年号“天保”，而是用了吉语“常平”，既是对平定北方的庆祝，也是对自己新朝的祝愿。“常平五铢”名义上重如其文，实际上为求其精，往往还超出五铢。《隋书》说此时“除永安之钱，改铸常平五铢”，实际上，废除永安是做不到的，但常平五铢确是“制造甚精”，文字书写十分精美，有很高的艺术水准。传世和出土的常平五铢钱，常常能够重达六铢以上。

但是高洋的图治精神不能持久，六七年后，性情大变。既大肆营建宫室，行事又日见荒唐，肆行淫暴，进而至于乱杀大臣，其刑残暴无法言说，史称“百役繁兴，举国骚扰，公私劳弊”。终因荒淫酗酒无度，于天保十年（560）暴崩，年仅 31 岁（虚岁）。此后北齐内乱不止，终于被西方的周所灭，历 6 帝 27 年。

北齐后期，因为国内局势不稳，每下愈况，货币管理日见松弛，各地盗铸不止，常平五铢也日见轻薄，小的只有二三铢，直至齐亡。

作者评述：高氏家族毕竟已经鲜卑化，高洋并没有接受过比较完整的汉文化教育，与汉人知识分子之间存在着相当的差异和隔阂，因而一旦登上大宝，旧习难改。

七、西魏的所谓“大统五铢”

北魏分裂后，宇文泰控制关陇地区（今陕西中部、甘肃东部），扶立元氏傀儡皇帝元宝炬，改年号大统（535），形成与东魏对抗的西魏政权。宇文氏也是鲜卑族，但不是皇族，宇文泰入关时仅是一个中级军官，立文帝元宝炬后进为督中外诸军事、关西大行台，控制了朝政。

西魏在当时的割据政权中，东有东魏、南有萧梁，是最为弱小的一国，而且常常处于与东魏和萧梁的战事中。但是拓跋鲜卑从代南下迁都洛阳，鲜卑人众的主体都集中于关东、中原，关陇地区的人口仍以汉人为多。宇文泰少好交结贤士大夫，执掌西魏朝政后，欲“革易时政，务弘强国富民之道”，在东向、南向作战的同时，更是礼贤下士。武功（今陕西武功）人苏绰，博览群书，尤精数学，经堂兄推荐，被征到宇文泰身边，并深得其信任。宇文泰凡行政事务不明，都问询苏绰；发布公文，又都经苏绰判定格式。苏绰陪宇文泰钓鱼，竟然相谈忘情，空手而归。留苏绰夜谈，宇文泰卧听之下，渐听渐起，不觉膝行向前，至曙不厌。大统三年（537），苏绰为宇文泰制定新官制，又写出治国六条：先治心、敦教化、尽地利、擢贤良、恤狱讼、均赋役，宇文泰把它常置座右，而且命百司习诵，地方首长不通六条不得居官。自大统元年（535），宇文泰就制定二十四条新制，大统七年（541）又提出十二条，在大统十年（544），把这三十六条合并成五卷，颁行天下。北魏时孝文帝推行均田制，已历 50 年，人口滋繁岁替，又经战乱，已见废弛。宇文泰再次推行均田制，使农民有田可耕，推行府兵制，把豪强武装纳入国家兵制。同时宇文泰又命改姓汉姓的鲜卑人恢复旧姓，笼络了鲜卑势力。宇文泰从大统元年（535）立文帝元宝炬算起，到恭帝三年（556），执政 21 年，从辅政地位奠定了自立新朝的基础，也奠定了西魏从弱小走向强大的基础。

在宇文泰推行的一系列行政措施中，也包括了对货币市场的整理。除西魏之初仍沿用北魏永安五铢外，大统六年（540）二月和大统十二年（546）三月两次铸造五铢钱。宇文泰之所以铸造五铢而不是铸造永安五铢，显然是为了表明，此“大魏”非彼“大魏”。铸钱的事《周书》《隋书》不载，只有《北史》简单记述“铸五铢钱”，后世钱币学者一般通称之为“大统五铢”。但是何为“大统五铢”，与其他五铢有何区别，言人人殊。1984 年，在陕西咸阳胡家沟出土了一座侯义墓，墓志表明侯义葬于西魏大统十年（544），恰在西魏两次铸钱之间。墓中有数十枚五铢钱，从钱币风格看，与北魏永安五铢基本一致，只是将“永安”二字去除。钱重3.4~4.1克，多数高于五铢实重。钱币精好，铜色较赤，即含铜量较高。侯义墓的出土，确定了所谓“大统五铢”的形制、风格，也证实了《北史》的记录。

作者评述：《隋书·食货志》曾记东魏流行的钱币有“雍州青赤”，实指关中地区流散到中原的钱币颜色较红，侯义墓的出土证实，关中钱币的含铜量较高。胡家沟侯义墓出土五铢确定了“大统五铢”的基本特点，在钱币学和考古学上都有着标志性的意义。

八、北周三钱

宇文泰为西魏开创了一个强盛的局面，遗言托长兄的儿子宇文护辅佐诸子。宇文护迫使魏恭帝封宇文泰14岁的嫡子宇文觉为公爵，以岐山之南为封地。岐山是周朝发祥地，故称周公。随即命恭帝禅让，恭帝三年（556）十二月，宇文觉称天王，改国号“周”。因为先秦有周、唐和五代有周，因此史称宇文周为“北周”。

宇文护以宇文泰有托，跋扈专权，诛杀宇文泰手下功臣，清除异己，引起宇文觉不满，密谋除掉宇文护，因事机不密，反被宇文护所弑。宇文护又立宇文泰长子宇文毓为天王。宇文毓三年（559）正月，宇文护归政于宇文毓，八月，宇文毓改天王称皇帝，立年号武成。宇文护虽然归政，却并不愿放权。宇文毓聪慧睿智，为宇文护所忌，又以食中下毒鸩杀宇文毓。宇文毓遗诏传位于自己的弟弟宇文邕，是为著名的北周武帝。

宇文邕即位时18岁，此前曾镇同州（今陕西大荔县），又任蒲州（今山西永济）刺史，武成年间才应召入中央，在政府中并无左右，大权实际仍掌握于宇文护手中。第二年正月，正式改元保定（561）。当年七月，天下大旱，武帝下诏，认为旱灾可能是由于刑狱失衡，上天降罚，于是一面大赦罪囚，一年以上、死刑以下的，各降一等；百鞭以下的，全部赦免。另一方面，铸造新钱，新钱较原五铢稍大，文字是“布泉”二字，字体浑圆，笔画粗细一致，尤其竖画，笔直匀称，世称“玉筯篆”。筯，即筷子，玉筯者，形容笔画匀直。书界称玉筯篆起于秦李斯，自汉以后，几乎无人用这种书体。布泉用玉筯篆，显然是为了与前代其他钱币有明显区别。因为布泉规定，以一当五铢五枚，与五铢并行。从出土和传世钱币看，北周布泉的铸造非常精致，略重于五铢，在4克上下，实重约六铢左右。这自是一种虚值的钱币。

◆北周布泉

（中国钱币博物馆藏品）

武帝表面服从宇文护，而暗中培植自己的势力，历经11年，天和七年（572）三月，武帝借宇文护入内见太后之机，杀宇文护，清除宇文护的势力，立时改元建德，开始施展自己的政治抱负。

其一，武帝要增加政府直属管辖的编户人口。北周时期，豪强大户还不可能完全清除，他们荫蔽的人口隐占了大量应由政府收取的税赋和征调的劳力、战力。武帝即位之初就发布过将部分奴婢放免为民的诏令，建德以后，又多次发布诏令，放免奴婢、战俘为农民。

其二，武帝开展了大规模的灭佛运动。佛教自东汉传入中土，晋末以后，由于战乱频仍，民间佛教盛行。待佛教传入宫中，得到皇室支持，信佛之风更盛。佛寺可以占有寺田，占有劳力；僧侣可以不纳租税、不服劳役兵役，以至荫占土地、荫蔽人口；大量财富以供佛名义进入寺庙成为庙产。早在北魏太武帝时期，拓跋焘就曾经有过一次灭佛运动。其时，魏国建都平城（今山西大同)，影响尚不够大，北周武帝灭佛则涉及广大关陇地区。建德三年（574）五月，“初断佛道二教，经像悉毁，罢沙门、道士，并令还民。并禁诸淫祀，礼典所不载者，尽除之”。僧侣还俗，寺庙或平废，或赐与王公大臣，土地收归国有。

其三，整顿军队。建德以后，武帝大规模调整军队的将领，多次亲自到军队“讲武”、亲自训练军队，命各军军旗画上各种猛兽、猛禽作为番号，以便指挥，“教以战阵之法”。又“改诸军军士以为侍官”，即使部队直接受中央政府指挥。

此外，还有蠲弃全国公私旧债，命全国厉行节约，甚至焚毁过度铺张的宫殿，命全国军民男年十五、女年十三以上，“以时嫁娶，务从节俭”。一系列措施既为富国强兵，更有东伐齐国的战略意图。为实现这一意图，在财政上是再次铸行一种大值钱币——五行大布。五行大布铸于建德三年（574）六月壬子，规定以一当十，与布泉并行。

五行大布仍采用玉筯篆，钱体明显大于普通钱币。一般五铢钱直径约为2.5厘米；布泉以一当五，直径不过略大于五铢，约为2.55厘米；五行大布则在2.7厘米以上，重近于5克。

◆五行大布

（中国钱币博物馆藏品）

大钱的铸行，主要用于贸易，特别是对外贸易。因而《隋书·食货志》说北周以此“大收商估之利”。也正由于此钱用于对外贸易，所以边境地区盗铸严重。建德四年（575）七月，“禁五行大布不得出入关，布泉听入不听出”。所谓出入关，《隋书·食货志》更具体化为“不得出入四关”。“四关”者，应指关中四关：潼关，介于周齐之间；散关，今陕西宝鸡西南，是关中与蜀地间的关口；武关，今陕西商洛市丹凤县东南，是关中与南朝的关口；萧关，今宁夏固原东南，是关中与北方民族之间的关口①。由于布泉钱与五铢之间差别太小而市价竟差五倍，更难管束，于是建德五年（576）正月，下令废除了布泉钱，专行五铢和五行大布。同月，颁布法令，“私铸者绞，从者远配为户”。

就在这一年，北周武帝开始了伐齐战争，而北齐此时却由于齐帝荒淫，日渐没落。历经两次大规模亲征，建德六年（577）正月，攻下邺城，灭齐，再次统一了中国的北方。

北周灭齐的第二年六月，武帝崩逝，年仅36岁，太子宇文赟继位，身后谥宣帝。宣帝颇不成器，做太子时已为武帝不喜，常被严加管教，使他十分不快。武帝未葬，他就抚着武帝管教时给他留下的伤痕说：“死晚矣！”在灵前就逼淫父皇宫人。登极后，立刻诛杀叔父和老臣，急欲摆脱束缚，随心所欲。接着大修洛阳宫。洛阳毁于北魏分裂，已是城阙为墟，宣帝征发山东兵重建，本是每年服役一月，他增为45天，常年有四万人赶工。为满足自己的奢侈淫欲，继位半年有余，他又传位给自己6岁的儿子宇文阐（隋时谥为静帝），自己称天元皇帝，改元大象（579），既仍握大权，又可恣意横行极欲。

就在大象元年的十一月丁巳，宣帝又铸一种新钱“永通万国”。永通万国钱铸造极精，钱体明显大于五行大布，直径在3厘米左右，一般重达5克，篆书圆润丰满，就工艺和艺术而言，是钱币中的上品。永通万国钱规定以一当十，与五行大布和五铢钱三品并行。

◆永通万国钱
（中国钱币博物馆藏品）

① 《史记》的《项羽本纪》“徐广注”和《汉兴以来将相名臣年表》“索隐”皆指四关为东函谷、南武关（峣武）、西散关、北萧关。东汉末年后，函谷关的作用为潼关所取代。

实际上永通万国钱并没有“永通”。钱币铸行半年，宣帝纵欲过度而崩，“遗诏”隋国公杨坚辅政。又过了半年有余，杨坚“受禅”结束了周朝的历史，另立国大隋。立国之初，随即铸造了新的五铢钱，诏令将旧钱一概废除。

北周的“布泉”“五行大布”和“永通万国”三种钱币，虽然寿命都不长，且都是大额虚值钱币，但是铸造精致，字体优美，被钱币收藏家称为“北周三泉”，也是钱币中的珍品。

◆王莽“布泉”

作者评述：“北周三泉”中，“布泉”与王莽时曾经铸过的一种“布泉”钱名一样。钱界一般认为王莽“布泉”是“符钱”，即王莽为了推广自己的新钱，命国人出行过关卡、官员上朝入宫都必须携带“布泉”相验，要求国人拥护新钱改革。王莽布泉带有鲜明的莽钱特征，即字体为“悬针篆”。而北周“布泉”字体为玉筋篆，二者不难区别。

武帝铸“五行大布”则与他的灭佛政策相关。在铸行五行大布的前一年，他曾“集群臣及沙门、道士等，帝升高座，辨释三教先后，以儒教为先，道教为次，佛教为后”。然后在建德三年(574)五月，“初断佛、道二教，经像悉毁，罢沙门、道士，并令还民”。紧接着，六月，“更铸五行大布”。六天后，他颁布诏书：“至道弘深，混成无际；体包空有，理极幽玄……今可立通道观，圣哲微言，先贤典训，金科玉篆，秘迹玄文，所以济养黎元，扶成教义者，并宜弘阐，一以贯之。”也就是要以儒家思想来统一释道二教。五行，儒家世界观的核心，物质世界的基本元素，又引申为精神世界的出发点。五行说起于儒家经典《尚书·洪范》：“一曰水，二曰火，三曰木，四曰金，五曰土”，固定于西汉《白虎通》：“五行者，何谓也？谓金木水火土也。”《白虎通》实际是规范儒家思想的官方“哲学辞典”，故而武帝以此为钱币命名。

“大布”者，“布泉”当五，“五行”当十，自然是大布。

“永通万国”之名，并非临时起意。北朝常以万国宗主自诩，早在太平真君年间，太武帝拓跋焘剪灭诸割据政权，统一北方。太平真君四年（443）六月下诏：“朕承天子民，忧理万国，欲令百姓家给人足，兴于礼义。”此后，魏国君臣经常自称是“万国”之首。魏周禅代，周朝君臣仍以此自居。孝闵帝受禅，禅位册书就说：“公其享兹大命，保有万国，可不慎欤！”北周武帝灭齐，周帝更可称万国，大象二年（580）宣帝崩，静帝下诏“先皇晏驾，万国深鼎湖之痛，四海穷遏密之悲”。何况《汉书·食货志》称商业交易为“楙迁有无，万国作乂”。“永通”正是此意，这也是五行大布和永通万国主要用于边境贸易的本意。

九、魏晋南北朝时期的西域货币

东汉晚期到魏晋，中原政权派驻西域的主官已经不再如西汉和东汉前期那样，是官秩比二千石的西域都护，而降为六百石的西域长史。西域都护是直属中央政府的高官，而长史只是隶属敦煌郡或凉州的地方属吏。西汉以来，西域还设有戊己校尉，以屯田为主要职责，兼责镇边。西域都护曾经设在乌垒（今新疆轮台）、疏勒（今新疆喀什）、于寘（今新疆和田）等地；戊己校尉则主要屯于吐鲁番盆地。

自汉末三国至魏晋，中原板荡，在西域虽然沿袭故事仍设有长史、校尉，势力已大不如前。西域长史府，迁至罗布泊北岸的楼兰。原楼兰国因为勾结匈奴而被西汉政府迁往今罗布泊西南若羌境内，改称鄯善，长史府即驻于罗布泊北岸原楼兰都城。在楼兰故城发现的文物中，还可见有魏晋时期纪年的长史府文书。戊己校尉则屯田高昌。高昌地处吐鲁番盆地，邻近车师国的都城（今吐鲁番市西部的交河故城），此地大概原来有若干居民聚居，汉兵在此屯田而设壁垒，称高昌壁（地处今吐鲁番市东部）。日久年深，汉、鲜卑、车师、焉耆、匈奴、波斯、粟特等各族人民在此长住，高昌竟成了一个汉族为主、多民族聚居的城市。

西晋南迁，凉州成为晋朝的飞地，实际上已成西北的割据政权。凉州刺史张轨起初仍沿旧制设长史和校尉管理西域，东晋太宁二年（324），张骏继位凉州，其时戊己校尉赵贞不肯附于张骏，西域长史李柏报告张骏，张骏派兵击败赵贞，把赵贞驻地高昌升格为高昌郡，成为沙州（治敦煌）治下三郡（敦煌、晋昌、高昌）之一，仍设西域长史和戊己校尉。此后，沙州刺史杨宣率兵西进，伐焉耆、龟兹，控制了整个葱岭以东。

前秦统一北方，灭张氏前凉，起初并不欲经营西域，凉州的管辖只及高昌。高昌以西各绿洲国家失去了汉晋的镇抚，相互关系出现了很大变化。天山以北，匈奴势力衰落以后，柔然崛起。和匈奴一样，柔然也是游牧民族，同样把劫掠作为自己的生存方式之一。同时，西域商道（即现代所谓“丝绸之路”）的存在对柔然也是极大的诱惑，所以柔然往往以武力控制绿洲国家，作为获取生活资料的手段。由于缺少了中原政权都护的镇抚，天山以南的绿洲诸国，也出现了大国争霸的局面。一些较大的绿洲国家，如焉耆、龟兹、疏勒、于寘等，控制周围的一些较小的绿洲城郭国，废立小国国王，攫取商道利益，小国苦不堪言。而这些绿洲大国，既受中原封敕，又受北方民族操控，还压榨小国，掠夺葱岭以西各国过路客商。

前秦帝苻坚曾派凉州刺史梁熙出使西域各国，只是为了宣示大秦的存在。西域各国得知大秦成为中原之主，有十几国派使朝贡，连远在葱岭以西的大宛，也派使献进天马。苻坚感叹说，看见天马，想起汉代天马之事，仿佛古人了，命臣下作诗咏叹，然后把马退了回去。不久，鄯善王、车师前部（今吐鲁番交河故城）王弟困于强国压迫，亲到长安，请求大秦再派置西域都护。苻坚于是派吕光为将西出高昌。吕光西进，焉耆王望风而降，龟兹王联合西部多国共同抵抗，结果为吕光所破。吕光进龟兹，重立龟兹王，然后率军东返，西域各国又纷纷遣使朝贡。恰在此时，淝水之战爆发，前秦大败。吕光于是不再东返，杀凉州刺史梁熙，自立于凉州，史称后凉。此后，西凉、北凉相继控制高昌，直到柔然灭北凉残余势力，扶立高昌汉人大族阚氏的阚伯周为高昌王，高昌由凉州属下地方行政单位变成依附北方游牧民族的王国。此后，阚氏在高昌执政 31 年，为张氏替代，以后又相继形成马氏、麴氏王国。张、马统治高昌都只有六七年，麴氏高昌则一直延续一百多年，直到唐朝。阚、张、马、麴王国一方面向内地王朝示好，接受内地王朝的册封；一方面又必须与北方来来去去的游牧部族柔然、高车、嚈哒、铁勒、突厥保持相当的关系。到麴氏高昌时期，中原王朝对西域的控制实际上也就止步于高昌王国了。

从汉晋以后西域局势的起伏变化可以看出，整个西域地区，大致以吐鲁番盆地为界，东西形成两个不同的文化区域。东部以中原割据势力的控制为主，包括历朝凉州或凉国属下西域长史、戊己校尉管辖区域（含鄯善、车师），或中原文化的延伸政权（高昌国由中原汉族人所建）；西部则以原绿洲国家的文化为主导，在中原政权和北方民族的强弱互易间左右逢迎。西域地区的货币状况也反映了这一时期的政治特点。

东部

东部地区的主管是凉州或凉国派驻西域的长史和校尉，驻在楼兰和高昌。他们直接控制着鄯善、高昌和车师。这个地区早在十六国时期就以各种实物，主要是丝、毛织物、棉织物等为交易的媒介。在高昌地域内出土的文书反映了这一时期的经济生活。

> 杨天明从刘普取官糜四斛，为丝十三两。

□□得糜十一斛，作丝二斤三两半……

——“阿斯塔那一号墓文书”（墓中文书最晚纪年为西凉建初十四年，418 年）①

这是以丝作为价值标准。

多草木，草实如茧，茧中丝如细纑，名为白叠子，国人多取织以为布。布甚软白，交市用焉。

——《梁书·西北诸戎传·高昌国》

这是以棉布为货币。要说明的是，西域绿洲国也产桑蚕，但是养蚕并不缫丝纺织，而是将茧丝作为丝绵使用。西域的纺织物主要是毛织品和棉织品，而中原此时尚不种棉，文中的“纑”是细麻丝。以中原织布的麻丝比喻棉纤维，称西域棉布为“白叠布”。

还奴妇□隗参军……浮游不出也，去九日……得者募毯十张。得者将诣唐司马祠收检受募，不负言誓也。

——吐鲁番“哈拉和卓九六号墓文书”（此墓最晚纪年为北凉义和二年，432 年）

这是悬赏追捕逃奴，赏格为毛毯。以毛毯计价、交易的文书在吐鲁番文书中并不鲜见。

承平八年岁次己丑九月廿二日，翟绍远从石阿奴买婢壹人，字绍女，年廿五，交与丘慈锦三张半。价则毕，人即付。若后有何盗认名，仰本主了，不了，倍还本价。二主先和后券，券成之后，各不得返悔，返悔者罚丘慈锦七张，入不悔者。（后略）

① 吐鲁番文书中多有当时俗写文字，如本条“糜”“天明”等，在不害本意情况下，皆改写为今字。

——吐鲁番“哈拉和卓九九号墓文书”（承平为北凉年号，元年是443年，八年则是450年）①

丘慈即龟兹。锦而加国名，可知龟兹锦已是一种流通于周边国家的著名商品。锦是彩色提花织物，没有资料显示当时西域有丝织业，所谓龟兹锦，大约是一种染色棉毛混织品。所谓“三张半”“七张”，应表示这种锦有相对稳定的长度和幅宽，才便于作为货币单位。

钱币也是有的，但起初似乎并不一定作为流通货币。如阿斯塔那三〇五号墓有两件“随葬衣物疏”，其一有“怀袖囊一枚、黄手丝二两、铜钱二枚”，另一件有“手中铜钱二枚”，类似文书不为少见，只是多为随葬品，象征意义大于实用性。

进入公元6世纪，世界格局出现了一个新的形势。伊朗高原上的萨珊王朝的新国王库思老一世在位近50年，他实行了一系列改革，使国内保持了一定的稳定。库思老一世与东罗马拜占庭帝国达成了休战协议，双方经历过长期的打打停停的战争，此时虽然仍有小规模战争，但形成了一定的平衡。亚洲北方草原上的嚈哒民族曾经强极一时，他们西迁至中亚，控制了粟特地区（索格底亚那），击败了萨珊波斯，南下直达印度次大陆北部。然而此时在阿尔泰山麓的突厥民族崛起，与波斯联合，击灭了嚈哒，波斯与突厥以中亚阿姆河为界形成了新的势力范围。而5世纪到6世纪间，在中国也正是北魏统一北方，再经历分裂而西魏、北周强盛起来的时候。几强势力形成新的稳定，为阿姆河沿岸的粟特人创造了优良的经商环境。

粟特即中国所称的“昭武九姓”诸国，历来以经商见长。他

① 此件文书的“承平八年”（450）的干支应为庚寅，与己丑相差一年。文书整理者认为也可能是高昌王麴嘉的年号，如按干支，则己丑应为509年。整理者最后仍将此件列于北凉。

们在中国和波斯或拜占庭之间承担着物资交流的中间商角色。世界局势在新的格局下的稳定，使葱岭以东的西域地区粟特商人显著活跃起来。高昌地区的明显表现是，这一时期吐鲁番出土文书中，常见到一个新的商业因素：金钱和银钱。

> 后周（按指北周）之初……河西诸郡，或用西域金银之钱，而官不禁。
>
> ——《隋书·食货志》

> 故白绢卌匹 故金钱百枚 故银钱百枚……
>
> ——吐鲁番“阿斯塔那一七〇号文书”孝婆随葬衣物疏（高昌章和十三年，543年）

> 金钱十千，银钱百万，大锦千张 大绫万匹
>
> ——吐鲁番“阿斯塔那一七〇号文书”光妃随葬衣物疏（高昌章和十八年，548年）

> 建昌四年戊寅岁二月甲子朔，九日壬申，禅师法林敬移五道大神，佛弟子张孝章持佛五诫，专修十善，今于高昌城内外家中命过，经涉五道，幸不呵留。今有朱衣笼冠一具……金钱三百，银钱五百，大锦百张……
>
> ——吐鲁番“阿斯塔那一六九号墓文书”张孝章随葬衣物疏（建昌，高昌年号，四年为558年）

在文书中看到的这些金钱和银钱，经多年来的考古发现，可以认定，所说金钱是东罗马帝国，即拜占庭的钱币。拜占庭金币在国内仅发现几十枚，其中还有一些是拜占庭金币的仿制币。这些金币的入土时间以隋唐以后居多，而且入土方式多为随葬，或含于口中，或在边缘钻孔作为饰

◆东罗马帝国查士丁金币（518—527）

（中国钱币博物馆藏品）

品。发现地点也以内地为多，即便属于北朝时期的墓葬，一者数量不多，二者属于辗转流入，比如河北磁县东魏邻和公主墓出土金币，是公主的饰物，而公主是由柔然入嫁的，显然是从西域北经草原再带入内地的。从数量和发现的用途看，金币在西域地区虽然可作为货币使用，但是用量有限，且常被用作饰品或随葬品。

所谓银钱，是萨珊波斯的钱币。波斯银币在中国发现数量已可以千计，而且多数发现于新疆，所涉时代跨北朝、隋唐。特别是发现的方式不限于而且主要不限于墓葬，而是窖藏。1996 年在吐鲁番发现一个窖藏，一个罐内装了 100 多枚波斯银币，钱币的下限是波斯沙卜尔三世（383—388 年）的银币；更早些的 1959 年，在乌恰县发现一个窖藏，其中波斯银币数量更达 900 多枚，而时代则下拉到唐朝。可以说，自北朝时起，西域地区的经济生活中，除以谷物、布帛为货币外，更增加了来自西方的罗马金币和萨珊波斯的银币。即使是在以吐鲁番盆地为中心的西域东部地区，多数情况下这些地区由中原割据政权控制，而货币情况也同样如此。

◆波斯卑路斯一世银币

（中国钱币博物馆藏品）

西部

西部由塔里木盆地周边绿洲城郭国家组成，魏晋南北朝时期，因为中原对西域控制的衰退，文献记载缺乏，对这一地区的货币状况，还只能了解大概。早在拓跋魏进入平城（今山西大同）的时代，粟特商人已经开始和魏接触，由于天山以北主要为柔然控制，他们大多通过天山以南的通路来到中国。正是粟特商人的活动，使塔里木绿洲诸国在使用布帛、谷物为交易工具以外，又增加了罗马金币和波斯银币。

1928 年，由中国和瑞典组成的西北科学考察团在新疆的库车县发现了一种从未见过的小型五铢钱币。钱币正面是五铢二字，背面穿孔上下分别有两个符号○和ᑕᒧ，显然不是内地所铸。近几十年，这类钱币多次被发现，数量已经相当不少，特别是1985年在库车一次出土竟达万枚以上。综观这类钱币，铸造较为粗糙，大小不一，品质不一。直径大的2.1厘米以上，小的仅1.5厘米左右；重的高于2克，轻的不足1克。文字也不统一，有的五铢二字较为完整，有的边缘截断，有的铢字仅为“朱”字。背面的符号，有的○在上ᑕᒧ在下，有的ᑕᒧ在上○在下，有的甚至把两个符号铸在钱币正面。这类钱币发现的地点集中在以库车县为中心的地区，主要是库车、新和、轮台、沙雅几县，焉耆、巴楚等地也有少量发现。由于库车在古代是龟兹国所在，因而这类钱币被称为“龟兹五铢”。

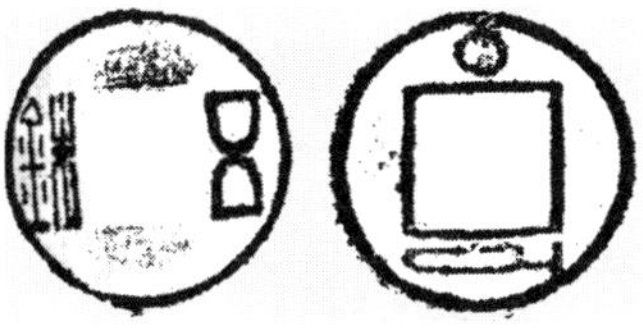

◆龟兹五铢

（采自《中国钱币大辞典》）

塔里木盆地的绿洲国家，南路东部以鄯善为大，西部以于阗为大；北路东部以焉耆为大，西部以龟兹为大，两路会合疏勒（今喀什）后，葱岭山麓以疏勒为大。就中又以北路的龟兹和南路的于阗经济实力和军事势力最为强盛。《魏书·西域传》在叙述塔里木绿洲诸国时，只谈到龟兹的货币：“税赋准地征租，无田者则税银钱。”

龟兹绿洲面积较大，物产较为丰富，因而能够为行旅提供较多的物资供应，其物产本身也是商业资源，所以商队、行使在此停留较多。为这些行旅服务的文化艺术事业也随之发达，龟兹的音乐舞蹈输出到内地，甚至因而发展起了为这些旅人服务的官办色情业，“俗性多淫，置女市，收男子钱入官”，可见龟兹国货币经济的发展。然而这些记载都不足以说明龟兹发现的五铢钱属于哪一个时代。考虑到汉魏时期对西域控制较严，进入唐朝后又不再行使五铢钱，一般将此钱列入南北朝时期，称之为“龟兹五铢”。

作者评述：“龟兹五铢”背面的符号，难于确认它的意义。曾有人称其为“龟兹文”，进而称龟兹五铢为“汉龟二体钱”，但终未见到有关这种符号的民族文字学论证。无论如何，认定其为南北朝时期的龟兹地方铸币，应当是不会错的。南北朝时期，龟兹钱币使用了汉地五铢钱币的形式，应该说明这一时期内地政权虽然并没有对龟兹形成稳定的统治，但是龟兹国内已经存在着相当数量的汉族人民。他们或许是内地商人，更有可能是早期都护麾下士兵的孑遗。

十、隋，铸最后的五铢

北周自受魏禅（557 年）22 年后，宣帝宇文赟让位给 7 岁的儿子静帝宇文阐，自己做太上皇，一年后崩逝。静帝年幼，太后即宣帝皇后杨丽华的父亲杨坚遂受“矫诏”总理朝政，都督内外诸军事。

杨坚的父亲杨忠是北周战将，南朝萧梁“侯景之乱”时，杨忠率军南攻占梁的随郡等大片土地，后以战功封随国公，杨坚在父亲殁后袭随国公爵。静帝大定元年（581）二月，杨坚演出汉魏以来屡见于史的禅让故事，先由周静帝赐加九锡，晋随王，随即受禅，改当年为开皇元年（581）。又嫌周、齐等国运不长，恶“随”字带“走”，改“随”为“隋”，建立了隋朝，即隋文帝。

文帝杨坚在受“矫诏”总理朝政的时候，已经开始整理混乱的国内形势，《隋书》称其“大崇惠政，法令清简，躬履节俭，天下悦之”。“受禅”登极后，立即开始在行政、法律、经济、军事领域进行了一系列改革。先是改革官制，设立诸省六部制度，确立了后世三省六部的基础，其中以尚书省辖六部为国家行政的主要机关，即吏部、礼部、兵部、都官（后改刑部）、度支（后改户部）、工部，重新编定各部门编制、品级、俸禄；又在全国实行减税，核定均田；重新编定法律。在这一系列改革中，也包括了重新整理货币制度，即废除旧钱，统一铸行新的五铢钱，此事于开皇元年九月开始实行。《隋书·食货志》对隋朝货币叙述较详：

高祖（按即文帝）既受周禅，以天下钱货轻重不等，乃更铸新钱。背面肉好，皆有周郭，文曰“五铢”，而重如其文。每钱一千，重四斤二两。是时钱既新出，百姓或私有镕铸。三年四月，诏四面诸关，各付百钱为样。从关外来，勘样相似，然后得过。样不同者，即坏以为铜，入官。诏行新钱以后，前代旧钱，有五行大布、永通万国及齐常平，所在用以贸易不止。四年，诏仍依旧不禁者，县令夺半年禄。然百姓习用既久，尚犹不绝。五年正月，诏又严其制。自是钱货始一，所在流布，百姓便之。

是时见用之钱，皆须和以锡镴。锡镴既贱，求利者多，私铸之钱，不可禁约。其年，诏乃禁出锡镴之处，并不得私有采取。（开皇）十年，诏晋王（杨）广，听于扬州立五炉铸钱。

其后奸狡稍渐磨鑢钱郭，取铜私铸，又杂以锡钱，递相放效，钱遂轻薄。乃下恶钱之禁。京师及诸州邸肆之上，皆令立榜，置样为准。不中样者，不入于市。十八年，诏汉王（杨）谅，听于并州立五炉铸钱。是时江南人间钱少，晋王广又听于鄂州白纻山有铜矿处，锢铜铸钱。于是诏听十炉铸钱。又诏蜀王（杨）秀，听于益州立五炉铸钱。

是时钱益滥恶，乃令有司，括天下邸肆见钱，非官铸者，皆毁之，其铜入官。而京师以恶钱贸易，为吏所执，有死者。数年之间，私铸颇息。

大业已后，王纲弛紊，巨奸大猾，遂多私铸，钱转薄恶。初每千犹重二斤，后渐至一斤。或翦铁鍱，裁皮糊纸以为钱，相杂用之。货贱物贵，以至于亡。

隋五铢钱存世数量不少，也常有出土。可以见到，钱币制作相当精整，边郭稍阔，字体清秀挺拔，钱面无内郭，“五”字左旁有一竖画。钱径多在2.3厘米左右，重多在3克以上，甚有重达3.7克的。中期略小，也多在2克以上。特别是如《食货志》所说，隋五铢“须和以锡镴”，是与前朝钱币的很大不同。锡镴，铅锡合金，由于钱币加了锡镴，所以现在见到的隋五铢铜色发白。据合金成分检测，隋五铢的含锡量一般都在8%以上，高的达到17%，平均达到11%以上。这个比例大大高于前朝，西汉、东汉乃至北朝，含锡量大多低于5%，个别含锡高的样品，可能属于冶炼中的金属成分混合不匀。隋五铢的铜含量多在65%左右，相较前朝钱币的含铜量多在70%~80%以上，低了很多①。这样的钱币，无论是机械强度还是耐磨性，都提高很多，而由于减少了用铜量，成本却有所降低。隋五铢钱的金属品质与前代各朝比起来，已经不是量的变化，而是质的提高。

◆隋五铢钱

（中国钱币博物馆藏品）

作者评述：《隋书·食货志》是唐朝初年令狐德棻和长孙无忌主持编撰的。令狐德棻的父亲是北周吏部中大夫，德棻本人出生于开皇初年；长孙无忌之父长孙晟是北周名将、对突厥的外交

① 周卫荣：《中国古代钱币合金成分研究》，中华书局2004年版。

专使，无忌本人也出生于开皇年间。对于隋朝的历史，他们可说是过来人，既有亲身的经历，又受命编撰，得以亲阅皇室档案，所以对隋朝货币状态的记叙可说是最为真切的。只是隋朝年寿不永，隋五铢成为最后的五铢。唐朝建立后，铸行“开元通宝”，结束了五铢钱的历史。

传

纪

贾谊

贾谊，汉高祖七年（前200）出生于河南郡的郡治洛阳。贾谊少年时就显露出他聪慧的文学天才，能够诵读《诗经》《尚书》，写得一手好文章，闻名郡中，18岁时被河南郡的郡守吴公召为门客。文帝继位后，得知吴公治理下的郡内治安最好，吴公又曾是秦朝丞相李斯的学生，就擢拔吴公为廷尉。吴公到长安任职后，向文帝称颂贾谊的文才，文帝于是召贾谊为博士。

贾谊任博士时，不过20出头，在博士群中年龄最小。但是文帝每起草诏令，需博士们先讨论文字出典的时候，老先生们尚未开口，贾谊往往就侃侃而谈。老先生们认为他句句有据，文帝十分欣赏，很快就把他从一个比六百石的博士升为比千石的太中大夫。博士所掌为“通古今”，也就是备皇帝顾问，而太中大夫则掌论议，有权提出自己的建议。于是，贾谊提出，汉朝建立已经20多年，天下和洽，应当不再奉秦正朔，而应改立汉朝自己的正朔，改易服色制度，重订官制、礼乐，还起草了改订的方案。他还认为，被分封的列侯常住京师，不利政治稳定，也加重朝中经济负担，应当让列侯“之国”。其时刚刚诛灭诸吕，文帝自己还是由大臣们拥立，才从一个藩王初登大位，不敢有所大动。但文帝认为贾谊很有见解，打算提升贾谊到公卿之位。绛侯周勃、颍阴侯灌婴、东阳侯张相如等老臣对这个可能侵害到自己利益的少年新进十分不满，在文帝面前说，“洛阳之人年少初学，专欲擅权，纷乱诸事”。文帝也只得逐渐疏远贾谊，把贾谊贬谪为长沙王的太傅。

贾谊在长沙任上待了四年多，文帝久不见贾谊，有些思念，遂召贾谊入京，与贾谊谈至夜半，说“吾久不见贾生，自以为过之，今不及也”。于是拜贾谊为梁王太傅。梁王是文帝小儿子，封地在今河南商丘，贾谊由此脱离了长沙卑湿的环境，重新回到中原。文帝很喜爱这个小儿子，让贾谊教导他。又因为中原与长安交通也较长沙便利，文帝可以常常以国事相顾问。

贾谊以文才见长，对政治、国事也常常有真知灼见。贾谊的文章流传至今的不少，多见于《新书》和《汉书》中，著名的有：外放长沙路过汨罗江时写的《吊屈原赋》、任职长沙时的《鵩鸟赋》在中国文学史上有着相当高的地位；政论文章《过秦论》《陈政事疏》（《治安策》）、《论积贮疏》等对历史、时政都有高出时人的见解。特别是《陈政事疏》，论证了藩王势大，与中央争权的危害，虽然不能让文帝立刻解决诸侯王问题，却也为后来景帝的削藩制造了舆论。

其时已经回乡的原丞相周勃被人诬告谋反入狱，受尽狱吏欺侮，周勃重金贿赂狱吏，才得以通出信息，最后得释。贾谊不计周勃曾经排挤他的前嫌，向文帝上疏，批评文帝对大臣的态度，使文帝改变政策，此后大臣有罪，皆自杀，不受刑。

贾谊对当时的货币政策也提出了重要的看法，见于《谏铸钱疏》①：

> 法使天下公得顾租铸铜锡为钱，敢杂以铅铁为它巧者，其罪黥。然铸钱之情，非殽杂为巧，则不可得赢。而殽之甚微，为利甚厚。夫事有召祸而法有起奸，今令细民人操造币之势，各隐屏而铸作，因欲禁其厚利微奸，虽黥罪日报，其势不止。乃者，民人抵罪，多者一县百数，及吏之所疑，榜笞奔走者甚众。夫悬法以诱民，使入陷阱，孰积于此！曩禁铸钱，死罪积下；今公铸钱，黥罪积下。为法若此，上何赖焉？

① 《谏铸钱疏》分见于《汉书》和《新书》，两者文字稍有出入。此处取《汉书》。

又，民用钱，郡县不同。或用轻钱，百加若干；或用重钱，平称不受。法钱不立，吏急而壹之乎，则大为烦苛，而力不能胜；纵而弗呵乎，则市肆异用，钱文大乱。苟非其术，何向而可哉？

今农事弃捐而采铜者日蕃，释其耒耨，冶镕炊炭，奸钱日多，五谷不为多。善人怵而为奸邪，愿民陷而之刑戮，将甚不详，奈何而忽！国知患此，吏议必曰禁之。禁之不得其术，其伤必大。令禁铸钱，则钱必重；重则其利深，盗铸如云而起，弃市之罪又不足以禁矣。奸数不胜而法禁数溃，铜使之然也。故铜布于天下，其为祸博矣。

今博祸可除，而七福可致也。何谓七福？上收铜勿令布，则民不铸钱，黥罪不积，一矣。伪钱不番，民不相疑，二矣。采铜铸作者反于耕田，三矣。铜毕归于上，上挟铜积以御轻重，钱轻则以术敛之，重则以术散之，货物必平，四矣。以作兵器，以假贵臣，多少有制，用别贵贱，五矣。以临万货，以调盈虚，以收奇羡，则官富实而末民困，六矣。制吾弃财，以与匈奴逐争其民，则敌必怀，七矣。故善为天下者，因祸而为福，转败而为功。今久退七福而行博祸，臣诚伤之。

贾谊指出，官府把铸钱事务包给民间操作，虽然规定了敢杂以铅铁的要服黥刑，但是杂以铅铁为利甚厚，所以屡禁不止，黥罪“积于下”，即基层产生了大量犯黥罪的人，政府是有责任的。民间铸钱，大小不一，难于统一，而务农人员大量流失于盗铸，原因是政府没有把铜矿资源管理起来。贾谊主张，铜矿应由国家控制，钱币应由国家统一铸造，如此可致“七福”。这七福的主旨是，国家掌握铜矿，统一了货币的质量，控制了货币的数量，可以用于调节市场，控制物资，进而可以对国内境外政治产生影响。

然而文帝并没有采纳他的意见，不但没有禁止民间铸钱，反而把蜀地的铜山赐给宠臣邓通，自由铸钱，“财过王者”。景帝时期，吴王刘濞以铸钱作为叛乱的基础，发动“七国之乱”，这已是后话。

文帝十一年（前 169），贾谊在梁国做太傅不久，梁王骑马时摔死，贾谊自责不已，认为是自己没有尽到太傅责任，时常哭泣，第二年即因悲伤过度而卒，年仅 32 岁。

作者评述：贾谊的《谏铸钱疏》第一次系统地阐述了统一国家需要统一货币和统一货币铸造权的思想。虽然他的主张当时没有被皇帝采纳，但是后来的历史表明，贾谊对政治和经济的认识有着超乎时人的预见性。

邓通

邓通，西汉蜀郡南安人（今四川省乐山市），不知其生年。南安地处江水（今岷江）和青衣水（今大渡河）交汇处，以水运为业的人较多，邓通即因善此道被征到长安，在宫廷的湖泊中撑船，得遇文帝。

文帝好求仙，喜男色。一次在梦中想要登天，却攀缘不上，只见一个头戴黄头巾的船夫在后面推了一把，把自己推了上去。回头看时，只看见那戴黄头巾的人身后系的衣带结。从此文帝常常注意寻找梦中人。一次在未央宫旁的苍池乘船，恰是邓通划船。宫廷船夫的制式服装是头戴黄色头巾，人称黄头郎。为劳作方便，邓通把衣带系在后面，正如文帝梦中所见。文帝询问之下，得知此人姓邓名通。文帝大喜，邓者，登也；通者，通天。从此文帝把邓通召在身边。邓通也很乖巧，事事逢迎，竟使文帝一天也离不开他，文帝还常常微服到邓通家去玩耍。邓通事文帝很谨慎，从不与外界交往。有时文帝赐他休假，他也不外出，更得赏识，竟被文帝赐任为上大夫，成为文帝的一个弄臣。

文帝喜爱邓通，常以金钱厚赐，以至多达万万钱。文帝又请人给邓通相面，相者说此人“当贫饿死”。文帝十分不信，认为一个弄臣的贫富，在于皇帝，我赐他那么多，怎么会贫？于是又把邓通家乡蜀中产铜的铜矿山赐给邓通，使他能自由铸钱。当时文帝已宣布行使四铢钱，百姓可以自由铸钱，但是获取原料、燃料、雇佣工匠，都需要相当的投入。邓通获此铜山，矿产、燃料取自自然，所铸铜钱自然成本极低，而钱币质量却不亚于中央政府所铸。邓通以自铸钱币与各地交易，人称邓通钱“布天下”，富过王侯，后世常以邓通比喻富裕。

邓通的专宠引起朝中大臣和亲贵的强烈不满。皇帝接见丞相商谈国事，邓通也侍立一边，丞相申屠嘉就劝谏文帝：“陛下爱幸群臣则富贵之，至于朝廷之礼，不可以不肃！”申屠嘉甚至设计打算杀掉邓通，派人召唤邓通。邓通心知凶险，预先求救于文帝。文帝派人手持符节到丞相府，才救下邓通。

一次文帝生痈，邓通为让文帝缓痛，用嘴吸脓。文帝问邓通：“天下谁最爱我者乎？”邓通答说是太子。待太子来问候，文帝于是让太子吸脓，太子非常尴尬。当太子知道邓通曾为皇帝吸脓，更极度厌恶邓通。

文帝崩逝后，太子即位（即景帝），立刻把邓通免官回籍。平日对邓通不满的官员也向皇帝报告，邓通在家乡还偷出边境铸钱。景帝立即派人调查。原来，文帝赐予邓通的铜山是在严道（今四川雅安市荥经县）。按汉朝行政区划规定，内地诸县名“县”，边境与少数民族（蛮夷）杂居的县称“道”。严道正是汉朝与羌人的边界地区，政府在山中设有边塞。而邓通在山中采矿取铜、伐薪烧炭，自是随山而行，越境之事难免。《张家山汉简》的“津关令”有“……诸其塞之河津，禁毋出黄金、诸奠黄金器及铜……”“盗律”有“盗出财物于边关徼，及吏部主智（知）而出者，皆与盗同法”。调查落实，家产全部没收，清算历年交易往来，尚有积欠数万万钱。邓通本人虽没有入狱，却一钱不名，只得借住在别人家里。景帝的妹妹看在父亲面上，有时予以接济，当地官吏立时没收，最后如相面人所说，贫死于他人家里。

作者评述：邓通不过文帝的一个弄臣，本不值得在史上留名。文帝的放铸政策，在历史上也不过属权宜之计。然而邓通竟成一个著名典故，实质不是对放铸政策不满，而是当时社会对利用权势自由铸钱造成权利不平等的不满。

刘濞

刘濞（前 215—前 154），沛县人，高祖刘邦的哥哥刘仲的儿子。高祖十一年（前 196），刘邦的重臣淮南王黥布反叛，东击荆王刘贾，刘贾战死，刘邦亲自领军迎击。时年二十岁的刘濞率骑兵冲阵，大破黥布，立下军功。刘贾的荆国本是为镇慑原江南吴、越人而封，封地为东阳（今江苏江北地区，东阳即今安徽省天长市铜城镇）、鄣（今安徽江南地区）和吴（今江苏江南和浙江地区）三郡五十三县。刘贾阵亡，刘邦遂将荆王封地封给了刘濞，改立为吴国。

自从接收了大江南北这片广大的王国后，刘濞就开始处心积虑地扩大实力。吴国三郡有丰富的自然资源：鄣郡出铜，自今天的皖南到今天的苏中，都有所谓“铜山”，即铜矿；江北的江淮沿海滩涂，是煮盐的极好场地；江南水网地带又是富饶的农业区。刘濞收容各郡县和其他诸侯国的亡人作为铸钱和煮盐的劳力，这些人或因罪逃亡，或躲避赋役，或欠下公私巨债，即使外郡国的吏员追寻上门，刘濞也常据势不予。

汉朝其时尚未对盐实行管制，刘濞依海煮盐，可以随意向江淮内地郡、国贩卖取利；刘濞“即山铸钱”，即在矿山直接铸钱，完全省却了原料和燃料的采购、运输成本。高祖时期铸钱是开放的，高后时期虽然禁盗铸钱，却是只禁民盗铸，并不禁郡、国铸钱。仅煮盐、铸钱两项，吴国的王室财政不仅可以免除百姓的赋税，而且足够用以吸引各地劳动力和知识分子来为吴国尽力。同时，吴国很可能在中原、关中地区，甚至长安建有王室的商业网点，以刺探政治军事情报、进行商业活动。《张家山汉简·捕律》中有一条“捕从诸侯来为间者一人，拜爵一级，有（又）购（按即奖励）二万钱”，就是针对诸侯间谍的。后来刘濞联络诸王作乱的时候，向诸王许愿随地可以封爵赏赐：“寡人金钱在天下者往往而有，非必取于吴，诸王日夜用之不能尽。”（《汉书·荆燕吴传》）所倚仗的应当就是这些所谓“吴邓钱布天下”的金钱。

文帝柔弱宽忍，而刘濞借着强大的财力，日益骄恣。吴国太子与文帝的太子因为弈棋发生龃龉，被文帝太子用棋盘误杀，刘濞更是怀恨在心，从此竟诈病不再朝觐皇帝。文帝也无可如何，为笼络刘濞，竟还赐刘濞座席的扶几和行路的拐杖，以示敬老。刘濞则加紧扩张王国势力。汉朝在诸侯王境内驻扎的军队，其指挥和调动权原在中央，而士兵则是当地轮流服役的百姓。一般每个男丁一生中都需履行两次服役、每次一年的义务，称为“卒更”。事实上由于农事节令、欠债等原因，很多人常常雇人替代，称为“践更”。于是刘濞利用自行铸钱的条件，出钱替人“践更”，这些士兵既是由私人替雇变为王国替雇，国家军队也实际上已经演变成了王国军队。

其时据地自为的诸侯王还不止吴一国，今属苏北北部到山东南部的广大地区，由楚王封占；旧齐国虽分为胶西、胶东、菑川、济南等六个王国，但从国名可以看出这些王国占据了旧齐国的大片土地。此外，还有北方燕、赵，南方衡山等诸侯王国。按照晁错的说法，仅高祖的庶兄侄所封的齐（后分为六国）、楚、吴三国，就“分天下半”，已经成为割据一方，尾大不掉之势。这种诸侯与朝廷分权分钱的割据形势令朝臣们十分担忧。

文帝的太子家令（总管）晁错就曾多次上书，论及藩国势大，应该适当削减。景帝继位后，晁错升任御史大夫，再次上书论削藩的必要，说及吴国：“不改过自新，乃益骄恣，公即山铸钱，煮海为盐，诱天下亡人谋作乱逆。今削之亦反，不削亦反。削之，其反亟，祸小；不削之，其反迟，祸大。”（《汉书·荆燕吴传》）

景帝也看到了藩王势大的危害，在晁错极力主张下，开始尝试削藩。景帝二年（前155），文帝的母亲、高祖的薄姬薨逝。高祖的侄孙、楚王刘戊在服丧的居所饮酒作乐，景帝趁机削去楚国辖下沿海的东海郡（淮河以北到今连云港至山东枣庄一线）；高祖的庶孙赵王封于今河北西部地区，此时景帝也以赵王有过错，削去赵国北部最大的一片区域常山郡（今河北西部阜平到内丘一带）；胶西国是从原齐国瓜分出去的，原本不大，也因私自卖爵作弊被削去六个县。

在罚削楚国、赵国、胶西国的同时，景帝也决定以吴王诈病不朝、诱召亡人谋为不轨为名，削去吴国的会稽和鄣两郡。朝中大臣尚未议决，削藩的诏书还没有发出，刘濞已经知觉，亲自到胶西国说服胶西王反叛，又联络了胶东、菑川、济南、楚、赵诸王，于景帝三年（前154）正月甲子起兵。吴王杀掉国内朝廷派驻的官员，征发14岁以上、62岁以下男丁20余万，并公开发布檄书，声称以诛晁错为目的，“汉有贼臣，无功天下，侵夺诸侯地”，“不以诸侯人君礼遇刘氏骨肉，绝先帝功臣”，“欲举兵诛之”。檄书略谓：

敝国虽狭，地方三千里；人虽少，精兵可具五十万。

今诸王苟能存亡继绝，振弱伐暴，以安刘氏，社稷之所愿也。敝国虽贫，寡人节衣食之用，积金钱，修兵革，聚谷食，夜以继日，三十余年矣。

能斩捕大将者，赐金五千斤，封万户；列将，三千斤，封五千户；裨将，二千斤，封二千户……其小吏皆以差次受爵、金。它封赐皆倍军法。

寡人金钱在天下者往往而有，非必取于吴，诸王日夜用之不能尽。有当赐者告寡人，寡人且往遗之。

反叛檄书到达京师，景帝一边遣太尉周亚夫、大将军窦婴、将军栾布等迎敌，一边召曾任吴国丞相的袁盎问计。袁盎说吴、楚的目的是“西（向）共诛晁错，复故地而罢。方今计独斩晁错，发使赦吴楚七国，复其故削地，则兵可无血刃而俱罢”。景帝沉吟良久，叹气说，诚能如此，“吾不爱一人以谢天下”。于是以议事为名召晁错，晁错穿好觐见的朝服，车行路过东市，把晁错“朝衣斩东市”。在市场公开杀人按律称弃市，弃市的犯人应穿囚服。晁错朝服斩于市场，景帝也是暗示晁错并无罪，是为平息叛乱而杀。而当袁盎赶到吴军去宣布“斩晁错、复故地”，要吴王刘濞拜受诏书时，吴王笑称“我已为东帝，尚何谁拜？”

吴兵势盛，周亚夫领军堵截吴军粮道，吴军绝粮，军心摇动。周亚夫猛攻吴军，吴王刘濞只得率数千人逃走丹徒，被跟从的东越军斩杀。吴军败亡后，楚王刘戊也兵败自杀，其余各王只得收兵，最终以自杀谢罪。吴楚七国之乱从发兵到失败，不过三个月。

七国乱平以后，战将邓公报告军事，说：“晁错患诸侯强大不可制，故请削之，以尊京师，万世之利也。计画始行，卒受大戮，内杜忠臣之口，外为诸侯报仇，臣窃为陛下不取也。”景帝听了，喟然长叹，说“吾亦恨之”。

作者评述：吴楚之乱从货币史的角度看，既说明货币对政治的影响，更说明货币政策的贯彻依赖于政治环境的统一和清明。

张汤

张汤，杜陵（今属陕西西安市）人，汉武帝时的御史大夫。

张汤少年时即对法律感兴趣。一次父亲出门，张汤看家，家中的肉被老鼠偷去，父亲回来后鞭笞了张汤。张汤于是用烟熏出老鼠，又挖出残肉，摆开案台审讯。传送文书，讯问被告，依法判决，最后斩鼠于堂下。这场儿戏被父亲看在眼里，感到儿子做事、行文直如一个老狱吏，大为惊讶，于是常让张汤参与自己的文书公事。父亲死后，张汤继为长安吏，以后历任茂陵尉，为武帝预建陵墓负责土方工程；丞相史，为丞相田蚡荐为侍御史，能力逐步为官场了解。

元光五年（前130），陈皇后巫蛊事发。原来，陈皇后不能生育，武帝宠幸卫姬子夫（即后为大将军的卫青的姐姐）。卫子夫已生下三个女儿，陈皇后恐卫子夫再生儿子，于是请了巫女楚服，埋下木偶人，作法诅咒，施行巫蛊。此事被揭露后，武帝大怒，令御史张汤纠治。张汤深追穷治，不但女巫枭首弃市，而且参与者、株连者大批被捕，处死刑的就达三百多人。事后陈皇后被废，张汤则为武帝赏识，任为比千石的太中大夫，负责制定律令。张汤制定的律令条文细致，要求严格，“务在深文，拘守职之吏”。武帝十分欣赏，不久即升张汤任中二千石的廷尉，负责刑狱，列为九卿之一，进入了中枢班子。

张汤为官，既显示出他的官场手腕，又表现出他的狠辣作风。

张汤作为中央负责法治的廷尉，处理的一般都是涉及高层的大案。在处理前，他往往先向皇帝口头汇报，探皇帝的口风。其时武帝摆脱了窦太后的控制，正要发扬儒学，张汤就请了一些专治《尚书》《春秋》的博士，聘为廷尉史。于是判决书既合皇帝的意旨，又合古义。皇帝对一些案件的处理表示满意，张汤就会说，这并不是我的主意，是属下的意见。皇帝对处理不满意，张汤就会说，我的属下也对我提出过意见，我没有听取，是我不对。这种态度往往会得到皇帝谅解。张汤对下属多有回护，对宾客、故人子弟也尽心照顾。有一个廷尉史鲁谒居，张汤十分欣赏。一次鲁谒居生病，张汤不仅亲自探视，甚至亲自为鲁谒居做脚部按摩。以这样的态度待人，所以很多人愿意为张汤出力。

另一方面，张汤处理大狱，雷厉风行，决不手软。例如元朔年间，淮南王刘安谋反，元狩元年（前 122）案发，涉及淮南、衡山两王，张汤作为廷尉，亲自处理此案。两王国中牵连的党羽处死达数万人。其中淮南王刘安府中的中郎伍被（pī），在刘安所招名士中才能为冠首。在刘安阴谋期间，伍被数次劝谏刘安，刘安不听，伍被不得已参与谋划。事发后，伍被很快自首，武帝惜才，想放过伍被。张汤却说："如此弗诛，后不可治。"终于杀掉了伍被。伍被之死，尚有反迹可循，颜异之死却是完全冤枉。颜异是大农令，张汤主张皮币和白金的时候，他就有不同意见。有一次，颜异与门客谈话，门客表示新的经济政策"令下有不便者"，颜异没有回答，只是露出了些许赞同的表情。张汤即上奏，说大农令颜异作为九卿，"见令不便，不入言而腹诽，论死"。从此有了腹诽之罪，官场上大多只是附和上意，谄媚成风。

为严格处置刑案，张汤无论在本府还是地方，都任用所谓"酷吏"。减宣、杜周、义纵等办案"惨急刻深"的人，都得到重用。这些酷吏不免有为邀功编派、追索之事。所以张汤的办事风格也得罪了很多人。

正因为忠于办事，张汤很快被升任为御史大夫，成为副丞相。御史大夫须参与国家经济管理。当武帝出兵匈奴之际，又值中原水旱灾害，财政空虚，张汤于是提出了一系列经济措施：

元狩四年（前 119），提出造白金、皮币，收敛诸侯钱币；

又提出算缗，增加商人财产税；

大农丞东郭咸阳、孔仅提议天下盐铁专卖，张汤予以积极支持；

元狩五年（前 118），提议罢半两钱，行五铢钱。

每与武帝商议国事，夜以继日，建议大胆，常使武帝忘记吃饭。武帝对张汤越来越倚重，张汤患病，武帝亲自到他家探视，天下事均以张汤意见为重，把丞相庄青翟晾在一边，形同虚设。不仅富商大贾积怨，每当新政策出台，下层奸吏就借机骚扰民众，结果公卿侧目，庶人埋怨，反对者愈来愈多。有儒生博士狄山指责张汤为“诈忠”，武帝问张汤，张汤说，这是“愚儒无知”。武帝问狄山，让你管理一郡，能“无使虏入盗乎?”狄山说“不能”。武帝又问，一县？狄山又说，“不能”。武帝再问，一个边塞？狄山估计无法搪塞，只好说“能”。于是狄山被派往一个边塞。“至月余，匈奴斩山头而去”，此后反对的群臣再不敢多言。

然而张汤行事毕竟得罪人多，有三个长史，过去地位都比张汤高，现在拜伏在张汤脚下，常受张汤斥责，他们合谋构陷张汤。他们抓了张汤的一个下属，胁迫他告发张汤与商人勾结。武帝于是问张汤，为什么每有新政策，尚未出台，商人先知，囤积居奇，似乎有人通谋。张汤自辩不服。武帝于是认为张汤“怀诈而面欺”，连下八道斥责文书。张汤只得自杀，临死上书：“汤无尺寸之功，起刀笔吏，陛下幸致位三公，无以塞责。然谋陷汤者，三长史也。”

张汤死于元鼎二年十一月（公元前 115 年），死后查其家产，不过五百金，还都是皇帝所赐。张汤亲属原想厚葬张汤，张汤母亲说“汤为天子大臣，被恶言而死，何厚葬为！”只用一辆牛车，有棺无椁。武帝听说后感慨：“非此母不生此子。”于是逮捕三长史，又提拔了张汤的儿子张安世。

张安世在昭帝、宣帝时仍为重臣，父子封侯，成为西汉中期一代名臣。近年张汤、张安世墓相继在西安发现，当张汤墓被打开时，果然只有一棺而无椁。

◆张汤以司法起家，墓历2000年现于西北政法大学校园内，或巧合耶？

作者评述：张汤常被称为“酷吏”，司马迁说“张汤死而民不思”；同时他又是一位“廉吏”，不但自身廉洁，而且家教极严，所以他的儿孙也成为廉洁奉公的官员。可知评价历史人物不可只有黑白之分。若从政绩评价，张汤所处，正是中国社会从实物经济向货币经济转型时期，他所主张的各项政策显然是推动了这种转型，对贵族阶层、官僚阶层、知识阶层、工商阶层和下层社会都产生很大震动，上下反对者多，也是必然。然而时值战争、天灾并至，张汤用“急刻”手法推动转型，造成个人悲剧也是必然。

卜式

卜式，原是西汉河南郡（今河南洛阳至中牟一带）的农民。他有一个弟弟，分家时他只要了百十只羊，其余土地、房宅、财物都留给了弟弟。十几年后，弟弟破产，而卜式在山中的羊已繁殖了千余只，也置了田宅。卜式几次把自己的财产分给弟弟。

当汉朝与匈奴作战的时候，卜式上书，表示愿意捐一半家财助边作战。武帝派人问卜式，是不是要做官？卜式回答，自己从小牧羊，不惯做官。使者又问，是不是家里有冤屈？卜式说，自己从来与世无争，乡亲们穷了我救济，子弟不学好我教导，人缘很好，不可能与人结怨。使者很奇怪，问，那么你想要什么？卜式说："天子诛匈奴，愚以为贤者宜死节，有财者宜输之，如此匈奴可灭也。"武帝听说后，告诉了丞相公孙弘。公孙弘说，"此非人情"，教化不是法治，"不可以为化而乱法，愿陛下勿许。"卜式的要求没有被批准，只好仍回去放羊。

元狩二年（前121），匈奴浑邪王携四万多人来降，武帝派出几万车马迎接，把他们安置在河西走廊，设置武威、酒泉等初郡，经费已经极为困难；后两年，中原连续水灾，灾民达70万，武帝不得不把灾民迁徙到河套地区，迁徙灾民，政府需要大笔经费，而财政空虚，卜式又向地方捐献了20万钱。河南太守上报地方富户捐灾名单，武帝看到名单中又有卜式，说，其人过去就曾要用一半家财助边，于是赐卜式400人的过更钱。过更即每人出钱300，以雇人替自己服戍边徭役。400人即得12万钱。卜式把这些收入又都捐了出去。武帝这才觉得，卜式到底是长者，拜卜式为中郎，赐爵左庶长。中郎相当于六百石官，而左庶长在民爵中列第十，属于高爵，可以与地方官相抗礼。同时赐卜式田十顷，布告天下，作为典型，以为风气提倡。然而民间效仿者仍然极少。

卜式受赐后表示不想在宫中做郎官，武帝就请他到上林苑放羊，卜式于是布衣草鞋到上林苑去了。一年以后，武帝到上林苑，看到羊繁殖得很好，夸奖了一番。卜式却说："非独羊也，治民亦犹是矣。以时起居，恶者辄去，毋令败群。"武帝大奇，就想试试他如何治民，派他做缑氏县（今属河南偃师市缑氏镇）县令。卜式做得不错，又升为成皋（今属河南荥阳市）令兼管漕运，在沿黄河漕运粮食的考绩中，又拔得头筹。武帝于是拜卜式为齐王太傅，不久又转为齐相。元鼎五年（前 112），南越反叛，卜式正在齐相任上。齐都是临菑，卜式上书，表示要率自己的儿子和齐国境内懂得弓弩和驾船的青年“请行死之，以尽臣节”。武帝又借此事大力表彰，历数卜式过去的事迹，“今又首奋，虽未战，可谓义形于内矣”。赐卜式关内侯爵位，黄金四十斤，田十顷，布告天下。

这一年，御史大夫石庆升任丞相，不久武帝就把卜式升调为御史大夫。御史大夫即当参与管理国家大政，卜式于是大谈国家专管盐铁对郡国的损害，反对算缗，引起武帝的不悦。第二年武帝首次封禅泰山，大臣们纷纷撰写颂扬的奏章，卜式却又不会写文章。武帝对卜式颇有失望，遂贬他为太子太傅，去给太子当老师。卜式在太子太傅任内得以寿终。

作者评述：卜式在西汉官场是一个异数。他以一介老农，仅凭忠君爱国的道德表现，从放羊而从官，从地方守而副丞相，从庶人而封侯，完全是因缘际会，武帝不过是利用他的行为作为号召。他既不卷入官场之争，也不懂真正的经济大势，自然不能适应社会向货币经济的转型。但是卜式毕竟只是一个农民，他能以太傅而得寿终是最好的结局。

桑弘羊

桑弘羊，洛阳人，生于汉景帝前元二年（前 155）①，其父是洛阳商人。高祖刘邦称帝之初，曾“令贾人不得衣丝乘车，重租税以困辱之”。惠帝、吕后时期，因为形势初定，“复弛商贾之律，然市井之子孙，亦不得仕宦为吏”，仍不可做官。直到景帝后元二年（前 142），景帝下诏：“今訾算十以上乃得宦，廉士算不

---

① 桑弘羊生年尚有不同意见，马非百《桑弘羊年谱》认为生于景帝五年（前 152），此采王利器说。

必众。有市籍不得宦，无訾又不得宦，朕甚愍之。訾算四得宦，亡令廉士久失职，贪夫长利。”訾算是财产征税的标准，每訾(同赀）万钱缴税 127 钱为一算。由于有“衣食足知荣辱”的观念，为防止吏贪，汉初规定家产须达十算，也就是十万钱，才可以做官。景帝将做官的财产下限从十万下放到四万，看上去是为“廉士”着想，但又说到“有市籍”者，等于是同时放开了商人的做官限制。于是一些有钱的商贾子弟开始走入仕途，例如司马相如即在此时“以訾为郎”，当了景帝的武骑常侍。桑弘羊此时年仅 13 岁，也因此凭赀财入宫，按他本人的说法，“余结发束脩，年十三，幸得宿卫，给事辇毂之下”，成为“侍中”。“侍中”只是一种“加官”，并不入正式官员序列，但却可以进入“禁中”，直接在皇帝身边工作。桑弘羊虽然年少，却能够进入禁中，是因为他有一项特长——“心计”，即特别长于计算，更长于心算，可以经常帮助皇帝解决必要的统计问题。

元狩三年（前 120），中原发生大水灾，饥民遍地。为解决灾民问题，武帝决定把灾民移民到西北地区。几十万被大水吞没了全部家产的灾民千里迁徙，沿途必须由政府提供吃住及生活保障，“县官大空”。御史大夫张汤提出了一系列措施，其中重要的一项是将盐和铁的生产由放任改为政府专营。在中央政府中没有懂得盐铁事务的官员，大农令郑当时推荐了东郭咸阳和孔仅。东郭咸阳是齐地的大盐商，齐地从西周初年太公姜尚立国时起，就以鱼盐作为经济的重要支柱，至今已近千年，有着悠久的制盐传统和极丰富的管理经验。孔仅是南阳的冶炼大户，孔氏战国时期原是魏国大梁的冶铁户，入秦后秦为打击工商业，“迁不轨之民于南阳”，孔氏即在被迁之列。孔氏到南阳后，仍操旧业，“大鼓铸，规陂池，连车骑，游诸侯”，“家致富数千金，故南阳行贾尽法孔氏之雍容”。武帝命二人为千石级的大农丞，协助大农令专管盐铁专营事务。但是他们毕竟是大商人，骤然提拔，武帝仍不放心，而桑弘羊此时已经30多岁，在武帝身边20年，得到武帝充分的信任，武帝遂以协助做统计工作的名义，派桑弘羊去与东郭咸阳、孔仅共同工作。

盐铁官营为汉朝政府解决了重大的财政困难，元鼎二年（前115），大农丞孔仅升任大农，桑弘羊则升任大农中丞，成为汉朝职官系统中的正式官员，专管会计事务。作为大农机关的高级官员，他有了上奏建议的权力。不久，桑弘羊就提出了自己为官生涯中的第一个重大建议，置“均输”。均输的对象是诸侯。分布在全国各地的诸侯王和列侯虽不必向中央缴纳赋税，但是有义务向皇帝“贡献”，即上贡地方土特产。譬如“陇、蜀之丹漆旄羽，荆、扬之皮革骨象，江南之柟梓竹箭，燕、齐之鱼盐旃裘，兖、豫之漆丝絺纻”（《盐铁论》）。这些物资皇室固然需要，但是非土产地也同样有需求，大量“贡献”集中在皇室，反而会造成积压。另外，地方为向关中运送“贡献”，不管需要不需要，往往运费比物资本身价值还要高出许多。桑弘羊建议在各地置均输官，封国的“贡献”不必都运往京师，有的可以按市价折成货币缴纳，有的可以把货物运到有需求的地方出卖，货币收入上缴中央，这个措施既增加了政府的货币收入，又促进了物资的商品流通。

元封元年（前110），东越反叛，大农令张成奉命率兵出击。张成在前线遇敌退缩被诛，大农令出缺，桑弘羊被任为治粟都尉，代行大农令主持工作。在代理大农令期间，桑弘羊看到各地自行任命的盐铁、均输官为争地方利益，在市场上竞相抬价，就在大农令下设置了数十位大农部丞，作为派出官，分至各郡国，按市场价格控制官营商品。同时在中央设置平准官，负责按市场物资的余缺程度收购或是出卖物资，打击利用物资紧缺牟取暴利的富商大贾，平抑了物价。此后，武帝巡游全国，封禅泰山，所需都依靠桑弘羊主持的大农工作所得。桑弘羊又令民入粟补吏，即交纳粟米可以补低级官吏，或者赎罪。如果向甘泉仓纳粟，可以终身免赋。甘泉在今陕西淳化县，相传是黄帝祭天的地方。武帝在此建有规模庞大的宫殿，称甘泉宫，是武帝避暑之地，每年夏季，政府部门和警卫军队都要驻在甘泉宫，其政治地位仅次于长安未央宫，因而甘泉宫的供给也是一项重要的政治任务。桑弘羊代理大农令任职一年，中原向关中漕运的粮食增加 600 万石，太仓、甘泉仓储满，边境军粮储备充足，均输能够提供的布帛达 500 万匹。政府并没有向民间增加税赋，却有了充足的物资，于是桑弘羊终止了曾经引发社会强烈不满的“告缗”政策。为表彰桑弘羊的政绩，武帝特赐桑弘羊左庶长爵，再赏赐黄金百金。天汉元年(前 100)，桑弘羊在大农的职位转为正式，此前（太初元年，公元前 104 年）大农令已更名为大司农，桑弘羊成为第一任大司农。

天汉三年（前 98)，桑弘羊设立酒的专卖制度，称为“榷酒酤”。“榷”是独木桥，酒由官府专卖，这一渠道犹如独木桥，故称这一政策为“榷酒酤”。汉代，酿酒是非常普遍的社会现象，所耗粮食和成酒数量巨大。酒的用途不仅在于日常饮用，祭祀活动用量尤大。社会基层有祭祖、宗族活动、祭神等，郡、国还须祭高皇帝以下宗庙，此外，祈年、祈雨之类活动也层出不穷。这类活动均需大量用酒，而且是有一些特殊制法的酒。桑弘羊以此为财源，规定民间不得私自酿酒，改由政府统一酿造、发卖。榷酒政策引起了社会上广泛的不满，这几年又值天旱，卜式上书武帝，说“今弘羊令吏坐市列，贩物求利。烹弘羊，天乃雨”。在反响强烈的压力下，武帝把桑弘羊降职为搜粟都尉，仍主持大司农府事。

此时武帝年老，宫廷爆发争夺继承权的巫蛊案，牵连多名高官，御史大夫商丘成自杀，武帝于是任命桑弘羊为御史大夫，嘱以国家经济大政。武帝临终前，立8岁皇子刘弗陵为太子，桑弘羊与大将军霍光、车骑将军金日磾（mìdī）、丞相田千秋、左将军上官桀一起共受遗诏，辅佐少帝。少帝身后谥昭帝，昭帝时，大将军霍光秉持大政；金日磾早逝；丞相田千秋原是守高祖刘邦陵寝的郎官，为人忠厚懦弱，乍升丞相，以和行事，所以守职到老，昭帝赐他坐车进宫，人称"车丞相"，以至汉书为他立传也称"车千秋"。所以昭帝初年，朝廷政治大事都决于霍光，而经济政策往往由桑弘羊执掌。

昭帝始元六年（前81），霍光以昭帝名义，请丞相田千秋召集了一次会议，名义是"问民间所疾苦"。由于会议的议题一开始就集中于政府的盐、铁、榷酤、均输政策，于是被称为"盐铁会议"。与会者对中央政策的态度明显分为两大阵营，一方是以御史大夫桑弘羊为首的政府官员，包括丞相属下的长史、御史大夫属下的御史中丞等人；另一方是从基层征调参会的贤良和文学。所谓贤良，是昭帝于前一年特命从三辅、太常选拔的所谓明大体、敢直谏的人士。三辅是指京师附近的京兆尹、长安北边的左冯翊和长安西北的右扶风三个拱卫京师的郡级地区。太常则是政府的礼仪官，诸帝陵园所在的县都归属太常管理。三辅和太常各县各举贤良二人与会；文学则是由各郡国选派深通礼乐经书的儒生各一人，二者合计有60余人，加上政府官员，会议规模相当庞大。会议的记录后来由桓宽整理成《盐铁论》一书，流传至今。

盐、铁、酒和诸侯国的"贡献"原来几乎都是皇室、诸侯、封君等上层贵族的专有收入。实行盐铁酒专卖和均输制度后，这几项上层贵族的收入遂为中央政府所掌控，严重侵蚀了地方贵族的利益。在会议上，桑弘羊等人认为，政府采取盐铁榷酤政策是为了保证国家安宁、支持边境战争；而贤良文学则认为，治国应贵德而贱利，重义而轻财。桑弘羊一方以行政实务责贤良文学，而贤良文学举尧舜、夏商周三代而称儒家之政。实际上，贤良和文学是地方贵族的代表，而桑弘羊一方则是中央政府的代表。经过激烈的辩论，中央妥协：罢郡国的榷酒，因为郡国大多在函谷关以东，这是向文学的让步；罢关内的铁官，这是向贤良的让步。

盐铁会议后不久，燕王（封国在今北京市）刘旦谋反事发。燕王是昭帝的哥哥，自认应当继武帝位，昭帝继位后，即阴谋政变，外联齐、中山等国，内结长公主、上官桀、桑弘羊等亲贵和朝廷大臣。昭帝元凤元年（前80），上官桀阴谋在长公主家宴请霍光，伺机杀霍光、迎立燕王。事败，上官桀、桑弘羊等族诛，燕王、长公主等自杀。实际上，霍光在经济政策上倾向于贤良文学，而与桑弘羊政见不同。桑弘羊从13岁入宫，为汉朝的御敌、拓边和内政事业提供后勤保障立下了功勋，晚年竟死于朝中内争，以悲剧告终。

作者评述：盐铁会议上，贤良文学与桑弘羊辩论，除政争外，语言激烈，以意气相攻讦的，也不在少数。然而贤良文学所列举的大量盐铁官营不便的事例，例如工商官营后，下层官吏为非作歹、官为冶铁质量逐渐下降等现象确实存在。但是儒生期望的并不是废除官营工商，实行自由贸易。他们对货币经济侵入旧有“封邦建国”制度下出现的种种现象极度不适应，期望退回到“日出而作，日落而息”，“帝力于我何有哉”的自然经济社会中去。这也正是贵族、豪强势力所要借助的言论。但是统一国家的建立不仅需要政治上的建树，也需要经济制度的保证。所以尽管盐铁会议后，朝廷有些许让步，政策有个别调整，甚至桑弘羊等大臣后来遭到灭族，但桑弘羊们建立起来的经济制度，却仍然被坚持执行下去了。

以桑弘羊在西汉政治经济中地位的重要，《汉书》却因为桑弘羊参与阴谋政变而没有为他立传，这也反映出班固的政治立场。

贡禹

贡禹，字少翁，生于汉武帝元朔年间，西汉琅琊郡（今山东诸城市）人，原是乡间农民。武帝独尊儒术，以儒学取士，贡禹因为熟读儒学经典，“察举”举士时，地方长官以“明经”和廉洁的名义举荐贡禹，朝廷征为博士。后外派做地方官。先是做凉州刺史（辖今甘肃大部)，因为生病离职回家。以后朝廷征举贤良，贡禹又被荐举，任河南县（今河南洛阳市西郊王城）县令。在职一年多，因公务受郡太守批评，贡禹免冠谢责。原本不过是官场常事，贡禹却认为，官冠既摘下，“安复可冠也”，又去官回家了。

元帝于初元元年（前 48）正式继位，再次征召贡禹为谏大夫，此时贡禹已年近 80 岁了。元帝“柔仁好儒”，对贡禹十分恭敬，时常向贡禹征询对政事的意见，贡禹也因接近皇帝而不断提出自己的看法，上书几十次，受到元帝重视，升任光禄大夫。贡禹曾自称，自己年事已达 81 岁，“素餐尸禄”，希望“生归乡里”，元帝却感到离不开他，不仅不允，还调他为长信少府，管理太后宫中事务，不久又命他做御史大夫，位列三公。但是贡禹毕竟太老了，不数月病死于御史大夫任上，享年 83 岁。

贡禹的上书多指斥社会不良现象，特别是贵族阶层的奢靡无度。这种现象的根源在于皇帝宫室。他说，为皇帝制作服装的齐三服官，起初送上的衣物“不过十笥，方今齐三服官作工各数千人，一岁费数巨万”。天子吃粟米的厩马就达万匹，“今民大饥而死，死又不葬，为犬猪所食。人至相食，而厩马食粟”；“武帝时，又多取好女至数千人，以填后宫”“故使天下承化，取女大过度，诸侯妻妾或至数百人，豪富吏民畜歌者至数十人，是以内多怨女，外多旷夫……”“今大夫僭诸侯，诸侯僭天子，天子过天道，其日久矣”“后世争为奢侈，转转益甚，臣下亦相仿效”。他又提出，武帝用算赋、口赋增加财政，民间负担太重。小孩三岁长牙出口赋，有因为不能负担而“生子辄杀”的现象，应当把口赋标准定为七岁换牙时。宫廷里的宿卫可以减去一半，宫中的“诸官奴婢十余万人，戏游亡事”，农民纳税奉养，“岁费五六巨万”，可以免去奴婢身份，成为平民，发去戍边……元帝采纳了他的一些意见，把民间口赋改定为七岁起征，上林苑、宫廷的一些卫卒加以减裁等。

在贡禹的上书中，关于货币的意见影响较为深远：

> 古者不以金钱为币，专意于农，故一夫不耕，必有其受饥者。今汉家铸钱，及诸铁官，皆置吏卒徒，攻山取铜铁，一岁功十万人已上。中农食七人，是七十万人常受其饥也。凿地数百丈，销阴气之精，地臧空虚，不能含气出云；斩伐林木亡有时禁，水旱之灾未必不繇此也。自五铢钱起已来七十余年，民坐盗铸钱被刑者众。富人积钱满室，犹亡厌足。民心动摇，商贾求利，东西南北，各用智巧，好衣美食，岁有十二之利，而不出租税。农夫父子暴露中野，不避寒暑，捽草杷土，手足胼胝，已奉谷租，又出稿税，乡部私求，不可胜供。故民弃本逐末，耕者不能半。贫民虽赐之田，犹贱卖以贾，穷则起为盗贼。何者？末利深而惑于钱也。是以奸邪不可禁，其原皆起于钱也。疾其末者绝其本，宜罢采珠玉金银铸钱之官，亡复以为币。市井勿得贩卖，除其租铢之律，租税禄赐皆以布帛及谷。使百姓壹归于农，复古道便。①

贡禹把社会上出现的贫富差异和不安定因素全部归咎于钱币，因而提出了最为极端的取消货币的意见。按照贡禹的说法，只要

① 此篇所引皆见《汉书》卷七十二。

退回到实物经济中去，取消商业，取消用货币纳税的法律，税赋和官员的俸禄全部改用布帛和谷物，百姓就能回归农业，社会才能回到古道。

作者评述：武帝时期以来，货币经济对旧有经济模式的冲击是前所未有的。这种冲击使社会上出现了种种过去所未有的，或从未达到如此程度的现象，使社会各阶层、公共权力阶层和知识阶层极度不适应，因而出现了各不相同的种种反应。儒家之所以称道文景而对武帝颇有微词也正因为此。贡禹主张的是其中最为极端的，此后还曾出现类似反应，却并不能改变历史演进的脚步。

王莽

王莽，字巨君，生于汉元帝初元四年（前45）。王莽的祖父原是宣帝宫中廷尉的一个属官，秩级并不高。宣帝太子选中了他的女儿王政君为侍妾，一幸而有孕。太子继位为元帝，王政君即成为皇后。元帝在位不过15年，王政君的儿子成帝继位，王政君成为太后。王太后兄弟姊妹甚多，王氏兄弟遂成为朝中显贵。王莽的父亲王曼是王太后的弟弟，却因为死得早，没有赶上封侯拜将的机会，所以王莽也不像他的堂兄弟那样沾染纨绔风气。姑母王政君成为太后时，王莽只有13岁。由于武帝“独尊儒术”，当时有不少儒学大家，王莽也跟随当时的儒学名家学习《易》《周礼》《仪礼》等儒家著作，不但熟读经典，而且身体力行，尽心服侍寡母和寡嫂，收养大哥的儿子，其学问行为逐渐在儒士间有了相当的名气。

成帝性柔弱，18岁即位，母亲王太后强势，政事遂归于王氏家族执掌。作为皇帝辅政的大司马相继由太后的兄弟王凤、王音、王商、王根担任。王凤病重时王莽侍病榻前，衣带不解数月。王凤临终托太后照料王莽。王太后念兄弟王曼早死，追封王曼为新都侯（新都侯国在今河南省南阳市新野县王庄镇），王莽才得袭侯爵，食新都1500户。王根任大司马时身体很不好，王莽又在叔父跟前尽力伺候，深得王根信任。绥和元年（前8），王根因病请退，临退推荐王莽为大司马。

大司马原来只是加官，加于本官之上，属荣誉官衔，并没有官印和官署。但自从霍光以大将军加大司马辅政以后，大司马就成为皇帝的辅政，参与决策。绥和元年，成帝将大司马改为独立官职，金印紫绶，设官署，俸禄与丞相相同，参与政事的权力实际高于丞相。但是仅仅一年多，成帝崩逝，哀帝继位。哀帝登基后尊祖母傅昭仪和母亲丁氏为皇太后和太后，大肆提拔傅氏、丁氏的亲属，王莽于是被罢官回到封地新都乡里。

王莽就国后，有一百多名官员为王莽鸣不平，那些贤良也借解释日食天象的机会上书哀帝，称颂王莽，终于使王莽在归国三年后获准回到京师。

元寿二年（公元1年）六月，25岁的哀帝因病暴崩。太皇太后王政君立即赶赴未央宫，收取皇帝的玺和调兵的符，连夜紧急召见王莽。命将发兵符节、百官奏事、扈从、宫门警卫等大权全部交给王莽。这一夜，时称"仓卒之夜"（仓卒即仓猝）。由于丁太后、傅太后已先薨逝，王莽首先收去哀帝嬖臣大司马董贤的印绶。董贤自知不免，随即自杀。王太后即拜王莽为大司马，哀帝无后，王太后和王莽共同议立元帝庶孙中山王刘衎为帝，是为平帝。平帝才9岁，王太后临朝称制，大政交王莽。王莽遂将成帝皇后赵飞燕、哀帝皇后傅氏贬黜，令其自杀，扫除了成、哀时期的外戚集团，王氏重新崛起。

王莽执政后，除处置了外戚集团和董氏家族的人以外，对朝廷官员并不深究，平帝下诏对"诸有臧及内恶未发而荐举者，皆勿案验。令士厉精向进，不以小疵妨大材”①。布告天下，不得再举发哀帝时期的旧案，安定了官场的人心；同时又把被傅氏、丁氏排挤的官员请回朝廷。群臣于是以王莽安定了刘家天下为名，倡议王莽赐号“安汉公”。王莽一再辞让，称平定朝廷、迎立新君是重臣们共同的功劳，太后只得再设太傅、太师、太保、少傅“四辅”，并且增加四辅的食邑。王莽又一再不受益封，只是接受了“安汉公”的称号。

王莽原本是个熟读经典的儒士，执政后便想建立一个儒家理想中的社会。他设置了羲和官，掌教化；他礼贤下士，征召天下通天文、历算、史、本草、五经等的儒士数千人到京师，在京师建立屋宅万套，供养儒士和太学生；他把皇帝对他的赏赐都用以分赠贤良儒士；他倡议按照周朝礼制修建明堂、辟雍，作为祭祀祖先、公布政令的场所。明堂高大宏伟，广大儒生和公卿认为这是周公以来未曾有的盛举，是王莽继承西周盛世的象征。

对待百姓，王莽先派人到各地视察，哀帝暴崩混乱时期基层有横征暴敛的，一律退赔；天下女囚徒已判定罪的，只需每月缴纳 300 钱，即可放归回家。郡国大旱，蝗虫肆虐，王莽带头献出自己的土地和口赋钱，使朝廷 230 多人跟随捐献；又新建住宅区，安置灾民，做了一系列劝农、济贫的事情。

王莽自律甚严，自己刻苦工作，勤俭廉洁，自己的妻子只穿麻布衣服，以至公卿大夫们误认为是他的僮婢。他自己的儿子犯法，王莽责令其自杀；他写下八篇诫子书，告诫子孙戒骄谨慎，被官府作为天下教材。为平帝选采女，王莽提出自己的女儿不参选。但是公卿大夫、士子学生，乃至平民百姓，一再伏阙上请，要求王莽的女儿参选。王莽一再请太后下诏制止，但是每天仍有千余人上书请愿，终于将王莽的女儿选为皇后。王莽成为国丈，

① 《汉书·平帝纪》。

加封土地二万多顷，王莽全部退回；皇帝聘皇后按例赏赐黄金二万斤折钱二万万，王莽只受四千万，还把其中的三千三百万分给属下。太后看到后再加赐二千三百万，王莽几次叩头流涕表示不愿受过赏，仍将加赐的钱分给贫困户，而他自己只靠薪俸买粮吃饭。

王莽的这些行为在公卿大夫中赢得极大的好感，也得到了平民百姓的拥护。为表达对王莽的崇敬，公卿大夫和平民百姓多次上书，甚至聚集京城，要求为安汉公加赏，多时竟达四十八万多人，形成请愿的热潮。太后在平民和大臣的反复请求下，终于又给王莽赐了“加九锡”（九种尊贵的服饰、车舆、仪仗等物）的荣誉。

平帝自幼有病，元始五年（5）冬崩，年仅 14 岁。至此，成帝、哀帝、平帝的子孙已经断绝，王莽再向上溯，远从宣帝的支脉中选取了他的玄孙广戚侯（封国在今山东微山县）的儿子刘婴继位。刘婴其时只有两岁，大臣们上奏王太后，请仿照西周初年武王崩逝，成王年幼，由周公摄政的成例，请王莽摄政。太后于是下诏，同意王莽“居摄践祚”，即以摄政的方式登皇帝的帝位，臣民谓之“摄皇帝”，服皇帝冠冕，一切礼仪参照皇帝，对之称“陛下”，第二年改元“居摄”。居摄元年（6）三月，把刘婴立为皇太子，仿照周成王幼时称号称“孺子”，意思是待成年后再登帝位，而摄皇帝成为实际上的皇帝。此时王太后已 70 多岁，不再多管政事，国家政事已完全操于王莽之手。

西汉学术的一个重要内容是解读经典，在解经中又兴起一支污浊的支流“谶纬之学”。谶纬以巫术、神话、神秘哲学依附儒学经典，编造政治预言，以干预政治活动。王莽推崇儒学，也笃信和利用谶纬之术。上既所好，那些鼓吹王莽的各级官员也充分利用谶纬之术编造预言。先是，元始元年（1），益州（今云南地区）以外僻远的蛮夷越裳民族[1]有使节来，由于语言不通，需要经过多重翻译才能交流。他们带来了一只白色野鸡和两只黑色野鸡。大臣们说周公时代才有越裳氏献白雉[2]，可见王莽的功德堪比周公，于是把白雉献于宗庙，请太后赐王莽“安汉公”号。元始五年（5）平帝崩逝，武功县（今陕西眉县与周至县之间）官员就上报，说挖井挖得一块白石，上刻有红字“告安汉公莽为皇帝”，这就成为太后命王莽为摄皇帝的依据。居摄三年（8），齐郡临淄县（今山东淄博）报亭长梦天公说“摄皇帝当为真”。巴郡（今重庆市）挖得一头石牛、雍县（今陕西宝鸡市凤翔县）得到一块似乎有字的石头。石牛和雍县石头运到京师，王莽到未央宫前观看，此时狂风骤起，风过后石牛前出现一幅铜符帛图，上有“承天命，用神令”等字。这些谄媚奉迎王莽的把戏，以儒学为理想的王莽竟全盘接受，上报太后，不再称“摄”，改元“初始”。

王莽视此类荒诞为真，既激起了他以“假”为“真”的野心，实际上也是鼓励天下以谶纬方式劝进。有一个梓橦（今四川绵阳市梓橦县）青年，在长安求学，眼见这些政治活报剧愈演愈烈，遂打造了一个铜匣，内装两封书检，一封题“天帝行玺金匮图”，一封题“赤帝行玺邦传予黄帝金策书”。这个青年身穿黄衣，待黄昏天暗之时，到祭祀刘邦的祠庙交给监庙官员。前一封是说明降下铜匣是天帝的意旨；后一封的意思是，汉高祖刘邦是赤帝之后，而王莽祖上则是黄帝之后，天帝降下策书，要让赤帝把大位传给黄帝，而王莽则代表黄帝。策书中还指定了辅佐皇帝的大臣姓名，这个青年居然还把自己的名字列于名单之中。王莽竟然亲自到祠庙拜受铜匣，然后坐到未央宫，下书说既是“天

① 有学者认为，所谓越裳，应是今老挝、缅甸一带的少数民族。

② 事见于《韩诗外传》。

命”，“敢不钦受!”当天就即了真天子位，改国号为“新”，完成了改朝换代的过程。

王莽获得执政地位后，一心要实践他心目中的儒家理想，不仅在形式上搞建明堂辟雍、办学校一类的活动，而且把儒家的思想变成政治行为和国家的经济行为。他以西周文王、武王封建诸侯为依据，称孔子说“郁郁乎文哉！吾从周”，所以改变秦汉以来的封爵制度，设立公侯伯子男五等爵制，以此大封贵族。不仅拥护王莽的得封公侯，王氏亲属按礼制所定的血缘远近，分别封为侯伯子男，甚至只要谄媚投机、伪造拥护新朝符命，都得封为侯。不屑于此道者见面相调侃：“独无天帝除书乎?”

为证明自己政权的合法性，王莽实行了一系列去汉标新的举措。

他甚至认为，按符命的说法，星相标明新朝帝德在洛阳，于是就打算迁都，命人大肆修缮洛阳旧都。

他大改官制，找寻一些古代书籍上的官名，设置新官，又把汉代的官名成批改换，比如大司农改为羲和，以后又改成纳言、少府改成共工、水衡都尉改成予虞、县令改称县宰、御史叫执法……官制的秩级也改名称，从百石到二千石，改成庶士、下士、中士、命士等。

全国的地名也成批改换，连长安都改成“常安”，各郡县更是更名不止一次，以至连公文都难以下发，因为发文机关实在记不住各地不断更换的地名。

他看到西汉后期土地兼并严重，豪强不但拥有土地，而且占有大量奴婢，与国家争夺土地和劳动力，于是在始建国元年（9）四月公布了“王田令”，宣布以古代井田为模范，“更名天下田曰‘王田’，奴婢曰‘私属’，皆不得卖买”。家庭中男丁不到8口而土地超过一井，必须把多余的土地交出分配。敢有非议井田制的，流放边疆。

他看到西汉后期国家对市场管理失控，于是以儒家经典为依据，设立五均六筦，即重新管理市场，以官吏确定物价，重新强调盐铁专卖。

对边疆少数民族，王莽更以宗主的身份，责令改族名，改官名，把匈奴改称“降奴”、单于改称“服于”、单于原名囊知牙斯，因为新朝人名用单字，改单字“知”，并给单于发放改名后的新印。王莽认为，“溥天之下，莫非王土”，新印去“玺”字改为“章”。单于要求保留旧印，颁印的使者却将旧印砸坏。单于于是怨怼，终于起兵反莽。南方少数民族句町，也以不能称王而改封为侯。西域诸绿洲国，一律改王为侯。这些举动惹得从北至南的少数民族以及西域诸国，纷纷起兵反叛，使得新朝十几年间不断征兵征饷，成为引发全国性叛乱的重要诱因。

为去除政权中的汉代印迹，王莽不断萌发新的想法，尤以改货币为甚。王莽执政十几年，大的货币变革四次，和官制变革一样，越改越复杂，越改越乱，由错刀、契刀而六泉十布而货布，民无所从，引起经济混乱。为配合官制变换，王莽又改变官俸制度，却拿不出钱，致使各级官吏不得不奸弊百出，欺压百姓。

王莽的变革想法层出不穷，却并没有解决实际问题，导致政局混乱，民变蜂起。民变与边疆反叛相结合，使出世不久的新朝政权千疮百孔。反抗新朝的义军，较大的几支有赤眉、平林、新市、绿林等，往往以恢复大汉为号召，有的用汉年号，而王匡、王凤为首的绿林军（在绿林山起事，山在今湖北省随州、荆门市交界处）立刘汉后裔刘玄为更始将军。地皇四年（23），刘玄称帝，纪元“更始”，绿林军称汉军。更始皇帝派出大军进攻关中，兵锋直指常安城。

王莽在四面反叛中却没有好的退兵谋略，他一面派军队迎击，一面还寄希望于符命。早在天凤四年（17），他就铸造了一支象征北斗七星的铜“威斗”，随身携带，以压胜叛兵；压胜不成，天凤六年（19），又命太史推算三万六千年的历数，每六年一改元，以消解反叛；待到汉军攻入关中，王莽吃不下饭，睡不着觉，每天只是喝酒、吃鲍鱼、看兵书，派人去拆掉汉元帝和汉成帝陵园的影壁，往陵园墙上泼墨汁，以压胜汉军；当他派出的军队大败时，他以《易》经中有“先号咷而后笑”一句，率领群臣到南郊大哭，作告天策文，边念边哭，群臣百姓都可以参加，哭得昏天黑地，旁边开设粥棚，谁哭得好又念得好可以封为郎，以至聚集了五千多人一起大哭。

地皇四年（23）十月三日，常安四周的反叛豪族应合汉军攻破城门，王莽抱着符命、威斗，在从官簇拥下，逃到未央宫沧池湖中的高台“渐台”上，卫兵与汉兵用弓箭互射。待到台上箭射完，汉兵拥上渐台，斩下了王莽的首级。第二年，更始皇帝进入长安，王莽建造的崇儒大厦顷刻垮塌。

作者评述：严格说来，王莽基本上算不得一个真正的政治家，只不过是一个被推到政治前台的迂腐的儒家空想主义者。尽管他曾经虔诚地信奉儒家理想，严苛地身体力行，但是当儒家空想和被盲目鼓动起来的政治野心结合以后，他理想化的初衷就成了一场灾难。他会按照西汉儒士勾画出的西周社会图景，想出一个又一个复古的主意，出台一个又一个愚蠢的政策，却既不考虑这些政策的社会政治环境，又没有落实这些政策的操作办法和手段。他饱学却无术，最终由众望所归走向了众叛亲离。莽新一朝成为中国历史上最为诡异的一场政治闹剧。

荀悦

荀悦，字仲豫，颍川郡颍阴（今河南许昌）人，生于东汉桓帝建和二年（148），战国末年荀况的十三世孙。荀悦的祖父荀淑博学而高尚，曾任县长、侯国相，因不满时政，弃官归乡。荀淑育有八子，八子都有名声，时人称为“八龙”，荀悦即荀淑长子荀俭之子。

荀悦父亲早卒，故而家贫。但是荀悦承家学，自幼好读书，12 岁就能说《春秋》。因为贫穷无书，常趁人闲暇借读，过目能诵。待长大后，形态丰美，性格沉静，喜好著述。灵帝时，宦官用权，制造党锢，打击知识分子，荀悦托疾隐居，不大为人所知。

荀悦的堂弟荀彧非常敬佩荀悦，荀彧于初平二年（191）投奔曹操，深得曹操嘉许。曹操曾说荀彧是“吾子房也”，以荀彧拟于张良。建安元年（196），献帝自长安东归，因为洛阳在董卓乱后已经荒草杂树遍地，曹操迎献帝迁许都（今河南许昌县张潘镇）。这里原为荀氏家乡，荀彧为曹操推荐本地贤德多人，荀悦于此时亦被推荐入曹操幕府中。不久，荀悦为献帝看中，进入宫廷，在皇帝身边任黄门侍郎。献帝喜爱文学，荀悦和孔融等人成为皇帝侍讲，逐渐升至秘书监、侍中。

献帝十分欣赏荀悦的文才，感到班固的《汉书》难读，命荀悦以《左传》体另写一部西汉历史，荀悦最终写成《汉纪》。《汉纪》以《汉书》为基本资料，但也有所增删，对一些史料有所修正，今天仍可作为研究汉史的参考。

荀悦原本“志在献替”，即为君主指陈政务决策的得失。但是其时国务都操于曹操，皇帝身边的人“谋无所用”。荀悦于是将自己对社会、政务的意见写成《申鉴》五卷，申，申明意见；鉴，作为镜鉴。《申鉴》一书，虽然抒写个人政见，但基本只是论述原则意见，并不指斥现实或针砭曹操施政，所以既得献帝喜爱，也并不得罪曹操。与荀悦同为献帝大臣的孔融和曹操所赏识的荀彧，最后都被曹操迫害，而荀悦却得以寿终。荀悦于建安十四年（209）卒，享年62岁。

《申鉴》所论政事，其中有关于货币的“议钱货”一篇，用“答客难”体，其文如下：

> 或问货。(答) 曰，五铢之制宜矣。
>
> 曰，今废，如之何?(答) 曰，海内既平，行之而已。
>
> 曰，钱散矣，京畿虚矣，其势必积于远方。若果行之，则彼以无用之钱，市吾有用之物，是匮近而丰远也。(答) 曰，事势有不得，官之所急者谷也。牛马之禁，不得出百里之外。若其他物，彼以其钱取之左，用之于右。贸迁有无，周而通之。海内一家，何患焉。
>
> 曰，钱寡矣。(答) 曰，钱寡民易矣。若钱既通而不周于用，然后官铸而补之。
>
> 或曰，收民之藏钱者，输之官牧。远输之京师，然后行之。(答) 曰，事枉而难实者。欺慢必众，奸伪必作，争讼必繁，刑杀必深。吁嗟，纷扰之声，章乎天下矣。非所以抚遗民，成缉熙也。
>
> 曰，然则收而积之与?(答) 曰，通市其可也。
>
> 或曰，改铸四铢?(答) 曰，难矣。
>
> 或曰，遂废之?(答) 曰，钱实便于事用，民乐行之，禁之难。今开难令以绝便事。禁民所乐，不茂矣。
>
> 曰，起而行之，钱不可，如之何?(答) 曰，尚之废之。弗得已，何忧焉。

作者评述：经历了王莽新朝对货币制度的严重破坏以后，终东汉一代，货币经济始终处于布帛粟米铜钱杂用的状态。特别是豪强势力空前发展，控制了大量土地和人口。在豪强的大庄园内部，自然经济占据着主导地位，严重挤占了国家的商品经济空间。因而史书关于东汉的货币经济记载既少，相关人物和言论也相应少见。时贤常称章帝时张林和桓帝时刘陶的言论为“货币思想”，其实，张林议论的出发点只是一个中级贪吏的私利；刘陶的言论也不过是一个太学生的见解，其主旨并不在货币，而在说明对现实社会和物资短缺的看法，所涉货币的几句，也只是年轻人激愤之言。但是荀悦的“议钱货”却是一个学者对货币问题的真知灼见，有着真正的思想史意义。

沈充

沈充，字士居，西晋时期的江南豪强，不知其生年，吴兴（今浙江湖州）人，“颇以雄豪闻于乡里”。西晋南渡，王导、王敦等北方世族拥立琅玡王司马睿为皇帝，同时联络南方世族，以共同支撑东晋半壁江山。其时王导任侍中、司空，在朝中掌控大局；王敦任侍中、大将军、都督六州军事、荆州刺史，掌控军队。沈充因为“少好兵书”，被王敦罗致，引为自己的参军。沈充把自己的同乡钱凤推荐给王敦，任铠曹参军。

王敦领兵在外，手控强兵，骄横自恣，不满元帝司马睿宠信刘隗、刁协，遂有了问鼎之心。其时王敦屯兵建康上游，而沈充仍在吴兴，王敦就以钱凤为密使，托言为父奔丧，与沈充联络。永昌元年（322），王敦在武昌起兵，在诛刘隗、刁协的名义下，向建康进军，而沈充则从吴兴起兵，与王敦成夹击建康之势。结果建康守将周札打开城门，刘隗出逃，投向北方后赵；刁协被杀，叛军控制了建康，而沈充则攻陷吴国（今江苏苏州）。

叛军进城后，在城内放纵士兵大肆劫掠，又侵扰宫室、官府，杀害大臣。然后王敦自任丞相、江州牧，加爵武昌郡公，回兵屯武昌，以沈充、钱凤为谋主。于是沈充等人骄横跋扈，随意杀害对手，“又大起营府，侵人田宅，发掘古墓，剽掠市道”。元帝因王敦一伙的残暴，忧愤而崩。王敦又企图阻止太子司马绍继位，后因大臣力阻而作罢。

王敦退回武昌后病重，钱凤问王敦后事安排，王敦说，我死之后，解散士兵，归身朝廷，是为上策；退守武昌，收兵自守是中策；率众东下攻建康，万一侥幸，是计之下也。钱凤听后与沈充计议，认为王敦的下策“乃上策也”，两人谋定，待王敦死后即发难。

丹杨尹温峤向明帝司马绍揭发了王敦的阴谋，明帝决定发兵西向讨王敦。同时为解除后顾，派人劝说沈充，只要沈充不发难，许以司空的高位。沈充不听，对妻子说：“男儿不竖豹尾，终不还也。”豹尾，是指天子车队的旗帜。

明帝下诏讨王敦，王敦发兵三万迎战，明帝同时以五千户侯悬赏捉钱凤、以三千户侯悬赏捉沈充。开战不久，王敦病死，钱凤领兵东进，沈充从吴发兵万人响应。结果钱凤被斩，沈充逃回吴兴，逃到自己的旧部吴儒的家里。吴儒将沈充骗入夹壁墙，笑曰：“三千户侯也。”沈充说，若以义气放了他，沈氏宗族必有厚报，若杀了他，吴氏将被灭族。吴儒最终还是杀了沈充。事平之后，明帝发王敦墓，与沈充一同悬首示众。沈充之子沈劲被同乡藏匿得存，长大后竟杀灭吴氏一家。沈劲后为雪耻，参军赴前线，死于战事。

《晋书·食货志》载：“元帝过江……吴兴沈充又铸小钱，谓之沈郎钱。”沈充什么时候铸钱，铸的什么钱，始终为历代钱币学家所困惑。曾有过对传世小钱的种种猜测，又往往为新的资料否定。现在一般认为，这是一种较为轻小、铸造粗糙，有的甚至文字不全的青铜钱币。

作者评述：沈充在附和王敦起事前，不过是一个江南普通豪强，此前未闻江南豪强有私自铸钱事。永昌元年（322）正月沈充从吴兴发兵，攻占吴国，到明帝太宁二年（324）七月从吴地出兵响应王敦、钱凤，进至建康附近青溪时，败亡走吴兴，时间不过两年半。此间只有沈充有动机、机会和条件铸造钱币。所以，所谓“沈郎钱”，既不是东晋正式的钱币，所涉地域也不过太湖附近而已，且数量必不会多。

孔琳之

孔琳之，字彦琳，会稽山阴（今浙江绍兴）人，生于东晋废帝海西公太和四年（369）。孔琳之出身官宦世家，与东晋文人一样，读书好深纠文义、解音律、会弹棋（一种古代棋戏）、善书法。

东晋后期，桓玄任太尉，征孔琳之为西阁祭酒。桓玄是东晋中期掌控朝政的桓温的幼子，桓温准备废帝自立，未成而薨。桓玄嗣父爵南郡公（南郡，今湖北荆州市），长期以荆楚为根据地。东晋后期，趁国内战乱、孙恩起事，进逼建康之时，桓玄以勤王为名，聚众起兵东下。安帝元兴元年（402），桓玄进入建康，自任太尉、都督中外军事，总揽朝政。东晋把最高官职三公扩增为八公（原太宰、太傅、太保三公不常置），太尉即八公之一。八公都可以设置各自的长史、东阁祭酒、西阁祭酒、门令史、西曹学事、东曹学事等属官。西阁祭酒不过是诸公设置的为自己管理图书资料、顾问制度礼仪的官员。

桓玄进入京师，篡位之心陡涨，以皇帝名义，自封楚王，为自己加九锡，穿戴衮冕，大赦囚犯，改元。第二年，又制造一系列虚假事件：上表归藩回荆州，再以皇帝名义下诏挽留；制造祥瑞事件；又以盛世当有大隐为名，抬出名人，却私下令其推让不受，给以高士的称呼，被世人嘲笑为“充隐”；再出台几项新政策，最为引起争议的，一是把死刑改为斩右足的肉刑，一是禁止使用青铜钱币，这两项政策都遭到孔琳之的反对。

劓、刖之类致人残疾的刑罚是先秦法律的规定，汉代以后早已废止。在治、乱不同的形势下，总有人提起“复肉刑”的建议。但这毕竟太过残酷，早已为历史所抛弃。桓玄此议在孔琳之反对下没能实行。

东晋的货币市场，一直是谷帛钱币并用，政府虽然没有铸造新币，在市场交易中前朝旧币基本在正常流通。所以孔琳之提出了自己的反对意见。他先是举经典，说《尚书·洪范》所说“八政”中，“货”仅次于“食”而列第二，说明货币是“交易之所资，为用之至要者”，圣王是把钱币这样的“无用之货以通有用之财”（这里所谓“用”是生活的基本要素“吃”和“穿”）。接着指出不用钱币而用谷帛的弊病，“谷帛为宝，本充衣食，今分以为货，则致损甚多。又劳毁于商贩之手，耗弃于割截之用”。谷帛的原始职能是吃穿，现在要拨出一部分作为货币，本身就有损耗，布帛在商贩手中又要裁割，这种弊病，从谷帛为币之初就存在。所以三国时钟繇就说出了当时的现象，谷中掺水、制作薄绢，当时用严刑都无法制止。孔琳之举出春秋时晋文公城濮之战的故事，说明“竭泽而渔”，“虽有一时之勋，不如万世之益”。

孔琳之最重要的论点在于：

> 今括囊天下之谷，以周天下之食，或仓庾充衍，或粮靡斗储。以相资通，则贫者仰富。致之之道，实假于钱。一朝断之，便为弃物，是有钱无粮之民，皆坐而饥困，此断钱之立敝也。且据今用钱之处不为贫，用谷之处不为富。又民习来久，革之必惑。

现在要用天下的谷米来周济天下人的口粮，但是有的地方仓廪满实，而有的地方却没有斗米之蓄，只要把这些不均衡相互流通，贫困地方就能够仰仗富裕地方。要做到这样，就必须借助于钱。一朝废弃钱币，则有钱无米的百姓就只能坐待饥困。况且现在用钱币的地方并没有贫困，而用谷帛的地方也并没有因此而富，百姓用钱习来已久，革除必然带来问题。孔琳之的意见得到很多大臣的赞同，而桓玄自己本来没有定见，只是为了突出自己的政绩而标新立异，这一政策也就胎死腹中。

桓玄在篡政的道路上越走越远，又为自己加十二旒的天子之冕，又为自己设天子的仪仗，等等，而孔琳之又不肯顺从，于是去官归里。家乡会稽郡的内史司马休很看重他的名望，一直请他出任官职。晋亡入宋以后，孔琳之仍然出仕，官至御史中丞、祠部尚书。

孔琳之在刘宋景平元年（423）卒，年55岁。至死“不治产业，家尤贫素”。

作者评述：孔琳之论点的核心在于，他充分认识到，货币不仅用于交易，而且是政府用于调节、配置社会资源的重要工具。

顾烜

顾烜，吴郡（今江苏苏州）人，南朝学者，诸史无传。据《陈书·顾野王传》，烜父顾子乔曾任萧梁武陵王府参军事。以此推之，顾烜当生于齐末梁初，当时以儒学知名，早年可能曾任过建安县（今福建建瓯）县令。

中大通四年（532），梁武帝养子萧正德被封为信武将军、临贺郡王、吴郡太守，顾烜被召为王府记室，兼吴郡五官掾，这是王府和太守的幕府属官。太清三年（549），顾烜死于“侯景之乱”。

顾烜的死因尚不清楚。他的主公临贺王萧正德在“侯景之乱”中与侯景勾结、策应；侯景攻入建康后，萧正德率所部叛变，被侯景立为“皇帝”；侯景败退时又为侯景所杀。顾烜为萧正德部属，又死于此时，死因当是取决于他本人的政治态度。

◆苏州顾烜墓

（苏州钱币学会邹志谅提供）

民国时期，革命元老李根源隐居苏州，为编纂苏州地方志，遍访苏州山川，访得《顾氏家谱抄本》，并据抄本在藏书镇小王山发现了顾烜墓。墓前有大石碑一通，碑后并列三墓，碑文为“汉驰义侯顾氏迁吴始祖贵”“吴丞相封醴陵侯顾雍”“梁建安令赠侯爵顾烜之墓”。碑为顾氏后人于清嘉庆年间所立，为先祖讳，仅称早年官职建安令而不提曾为临贺王部属是可以理解的，但是碑文还提到顾烜被赠侯爵。以一个县令或一个王府记室，一般情况下远不够被封爵。联系到《陈书》记顾烜的儿子顾野王在“侯景之乱”期间“丁父忧，归本部，乃召募乡党数百人，随义军援京师”，侯景乱平后，顾野王深得嘉许，顾烜很可能是因为反对萧正德反叛而死，其爵位当属追赠的荣誉衔。

顾烜对货币史的贡献在于他写了一部《钱谱》。

就货币史而言，早在《史记》中，司马迁的《平准书》已经在叙述社会经济状况时第一次记录了西汉时代的货币铸造和发行，班固的《汉书·食货志（下）》又第一次成为一部西汉货币专史。东汉末年以后，除西晋短期统一外，国家处于分裂割据状态长达两百多年。这两百多年中，货币状态极其混乱淆杂，即便当时人也往往很难分清市上杂用的各种钱币。而由于多数割据政权寿命极短，难于留下完整的史料，对货币的文字记述也残缺不全。现在所能看到的关于货币的专著，仅在《隋书·经籍志》中留有三种书名：一曰《刘潜泉图记》、一曰《钱谱》、一曰《钱图》，另外北宋《崇文总目》还记录了顾协的《钱谱》一卷，四种书都出于梁人所撰。《经籍志》的《钱图》和《崇文总目》所载《钱谱》只见书名，从未见其他地方有所记录，只有刘氏和顾烜的两种钱币著作还有踪迹可寻。

《刘潜泉图记》在《经籍志》中列在“五行”一类中，作者解释五行：“五行者，金、木、水、火、土，五常之形气也。”即描述事物的形状、气势。这一类书收录272部，多为九宫、遁甲、占卜、释《易》、望气、祥瑞之类，最后收有若干相书。所谓“相”，是观察事物的外形、气质，这类书收有相宅、相手、相马等。在《相马经》一书下有小字夹注，列举梁朝《相马经》《相鹤书》《相鹅经》等杂相书，最后举了《刘潜泉图记》三卷，下记一字“亡”，即此书在唐代已经亡佚。

《钱谱》在《经籍志》中列在“谱系篇”最后，此类所收多为“氏姓之书”，包括帝系、姓氏，最后列了《竹谱》一卷、《钱谱》和《钱图》各一卷，《钱谱》下注“顾烜撰”。

刘潜和顾烜的书虽然都已亡佚，好在流传至今的南宋洪遵的《泉志》中，还保留了一些顾烜《钱谱》的文字，约有40余条，约略可以窥见原书的一斑。在洪遵《泉志》所引的顾烜文字中，又可见到顾烜转引的《刘氏钱志》一书的数条。有学者认为，这个《刘氏钱志》很可能就是《刘潜泉图记》，只是引文太少，难于考订。由此也可见，梁时为钱币作解的书籍已有多家，但是现在所能见到引文最多，且为后世研究货币最为重视的，就是顾烜的《钱谱》，因而常被研究者称为最早的钱币谱录，洪遵在“《泉志》序”中就说，历代钱币“秦汉而降，制作相踵，岁益久，类多湮没无传。梁顾烜始为之书，凡历代造立之原，若大小轻重之度，皆有伦序，使后乎此者可以概见”。至少就流传至宋朝的钱币书籍而言，此说是大致不错的。

以今天的眼光看，《史记·平准书》和《汉书·食货志》应当算作货币史的论述，而顾烜《钱谱》重在将每一种钱币的铸行时间、铸主、形态、钱文、尺寸、重量等，特别是钱币的器物特征，细致地列为谱录，这是第一次以器物学的方式记录货币，而且具备了记录器物的基本要素。《钱谱》将对钱币器物的记叙与货币史的论述分开，因而现代学者也常认为，顾烜《钱谱》是中国最早的钱币学著作。

尤其值得注意的是，由于国家处于分裂割据状态，从《后汉书》以后，各种正史大多或是没有“食货志”，或是“食货志”极其简略，没有对于货币的专论，后世要理清当时的货币状况就极其困难。顾烜正是梁人，处于“杂用前朝旧钱”的时代，以当代人写当代钱，不但能补充正史不足，而且比之一般后朝人写前朝史更为确实、可靠。顾烜开启了一个新学科的门扉，为货币史研究打下了基础，对后世钱币学的发展都有着不可磨灭的贡献。

作者评述：谱系在西周以后的宗法社会中虽然重要，却主要是帝王之学。西晋末年，世家大族逃难南渡，北方原有的门阀大族已经离乱，江南又出现大量寒族冒姓现象，使谱系之学一时成为士大夫中的显学。除帝王世系外，时人纷纷编撰姓氏谱、家谱。文人中由姓氏之谱又推而广之为清玩之谱，于是有了竹谱、钱谱。到唐宋时期，更有花谱、茶谱、药谱、香谱、笋谱等种种之谱。东晋以后货币市场上的杂乱现象又为钱币制谱提供了现实的需要和物质的可能。

元澄

元澄，原名拓跋澄，北魏宗室，生于北魏献文帝天安二年（467）。其父拓跋云，本是太武帝拓跋焘的太子之子。太子早薨，拓跋云被封为任城王（任城，今山东济宁）。拓跋云随献文帝东征西讨，战功卓著；在地方为官清廉，为民称颂。太和五年（481）薨后，长子拓跋澄袭爵任城王，孝文帝二十年（496）改拓跋为元姓后，称元澄。

元澄少而好学，袭爵后曾北讨柔然、西平氐羌，当时文明太后冯氏临朝，称赞他“风神吐发，德音清婉，当为宗室领袖”。说这话时，太后特意强调“我不妄谈人物也”。孝文帝亲政后，准备变革，召见元澄，相谈之后以春秋时郑国名卿子产相比，称元澄为“魏之子产”，又说，“朕方创改朝制，当与任城共万世之功耳”。

太和十七年（493），孝文帝计划从平城（今山西大同）迁都洛阳，鲜卑贵族多不愿改变北方草原生活方式，极力反对。孝文帝私下召问元澄，元澄说，“伊洛中区，均天下所据，陛下制御华夏，辑平九服，苍生闻此，应当大庆”。又说，“此既非常之事，当非常人所知。唯须决之圣怀，此辈亦何能为也”。孝文帝大加赞赏，说“任城便是我之子房”，以汉张良相喻。又派元澄向亲贵、大臣解说，元澄引古论今，徐徐开导，终于说服众人迁都。孝文帝任元澄为吏部尚书，不久又升右仆射（相当副宰相）。孝文帝临崩，托元澄为顾命。

宣武帝后期，一心向佛，朝政为外戚高肇把持。高肇唯恐失权，大力迫害宗室，元澄受高肇离间，于是终日饮酒，以示荒唐，被当时人称为“狂”。延昌四年（515），宣武帝暴崩，大臣们都奏请元澄出任尚书令（相当宰相），重领朝政。

宣武帝之子元诩继位时仅5岁，灵太后胡氏临朝称制。元澄为此专门写了《皇诰宗制》《训诂》各一卷，向太后和幼帝劝诫。同时又上了利国济民应办的十条，其内容包括：当前公私度量衡不同，应当统一；兴学校；除规定赋役之外，不再烦民；临民之官，不能长任，必须有黜陟；工商户不能重加租调，应当免除，使专其业等。考虑到孝文皇帝虽有“均田令”，具体执行中问题尚多，又写了垦田授受之制八条，虽然没有留传下来，但应当具有“均田令”执行细则的性质。

灵太后崇佛，又爱奢华，在洛阳大兴土木，起佛寺，造佛塔，塑佛像，百姓疲于土木之功，金银之价为之踊上，百官精力用于事上，官府库藏为之空耗。元澄又向太后上了长篇表文，予以劝诫，说“食土簋而妫德昭，寝卑室而禹功盛，章台丽而楚力衰，阿房壮而秦财竭。存亡之由，灼然可睹”。灵太后虽然没有因为此表文而节俭起来，却对元澄极为优容。

神龟二年（519），元澄薨，时年53岁。谥“文宣王”，灵太后亲送至郊外，备极哀荣。

元澄一生，为国事上表很多，其中向灵太后详解货币事极为重要，而被单独列入《魏书·食货志》。

元澄论钱在熙平元年（516），即孝明帝初即位，灵太后初临朝之时。元澄上言充分肯定太和五铢和永平五铢的作用，称“窃寻太和之钱，高祖（按指孝文帝）留心创制，后与五铢并行，此乃不刊之式”。但是从市场的实际情况来看，五铢钱在京师非常流行，但各地用钱的实际情况很不平衡。

> 太和五铢虽利于京邑之肆，而不入徐扬之市。土货既殊，贸鬻亦异，便于荆郢之邦者，则碍于兖豫之域。致使贫民有重困之切，王道贻隔化之讼。

政府铸造的钱币，在洛阳十分通行，但没有进入南边的徐州、扬州地区。地方货币若各不相同，结果是在荆郢即长江中游一带的物资就无法进入中原地区，由于商贸不通，造成民众受困，中央政府的精神也不能抵达各地。

元澄回顾说，永平三年（510）时，有关部门曾奏请“断天下用钱不依准式者”，即禁止全国各地不按太和五铢和永平五铢行用钱币的现象。当时宣武帝答复下敕："不行之钱，虽有常禁，其先用之处，权可听行，至年末悉令断之。"

元澄提到，两三年前，徐州灾荒，刺史奏请在当地通行地方铸造的"土钱"，下旨的批复又是按过去的规定行用。元澄认为，实际情况比这还要严重：

谨寻不行之钱，律有明式，指谓鸡眼、镮凿，更无余禁。计河南诸州，今所行者，悉非制限。昔来绳禁，愚窃惑焉。又河北州镇，既无新造五铢，设有旧者，而复禁断，并不得行，专以单丝之缣，疏缕之布，狭幅促度，不中常式，裂匹为尺，以济有无。至今徒成杼轴之劳，不免饥寒之苦，良由分截布帛，壅塞钱货。实非救恤冻馁，子育黎元。

官府早有明文规定，除鸡眼、镮凿之类属不允许行用的钱币外，其他钱币并不禁止。现在河南（指黄河以南的中原地区）地区凡不禁止的钱币就都可以通行。但是黄河以北地区，新铸五铢没有流行，旧有钱币又被禁止，只用一些单薄、粗陋，不合规格的缣帛撕开当作钱币使用。这样白白浪费民间纺织之劳，还妨碍钱币的流通，不是救恤贫民的办法。元澄提出改变的意见：

愚意今之太和与新铸五铢，及诸古钱方俗所便用者，虽有大小之异，并得通行。贵贱之差，自依乡价。庶货环海内，公私无壅。其不行之钱，及盗铸毁大为小，巧伪不如法者，据律罪之。

即令全国通行钱币，除本朝新铸的钱币外，旧钱只要不是明令禁止的鸡眼之类，都可以行用，其间大小差价由市场自行决定，这样全国钱币通行，物资也畅通。凡使用明令禁止的钱币的、盗铸钱币的、毁大改铸小钱的、取巧不依法的，按律治罪。

元澄的上言并没有引起太后重视，加之北魏与萧梁间边境紧张，太后下诏“钱行已久，今东南有事，且可依旧”，不加理会。元澄没有放弃，再次上奏。他表示自己“庶罄心力，常愿货物均通，书轨一范”。但是自己的上言被驳为“钱行已久，且可依旧”。于是重新思考，提出意见：

太和五铢乃大魏之通货，不朽之恒模，宁可专贸于京邑，不行于天下！但今戎马在郊，江疆未一，东南之州，依旧为便。

这是表示尊重太后的驳议。接下来他说：

至于京西、京北域内州镇未用钱处，行之则不足为难，塞之则有乖通典。何者？布帛不可尺寸而裂，五谷则有负担之难。钱之为用，贯襁相属，不假斗斛之器，不劳秤尺之平，济世之宜，谓为深允。

京西指关中地区，京北则指黄河以北，即今河北、山西诸地。这些地方要行钱有钱币不足的困难，不行钱则有碍流通。只有钱币，不借助斗秤，是济世之宜。所以元澄请求：

请并下诸方州镇，其太和及新铸五铢并古钱内外全好者，不限大小，悉听行之。鸡眼、镮凿，依律而禁。河南州镇先用钱者，既听依旧，不在断限。唯太和、五铢二钱，得用公造新者，其余杂种，一用古钱。生新之类，普同禁约。诸方之钱，通用京师。

要求各地方州镇，本朝钱币和古钱，只要是内外全好的，除鸡眼、镮凿外，通用行使。在河南诸州，也就是中原原本用钱的地区，太和和新铸五铢钱，只许用官府新铸，凡民间自铸盗铸新铸的一律不许用。各地方的钱币（包括割据时期和南朝的钱币），在京师也一律通行。

其听依旧之处，与太和钱及新造五铢并行。

若盗铸者罪重常宪。

符旨一宣，仍不遵用者，刺史守令依律治罪。

所谓“听依旧之处”，即太后所说的“东南有事”的边疆州镇，也就是前次上言的“徐、扬之市”。所谓“与太和及新造五铢并行”，即实际上否定了太后的意见，让本朝新钱进入东南徐扬地区。“罪重常宪 ”是对盗铸者要从严惩处；对执行不力的地区，州刺史、县令、郡太守也要依律治罪。

由于元澄的一再坚持，太后终于对元澄的意见“诏从之”。但是在实际执行中，河北地区毕竟多年缺少钱币，布帛实物仍然无法一时禁断。

作者评述：北方地区的货币状态复杂化固然有地区自然条件差异和经济发展不平衡等的因素存在，但割据和战乱是最重要的原因。自司马氏南渡以后，元澄是第一个清醒地看到国内不同地区经济条件差异的人。他的意见既坚持了货币统一的方向，又能够根据不同地区的现状采取不同的政策，是难能可贵的。但是当时南有萧梁对峙，北有保守的鲜卑贵族反对，内有政治的不稳定，他的政策难于实际贯彻。

高谦之、高道穆兄弟

高谦之，字道让，北魏孝文帝太和十一年（487）生，祖籍渤海蓨县（蓨，Tiáo，今河北衡水景县）。高道穆，名恭之，字道穆，高谦之之弟，以字行世，太和十四年（490）生。高氏兄弟之父高崇，袭为男爵，曾任洛阳县令，为官清廉决断，县内肃然。高氏家资富厚，僮仆千余，而高崇尚俭素，律己甚严。高氏兄弟承乃父风范，也是正直不阿，而且都深研经史，多与名流儒士结交。

孝明帝正光年间，高谦之袭父爵任为奉车都尉、廷尉丞，这只是一个从第五品上阶的中级官员，廷尉的属官。正光四年(523)，北方游牧部族柔然（北朝蔑称其为蠕蠕）阿那瓌（guī）报告缺粮困乏。尚书左丞元孚受命抚慰，结果不但没有安抚柔然，反而被阿那瓌扣留。阿那瓌在边境劫掠牛羊数十万头、人口两千后北遁。朝廷派十万大军追讨，出塞三千里，不及而还。元孚还朝后，孝明帝命廷尉研究对元孚的处置。廷尉和廷尉正、监等属官都替元孚开脱，只有高谦之坚持认为元孚没有完成抚慰柔然的任务，造成重大损失，应当处以流罪，孝明帝最终同意了高谦之的意见。

这时高道穆在御史中尉府中任御史，出使相州（州治邺，今河北临漳县)。相州刺史是战功赫赫、声名显赫的外戚李崇之子李世哲。李世哲凭借外戚身份，在相州逼买民宅，强迁佛寺，扩大宅基，广修屋宇，民怨不息，还有在屋脊上置鸱尾等逾制行为。高道穆了解情况后，断然命人拆毁新屋，纠查李世哲的收贿赃物，并将结果上表报告。此事尽管因为李氏家族的权势不了了之，却为高道穆赢得了皇帝的信任，世间称高氏“父子兄弟”当朝名臣，但也得罪了李氏外戚。

正光末年，朝政突变，灵太后二次临朝称制，外戚、佞臣环绕太后。高谦之上书，指陈军队弊病和民间苦于征发，为太后身边的宠要忌恨，谗言高谦之有学问，应当任职国学，于是太后把高谦之改任为国子博士。

孝昌三年（527)，由于民间钱币不足，朝政议论铸钱，高谦之被任为“铸钱都将长史”。高谦之于是建议铸造三铢钱，为此他上表说明他的意见。他开篇就说，“盖钱货之立，本以通有无，便交易。故钱之轻重，世代不同。”这是他主张铸三铢钱的中心思想。接着他从太公九府圜法起，追溯周景王铸大钱、汉初改铸榆荚、武帝铸三铢、王莽钱有六等、曹丕罢五铢、孙权铸当千，结论是“轻重大小，莫不随时而变”。当谈到当今现实的时候，他说：

> 今群妖未息，四郊多垒，征税既烦，千金日费，资储渐耗，财用将竭，诚杨氏献税之秋，桑兒言利之日。夫以西京之盛，钱犹屡改，并行小大，子母相权。况今寇难未除，州郡沦败，民物凋零，军国用少。别铸小钱，可以富益，何损于政，何妨于人也？且政兴不以钱大，政衰不以钱小，惟贵公私得所，政化无亏，既行之于古，亦宜效之于今矣。①

他所说“杨氏献税”是指杨可告缗，汉武帝时杨可主持征收商税，凡自报不实者，鼓励揭发，没收被揭发者财产，一半用于奖励告发人。“桑兒言利”指桑弘羊和兒（ní）宽。其实告缗并不是杨可献计，兒宽也不是言利之臣，不过是曾为张汤工作过而已。所谓“西京之盛”指西汉，高谦之是随举古人以说明“并行小大，子母相权”的意思。最后他写道：

> 臣今此铸，以济交乏。五铢之钱，任使并用，行之无损，国得其益，穆公之言于斯验矣。臣虽术愧计然，识非心算，暂充钱官，颇睹其理。苟有所益，不得不言。脱以为疑，求下公卿博议。如谓为允，即乞施行。

这里所说“穆公”，指春秋时东周王室卿士单旗，单旗谥穆，《国语》中有单旗对周景王讲子母相权的段落。“计然”是春秋时人，博学善算，帮助越国从穷到富，打败吴国。高谦之的结论是，原有五铢钱可以照用，新铸三铢钱与五铢“小大并行，子母相权”。

高谦之是铸钱主管官，他的意见上达后，太后原拟同意。恰

---

① 《魏书》卷七十七列传第六十五。

在此时，谦之的家僮与一个平民发生纠纷，被太后的宠臣李神轨得知。李神轨正是被高谦之的弟弟高道穆在相州处理过的李世哲的弟弟，他私下怂恿那个平民以僮仆告良民为由，将事闹到尚书处，尚书把高谦之押到廷尉。此时宫廷发生突变，灵太后二次临朝后，政治上专权，生活上淫乱，又多次害死孝明帝重用的大臣，引起孝明帝严重不满，母子失和。在此情况下，孝明帝暴崩，灵太后谎称明帝的潘嫔生子，以继明帝，大赦改元。高谦之本应被赦，李神轨又因私仇在太后面前进谗言，使太后下诏，把高谦之在狱中赐死。铸钱的事自然不了了之。

高谦之在表文中说“群妖未息，四郊多垒”，“寇难未除，州郡沦败”，正是当时大魏国国情的真实写照。魏自孝文帝迁都以来，延至宣武帝、孝明帝，与南朝一直处在拉锯式战争关系中；魏的北方，大漠草原上柔然部族强大起来，阿那瓌时贡时掠；为防备柔然进袭，北方驻兵诸镇时时准备打仗，但却难以得到生活保障，于是从孝明帝正光四年（523）起，诸镇不断爆发反抗，声势大者达数万乃至十几万人，一些势力竟称王改元，政府不得不用大力镇压；与北方诸镇相呼应，关中的羌、氐各族也爆发起义。起义坚持几年后，几股势力融合，形成了一股以葛荣为首的强大势力，号称百万之众，自立国号，对魏形成极大威胁。

高谦之被害后，高道穆怕再遭李神轨毒手，托庇于侍中元子攸处。元子攸是彭城王元劭的弟弟，因为受到孝明帝的喜爱，一直在宫中陪侍，任侍中。元子攸很看重高道穆，把道穆接到府中保护起来。不久，元子攸自己因为哥哥彭城王元劭不满太后而被改任中书监，实际上是排挤出了宫廷。高道穆不得不改换姓名，携家逃出洛阳避难。

元子攸暗中联络大将尔朱荣，尔朱荣遂以太后失德，入匡朝廷为名，进兵洛阳。尔朱荣入洛后，杀太后和朝廷官员两千多人，拥立元子攸为皇帝，是为孝庄帝。

孝庄帝登基后，派人寻到高道穆，任其为尚书三公郎中、宁朔将军，直到升至中书舍人、前军将军。此时尔朱荣击败葛荣，孝庄帝于是改元为“永安”。然而国并不“安”，宗室元颢投靠南朝萧梁，南朝派大将陈庆之响应，攻入中原。高道穆献计北走，又连夜秉烛作诏书数十道令各地勤王。尔朱荣会合皇帝后，在高道穆和度支尚书兼给事黄门侍郎杨侃策划下，终于击败元颢，高道穆和杨侃陪同皇帝回到京师。高道穆被任为征南将军、金紫光禄大夫、御史中丞，史书称其“外秉直绳，内参机密，凡是益国利民之事，必以奏闻。谏诤极言，无所顾惮”。皇帝信任高道穆，又追赠高谦之征虏将军、营州刺史，赠谥号“康”。

由于局面稍定，杨侃提出了铸钱之议。高道穆前有其兄铸钱之事未果，于是再次上表，表达意见，其文曰：

> 四民之业，钱货为本，救弊改铸，王政所先。自顷以私铸薄滥，官司纠绳，挂网非一。在市铜价，八十一文得铜一斤。私造薄钱，斤余二百。既示之以深利，又随之以重刑，罹罪者虽多，奸铸者弥众。今钱徒有五铢之文，而无二铢之实，薄甚榆荚，上贯便破，置之水上，殆欲不沉。此乃因循有渐，科防不切，朝廷之愆，彼复何罪。昔汉文帝以五分钱小，改铸四铢；至武帝复改三铢为半两。此皆以大易小，以重代轻也。论今据古，宜改铸大钱，文载年号，以记其始，则一斤所成止七十六文。铜价至贱五十有余，其中人功、食料、锡炭、铅沙，纵复私营，不能自润。直置无利，自应息心。况复严刑广设也。以臣测之，必当钱货永通，公私获允。①

① 《魏书》卷七十七列传第六十五。

高道穆指出，世间钱币越来越小，不足二铢。铜价一斤 81 文，用以铸小钱可得 200 多文，这是由于官吏长期因循懈怠，防范不严，而非民间之罪。他以汉代为例，指治理小钱应用足重的大钱。所以他提议铸造带有年号的足重大钱，所谓足重标准是一斤铜铸钱 76 文。高道穆指出：即便铜价便宜到 50 多文一斤，铸出 76 文，成本还须加上人工、火炭、铅锡、模沙，无论如何难以得利。

道穆的意见显然说服了孝庄帝，永安二年（529）九月，“永安五铢”正式开铸，官自立炉，不许民间私铸。南北朝时期度量衡混乱，各朝屡次欲加统一而难以做到，现在出土的衡权实物重量也出入甚大，难以对高道穆的数据予以实估。但是从传世和出土的钱币来看，官铸“永安五铢”钱大多精好厚重，有的达 4 克以上，以汉铢论，远超 5 铢，甚至达到 6 到 7 铢。这也是高道穆意见的表现。世见轻小的永安钱币，多是私铸或是北魏分裂后的产品。

高道穆虽深得皇帝信任，却绝不滥用这种信任，也不惧权贵。其时，尔朱家族因为勤王救难而权势隆盛，尔朱荣的叔伯兄弟尔朱世隆爵封开国公，任尚书右仆射，上朝时衣冠失仪，高道穆随即纠弹；皇帝的姐姐出门不遵交通管制，高道穆竟命士卒把公主的车砸碎。

永安三年（530），皇帝忌惮尔朱荣势大，设计招尔朱荣入宫朝见，埋伏刀斧手，亲手杀了尔朱荣，尔朱世隆因而反出京城。高道穆遵旨督战，因功升任大都督兼尚书右仆射。然而尔朱荣的侄子尔朱兆很快攻陷洛阳，俘杀孝庄帝，尔朱世隆随立元恭为帝。普泰元年（531），高道穆称病辞官，尔朱世隆称高道穆忠于前朝，将他杀害，时年 42 岁。第二年，尔朱氏部下大将高欢部众攻入洛阳，诛灭尔朱氏，控制朝政。太昌元年（532），孝武帝追赠高道穆使持节、车骑大将军、仪同三司、雍州刺史。

作者评述：论德行学问，高氏兄弟固然同样可贵，但二人关于货币的见解却恰是相悖。高谦之的意见是容忍社会小钱的存在，官为铸造一种小钱，与标准五铢“子母相权”。这实在是迂腐之见。三铢与五铢以汉衡计，差别仅为 1.3 克，何况市场钱币大小不一，新旧杂行，三铢与五铢实难“相权”，此计徒增混乱，幸而未行。高道穆的意见是用足重钱币排斥劣币，是极有见地的，但前提是社会安定、政治稳定和政府有足够的权威。然而这几点孝庄帝时期都不具备，所以“永安五铢”寿命也不长。不过永安钱毕竟在东西两魏得到了一定程度的延续。

后　记

早在1995年，我就曾考虑，经过中国钱币学会成立十多年的努力，可以开始策划学会成立之初的设想，动手组织《中国货币史》的写作工作。我甚至曾经做过设想计划，邀请各方的一些专家共同完成，也和打算邀请的几位专家做过交流，获得了他们热情的赞成。但是当真正打算展开这项工作的时候，就发现事情远非简单。且不说专家们自己手边繁重的工作，就是史学界、钱币学界若干部大型作品，有着强大的行政力量支持，我也亲见了它们诞生之难、耗时之长。此议当年也就不了了之。然而对此事的挂念，仍耿耿于怀，甚至一直在考虑它的写作方法、体例等。

2009年，湖南人民出版社经济读物编辑部的唐长庚主任和我谈到《中国货币通史》的编写。他表示，出版社对全书的编写不做任何干涉，全力支持，只希望能编写出一部好书。能不能编写出好书，我不敢说，但湖南人民出版社的诚意让我十分感动。十多年前的愿望，终于有了实现的可能。

如何编写，经过慎重考虑，我放弃了十多年前的邀请多人共同编写的设想。因为统一各位学者的思想是一件十分困难的工作。我不希望耗费精力，平衡各方意见，最后拿出一部温吞水的作品。学术问题还是以百花齐放、百家争鸣为好。因此我决定还是以我个人为主来编写这部书。虽然我个人学力不逮，但尚有在学会工作二十多年的经历，亲手编辑了多年钱币学书刊，我是站在全国钱币学者、货币史家、钱币爱好者多年辛勤工作的基础之上来做这件工作的。所以，在与出版社谈到作品署名时，我认为不宜以个人著作方式署为“著”，还是应署为“主编”。

但是我感觉我计划的成书时间，与出版社的期望尚有一定距离，于是我想邀请戴建兵教授帮我完成本书的近代部分，以加快成书进度。我知道戴博士多年研究中国近代货币史，成果丰厚。只是他一边承担着教学，一边还有高校领导的繁重工作，不知是否能够首肯。当我提出请求时，戴博士一诺无辞，而且早于我自己的完稿，就拿出了初稿。

至于我自己，开始这项工作时，已经退休脱离工作岗位。我原想，终于退休了，可以有更多时间来做自己想做的事了。然而真正退下来才知道，照顾自家床板下“堆成大写的 A 字的六棵大白菜”，耗时耗力丝毫不逊于在职处理日常冗务。我又不愿将书稿剪剪贴贴，草草了事。于是从和唐长庚主任交谈应事时起，竟写了 9 年。为此我要感谢湖南人民出版社的宽容，允许我将应稿期一再延长。

我要感谢中国钱币学会和中国钱币博物馆的领导和各部门的主管，他们从一开始就支持我的写作。书中的很多实物图片来自中国钱币博物馆的收藏，这些图片让不熟悉中国历史货币的读者在阅读文字的同时，能够形象地感受到历史的气息。

我还要特别感谢出版社的责任编辑唐艳女士，她以极其认真的态度对待一字一句。无论是我认识的鲁鱼，还是写作中手亥键豕，一一与我不断沟通，不厌其详，以使这本书以尽可能完善的形象呈现在读者面前。

现在这部书终于能够与读者见面了。我当然希望读者能喜欢这部书，肯定这部书，但我更希望看到读者能对书中的一些论点提出讨论、批评，指出错误，毕竟期望“百家争鸣”是在我写作的初衷中的。

作者

2018 年 5 月于繁简居

图书在版编目（CIP）数据

中国货币通史. 第一卷 / 姚朔民主编. —长沙：湖南人民出版社，2018. 5（2019. 5）
ISBN 978-7-5561-1898-4

I. ①中… II. ①姚… III. ①货币史—中国—先秦时代—隋代 IV. ①F822. 9

中国版本图书馆CIP数据核字（2017）第323861号

ZHONGGUO HUOBI TONGSHI DI-YI JUAN
中国货币通史　第一卷

主　　编　姚朔民
策 划 人　唐长庚
责任编辑　唐　艳
装帧设计　花景勇

出版发行　湖南人民出版社［http://www.hnppp.com］
地　　址　长沙市营盘东路3号
邮　　编　410005

印　　刷　长沙超峰印刷有限公司
版　　次　2018年5月第1版
　　　　　2019年5月第2次印刷
开　　本　960 mm × 640 mm　1/16
印　　张　35. 75
字　　数　460千字
书　　号　ISBN 978-7-5561-1898-4
定　　价　178.00元

营销电话：0731-82683348　（如发现印装质量问题请与出版社调换）